扎祥毅文集

金融经济

(三)

经济管理出版社
ECONOMY & MANAGEMENT PUBLISHING HOUSE

图书在版编目（CIP）数据

孔祥毅文集/孔祥毅著 . —北京：经济管理出版社，2016. 10
ISBN 978 - 7 - 5096 - 4344 - 0

Ⅰ. ①孔…　Ⅱ. ①孔…　Ⅲ. ①金融学—文集　Ⅳ. ①F830—53

中国版本图书馆 CIP 数据核字（2016）第 074940 号

组稿编辑：杜　菲
责任编辑：杜　菲
责任印制：司东翔

出版发行：经济管理出版社
　　　　　（北京市海淀区北蜂窝 8 号中雅大厦 A 座 11 层　100038）
网　　址：www. E - mp. com. cn
电　　话：(010) 51915602
印　　刷：北京九州迅驰传媒文化有限公司
经　　销：新华书店
开　　本：787mm×1092mm/16
印　　张：233. 75（全九卷）
字　　数：3916 千字（全九卷）
版　　次：2016 年 10 月第 1 版　　2016 年 10 月第 1 次印刷
书　　号：ISBN 978 - 7 - 5096 - 4344 - 0
定　　价：1280. 00 元

本书承瀚华金控股份有限公司资助出版

本集目录

市 场 经 济

金融经济战略

合作经济

市场经济

论住宅商品化与住宅市场

背景说明

　　本文是 1987 年 6 月 4 日在中国工商银行太原市支行房地产金融理论讨论会上的演讲稿。文章指出城市住宅存在的问题，主张住宅商品化、市场化，并提出住宅市场化以后哪些人可以进入市场；特别强调金融机构应当也必须进入住宅市场，没有金融机构的参与，住宅问题是不可能解决的。

一、关于住宅和住宅市场问题

　　住宅问题是社会生活中的一个大问题，马克思、列宁都曾做过研究。在我国，现在这个问题越来越突出了。好像有这样几个趋势：一是城市人口不断增加，每年都有百分之几的增长幅度；二是家庭规模缩小，过去是大家庭多，现在是小家庭多，相应住房数量要增加；三是家庭富裕程度在提高，要求改善扩大住房面积；四是现代化水平提高，要求水暖、煤气等配套齐全。这样，住宅问题就显得更加突出了。本来供求矛盾就很突出，再加上现行住房政策的一些弊端，尤其是福利分配，使我们目前的住宅问题越来越突出。我认为，我们的住宅政策不可能一成不变，因为经济在发展，情况在变化，政策应该随着情况变化来决定。现在我们的住房供给制，公家盖房私人住房，这和我们过去战时共产主义政策有关系，在新中国成立后随着学习苏联经验，搞高度集中的计划经济，这个办法就由此沿袭下来了。这个办法当时看是有好处的，好处最少有两条：一是在经济困难条件下，基本上可以保证每户的最低住房要求，不至于有人流落街头，这和西方国家不一样。二是除了特殊情况外，一般说职工住房悬殊不太大，条件最好的和最差的差不了多少，贫富悬殊不大。但是问题还是比较多的，最突出的问题是，传统的工资收入中，应包括"吃、穿、住、用"四个方面，现在是吃、穿、用，没有住，工资投入中四个部分的支出少了一大块，改变了消费结构，这样给市场带来一个问题，就是货币不能在住房上得到回笼，自然要在其他方面找出路，导致日用消费品市场压力增加。现在的住房问题，如果不采取新措施，很难解决，据说现在每人每月工资支出中房租支出大概占 1.5%。这样一种消费结构看来是有问题的，其弊端最少有以下五条：

第一，租金太低，不利于住房维修和旧城改造。国家投入住宅建设的资金不仅收不回来，反而还要补贴，盖的房子越来越多，这样就使原来住房不能得到及时维修，增加了城市的负担，限制了旧城的改造。

第二，人口扩大，就业职工增加，住房压力扩大，要适应住房的要求，必须增加财政开支，加重了国家财政负担，不利于财政收支平衡。

第三，职工的货币工资收入，在低房租制下基本不作住宅方面的开支，使得个人收入的相当部分集中于耐用消费品的购置上，如彩电、冰箱这些方面，加剧了市场压力。

第四，谁住的房子多，谁占便宜，带来了一些人利用职权，多占房子，助长了不正之风，影响了党群关系。

第五，这种办法也影响了建筑业的发展，使建筑业缺乏活力，缺少生机。

在过去我们搞高度集中的计划体制，不这样搞不行。但是，现在我们搞市场经济，观念上应该变过来，改革过去这种住宅供给制政策，实行住宅商品化。既然要搞住宅商品化，就必须把住宅当作商品开放，如果承认住宅是商品，就必须允许住宅买卖、租赁。住宅商品化是什么含义，一是允许住宅的自由买卖，二是允许出卖住宅的使用权，保留所有权，即出租房子的存在。如果住宅商品化，可以这样理解的话，住宅商品化起码有这样几个好处：

第一，有利于改变畸形的消费结构，减轻市场对消费品的压力，加速货币回笼，保持正常的货币流通。过去我们有个传统看法，一说到搞基本建设，货币流通就扩大了。过去银行每年搞货币流通都算这个账，基本建设投资多少钱，货币回笼是什么状况，基本建设搞得越大，市场货币流通越多，搞基本建设不能回笼货币，相应地要在砖、瓦、沙石上投放货币，而这些住宅又不能回笼货币。现在搞住宅商品化，因基建扩大了市场货币供应量，又会很快从销售住宅上回笼货币，过去那种因为货币流通有问题，就压缩基本建设战线，特别是先压非生产性的建设，这在市场条件下是不可取的。

第二，有利于动员筹集社会资金，加速住宅建设，保证住宅的简单再生产和扩大再生产。资金问题是个大问题，如果不搞住宅商品化，住宅建设的资金不能回收，住宅的简单再生产和扩大再生产只能依靠国家财政拨款，财政是无法负担的。实行住宅商品化，资金问题就好解决了，可以减轻财政压力。

第三，可以防止以权谋私，密切党群关系，发展安定团结的大好形势。现在人们对于利用职权多占住房的十分痛恨，但无法改变，不改变低租金制度，就解决不了这个问题。要解决，就得实行高房租政策，当人们觉得租房不如买房，这个问题自然就会得到解决。

第四，可以带动我国建筑业的大发展，使建筑业成为我国国民经济的支柱产业。

第五，有利于改造旧城市，加速城市现代化建设的步伐。如果不动员各界的力量，旧城改造是比较困难的。

开放住宅市场，参与住宅市场的有这些人：一是城市居民个人或者是村民；二是机关团体企事业单位；三是房屋开发建筑企业和部门；四是银行和其他金融机构，如专业银行、投资公司、保险公司等。当然住宅商品化后，也不是完全不搞公房了，我看也还要有公用住宅。美国公寓住宅比重就很大。未来住房模式将会有两种：一种是公寓，另一种是私房。从消费结构上看，可以住私房，也可以住公房，如没有劳动能力的人，吃社会福利保险的人，完全住公房，有收入的住私房，未来住房的模式是会有多种形式的。

二、金融机构必须介入住宅市场

市场，不管哪个市场，如生产资料市场、消费资料市场以至房地产市场，都必须有金融机构介入。因为没有一个市场是不要钱的，没有一个用钱的地方没有金融机构的介入。所以金融机构应该介入住宅市场的活动。

旧中国的金融机构，搞房地产金融业务是较普遍的，不仅是银行搞房地产，信托投资公司搞房地产，就连中央信托局的章程条例也明确写着，除了其他业务以外，兼营房地产及经营委托和设计管理事项，连房子的设计也都包括在内。那么旧中国金融机构办理房地产业务主要办理哪些事务呢？第一，代理房地产买卖的介绍；第二，代理房地产的租赁；第三，代理房屋建筑设计和估价；第四，办理住宅抵押贷款；第五，代理房地产信托；第六，购买住宅和其他房地产债券，直接投资，办理不动产抵押贷款的再抵押；等等。

据说，美国的住宅信用这几年越来越活跃，发展很快。目前美国住宅信用银行介入房地产有两个机构，一是美国联邦住宅放款银行管理局，它负责领导联邦放款银行系统，把全国分成 12 个区，每个区搞一个放款银行，放款银行实际上是其他金融机构从事房地产业务的后台，就是说，当从事房地产业务的银行发生了困难，就会得到国家住宅放款银行的支持。二是全国的联邦抵押协会，是个半官方机构。我们国家搞房地产业务的银行在新中国成立前有，新中国成立后也搞了一些，后来随着人民银行接管官僚资本主义银行以后，这些业务都归到了人民银行来了，专门成立了各信托部，管理这个事。如，1949 年 11 月上海分行信托部就开办房地产业务，一是房屋租赁，二是房屋买卖，三是职工宿舍的调配管理，四是代理担保房地产保险，五是贷款保险问题。因为房地产风险较大，期限较长，所以，保险公司应该和银行合作，共同经营这个业务，共同搞房地产经营，银行、信托公司共同向房地产资金需要者提供贷款，保险公司可以进行抵押贷款保险，由借款人，按照未偿还的款项交一定的保险费，如 10 年到期，已经过了 5 年，每年都有一部分归还，在未来还没有还的部分，定个比例交保险费，保险公司把这笔钱集中起来，作为保险基金，当还款人违约，不能够按期还款时，保险公司可将这笔钱支付给银行，银行贷款从保险公司收回来，贷款人的呆账由保险公司负责，保险公司这样做可以扩大保险业务，银行业务又有了保障。

三、银行开办房地产业务的有利条件、障碍因素和解决办法

有利因素：银行开办房地产金融业务是有条件的，虽然条件还不很完全具备，但已经有一定条件，这些条件最少有三条：①中央关于住宅商品化政策已基本明确，已被列入国家"七五"计划。②银行储蓄存款增加

很快，是银行长期资金来源，银行搞房地产是长期资金运用，长期资金运用必须有长期资金来源，现在储蓄存款增加速度很快，可以搞长期放款。③加快住宅建设不仅建筑部门高兴，可以扩大市场，群众也是欢迎的。但是目前还有几个不利因素和障碍：

第一，现行的低房租政策，阻碍了群众的购买愿望，能低租住上房子，何必高价买房子？住房上吃国家"大锅饭"的问题还没有解决。

第二，保险公司还没有开办信用保险，这个问题，农业银行已提出两三年了，住房保险是刚刚开始，信用保险在认识上恐怕还不能马上适应。

第三，市场机制和计划机制的矛盾。现在国家经济管理体制正在转轨，计划机制还存在，市场机制已产生，转轨时期产销矛盾较大。其中最大的问题是商品住宅建设是否纳入基建投资计划问题，住宅建设上去以后，会不会拉长基本建设战线？

这些问题，我认为是计划机制和市场机制交织在一起产生的矛盾。住宅商品化可能会导致基本建设规模扩大，可能影响货币回笼，也可能促进货币回笼。因住宅商品化以后，住宅市场对基本建设规模不仅会起拉动作用，引起货币投放扩大，同时也会扩大货币回笼。搞商品住宅建设，虽然扩大了基本建设投资，但立刻就可以回笼货币，我想这里有个观念转变问题。既然普通消费品生产不是固定资产投资，那么搞商品房建设，也不必列入固定资产投资，应当是流动资金。我们的造船厂生产一条船需要几年的时间和上百万元的投资，我们没人说哪条船的生产是固定资产投资，而是普通商品，我们为什么要把商品住宅投资列入固定资产投资计划呢？我想这是过去住房没有商品化，搞单位福利分配的理论，所以要将它列入基本建设，是因为用的是国民收入积累那部分钱，现在住房商品化后，这部分钱谁拿呢？是从消费基金的个人部分中拿，因此就不存在国家基本建设投资规模的问题，这是消费基金。

第四，法律问题，法律不健全，没有房地产交易法，有了矛盾难以处理，这也是个障碍因素。

第五，就是金融机构人员没有从事房地产金融业务方面的知识，银行要及早储备培训人才。

改革的根本出路在于权力结构的重新配置

背景说明

本文与石建社等人合作完成，原载《改革先声》1988 年第
3 期。文章认为政企不分、政府办企业、企业办社会，是权力结
构配置的错乱，主张政府退出直接的物质生产与经营领域，同时
解除企业的社会职能。

目前，我国的改革进入了关键的抉择时刻，突破口何在？不少人把关
注的目光投向了企业。有人说，改革是站在企业肩膀上演出的壮剧，愿企
业成为巨人；有人说，改革中各方面承受能力如何，取决于企业的效益，
望企业肩负起历史的重任，但是，目前阻碍我国经济起飞的根本原因及我
国社会经济矛盾的总根源，在于中央、地方、企业间权力结构配置的严重
错乱。这种错乱的主要表现是政企不分，而政府又处于改变政企不分的主
体地位。在这个意义上，我们认为改革的突破口在政府，而不在企业。

一、权力结构配置错乱的破坏性效应

政企不分，政府办企业，企业办社会，这种权力结构配置错乱，造成
的破坏性效应主要表现在以下几方面：

（一）政府、企业陷于两难境地

就政府而言，由于物质生产的四大环节都要直接参与，几乎所有的生
产要素都要直接管理，这就难免使政府陷入事务主义，对纷繁复杂的经济
问题处于"头痛医头，脚痛医脚"的被动境地，难于集中精力搞好宏观

控制，同时，为了应付那些管不好、管不了，也不该由自己管的事，政府机构又一而再、再而三的膨胀，始终未能走出精简—膨胀—再精简—再膨胀的恶性循环怪圈。同时由于层层重叠的政府机构，职能交叉，职责不清，又形成互相扯皮的状况。

就企业而言，由于大量的经济活动掌握在政府手中，企业许多重大问题都往往要经过重重关卡，层层报批。加之由于企业要承担如职工就业、计划生育及各种名目繁多的生产以外的社会职能，这就严重地削弱了企业生存，尤其是企业发展的能力，使企业不能真正实现自主经营、自负盈亏。

（二）政府与企业双向依赖

政府办企业，企业办社会，严重混淆了二者的职能与职责，造成了二者自然的双向依赖。政府遇到财政困难，通过各种办法，层层向企业摊派。企业发生亏损，只要向政府哭诉，也可获得少交税或免税的优惠，至少可以采取拖欠、贷款的办法过日子。按理说企业作为独立的经济实体，其存亡只能依赖市场，但由于我国目前的企业还没真正摆脱政府机构附属物的地位，加之与政府打交道的成本远远低于与市场打交道的成本，因而企业在既可依靠市场，又可依靠政府时，自然是选择后者。这种政府、企业间的双向依赖，直接破坏了商品经济等价交换的法则，阻碍了市场经济的发育，削弱了企业生产经营的主体地位，使企业形成了服从、奴化、保守的惰性。

（三）权力关系发展为权钱交易

政府办企业，必然形成与生产要素相对应的管理部门。这些部门各有特权，在竞争中势均力敌。某一部门只要掌握了某种生产要素的权力，就可迫使另一部门就范；只要掌握控制一种生产要素，即可交易到所有的生产要素；只要掌握一种权力，即可交易到所有的权力。这种政企不分造成的部门间、握有要素控制权的个人间权力交易的弊端，在新旧体制转换过程中，由于空挡存在和扩大，产生了如下弊端：一是隐蔽的权力交易转变为公开的权力交易，"权力流通"范围扩大，浸透各种职业领域。二是猖獗、疯狂的"官倒"的产生。"官倒"凭借控制着各种生产要素、紧缺物资，"倒"起来方便，发起来容易。三是随着个体企业、个体工商户雨后春笋般的诞生，随着银行现金管理的放宽，要素控制部门、个人受贿敲诈的机会增加了。掌握一部分权力部门的人员几乎成了不法分子们追逐行贿

9

的对象，权与钱的交易恶性蔓延，"用钱买权"、"用权骗钱"、"小钱换大钱"被一些不法分子奉为致富的秘诀。

（四）价格改革步履艰难

价格改革与企业改革互为条件。从发展趋势看，企业自主程度越高，放开价格的效应越大。但由于我国价格改革是在政府办企业的状况未得到根治的条件下推进的，从而使企业对价格变动反应仍很迟钝，由于企业消化涨价因素的内在推动力仍很微弱，因而原材料一涨价，制成品价格也跟着涨价，不让涨也可以，你得给我补贴，导致放开价格—增加补贴—税收减少的恶性循环。

（五）企业间分配不公平

政企不分，不仅表现为政府、企业职能不分，还表现为政府、企业的财产关系没有分清。由于政府对不同企业投资的多寡存在差别，从而使同一部门的不同人均资产存量差别很大，资产存量多的企业，在改革过程中，能得到较多的分外实惠，而资产存量少的企业，则只能得到较少的实惠，从而形成分配上的不公平。同时，由于财产关系尚未理顺，也使企业在生产上急功近利，在分配上分光吃净，缺乏投资冲动的短期行为日趋严重。

（六）投资规模的膨胀

由于各级政府仍把外延的扩大再生产作为自己的天然职能，自觉地把速度、产值、投资规模作为衡量其政绩的尺度。从而，进行基本建设投资的积极性没有削弱。为了地方利益，地方政府仍在千方百计地向中央政府争项目、争投资；为了使本届政府在任期内留下更光辉的政绩，一届又一届政府大兴土木的冲动长盛不衰。这就形成难以遏制的投资扩张。基本建设规模在一年紧似一年的压缩声中不断膨胀、扩大。

综上所述，权力结构配置错乱，严重阻碍着社会主义商品经济新秩序的建立，造成了许多社会问题。因此，要使改革的航船顺利驶向光明，关键在于中央、地方、企业间权力结构的重新配置，配置得合理与否，关键是在政府。

二、实现中央、地方、企业间权力结构最优配置的途径

实现中央、地方、企业间权力结构的重新配置，根本的途径可以概括为三个方面。

（一）政府退出直接的物质生产与经营领域，同时解除企业的社会职能

权力结构的重新配置，依据权力主体生存发展的目的。政府是国家的行政机关，其存在目的，在于保持社会的安定，维护大众的公共福利，即它的职能主要是社会管理。政府退出直接的物质生产和经营领域，主要包括以下几方面的内容：①对物质产品生产部门除非公共部门外，一般不予直接投资（包括新建和扩建企业），而由企业在市场导向下，实现生产力的最优配置。②撤销与企业生产要素相对应的不必要的政府直接管理部门，实现生产要素在企业间的自由流动。③政府官员必须无条件退出经营领域；离退休的政府官员在离退休后的一定年限内（如5年或8年）也不得从事经营活动；政府职能部门所办的政企合一的或非经营性的公司、企业，必须无条件撤销。当然，政府退出的物质生产和经营领域，并非是要政府放弃对经济的管理，而是要改变过去的直接管理为间接管理，加强政府对企业经营活动的监督、审计等职能。

解除企业办社会的职能，主要是指以立法形式解除政府向企业的摊派，如修桥、铺路等社会公共事业，通过住宅商品化解除企业包盖职工宿舍的压力，通过政府统一管理组织普及教育，解决企业从幼儿园到高中毕业的教育管理。与此同时，要严肃税法，不能以任何名义、任何形式减免企业所承担的纳税义务。

这样，一方面政府退出直接的物质生产和经营领域，另一方面又解除了企业的社会职能，从而使二者完全进入自己的角色。这就从根本上理顺了不合理权力结构的配置，为社会主义商品经济新秩序的建立创造了条件。

（二）政府放弃对全民所有制企业现有资金的直接管理和投资，逐步实现全民所有制向股份制的转化

目前，我国有个体、集体、合资、全民等各种经济成分不同的企业，对于个体、集体、合资等企业来讲，由于产权关系清晰，一旦具备良好的外部环境，内在经营冲动就会进一步扩张，潜在的能量就会释放。而对于政府投资建立起来的全民所有制企业来讲，要使其也具有同样的内在冲动，则要求政府放弃对全民所有制企业现有资产存量的直接管理和经营，实现全民所有制企业向国家、集体、个人共同参股的股份制企业的转变。全民所有制这种产权关系，不透明的"大锅饭"式的利益关系，就变成了国家、企业、个人利益相结合的透明度较大的、可变可塑的自由结合的

利益关系。这就是社会主义初级阶段的股价制。它会使目前全民所有制企业承包以后那种国家利益、承包人利益和职工个人利益无法结合而造成的短期行为得到解决。当然，对于那些非营利性的社会公共事业，如自来水、城市建设、环境保护等企业还要政府通过专门从事非营利企业投资的投资公司进行投资。

（三）划清中央、地方、企业间的收支范围

在政府、企业间职能、产权明确之后，处理中央、地方、企业间的经济关系，关键在于财政收支范围的划分。处理中央政府、地方政府间的经济关系，问题较复杂，较好的方法是分税制，实行分税制，有利于经济关系的法律化、固定化，有利于避免层层摊派和互相依赖，有利于避免双方间的不正常讨价还价，有利于调动地方政府扩大财源的积极性。

在中央、地方、企业间的收入范围明确之后，需要明确的便是各自的支出范围。就企业而言，支出范围是明确的。因而支出范围的划分主要是就中央、地方政府而言。中央政府支出范围是全社会的科学、文化、教育、卫生、国防及公共福利事业，地方政府的支出范围则是其管辖范围内的上述事业。

整顿商品流通秩序维护商品交易规则

背景说明

本文是省级课题"整顿商品流通秩序 维护商品交易规则"的部分研究成果，原载《经济研究所资料》1988 年第 28 期。课题组成员为山西财经学院经济研究所部分研究人员。

环境恶化和秩序混乱，已经成为当前我国经济领域里的严重问题。统一思想，集中力量，治理经济环境，整顿经济秩序，不仅是中共十三届三中全会的总体决策和要求，而且也是全国人民的迫切愿望。本报告立足山西现实，试图就经济秩序混乱的一个要害部分——商品流通领域里混乱和无序问题及其原因，进行必要的分析，并提出一些初步的对策。

一、市场活跃和流通无序并存

市场活跃和流通无序并存，是我们对商品流通现状的基本估计和判断。

中共十一届三中全会以来，我们在城乡率先对商品流通体制进行了改革。在商品流通领域最早打破了国有企业垄断经营的局面。大批的集体、个体商业雨后春笋般地发展起来，形成了多渠道、多形式的商品流通格局。各类商业机构一道，南来北往、东调西输，催育了市场，推动了竞争，提高了效率。新的商品流通体制，不仅基本上解决了旧体制下长期所没有克服的商业网点奇缺、人民生活不便等诸多困难，而且较好地解决了旧体制下长期所无法解决的产销脱节、乏剩并存的矛盾。同时由于商品流通都不同程度地获得了独立经济利益，都可以不拘形式、冲破地域堡垒及系统分割直接购销商品，因而为商业机构大幅度节约流通费用，成倍地提高流通效益开辟了广阔的前景。近年来，山西省和全国一样，社会商品销售总额连年呈高速递增的趋势，连以往很不走俏的商品也成为消费者急购的对象，特别是1988年以来，社会主要商品的购销总额更是突飞猛进地增长，而库存额也显见下降。这充分说明，改革给流通领域带来了新的生机，促成了流通产业的蓬勃壮大，造就了异常活跃的商品市场，加速了商品的周转速度。这是我们应当肯定的总成绩。

但是，我们必须清醒地看到，在商品市场空前活跃的同时，也逐渐暴露出一系列尖锐化问题。从宏观方面看，最突出的问题是，商品流通秩序陷入了令人忧虑的混乱和无序状态。具体表现为：

（一）流通膨胀

近年来，商业机构及其从业人员都获得了前所未有的增多，在新增商业机构中，专业性机构有之；亦农亦商、亦工亦商的厂（场）属产品批零销售部及其网络有之；亦政亦商、亦学亦商等以各种名目出现的机构，如实业公司、服务公司、咨询公司有之；而专职的和兼职的、有证的和无证的个体商业逐日壮大，到处一派"全民皆商"的景象。实际上，泛则滥、滥则乱。无论从何种角度讲，商品流通的总体规模早已超过了它的合理度。1987～1988年近10年间，全省各类有证商业机构从业人数由2.7万个增加至25万个，增长了近10倍，从业人员由21万人增加到近100万人，增长5倍左右，从商人数占全社会总就业人数的比重由2.2%增加到8.3%。而与此同时，全省社会总产值仅增长了3倍，社会商品零售总额仅增长了4倍。由于这两个数字均是按当年价格计算，物价水平又连年逐日上升，因此其实际水平还要低得多。这充分说明，流通组织与其人员都已膨胀，这种以利欲膨胀为本质的流通膨胀，是商品流通陷入混乱无序的一个重要因素。

（二）流通环节冗赘复杂

流通体制的改革使得传统的繁杂而固定的商品流转环节逐渐瓦解，使得以国营商业企业为轴心的批零环节功能逐步削弱，但是旧的环节体系的沉没并不意味着流通环节从此有所简化。在政府自觉打碎了旧体系后，流通商们又替代性地自发创设了最能满足自己需要的新体系。以致迄今为止，绝大部分商品依然要历经出厂、批发、再批发和零售等环节缓慢地实现其价值，紧俏商品往往要经过数次乃至数十次转手才能完成其交易，而目前多数商品都已挤入"紧俏"之列。因而从总体上讲，商品流通的环节比改革前不是减少了而且是增多了，流通环节不仅从量上有增无减，其组合方式也极不合理。在新的流通体制下，流通诸环节组合的等级层次性已几乎荡然无存，批发与批发、批发与零售环节之间也实际上丧失了昔日的界限，商品在批发与批发企业、批发与零售企业，甚至零售与零售企业之间无规则地反复转手或循环转手的现象增多了。商品的迁流和倒流使得有目的、分层次、循顺序的环节关联变得错综而毫无规则，使得本应径直简短的商品流转程序，变得漫长曲折、无头无尾。

（三）交易机会不均等

集体、个体商业的源源渗入，改变了商品市场上各类参与者的力量对比，但是充分竞争、平等交易的商品市场结构远未形成。国营商业企业仍然以政府政策的执行者和法定独立的经营者双重身份，继续在很大程度上进行着垄断经营；一些政治上盘根错节、经济上纵横相关的官商势力，在市场上虎踞龙盘、刁恶奸诈、欺行霸市、倒买倒卖、牟获巨利，更是市场公平交易的严重障碍；大批分散力弱的中小流通商，或者被排斥至市场的"边角"，颤身立足，惨淡经营，或者与官商势力合流，有恃无恐，共同作恶。如果说，国营商业的垄断经营还能或多或少体现国家利益的话，那么各类官商团伙的蛮横投机经营，则只是使少数人发财暴富，完全背离了市场的公平交易原则。

（四）交易价格不规范

一物多价、随意定价、层层加价、价格形式物品化是商品市场上交易价格不规范的主要表现。为数不少的同质商品，有所谓计划价格与市场价格之别；即使在计划价格和市场价格内部，对于不同的地点，不同的买主以及不同的销售方式，也有不同的计划价格或市场价格。要求按计划价格出售的商品，往往以高于计划的价格来成交，直接间接地控制重要商品的特权者和集团通过收取"附加费"来抬高计划价格，允许按市场价格自主销售的商品，则要以低于市场的价格出售，赋予产品自销权的工商企业领导人通过收取"回扣"来压低本企业商品的市场售价。从这种意义上讲，在商品交易中，既没有真正的计划价格，也没有真正的市场价格。扑朔迷离的商品价格，扰乱着人们的消费心态，仿佛任何类别和水平的价格都有其存在的必然，这就在客观上鼓励了流通商肆无忌惮地层层加价，层层"剥皮"，使商品交易的价格更呈现出不规范、无约束和令人无法忍受的复杂趋势。

上述问题不仅直接在商品流通领域造成商品供给、市场物价、消费心态三不稳定等方面的不利影响，而且对于生产者、消费者和国家都造成了严重的不良后果。

对生产者而言，在一个失调和紊乱的商品市场上，不管它是否为受优惠和保护的重点，事实上都不可能获得相对稳定或廉价的设备和原材料。生产资料价格猛涨，增加了生产成本，降低了生产者的经济效益。商品流通环节增多，投机商巧取豪夺，使工农业生产单位的利润严重流失，既挫伤了生产者的积极性，也助长了生产单位内部的流通膨胀。同时，市场混乱，也使生产者无法取得准确的信息，常常作出错误的生产决策，这就导致了生产者，特别是主要依托市场为生的生产者，如乡镇企业、农产品等的产出水平大起大落，严重损害着社会生产能力和生产者的利益。

对消费者而言，流通无秩序，交易无规则，价格无控制，导致了人们生活负担的加重和生活态度的变化。中间商的层层加价，反复盘剥，直接降低了城乡居民的生活水平。物价的轮番上涨，迫使消费者超常规地安排支出，花钱无度，抢购成风。"官倒"侵入流通，搜刮民财，损公肥私，引起不少人们对生活和工作的失望、茫然和怠慢等消极心态，严重制约着社会的安定和经济的协调发展。

对国家而言，商品物资的非法套购、高价抛售，减少了国家的财政收入；少数人暴富，恶化了社会分配结构，加剧了社会问题，一些官员利用权势，从商肥私，丧失了应有的品格，也损害了国家和政府的声誉。所有这些，都给国家政治经济生活的顺利开展带来了很大的难度。

二、流通无序原因的考察

导致流通领域混乱无序的原因很多，也很复杂。我们认为，其中最重要和根本的原因是：

（一）社会总供给和社会总需求不平衡

供给约束或需求膨胀是我国社会主义初级阶段的基本宏观经济特征之一。从全国看，总体供求关系长期表现为求大于供，山西省也是如此。其市场特征基本上是卖方市场。卖方市场的存在，使得商品的买主和卖主处于不平等的地位，容易造成商品交易过程和结果的扭曲与不合理。但是，传统体制下的商品流通实践证明，即使商品总供求严重失衡，即存在商品的卖方市场，只要商品交易的各个环节都能高度地被政府所控制，无论商品交易的过程还是结果，基本上都不会发生重大的偏差，不会对参与商品的交易者造成利益损害。而问题正好在于，当前政府对流通领域各个环节的控制已显著放松，买主和卖主都已获得独立的经营自主权，买主可随心所欲地在市场上安排他们的货币支出，卖主也可以无忧无虑地在市场上组织他们的商品销售。这样，在卖方市场的条件下，基本上什么都能够卖掉，什么都必须买进，买卖双方丧失了必要的讨价还价的余地，于是必然最终导致：一方面，买主不再能合乎理性地进入市场，捡到篮里的都是菜，买到为佳，从商品的需求方面对市场造成强劲的冲击力；另一方面，卖主不愿再循规蹈矩地进入商品市场，获利至上，见好就收，从供给方面对市场产生从容的吸引力。这两种力量碰撞，既使得商品交易过程脱离正常的规则，显得无条无理，也使得商品交易价格难于羁绊，扶摇直上。应该看到社会总供求失衡是导致商品交易无序化的因素。

（二）双重经济体制不协调

在流通领域双重体制的不协调表现为：一方面，旧的流通体制不能自觉地退出经济舞台，还在许多地方最大限度地释放它的余能，如基本上还是旧集体的国营商业机构作为商品市场最主要的参与者，并且是最有力的垄断力量，不少重要的商品物资还直接间接掌握在它们手里；另一方面，新的流通体制的各种要素正在发育成长，并已经开始顽强地发挥它的威力，如绝大部分消费资料的购销活动已成了典型的市场自发行为，即使在受政府控制的生产资料的购销活动中，市场法则也日益得到了贯彻。本应严格割裂开来的两种商品体系，实际上却在不断地互相渗透、黏合。正因为此，两种性质迥然不同的体制之间的各种摩擦和阻力越来越大，由新旧体制所决定的两种商品交易活动都不能规范化进行。如由政府控制的物资调拨系统，常常冲破明确规定的行政秩序，按照市场交易规则运行起来；而允许自由交易的商品市场体系，却不能公平买卖、低价低出、高价高出，以竞争方式来进行商品交易。这种由双重体制不协调引起的商品逆反交易行为，是导致商品流通过错过乱的一个重要原因。

（三）价格双轨制不严密

在一定条件下，价格双轨制是维持商品规范交易的有力手段。但是如果价格双轨制度自身具有严重漏洞，它就会成为投机商利用高低价差，进行非法贸易，牟取横财的方便之门。实践证明，我们现行的价格双轨制无论是设计上还是执行上都极不严密。从设计上看，作为价格双轨制设计者的政府没有弄清价格双轨制的关键，在于牢牢捆住计划物资的供应价格，没有认识到市场逐渐放开后，直接控制部分物品及其价格水平的艰巨性和复杂性，因而其所设计的整体框架显得十分松散、随意；从执行上看，对双轨价格并存于商品流通中所潜在的危险，如倒买倒卖等，不但没有及时制定相应的配套法规，事实上连已有的法规也很少予以运用。由于设计方面的问题，人们无从理解价格双轨制的真正内涵和战略意图，单纯地把它当作价格改革的一种权宜之计。人们认定，政府对价格边控制边放开是临时的策略，其基本态度取向是尽快促成商品交易全部实现市场化。因此，无论对于权力者还是流通商，都主观上不曾也似乎无须对于价格双轨制予以严肃认真地对待。由于执行方面的问题，不仅使得任何能够与权力者勾结起来的流通商，都可以为所欲为地从事商业平价购进、高价抛售的掠夺活动，而且使得权力者本身也恬不知耻，同流合污，浑水摸鱼，钻起价格双轨制的空子。于是，有批文就有了低价商品，有低价商品的购进，却没有低价商品的销售；管制物资这种不完全性商品变成了真正的商品，其价格越来越高；权力这种完全没有商品价值的东西，也实实在在地参与流通交易，其价格也在持续上涨。价格双轨制，本来是现阶段经济条件下，商品交易平稳进行的一种保证机制，如今却蜕变成为推动商品交易疯狂进行的机制，成了强买强卖，哄抬物价，搞乱流通，损害群众，腐化政府的现实因素。

（四）政府职能不得力

商品通过由有序转为无序，各级政府负有不可推卸的责任。换言之，各级政府软弱无力，没有很好地发挥它们在各个层次的流通经济管理中的职能作用，是导致流通秩序混乱的主要成因之一。最明显的是近年来政府在商品流通领域，过早地估计了市场对流通的自发调节功能，自发推动了政府在商品流通宏观管理方面的空挡和退位，单纯进行了流通政策的重大调整和转折，以致造成了商品交易总体活动的约束软化，从而加剧了今天商品市场的困境。1986年，轻工业品价格由倒扣改顺加的办法便是例证。根据这一政策，经营者可以逐次进货，逐次加价。由于每一次购销活动都可以按规定加价得到利润，这种顺加定价政策，实际上是鼓励人们将短缺商品在流通领域不断转手，从而迫使流通环节增多。

本来，实现商品流通秩序的新旧转换，极有可能伴随着混乱，因而，尤其需要政府出面进行强有力的干预。但恰恰就在这一关键时期，政府或自愿或被迫地放松了直接的行政管制，这也是导致流通活动一乱再乱的一个重要原因。

三、建立有序商品市场的长期对策

整顿商品市场秩序，治理商品流通混乱，包含着性质很不相同的两个任务：一要紧紧围绕和密切重视当前流通领域的不良现实和严重后果，尽快采取积极的战略措施，迅速争取商品流通秩序的好转；二要正视当前现实及其成因的复杂性、艰巨性，逐步采取审慎的战略措施，从根本上把商品流通和商品市场引向正轨。前者是一项短期或近期任务，后者则是一项长期任务，我们应当根据任务性质的不同，分别采取不同的对策措施。

我们认为建立有序商品市场的长期对策应当是：

（一）坚持以市场取向为核心内容的经济体制改革

集中统一的商品流通体制在一般情况下能够保证商品流通的稳定性，也能较成功地解决通过流通渠道而承担的各经济主体和消费者大众的收入分配公平问题。但是它不能激发各流通组织的活力，也不能为生产者和消费者提供必要的刺激和及时的反馈，因而不能驾驭起高效率的商品流通。而成熟的商品市场，既能够高度自发地维持商品流通的相对稳定，也能够更合理和高效率地组织商品交易活动。因此，坚持深化改革，逐步把我国现阶段自然经济、产品经济和商品经济兼而有之的经济形态，彻底转变为现代化商品经济，即市场经济为主的经济形态，是优化商品流通秩序，保证商品流通稳定的根本出路。只有存在于市场的商品交易行为才是规范的商品交易行为。所以，从流通角度看，深化改革关键是要使脱离市场的商品交易（即通过计划手段而进行的物资调拨活动）真正纳入市场，使已经担负着商品交易的市场再作必要的补正、完善。唯其如此，才能形成统一的以市场为载体的社会主义商品流通新秩序。

（二）逐步放开物价

说放开物价，不能马上形成规范的市场，这是有道理的。问题是捆住物价，则永远也不能形成市场，更谈不上规范了。如果不审时度势地对价格双轨制进行改造，使一物双价归于一价，市场的力量就会继续复杂扭曲，市场的交易活动就会继续割裂为极不协调的两块，从而迟迟不能形成以市场为轴心的规范化商品交易方式。所以必须逐步放开物价。

放开物价，是指放开绝大部分商品的价格。只有让绝大部分商品的价格交由市场决定，才有助于催化市场机制的成熟；放开物价，必须遵循商品价格的运动规律。如不能说有关国计民生的商品就必定不宜放开价格，也不能说越紧张的商品的价格越不能放开。像能源、原材料等既属国计民生又属紧张类，且价格的供给弹性较高的商品，放开其价格，或许会引起价格水平的一定幅度的上升，但同时也会刺激生产单位扩大产量，增大这类商品的供给能力，为市场的动态平衡奠定坚实基础。放开物价，需要分批分步骤进行，但必须注意，即使只放开一种商品的价格，也应该让其完全放开，不要再继续制造新的双轨价格。

要全面放开物价，必须创造一个较宽松的经济环境和条件。关键是要加强国民经济的宏观管理，控制住总需求规模，尤其是要控制住货币信用总规模，以免导致物价轮番上升等不良后果。

（三）清除"官倒"行为

官员经商，权力作为商品参与流通，是中国的特有现象，是商品流通领域的主要致乱因素，是商品经济发展的严重桎梏。铲除"官倒"行为，将权力这种特殊商品驱逐出流通领域，是我们流通领域消胀治乱的十分重要的战略措施。

"官倒"之所以能在商品流通领域兴风作浪，不劳而获，除了政治体制和官员行为约束机制有显而易见的漏洞之外，从经济方面看，主要是由于官权与生产要素和商品合法地融为一体，在许多商品物资交易过程中处于中心地位。当商品不是通过市场而是通过权力，或部分通过市场部分通过权力来分配和流通时，有人就会把商品待价而沽，而权力者本身也会受利欲支配自觉不自觉地以特有的价格入上一"股"，收红取利。

因此，铲除"官倒"行为，根本上要割断官员与经济活动、经济成果的合法的联结脐带，把官商势力剥离出商品流通舞台，由各经济主体自主去进行决策，使商品交易商处于真正平等的交换地位。为此，首先要努力改造国营工商企业，使国营工商企业成为独立的商品生产者或经营者。我们知道，官权是通过支配工商企业生产经营活动后才获得支配商品交易活动的能量的。如果官权继续操纵着国营工商企业，他们就能够继续以其"肥位"谋其"肥利"。其次要逐步实现政府经济职能的转变，政府要逐步放弃直接管理企业的职能，主要担负起国民经济宏观管理的重任。这就需要改革旧的笨重的政治体制结构，重新划分政府的事权，削弱政府业务主管部门的权限，改进政府人事体制，使政府行为趋向规范化、合理化。

（四）加强商品交易法制建设

以法治乱，从近期看，有"远水不解近渴"之虑，也有软弱无力之嫌。但从远期看，法律手段却具有特殊的决定性意义。立法是几百年来资本主义国家权力机构所做的最完备的事情之一。资本主义经济发展的历史，实际上就是通过立法逐渐建立经济新秩序的历史。为了保证商品交易的正常进行，当今发达国家都制定了一系列法规条例，假如我们现在有一部较严肃的公司法，那么那些形形色色的买空卖空的"皮包公司"，就不会像目前一样多如牛毛，为非作歹。因此，当务之急是要搞好立法工作。从维护商品交易规则的角度看，以下几项法规须尽快拟订：①公司法，以完善各流通组织；②物资管理法、价格法，以强化政府的宏观管理；③禁止不正当竞争法、反垄断法、保护消费者利益法、市场管理法，以建立和培育商品市场。

为了加速推进立法工作，首先应在指导思想和法律观念上有所突破，正确处理立法的稳定与超前的关系，应当允许根据经济改革和发展的趋势超前立法。其次应适当扩大地方立法权。根据我国地域辽阔，经济发展不平衡的特点，在不与国家宪法和法律的基本原则相抵触的情况下，应赋予地方一定程度的立法权。这样有利于具体情况具体对待，避免"一刀切"。最后，在当前要给予各级政府更多的制定各种制度条例的权力，使政府在特殊条件下成为"准立法机构"。这是因为，当前经济形势变化较快，政府对形势的了解较立法部门更深更广，其所采取的对策和办法更具有针对性，而且还可以及时进行调整和修正。

四、治理商品流通混乱的近期对策

从近期看，即使措施十全十美，也不可能使流通领域诸问题得到根治，近期目标主要是：经过努力，使流通混乱的局面发生明显的改观。为此，建议在近期内采取如下对策：

（一）强化某些政府的直接控制手段

在新旧体制并存时期，不仅在旧体制上运行的国营商业机构，政府完全可以通过行政办法来规定它们的活动方式即产品的实现或销售方式，即使是集体商业和个体商业，政府也能对它们的活动方式产生直接或间接的影响。因此，政府仍是决定商品流通方式及走向的基本力量。认为政府已不能对商品流通活动有所作为，是一种完全错误的判断。事实上，政府不是无能为，而是不愿为和不曾为，在严峻的混乱形势面前，政府不能再动摇徘徊，而应以其固有的超然地位，义不容辞地担当起治乱的重任。

政府要完成这一重任，必须强化直接控制手段。间接手段虽然是非常必要的，但是要对付那些既得利益十分雄厚的奸商妄贾，是很难奏效的：日本、原联邦德国在以统治经济向市场经济过渡时，也曾在流通领域发生过动荡。为了尽快摆脱同样的特殊困难，它们都相机抉择，加强了政府直接的行政干预。如在日本，针对主要商品抢购脱销和囤积居奇而引起的物价暴涨，颁布了安定国民生活紧急措施条例，强行冻结物价，有力打击了漫天要价的奸商，保护了消费者利益。在原联邦德国则采取了国家行政管理物价，直接规定一些商品和劳务的价格，各类由国家确定的商品价格，占生活物价指数的比重高达29%~41%，及时弥补了市场发育阶段，商品交易混乱失调的严重缺陷。

强化政府直接控制手段，主要应包括以下几个方面：①用行政手段清理违反经营规则的商业机构，特别是行政部门创办的从商公司，应无条件地退出流通领域，清理的目的是要从商品市场参与者的角度着力，来保护商品的平等竞争交易，限制和取缔垄断交易。②用行政手段惩处各类"倒爷"，打击商品投机分子。对于"官倒"要从严惩处。对于干部亲属、离退休干部经商的限制规定应更严格和具体一些。当然，在惩罚"倒爷"时，不能单凭行政手段，还须经济手段、法律手段相配合。③用行政手段限制某些生活必需品的最高售价。对于限价后继续发生的公开和变相的乱涨价行为，要予以严肃的制裁，对于限价后给生产者造成经济损失应予以相应的补贴，以免因实行限价而影响生产水平。

（二）实行部分商品专营制度

专营是指由指定的物资部门和国营商业企业以及个别业务主管部门，对于某些商品进行垄断经销，专买专卖。这是目前政府干预商品交易活动的一项极其重要的措施。实行专营并不是要退回到旧时期的商品物资统分配模式。首先，专营的范围只应限于少数紧俏商品和重要的生产资料。其次，专营商品的价格不能完全统死，要根据商品供求状况和生产者或消费者的利益灵活作出必要的调整。最后，专营要有明确的期限，随着流通形势的逐渐好转，要自觉解除专营。

由于专营只是对现行商品购销方式的部分改进，不涉及重大的全国性的政策制度变革，因此，在我国中央集权的政体下，实行专营是地方政府能动性很大的一项治乱措施。

在山西省，实行商品专营的具体设想是：

1. 专营的范围

专营商品的范围应当是，供求缺口长期极大，由市场自发交易必然导致物价持续上升，从而对地方政府、对生产者和消费者都十分不利的关键性商品物资。据此，属于生产资料的煤炭、钢材、铜、铅、铝等有色金属矿物及成品，碱、电石等化工原料，化肥、农药等农业生产资料，属于消费资料的家用电器等不宜纳入专营的范围。

2. 专营的方式

第一，对属于专营范围的生产资料，实行产需或供需直接见面的专卖。批量生产的生产资料，如钢材，由生产厂家直接供货给用户，取消物资部门收购环节；分散生产的生产资料，可由物资部门或业务主管部门统一收购，然后直接供货给用户。从而使非法套购的黑市投机活动从销售业务环节上得到制约，使专卖达到最直接最迅速的效果。第二，对于属于专营范围的生活资料，实行由国营商业批发企业具体执行的专买，充分发挥国营商业企业的商品流通主渠道作用。专买意指，一方面，国营批发企业要积极自行组织货源；另一方面，规定任何流通商采购进来的专买都不得自行销售，要全部卖给指定的专买机构，即由指定专买机构统一收购专买商品，然后再由专买机构批发给经过清理整顿的国营零售企业，按规定的价格出售给消费者。任何非国营零售商都不得经营专买商品的零售业务。

对于生产资料和消费资料分别实行专卖和专买，是基于山西省经济发展状况的特殊考虑的。生产资料是山西省的优势产品，大部分属于外销产品。因此，把主要生产资料由政府控制起来，进行垄断经销，不仅可以把该类商品的销售环节减少到最低限度，而且可以杜绝来自省内外的来头甚大的官私倒爷低价掠夺，有效地保护山西省地方利益。即使生产者或用户不能通过专卖而直接得到实惠，但也不至成为事实上的受害者。而消费资料生产在山西省明显处于劣势，大部分消费品尤其是高档消费品都要从外部调入。所以对部分消费品专营，重要的不是专卖，而是专买。当然专买以后还必须进行专卖。通过对紧张消费品的专买活动，有利于商品迅速购进，简化商品购进过程中的不必要环节，防止商品迁流和倒流现象的发生，也有利于根据省内市场供求状况，因地制宜调节商品余缺。由指定零售，企业经营专买商品的零售，可以提高商品流通领域的透明度，减少中转，取消不法分子的活动余地，改变关键性消费品交易中转手倒卖、层层加价的混乱局面。

3. 专营的价格。

实行商品专营，要自觉遵循和运用价值规律。生产资料的专卖价格，应随行就市，采取市场高价拍卖，对于省内外用户都要执行统一的价格，不要在价格上对本省用户予以优惠（中央特许优惠者除外），以免发生本省用户给外省用户转销现象。只有以市场高价专卖，才能避免出现新的黑市，保证山西省创造的价值尽可能留在省内。生活资料基本上属于市场调节的产品，其价格又受全国市场的制约，所以生活资料的专买价格，客观上不可能固定不变。但也应做到相对稳定性。专卖的生活资料的零售价格，也要采取市场高价，不搞配额或凭票供应，否则就会导致新的买卖机会不均等，新的利益不公平。

4. 专营与利益补偿

政府通过商品专营可以获得一部分垄断利润，这部分利润本质上是由价格的不合理分配形成的，建立在生产者和消费者受损失的基础上。因此，专营利润不能作为地方财政收入挪作他用，而应形成专营补偿基金，以恰当的方式返还给生产者和消费者。补偿的基本原则是：谁受损失，谁就应得到相应的补偿。对生产者而言，由于已有少数被纳入专营范围，故而补偿亦需具有针对性。需要注意的是，返还给生产者的补偿额不能用于生活福利开支，因为涨价所得利润不是正常的经营利润；对消费者而言，由于涨价给他们造成的负担，虽然程度未必相同，但机会是相同的，所以应该实行普遍补偿，以价格补贴金形式发给消费者个人自行使用。

（三）控制消费支出，引导居民消费行为

消费品流通是整个商品流通中最分散、最复杂、最容易无序的部分。治理这部分混乱，既要从流通组织及其活动方式着手，也要从消费者行为着手。因为消费者缺乏商品经济观念和遵纪守法观念，在思想上和行动上出现一系列扭曲，也是造成流通混乱的重要因素。

这里的关键是控制消费支出。对于社会集团消费支出应采取硬性措施，如一律实行购物、签发、许可证办法，采取经费、购物权双线控制。对于消费者个人，主要应进行引导，通过储蓄保值、房地产保值等多种手段，延迟消费者购买行为，使消费基金用于储蓄。

《经济转轨时期银行与企业弱点初探》序

背景说明

本文是 1990 年 2 月应人民银行忻州市支行行长傅荣厚要求，为其合著《经济转轨时期银行与企业弱点初探》一书所写序言，中国城市经济社会出版社 1990 年 12 月出版。

经过 10 年改革，我国社会主义经济建设取得了巨大的成就，它以无可争辩的事实载入了史册。但是，自 1988 年下半年实行财政、货币双紧政策以来，在国家进行治理经济环境，整顿经济秩序中，出现了新中国成立 41 年来少有的市场疲软、工业滑坡的状况，引起了经济理论界和经济管理工作者的普遍关注，纷纷对改革的理论和实际进行反思，总结经验，探索今后我国经济体制改革的发展方向。这方面已经有一批很有见地的论文在各级各类经济理论刊物中发表，但作为全面系统地总结和论述这方面问题的专著，至今仍寥若晨星，傅荣厚等同志的新作《经济转轨时期银行与企业弱点初探》，正是一部从这个角度进行研究和探索的力作。

本书初稿完成以后，送我征求意见并索序，能先睹为快，甚为高兴。我感到本书有以下特点：

首先，本书从金融的视角，将视野投在国民经济各个角落。本书的几位作者都是银行干部，银行如同人体的心脏，心脏通过血管将血液输送到人体各个部位，以营养全身；银行通过金融体系把货币资金输送到各部门各单位，以支持国民经济的健康发展。作者正是从金融经济的角度，对产业结构，包括工业、农业、乡镇企业以及财政、市场等国民经济各部门做了全面的分析研究，以总结我国经济体制改革的得失与经验，给人以视野广、涉猎面宽而主题集中之感。

其次，本书所有见解来自实践，高于实践，从经济活动的第一线反视经济改革的理论与方案。几位作者都是经济工作第一线的管理干部，他们在实践中的亲身感受比研究院专家的苦思冥想更为重要。他们有感而发，遂成是书，句句实话、实事，给人以实感。

同时，本书融历史分析与现状研究于一体，从纵向上探索改革发展的道路。作者们的这种研究方法，我是很赞赏的。他们注意中国的历史和现状，而不是"生吞活剥"套用外国的经验，这是建设中国特色的社会主义社会所必要的研究方法。

我相信本书的出版，不仅使我国经济改革决策部门听到了来自第一线的呼声，有利于社会主义经济改革的发展，而且也必定会给专门从事理论研究的工作者以新的启迪，促进我国经济科学的繁荣。

市场·价格·资金

——关于当前市场疲软的思考

背景说明

　　本文原载《社联通讯》1990 年第 2 期、第 3 期。当时市场疲软商品价格高居,企业资金短缺,就业下滑。如何看待价格与资金的关系,成为人们关心也是领导决策的突出问题。文章就消费品市场规律、国有企业固定资金与流动资金的关系、市场竞争与"官倒"的矛盾、产业政策与资金流向背离、银行信贷资金的流向等做了分析,并提出了相应的建议。

　　当前市场疲软,商品价格高居不下,资金严重短缺,已经影响到经济增长和就业,从而影响到人民群众生活水平的不断提高。价格和资金是市场这条藤上的两个瓜。市场疲软的深层原因,不能离开对价格、资金的分析,市场、价格、资金是社会再生产过程中必不可少的关键要素。本文试图从这个角度探讨一下与市场疲软相关的价格与资金问题。

　　在广义的市场上,传统的商品有四类:普通商品(生产资料和消费资料)、劳务、资金和外汇(这里暂将技术商品和信息商品置外不提),每类商品都有自己的价格,那就是普通商品价格、职工工资、资金借贷利率和外汇汇价。这四类商品价格的高低,商品的供求与销售,不仅有各自的体系,也有相互之间的联系,不仅要求名类商品价格体系之间横向比较的合理化,有合理的价格体系、利率体系、工资体系和外汇汇价体系,而且也要求体系之间横向比较的合理化。这种横向比较的合理化,既包括静态比较的合理化，也包括动态变化中的合理化，这是一项十分复杂的系统工程。这四类价格体系的合理或均衡，在市场机制中，是通过价值规律的"无形的手"进行调节，即通过市场价格的波动来实现的，其代价是市场的不断的小震荡。而计划经济的优越性在于可以自觉地运用价值规律，通过有计划地调整各种价格的比例关系，去实现这种合理或均衡。而我们的现实是，在高度集中的计划经济中，用稳定价格和多年一贯制的方法，保持四个系统内部各环节价格的稳定和四个系统之间的稳定比例。改革开放以来，由于市场调节机制的引入，指令性计划的减少，不仅使旧有的隐蔽在内部的不合理问题得到了暴露，而且产生了新的浪花，这就是价格体系的双轨制，从普通商品（生产资料和消费品）价格体系看，不仅工农业产品内部和工农业产品之间的价格比例关系的旧有矛盾外在化，而且出现了同一商品的计划价和市场价，这就为"官倒"和"私倒"提供了温床，使流通领域中的很多资金不断地由国有企业流向个体企业，由生产部门流向消费部门，由预算内流向预算外。从劳务价格体系看，职工有正式工、合同工和临时工之分，"正式工看，临时工干"，各单位合同工人和临时工普遍超计划。在正式工之中，第二职业发展很快，文艺工作者"走穴"，教师也"走穴"，工人摆摊子，还有的干部职工以家属名义开商店，等等。使社会各阶层的收入来源多样化，名义收入和实际收入拉开距离，而没有上述门径的职工仅凭固定工资，在企业不景气时，连固定工资有时也难以全额支付，在物价上涨，通货膨胀中，部分职工实际收入下降。总的来看，职工获得的收入，计划低，实际高，部分人低，部分人高，而这部分高收入阶层的收入来源，主要是来自国有企业，来自财政，将财政资金和企业资金转向了消费，高收入阶层不可能有机会将其收入用于生产投资，这会使全社会生产资金减少，投入下降，游资扩大，货币性消费资金增加。从外汇汇价体系看，存在贸易价、金融价和市场价三种价格，高低相差一倍以上。由于国家对外汇实行严格管理，在三种价格并存的环境中，不少企业的外汇收入不调回国内、省内而存放境外、省外，以寻觅高价或用于投机。为了获得高额收入，也在国内市场介入竞争，迎合市场上人们崇拜进口商品的心理，在进出口商品上大做文章。从信贷资金价格看，存贷款利率倒挂，存款利率低于通货膨胀率，保值储蓄不能保值，更不能增值。利率本来就低，为了松动银根，反而下调，利率变动走向与资金供求状况相背。这样，一方面限制了银行收储积极性，另一方面也刺激了企业多贷款的需求，使资金供求矛盾加大。

在四种价格体系之间，其增长或下降的相关度如何，是正相关还是负相关，相关系数如何，均缺乏研究，如物价上涨率、银行利率与工资上涨率三者之间的关系缺少科学的测定。物价上涨，利率下调，信贷资金来源受到影响，企业资金自然趋向紧张。外汇价格与外汇储备关系较密，外汇储备和运用对国内市场商品价格有调节作用。出口增加、外汇储备增加，会引起国内市场商品减少、货币投放增加，以致造成价格上涨。总之，市场疲软背后隐藏着各类价格体系内部和相互之间的复杂关系，计划经济应力求通过有计划的调节去实现其均衡。

第一，消费品在市场的供求一般是有周期的，如某新产品投放市场后，开始成本高、价格高，人们买不起，不了解，销售不旺。到中期，技术提高，成本下降，价格有可能下降，但人们了解了其性能，急而购之，又刺激价格有上涨可能。这时是该商品的黄金时期。到后期，让别的更新的产品替代，或消化饱和，此商品就走向滞销，价格下跌，直至淘汰。在产品周期中，价格会随着其生产、销售及人们的消费而发生变化，形成相应的价格周期，如彩色电视机、电冰箱、洗衣机都是这样的。而我们的现实是：新产品上市，由于我国工资收入普遍偏低，所以买不起，大家都买不起，到钱攒够了，要买都能买起，形成一起购买，同期消费。再加上实行计划价格，一般商品价格不能随行就市，又形成了抢购之风。待消费饱和之后，销售骤然下降，而生产厂家由于企业信息不灵或国家宏观调节指导不够，新产品生产一哄而起，以追求一哄而购的利润，当消费饱和，又因国有企业转产掉头迟缓，不得不受产品销售不出之苦。

第二，在企业生产周转中，固定资金与流动资金客观上有一定比例，这是常理使然。那么固定资金增加，流动资金亦需相应增加，而我们的现实是：各级政府和干部都希望在自己管辖的地区和自己任职期间多办几项"德政"，以取信于民，以扬名于后，以表功于上，就要盖大楼、建工厂、铺马路、上产值，以有形资产特别是固定资产的增加来昭然社会，产值只能增不能降，否则就是自己无能或工作没有搞好。这种趋势，如同骑行"倒蹬闸"自行车一样，不可逆转，如逆转可能被撤换或降职。出于投资风险缺少承担人，国家没有追究投资失误的机制，使各级地方政府只重视固定资产投资，而不重视投资效益。在资金不足时，就乱拉资金，造成固定资金增加迅猛，而流动资金流失，企业资金周转紧张，开工不足，设备

29

利用率下降。近几年我国企业流动资金比例下降的原因：①挪用流动资金搞基本建设；②职工借款长期不还；③企业亏损后财政不能拨补；④企业相互拖欠，结算在途现金占用增加；⑤物价上涨造成流动资金需求的扩大（物价上涨吃掉了一块流动资金）；⑥新投产企业流动资金不落实，企业主管单位只管固定资产不管流动资金投资。在银根吃紧时自然形成一种紧张状况，因而造成企业开工不足，设备利用率降低，使社会财富浪费巨大。

第三，非正当竞争与两种经济运行机制的碰撞，使资金运用效益下降，商品价格上扬，市场活动无序。近几年不正之风的泛滥，"私倒"和"官倒"同时登场，权权交易、权钱交易之怪事屡见不鲜，成为常事。在计划价格和市场价格双轨制下，经济活动中的不正当竞争日趋严重，政府官员靠权力卖批事件时有发生，他们用计划价格向非计划需求提供生产资料，买者以高于计划价的价格向外批发，成为"倒爷"们的抢手货。这种非市场交易、非正当交易，拉长了流通过程，增加了交易环节，占用了大量资金。而这种交易只是层层加价，占用货币资金，而与生产过程毫无关系。在金融市场上，以非市场行为干扰市场交易，以权力分配资金，以权力决定投资，以权力决定贷款和收回贷款，在此过程中夹杂着一部分人只管个人经济效益，不管企业和社会经济效益的心理，从而出现了假公济私，损公肥私，化公为私的不正当行为。这些都加剧了资金的紧张与价格的上涨。国有企业中的同种产品生产，有计划内和计划外之分，同样计划内产品的生产所需原材料的供应有计划内供应和计划外自筹。于是企业以计划价购进原材料，以低价完成计划内生产任务，内外夹击，把企业逼进了资金不足和亏损的死胡同。

第四，产业政策与资金流向相背，使调整产业结构、投资结构和改善信贷结构成为理论上通行动上难，出现了产业部门和地区间资金配置的不均衡。由于市场机制的出现和市场调节方式的运用，横向经济联系和资金联系的发展，资金在市场上固有追逐利润的规律迅速表现出来，由于各种产品价格体系的许多不合理因素，造成各产业部门之间利润的不均衡。在地区间，由于自然条件和经济环境的差异，投资利益也有很大差别。于是，在当前资金市场上出现了资金流向与产业政策相悖的现象，即资金由工业向商业流，由国有企业向小集体流，由农业向非农业流，由农村向城市流，由贫困地区向发达地区流，由西北和中部地区向东南沿海流。这与国家加强农业、基础工业、能源和交通的产业政策及投资方向是相悖的。资金的趋利性，使市场上资金流向与计划中的产业结构调整不相吻合，产业结构难以调整，地区间贫富悬殊拉大距离。这种市场机制与计划机制并存下的资金在行业和地区间不均衡的分布，需要政策性引导，经济方法和市场方法的引导，而非单一行政方法可以奏效，但由于国家财政力量的限制，这种状况仍未能很好地解决。

第五，信贷资金计划配置的失当，也不能不是目前市场、价格和资金中的问题。在市场机制已经发挥作用并越来越显得很重要的情况下，我国金融市场的发育缓慢，金融倾斜仍偏向间接融资的银行信贷，而银行信贷的供应还是按指令计划分配，由中央银行按基数分配到各专业银行，各专业银行经中央银行同意后层层下达到支行。而生产和流通的市场性特点，使信贷资金的计划分配不可能在行业与地区间合理化，从而各专业银行的资金松紧不同，反映在生产和流通中各行业的资金借贷松紧也不同，很难与客观经济活动的资金需求相一致。生产资料及消费品生产和销售的市场化程度与资金分配的市场化程度的不等位，加剧了部分企业的资金紧张状况，影响了企业经济效益，也影响了产业结构合理化，同时还刺激了资金价格和商品价格的上涨。

第六，运用货币政策抑制通货膨胀、回笼货币，在一定程度上未能从市场上抽走货币反而抽走了资金。货币与资金是两个既有区别又有联系的不同概念。货币是购买和支付手段，是商品交易的媒介，是价值的一般化身。而资金却是能够带来价值的价值。二者的区别，最根本点在于资金是在运动中不断增加自身价值的，而货币不可能自己增值，仅仅是交换的媒介。但是，资金有时也可以货币形式存在，即货币资金。资金在生产和流通中的存在形式有三种：货币资金、生产资金和商品资金。资金中处于货币资金形态的资金，也是货币。由于我们在实际工作中不太重视从理论上弄清作为货币的货币和作为资金的货币的区别，遇到通货膨胀时，为了从市场上抽走货币，以减少市场压力，抑制通货膨胀，往往不管是作为货币的货币还是作为资金的货币，都混在一起对待，把作为资金的货币也紧缩掉了。再加上紧缩银根一般从限制、压缩信贷开始，以抑制派生存款，减少存款货币及现金流出，而经济效益不好的企业，多为销售不佳，任务繁重，银行的贷款任务完不成，就可能从经济效益好、有贷款收入的企业身上开刀，把正在周转运动中的作为资金的货币收回银行。而在经济效益不好，管理混乱的企业那里应当运动周转的资金或挪用于基本建设，或被职工借用而成为货币收不回来，这种"鞭打快牛"的结果，却从生产中抽走了资金，给市场留下了货币。个人手中的货币银行是压不了的。特别在紧缩银根时，银行往往加强现金管理，以限制钞票发行，实际上现金管理越严格，人们感觉越不方便，便干脆坐支现金，以逃避提现时的监督。现金管理越严、流通中现金越多，反而达不到货币回笼的目的。近几年存在的商品交易中现金购买比转账购买便宜的事实，已经说明这种管理方法的弊端。这种状况，不能不是目前市场上一方面通货膨胀，另一方面资金紧张的原因。

由上可见，目前市场、价格与资金中存在的问题是目前经济管理体制、经济运行机制、价格政策、货币政策、计划与市场关系等一系列问题的综合性反映。既然是一种综合病症，那么在用药上就不是单方可以医治的。需要运用辨证施治的综合性的多种药物科学配伍的方法才能解决，而且要较长一个疗程才能解决。头痛医头，脚痛医脚的办法是无法排除目前的困扰的。①

在当前的治理整顿中，解决市场、价格和资金问题的处方，各方专家和管理部门已经开出了不少，但在治疗中下药最重要的是银行发放"启动"资金，其次是集中资金，包括财政资金和信贷资金，强调集中统一和指令性管理。自1989年秋冬以来启动资金已经发放多次，总计1000多亿元，但"三角债"、"连环债"解开又结，清欠之后又欠，真好像一团乱麻，剪不断，理还乱。"启而不动"的或"大启小动"的情况告诉我们，"单方"是无法治疗综合征的。至于集中资金也只能解决部分企业的问题，无法解决全社会问题，而且还得承受低效益的代价。笔者认为综合治理的办法应包括各种政策手段的配合运用。

（一）价格政策

价格体制改革在经过一阵紧张辩论之后被搁置下来。但价格问题始终是市场调节中最敏感的问题，也是计划经济中最棘手的问题。选择合适的时间进行改革和必要的调整是非常迫切的，但在市场供求矛盾拉大，物价上涨时显然不合适。在目前市场疲软，销售不旺，保持价格总水平不变的情况下调整不合理的商品价格，是个较好的时机。尤其是经过一年的疲

---

① 原稿下文与本书《论市场疲软的综合治理》一致，此处从略。

软，人们心理对物价的预期比较平静的情况下，风险会相对小一些。企业生产周转迟缓，增加信贷投放会造成市场已过多的货币量继续增加，而且"启而不动"。不增加信贷投放，企业连工资发放都会成为问题。在这种投放不行、不投放也不行的两难选择中不如放宽思路，在价格上做文章。对因调高价格而增加的收入集中在国家手中，用于对调低价格的亏损补贴。将计划价、协议价逐渐地向市场价靠拢，变双轨价为单轨价。资金价格，也逐渐由官定利率逐步向市场利率靠拢。劳务价格上，可以逐渐把脑、体力劳动倒挂和简单劳动与复杂劳动倒挂的问题扭转过来，以保证我国计划经济的统一基础和尺度，为真正的计划经济铺平路子，也为市场调节创造平等的竞争环境，真正实现计划经济与市场调节相结合。

（二）货币政策

目前货币政策手段不多，而且在计划手段、行政手段与经济手段的配合上缺乏协调，以致缺少弹性。一旦运用某些手段，对国民经济带来的震荡较大，将造成国民经济调整中的急转弯，转急弯，引起整个列车的颠簸。现代化经济的调整和转弯，宜转大弯，大转弯，才能保持列车平稳。所以货币政策手段运用的微调机制过少是目前亟待解决的问题。启用选择性的信贷管理手段、公开市场业务手段，将会有效地增强调整中的弹性，在保证"大笼子"不变的前提下，放开缰绳还是必要的。

（三）法制建设

企业短期资金紧张本可以充分运用商业票据来解决交易中的资金困难；企业长期资金不足本可以运用证券筹资来补充。但是由于公司法、票据法、证券交易法等没有颁布，资金交易中纠纷迭出，抵消了新结算制度实施以来可能带来的好处。"三票一卡"办法公布一年来，商业票据发行和交易发展缓慢与票据法不健全有关。证券发行与交易也是如此。个人手中的几千亿元存款和现金，本可以通过证券引向建设事业和生产流通，发展商品生产，但由于法制不健全，证券发行与交易发展迟缓。使企业在国家银行紧缩银根之后，再无别的筹资门路，社会投资无法直接进入企业。因此，笔者认为加快法制建设，开拓资金市场，不可以继续等待观望。

（四）配套改革

治理整顿与深化改革是否矛盾，在理论上是无争议的。但在实际中改革的停步已制约了经济的发展，如双轨制不能再继续下去了，它已成为弊端丛生的病窦。只有推进改革，变双轨制为单轨制才能有利于计划经济的实现，有利于市场调节作用的发挥。目前物价上涨正在悄悄地吃掉国家的固定资产积累。试问以原有的固定不变的固定资产折旧率提取折旧基金，若干年以后还能保证原有固定资产更新吗？而流失掉的这部分固定不变的固定资金正在悄悄地转化企业利润留成、职工福利、承包人奖金和地方税金，并进而转化为消费基金和地方或企业扩大基本建设的资金来源。因而，国有资产管理的格局必须加快改革，以保证全国人民用40年辛勤劳动积累起来的财富不受侵蚀。金融体制、财政体制、价格体制的配套改革必须加快设计和研究，在充分论证成熟的基础上推出，这是解决我国国民经济中出现的各种问题的根本措施。

消费品市场发展规律

背景说明

本文是 1990 年 5 月在国内贸易部系统第二次经研所所长会议上的发言提纲，后载于《经济研究所资料》总第 96 期。消费品市场产生、发育和发展的总规律是沿着食、衣、住、用、行、乐展开的。消费品在市场上的商品需求是有序地由低级向高级发展的，在不同的生产力水平下有不同的内涵和消费方式，在不同的社会制度或同一社会的不同经济体制中具有差异性、不同消费阶段的需求具有伸缩性、不同年龄段上消费具有时差性、不同风俗习惯在消费上具有地域性等，这些都是消费品市场规律需要研究的问题。

一

消费品是直接满足人们消费需要的商品，亦称最终产品。消费品市场是"为个人提供最后的、直接的消费品的市场"，是商品市场体系的最要组成部分。随着 10 多年来的经济改革，我国的经济运行机制和国民经济流程发生了深刻变化，市场尤其是消费品市场的变动已成为影响和拉动国民经济总体变动的重要因素。特别是伴随市场取向改革的推进，国民经济有序运行和流程变化的枢纽已由积累导向中心转入消费导向中心，使消费品市场变动不仅成为影响国民经济短期波动和长期发展中极重要的一个变量，而且成为国民经济总体变动的先导。正是在这个意义上，我们认为，消费品市场在国民经济中的作用不仅在于可以实现最后的消费，借以导向与诱发生产，更重要的则在于它是国民经济总体运行的"预警器"，通过对消费品市场与国民经济总体运行耦合关联的分析，从深层次上透析经济运行机制转换的机理、规则与成因，进而揭开主要经济问题症结之"谜"，把握今后宏观经济运行之趋向。

消费品市场上的商品光怪陆离，成千上万，又不断推陈出新，千变万化。因此，分析和研究消费品市场的变动过程，必须从时间演进的历史跨度进行系统考察，探索消费品市场的发展规律，并循着历史发展的规律判定消费品市场的走向，这对于经济管理部门和商业经营单位都具有十分重要的现实意义，它是正确制定经济政策和进行生产经营决策的重要依据。本文讨论的重点也正在于此。

然而在过去一个相当长的时间内，我们在理论上否定商品经济的存在，限制市场作用的发挥。重生产轻流通，重计划轻市场，以纵向的行政性指令计划来组织消费品的生产与供应，消费品市场处于产品经济和高度集中的计划体制的"夹缝"之中，名为消费品市场，实为消费品配给的供应站，在消费品生产计划方面，注意到了民以食为天，吃饭第一，以吃饱穿暖为目标，将消费品生产视为生产资料生产的配角，这种行政分配式的消费品流通体制，应当说是适应了低生产力水平和产品经济社会条件的流通模式，它在有效贯彻国家意图，缓解由于供求关系紧张而造成的对市场和人民生活的强烈冲击方面无疑具有一定的积极意义。然而我们更应当看到这一流通体制的历史局限性的弊端，它从根本上排斥市场的作用，有效竞争的格局没有形成，部门、地区间条块分割，使消费品的生产者和经营者在相当程度上缺乏应有的自主权，消费者自由选购的权利也受到严重限制。加之要素市场尚未形成、宏观调控机制尚待转换和市场信息、信号的扭曲等，使消费品市场极不发达。即使是在计划的直接控制下从较低层次上实现了市场的稳定，也是以整个社会经济领域更加严重的比例失调为代价的。

消费品在发育过程中所以存在这些问题，归根结底在于人们对生产与消费关系的片面认识，忽视了流通的潜能及消费对生产的能动促进作用，任何社会化的大生产都包括生产和流通两个过程。流通作为中间环节，既影响生产又影响消费。从根本上说，生产是基础。它决定着交换、分配和消费的规模和水平，但任何社会的生产最终都要归结于消费，因而消费对于生产不是消极被动的，它对社会生产具有巨大的反作用。长期以来，人们片面强调生产的决定作用甚至认为生产是第一性的，分配、交换和消费则是第二性的，这不仅是对马克思主义流通理论的曲解，也严重脱离了客观经济现实。我们认为，生产、分配、交换和消费在社会再生产过程中存在着辩证统一的关系，不能也不可能将其划分为第一性或第二性，四个环节相辅相成，互为条件，一环扣一环，以此保证整个社会再生产过程的顺利进行。失去或弱化其中任何一个环节，都会影响乃至破坏社会再生产过程的有序进行。从国民经济运行主要宏观指标和诸多经济参数的变动关系中，可以看出消费品市场变化与工业总产值增长速度和国民收入变化具有密切的相关性，这种相关性在 20 世纪 50 年代到 70 年代末期和 80 年代改革开放后具有明显不同的特征。

从统计资料中可以看出，社会消费品零售额随着工业总产值和国民收入的上升而上升，它在时序上具有非均衡性。20 世纪 50 ~ 70 年代末期的变化值较大幅度地低于工业产值和国民收入变化值，表明消费品市场的变化完全依附于工业产值和国民收入的变化。如 1978 年与 1957 年相比，工业总产值增长 6.02 倍，国民收入增长 3.32 倍，而社会消费品零售总额增长仅为 2.86 倍，居民消费水平增长 1.72 倍，国民收入消费额增长 2.69 倍，人均国民收入增长 2.21 倍。经济体制改革以后，1990 年与 1978 年相比，工业总产值增长 5.65 倍，国民收入增长 4.79 倍，而社会消费品零售总额则增长 5.73 倍，全国居民消费水平增长 4.08 倍，国民收入消费额增长 5 倍，人均国民收入增长 4.04 倍。社会消费品零售总额、居民消费水平和国民收入消费额的增长速度明显高于同期工业产值和国民收入的增长速度，消费品市场波动较之改革以前呈扩大态势，其扩张速度之快表明它对国民经济总体运行的能动反作用日益明显与重要了。

从居民消费水平年均增长速度看，"一五"时期为 4.2%，"二五"时期为 -3.3%，1963 ~ 1965 年间为 8.9%，"三五"和"四五"时期为 2.1%，"五五"时期为 4.8%，"六五"时期为 8.9%，"七五"时期为 3.3%。从改革开放十余年情况看，1979 ~ 1990 年居民消费水平年平均增长 6.3%，职工工资总额增长 7.3%，社会商品零售总额年均增长 8.2%，主要消费品的零售量也有较大幅度的增长。消费品市场的这些变化都表明它同国民经济总体运行的相关度大大提高了，因此研究消费品市场规律，并按照消费品市场规律的要求组织消费品的生产和流通，对于国民经济的稳定、协调、持续发展是十分重要的。

二

消费品市场的存在和发展并不是杂乱无序的，而是有着自身固有的规律。规律作为事物内在的、本质的、必然的联系，不仅体现着事物相互联系的本质内容，而且规定着事物发展的必然趋势。消费品市场产生、发育和发展的总规律是什么？我们认为可用下列式子来表示：

食—衣—住—用—行—乐

这个总规律的基本含义是：

第一，消费品市场上的商品需求是有序地由低级向高级发展的。中国古代素有"民以食为天"之说法，表明食是人类生存和发展的第一需要。在原始的蒙昧时代和野蛮时代，刚刚脱离动物界的猿人群居而生，支配自然的能力极低，虽然谈不到衣用住的消费，但依靠双手采集自然界现成的植物根、茎、果及狩猎活动，甚至发生人吃人的现象以解决食的问题，以此维系着自身的生息和繁衍。到了生产力水平发展到一定阶段以后，才将穿和住列入人的消费需求。随着原始共同体和氏族社会组织的建立，消费需求也由住发展到用，进而发展到需要骑马或驾车的行。这是社会经济发展史中人所共知的基本常识。

第二，在不同社会生产力水平下，"食—衣—住—用—行—乐"的规律有着不同的具体内涵和消费方式。以采集和狩猎为生的原始人吃烤肉，衣树（猎）皮，用石器，住地穴，以步行走，以粗糙简单的贝壳装饰为乐。到了封建社会，人们吃蒸煮炸的食品，衣布帛绸缎，住青砖瓦房，用木犁黄牛，行驾牛马车，乐歌舞戏曲。而在现代社会，人们食中西佳肴，追求营养方法，衣丝绸纤维毛料，讲究轻柔暖美，住钢筋水泥结构楼房，讲究宽敞明亮，用彩电冰箱等高档消费品，追求名优新特，行飞机、火（汽）车，讲究迅速安全，乐影视游艺，讲求高雅享受等。可见，食—衣—住—用—行—乐规律的具体内涵是随着社会生产的发展和人民生活水平的提高而不断发展变化的。

第三，不同社会制度和同一社会的不同经济体制下，食—衣—住—用—行—乐规律的轨迹次序有可能发生变异。在福利多的国家，住房非商品化，由国家以极低的租金分配住房，在这样的社会中，消费品市场规律中住、用的次序将发生调换。即人们对住房消费不在个人收入中列支，满足了食、衣消费以后就是用，而不是住。反而在住房商品化后，人们在食、衣消费基本满足的前提下首先考虑的是住的问题，然而才是用、行和乐。在社会生产力水平较低，人口众多和交通设施相对落后的国家中，人们对行的消费需求也较低，行和乐的次序也可能发生位移。又如喜欢娱乐的消费者在其他消费拮据的情况下可能优先满足乐的需求，也有些节食衣而重用行的情况。

消费品市场的这一发展规律，在运行的总轨道上又呈现出以下具有规律性的特点：

（一）消费品类型和品种的替代性

由于消费者的收入水平、消费习惯、消费心理的不同，往往存在着各式各样的消费需求，在不同时期、不同空间或不同环境下，消费品类型和品种可以相互替代，但不能不消费。如在 60 年代初期粮食供给严重不足的情况下，往往以瓜菜替代；瓜菜不足又以野菜替代，菜根、"上球藻"、酒糟等都是十分争抢的食品；70 年代"穷过渡"时期，高粱、玉米、马铃薯可以替代小麦、大米。在日用工业品方面，名牌自行车、手表、缝纫机供应紧张，非名牌就可以替代，黑白电视机可以替代彩色电视机，14寸彩电又可以替代 18 寸、20 寸的彩电等。消费品类型和品种上的替代性往往依商品供求状况和人们购买能力而转移，这是消费品市场规律变化的重要特点之一。

（二）不同发展阶段上的非均衡性

即同一时期在不同国家、不同经济发展水平的各个地区，消费品市场变化具有不平衡性。在某些发达地区，彩电、冰箱已经普及，消费需求已转向摄像机、录像机、家用电脑游戏机的时候，某些贫困落后的地区可能还没有解决食衣问题。在我国，由于幅员辽阔，人口众多，自然条件差异很大，经济文化发展水平也有较大悬殊，同一时间处在食、衣、住、用、行、乐各个阶段上的消费水平会同时存在。即使在同一地区．由于家庭、人口、就业收入、劳动力、素质等多方面原因，也会出现同一地区、同一村镇、同一大院内存在不同阶段上消费水平的情况。

（三）不同消费阶段上需求具有伸缩性

消费者购买商品，在数量、品级等方面往往会随购买力水平的变化而变化，随商品价格的高低而转移，即在收入和价格作用下对消费需求具有一定的弹性。从规律上看，越接近食的一端，刚性越大，无论收入的多少和价格的高低，食衣问题都必须优先保证，只是食衣质量、构成方面存在差异；越接近于乐的一端，弹性就越大。从消费品结构上看，基本的日用消费品消费需求弹性较小，不会因货币收入的增多而提高购买力或因销售价格的降低而产生过多的需求；但对中高档耐用消费品和装饰品来说，消费需求的弹性就相对大一些。消费品需求的伸缩性决定了消费品市场也具有同样的特征。因此消费品市场的组织要对刚性大的商品密切关注，而对弹性大的商品则可作为第二位安排。

（四）不同年龄段上消费的时差性

老年人消费多数呈滞后性，中年人消费多数呈同步性，青年人消费多数超前。这里所谓的"滞后"、"同步"、"超前"具有三层含义：一是在花色、品种追求上的传统实用与新颖；二是购买能力上的滞后、同步和超前，滞后型消费偏向积累，需求增长延缓，容易导致产品更新换代缓慢和消费品生产上的盲目性；三是超前型消费往往举债度日，容易导致人们观念上的某些偏颇，也不利于民族工业的发展。因此根据消费品需求的时差性组织消费品市场，可以有效地发挥市场功能，保证国民经济总体运行的秩序井然。

（五）同一消费阶段上不同职业的选择性

如教师、科技人员与职员在消费水平大体均衡的情况下，前者可能用于文化用品、书籍的支出多些，而后者日用工业品消费支出的比重可能增大。

（六）不同风俗习惯在消费上的地域性

如北方人爱吃馍和面，南方人喜欢食大米。特别是在民族地区消费差异更大，寺庙僧尼用品在蒙、藏地区与中原地区的消费就会大有不同。

从总体上考察，我们认为，食—衣—住—用—行—乐的轨迹是从原始社会到未来社会共同存在的普遍规律，也是不断满足人们生理和心理需要的总的发展趋势。人类社会发展的历史，从一定意义上讲，就是为满足这一规律的要求而不断斗争的历史。正是循着消费品发展的这一规律，人类才在不断克服自然和改造自然的过程中创造了无比辉煌灿烂的文明，进而推动着社会历史的前进。

三

经济改革以来，我国消费品市场变化极为活跃。从消费品市场供求总量、结构等变化的轨迹和特征看，完全符合上述消费品市场发展的规律。已有资料显示，在社会消费品零售额中食品类支出占主要部分，衣着类支出占第二位，用品和住的支出基本稳定，而乐的支出则有较大幅度增长（见表1）。

表1　社会消费品零售额构成　　　　　　　　　　单位：%

年份	食品类	衣着类	燃料类	日用品类	娱乐用品	药及医疗用品	书报杂志类
1952	56.5	19.3	3.3	15.0	2.6	2.6	0.8
1957	54.6	18.7	4.2	14.8	2.9	3.8	1.1
1962	51.6	14.7	5.2	19.6	3.3	4.8	0.8
1965	55.4	19.1	5.1	11.6	2.9	4.7	1.1
1970	53.4	23.4	4.8	10.5	2.5	5.0	0.4
1975	53.0	21.0	4.7	12.1	2.8	5.5	0.9
1980	51.2	23.1	3.8	12.9	4.1	3.7	1.3
1985	52.7	18.9	2.9	13.9	7.7	2.8	1.2
1988	54.2	17.0	2.6	14.8	7.1	3.2	1.2
1989	54.5	16.3	2.9	14.9	6.7	3.4	1.4
1990	55.4	16.3	3.0	13.3	6.1	4.0	1.5

资料来源：《中国统计年鉴》。

从主要消费品的零售量看，改革开放以后用的增长速度最快，而食和衣的增长趋于稳定。在食品消费构成中，猪肉消费增长高于粮食消费增长，表明人们的食品消费正向着高质量、营养型方向发展。

从消费品市场规律的特点看。城乡居民、地区间和收入水平，不同的家庭间消费具有不同的特征。在城镇居民家庭平均每人全年生活费用支出构成中，购买消费支出始终占90%以上，其中粮食支出已由1985年的8.95%减少到1990年的6.61%，副食品支出则由30.14%上升到32.94%，衣着消费由14.56%减少到13.36%，而文化娱乐消费则由0.34%上升到0.37%。从1990年截面图看，城镇居民家庭平均每人生活费支出构成与货币收入多少密切相关。低收入户和中等偏下户的粮食支出分别为7.88%和7.3%，高于6.61%的平均数，而中等户、中等偏上户、高收入户和最高收入户的粮食消费呈递减趋势，分别为6.56%、6.10%、5.71%和5.23%；平均房屋及建筑材料消费为1.56%，中等户及中等偏上户仅占1.29%和1.43%，只有高收入和最高收入户的房屋及建筑材料支出才高于平均数，分别达到 1.81% 和 2.97%。平均文娱费支出比例为 0.37%，中等以上收入户均不同程度地高于平均数。从地区看，居民消费水平在全国位于前 5 位的是上海、北京、天津、辽宁和广东，而贵州、河南、云南、广西和甘肃则位于后 5 位。从工农消费水平看，1990 年工农消费水平之比为 2.8∶1。从农民家庭平均每人生活消费品支出看，1978 年平均 116.06 元，其中生活消费品支出 112.90 元，占 97.28%。在生活消费品支出中，食品占 69.61%，衣着占 13.06%，住房占 3.25%，用品及其他占 14.08%，呈现出食—用—衣—住的特征。到 1990 年，生活消费平均支出 538.05 元，为 1978 年的 4.64 倍，其中生活消费品支出 497.65 元，占生活消费总支出的 92.49%，文化和生活服务等非商品支出占 7.51%。生活消费品支出中，食品占 59.31%，衣着占 9%，住房占 13.91%，用品及其他支出占 17.78%，呈现出食—用—住—衣—乐的特征。

我国消费品市场变动在不同阶段所以呈现出不同的特征，我们认为是由以下因素共同作用的结果：

（一）产业结构和产品结构

一般来说，生产什么样的消费品就只能消费什么样的消费品。产业、产品结构状况直接决定着消费品市场的供给状况。粮食消费比重的降低和畜、水产品消费比重及增长速度的提高，都是农业内部产业结构不断转换的结果。近年来纺织、食品工业发展较快，人们消费中副食品的比重就会提高，成衣增长速度也必然高于布的增长速度。

（二）收入水平

收入水平及其增长速度是影响消费品市场的直接因素。随着收入水平的迅速提高，需求重心也发生转移。当收入增长较低时，消费者的需求指向仍然是传统的生活必需品，而在收入增长持续一段时间以后居民的需求指向必然转向高档耐用消费品，这样社会消费品零售总额的快速增长主要靠非必需品销售的快速增长而拉动。

（三）消费品价格

从物价总水平来说，居民货币收入不变，物价总水平提高，消费需求总量会相应减少；反之，消费需求总量增加。从个别消费品价格看，价格降低有可能吸引消费，反之则可能限制消费。因此消费品价格是调节、平衡供求的"枢纽"。但从深层次上说，价格形成机制不同，价格的功能、作用及其对消费品市场变化的影响也不同。经济改革以前，消费品价格由国家计划直接控制，这种价格形成机制决定了消费品价格与市场供求基本无直接相关。当收入变化导致市场需求扩张或收缩时，往往采取调整供给数量（产量）的办法维系市场供求的短期平衡，价格机制的作用甚微。经济改革以后随着消费品价格的逐渐放开，才使价格开始与消费品市场的供求对接，通过价格机制的作用，自发地拉动或限制着消费品供求总量和结构的平衡。

（四）人口总量与构成

人口是构成消费品市场的基本要素之一。它对消费品市场变动的影响不仅在于人口总量上，而且在于人口的构成方面。如人口的自然构成、社会构成、地区构成、职业构成、性别构成都会形成独具特色的消费需求，从而诱发消费品市场的变化。

（五）政治及经济体制

党和国家的有关方针政策，不仅规定了国民经济的发展方向和速度，而且直接关系到消费品市场的增长变化，国家的有关法规和制度，特别是经济立法，对市场消费需求的形成和实现也具有重要的调节作用。如银根紧缩后使潜在的消费需求消失；提高利率使消费品市场主体行为变异，往往延缓消费；投资膨胀与集团购买力的控制加速了消费品市场的变动；市场整顿也会在不同程度上矫正消费品市场的流通行为等。

（六）社会教育文化水平

消费者不同的教育文化修养与素质，必然影响其生活方式和消费习惯，从而导致不同层次的消费需求，我国社会消费品零售总额中，书报杂志和文化用品所占比重的急骤增加，说明社会教育文化水平对消费品市场的影响作用也日益加大。

概言之，随着改革的深化和企业经营机制的转换，我国国民经济发展逐渐摆脱了低收入水平上的以积累为中心的传统模式，居民收入得到迅速增长。与此相适应，消费品市场也发生了较大的变化，逐渐成为国民经济总体变动的先导。这是经济体制改革的重大成果，也是实现我国现代化发展战略的关键环节和必然选择。

四

研究消费品市场发展变化的规律，目的在于对消费品市场的发展趋势做出合乎科学的预测，借以指导消费品的生产与供应。我们认为，对未来的科学预测必须立足于现实，弄清我们目前处于消费品市场运行轨道的哪个阶段上。从这个阶段过渡到高一级消费阶段需要多长时间？只有这样才能制定出行之有效的对策，并不失时机地引导、促进或限制消费品市场的发展变化。

目前我国沿海、内地、边远山区与贫困地区的情况有较大差异。根据我们考察研究的结构，目前沿海地区和主要城市的食、衣、用问题已彻底解决，住房热，室内装饰热骤然兴起，正处于高潮之中，私人汽车尚处于萌芽状态，由于住宅商品化尚未全面铺开，加之公费医疗等高福利政策，使这些地区"乐"的需求超前发展，而内地和多数农村的食、衣问题已基本解决，正在住和用的阶段上迅速发展，少数山区和贫困地区的温饱问题尚未彻底解决。总的看来，消费品市场上刚性商品逐渐退离供应总目标，而弹性商品需求逐渐扩张。

据此判断，我们认为我国消费品市场将呈以下发展趋势：

（一）发展趋势

1. 消费水平将持续提高

消费水平的提高主要通过消费品零售额增长反映出来。新中国成立以来，随着国民经济的发展和居民货币收入的增加，消费品零售额是不断增长的。到20世纪末，我国工农业生产产值将翻两番，国民收入相应增长，人民生活将达到小康水平。可以预见，随着国民经济的发展和居民货币收入的增多，我国社会消费品零售额有可能以接近于工农业生产的增长速度不断发展。

2. 消费结构将不断改善

在吃的方面：主食比重将不断下降，副食比重上升；水果、干果、食用菌、滋补品以及畜产品、水产品的销售可望增加；副食中蛋、奶、配餐食品和各种饮料的比重上升。今后人们食物构成中不仅要吃饱，而且讲究吃好，注重做工精细、新颖多样、味美色鲜，把食物与预防疾病、保健身体、延年益寿等相联系也将成为必然的趋势。在穿的方面：衣着打扮远远超出了御寒蔽体，更注重色彩感、形体感和线条韵律。今后人们对服饰的选择已不再单纯讲求经久耐用，而是转向款式新颖、质地优良、物美价廉的方面。在住的方面：随着住房条件的逐渐改善，人们对各种灯具、工艺美术品、室内装修装饰用品以及树、鸟、花、鱼的消费需求将逐渐增加。

在用的方面：随着人们审美意识的增强，已不限于使用价值的单方面考虑上，而是追求具有审美价值的用品选择。因此设计新颖、具有多种功能的日用工业品将备受青睐；耐用消费品也将趋向对中、高档和名优新产品的追求。在行的方面：近年来摩托车开始作为新的耐用消费品进入家庭，今后有可能趋于轻型化，以质优、轻便、节油的质量特征占领市场；轻便、新颖，高速的自行车在今后几年中将成为居民交通工具的主体；小型多用汽车、客货两用车几年以后可能成为热门货。在乐的方面：随着人们生活水平的提高，对劳务消费和感情商品的需求将呈扩大趋势。一方面对浴室、理发、照相、修理等传统服务行业的服务效率、服务质量与服务项目提出更高要求；另一方面也要求扩大家庭服务（健身、美容、娱乐）的项目与领域。在影视需求稳步增长的同时，智力开发设施（钢琴、游戏机、家用电脑）及各种科教书籍将有较大的消费需求。但总的看来，由于我国生产力水平较低，食、衣、用的基本消费在较长的一段时期内仍然会成为消费品市场的重要支柱与主体。

3. 消费品市场的组织将不断变化

一方面根据消费品需求的层次性，将会出现经营品种专门化的消费品市场；另一方面根据不同年龄消费需求的时差性，将会出现市场细分化趋向，如老年市场、妇女市场、儿童市场等。此外消费服务趋向社会化，消费预测也将日益科学化。

总之，90年代最具发展潜力的消费品类型有：便利型、休闲娱乐型、运动健康导向型和感情商品导向型。

（二）应对措施

如何适应这一变化趋势？我们认为近期应采取以下措施：

1. 转变观念

要突破不适应消费品市场发展的旧框框，进一步增强发展商品经济的市场意识。生产企业要开阔眼界，拓宽市场，管理部门也不能画地为牢，经营单位要做好消费品市场的充分调查和预测工作，有选择地组织消费品的采购和供应，使消费品市场能按其固有的规律有序地发展。

2. 制定科学的消费政策

以社会主义初级阶段的消费模式为依据，体现在发展生产的基础上不断改善城乡人民物质文化生活这个基本原则，正确引导和调节消费，更好地发挥消费品市场在国民经济总体运行中的重要作用。

3. 大力开发新产品

了解消费者的消费需求和消费品市场的发展趋势，多途径地开发新产品，以满足不同层次的消费需求。

4. 完善信息系统

做好市场调查和预测工作，明确市场目标。健全信息管理系统，以灵敏的信息指导消费品生产与经营，正确确定消费品导向类型，做好售后服务工作。

论市场疲软的综合治理

背景说明

本文是应《厂长经理报》之约而写，原载该报 1990 年 8 月 11 日。1990 年市场疲软比较突出，市场疲软背后隐藏着各类价格体系内部和相互之间的复杂关系，要从根本上解决市场疲软，不能不从价格、资金等诸方面进行综合治理，其办法必须是在价格政策、货币政策、法制建设和深层次改革上配套进行。

在治理整顿中解决市场、价格和资金问题的处方，各方专家和管理部门已经开出了不少，但在治疗中下药最重要的是银行发放"启动"资金，其次是集中资金，包括财政资金和信贷资金，强调集中统一和指令性管理。自 1989 年秋冬以来启动资金已经发放 1000 多亿元，但"三角债"、"连环债"解开又结，清欠之后又欠，真好像一团乱麻，剪不断，理还乱。"启而不动"的或"大启小动"的情况告诉我们，"单方"是无法治疗综合征的。至于集中资金也只能解决部分企业的问题，无法解决全社会问题，而且还得承受低效益的代价。笔者认为综合治理的办法应包括各种政策手段的配合运用。

一、价格政策

价格体制改革在经过一阵紧张辩论之后被搁置下来。但价格问题始终是市场调节中最为敏感的问题，尤其是经过一年的疲软，人们心里对物价的预期比较平静的情况下，风险会相对小一些。企业生产周转迟缓，增加信贷投放会造成市场已过多的货币量继续增加，而且"启而不动"。不增加信贷投放，企业连工资发放都会成为问题。在这种投放不行、不投放也不行的两难选择中不如放宽思路，在价格上做文章。对因调高价格而增加的收入集中在国家手中，用于对调低价格的亏损补贴。将计划价、议协价逐渐地向市场价靠拢，变双轨价为单轨价。资金价格，也逐渐由官定利率向市场利率靠拢。劳务价格上，可以逐渐把脑体力劳动倒挂和简单劳动与复杂劳动倒挂的问题扭转过来，以保证我国计划经济的统一基础和尺度，为真正的计划经济铺平路子，也为市场调节创造平等的竞争环境，真正实现计划经济与市场调节相结合。

二、货币政策

目前货币政策手段不多，而且在计划手段、行政手段与经济手段的配合上缺乏协调，以致缺少弹性。一旦运用某些手段，对国民经济带来的震荡较大，将造成国民经济调整中的急转弯，转急弯，会引起整个列车的颠簸，现代化经济的调整和转弯，宜转大弯，大转弯，才能保持列车平稳。所以货币政策手段运用的微调机制过少是目前亟待解决的问题。启用选择性的信贷管理手段、公开市场业务手段，将会有效地增强调整中的弹性，在保证"大笼子"不变的前提下，放开缰绳还是必要的。

三、法制建设

企业短期资金紧张本可以充分运用商业票据来解决交易中的资金困难；企业长期资金不足本可以运用证券筹资来补充。但是由于公司法、票据法、证券交易法等没有颁布，资金交易中纠纷迭出，抵消了新结算制度实施以来可能带来的好处。"三票一卡"办法公布一年来，商业票据发行和交易发展缓慢与票据法不健全有关。证券发行与交易也是如此。个人手中的几千亿元存款和现金，本可以通过证券引向建设事业和生产流通，发展商品生产，但由于法制不健全，证券发行与交易发展迟缓。使企业在国家银行紧缩银根之后，再无别的筹资门路，社会投资无法直接进入企业。加快法制建设，开拓资金市场，不可以继续等待观望。

四、配套改革

治理整顿与深化改革是否矛盾，在理论上是无可争议的。但在实际中改革的停步已制约了经济的发展，如双轨制不能再继续下去了，它已成为弊端丛生的病窦。只有推进改革，变双轨制为单轨制才能有利于计划经济的实现，有利于市场调节作用的发挥。目前物价上涨正在悄悄地吃掉国家的固定资产积累。试问以原有的固定不变的固定资产折旧率提取折旧基金，若干年以后还能保证原有固定资产更新吗？而流失掉的这部分固定资金正在悄悄地转化企业利润留成、职工福利、承包人奖金和地方税金，并进而转化为消费基金和地方或企业扩大基本建设的资金来源，国有资产管理的格局必须加快改革，以保证全国人民用 40 年辛勤劳动积累起来的财富不受侵蚀。金融体制、财政体制、价格体制的配套改革必须加快设计和研究，在充分论证成熟的基础上推出，这是解决我国国民经济中出现的各种问题的根本措施。

《中国投资经济概论》序

背景说明

本文是应张涛同志要求，为其《中国投资经济概论》一书所写的序言，中国经济出版社 1995 年 12 月出版。当时张涛为山西财经学院经济学副教授，现为山西财经大学教授。

投资是当今世界最活跃、最兴旺、最具有吸引力的一个经济领域，也是经济生活中最热门的话题。投资，之所以能受到各国的关注，是因为投资是实现社会经济增长的强大助推器，是迅速发展社会生产力、增强各国经济实力的最有力杠杆，是尽快提高本国人民物质文化生活水平的重要手段。新中国成立 40 多年来，特别是实行改革开放的 16 年来，我国的国民经济之所以保持较高的增长速度，综合国力和人民的物质文化水平都上了一个新台阶，我国由一个贫穷落后的国家，变为初步繁荣昌盛的社会主义国家，这些都与多年来党和政府高度重视投资经济的发展有极大的关系。我国要实现社会主义初级阶段的经济发展战略目标，构筑起中国经济的摩天大厦，实现社会主义现代化，仍将依赖于投资事业的更大发展。

新中国成立 40 多年来，我国虽然在投资领域取得了举世公认的巨大成就，但却走过了一条曲折发展的道路。以科学的态度认真总结我国投资经济的历史经验和教训，探索中国投资经济内在的客观经验和教训，探索中国特色的社会主义投资经济学，对于加速我国投资事业以及整个国民经济的发展具有重要的意义。张涛、潘柏宗等同志主编的《中国投资经济概论》一书，在理论和实践的结合上，对我国投资经济的发展规律做了有益的探索。我读后感到获益匪浅，无论历史的分析，抑或理论的探究、实务的评介，都给人以新感，授人以启迪。因此，我很高兴地将此书推荐给广大读者，尤其希望中国投资经济的学术界和实业界的朋友们能读一读此作，定有所获。当然，对于中国投资经济的研究以及创建具有中国特色的社会主义投资经济学现仍处于起步阶段，仍有许多工作要做，只有集中经济与实际工作者的共同智慧，并进行艰苦的研究与探索，才能使这一学科根深叶茂，荫庇学界和实业界。

《企业税务会计学》序

背景说明

本文是应李占国、王吉祥同志要求，为其《企业税务会计学》一书所写的序言，经济管理出版社 1996 年 8 月出版。李占国现任山西财经大学会计学院教授，王吉祥现任太原市地税局局长。

伴随着 1993 年财务会计制度的重大改革，我国形成了以《企业会计准则》为指导的"准立法会计"，使企业的会计核算向着科学性、公允性、独立性的方向发展，要求税务征管人员在掌握税法的基础上熟悉会计，因为各种税收计征的依据，几乎都取自会计核算资料。伴随着 1994 年税制的全面改革，我国形成了日趋复杂的多税种复合税制，使企业的纳税业务向着多样化、复杂化、税制硬化的方向发展，要求纳税人在掌握会计的基础上熟悉税法，因为税法是纳税人履行纳税义务、依法纳税并取得税收保护的法律依据。由此可见，企业会计工作与税收征管工作的紧密结合，是纳税人自觉并正确纳税的需要，也是加强税收征管工作的要求。由山西财经大学会计学院教授李占国和太原市地税局局长王吉祥高级经济师合作编著的这本《企业税务会计学》，就是将会计纳税业务与税收征管业务融为一体，以最新税务法规和财务会计制度为依据，全面、系统地论述了企业纳税活动及其会计处理，为纳税人和税务征管人员提供了一本融理论、可操作性于一体的专门论著。

税收与会计二者的目标、法律依据、核算原则是不同的，而且税收法规受一定时期社会的、政治的、经济的影响，使会计和税收在纳税人收入与费用确认的范围、标准及时间上往往不一致，这就使企业的纳税会计处理更加复杂和具有多变性。在西方国家，税务会计与财务会计、管理会计构成了企业会计学的三大分支；而在我国，随着市场经济体制的建设，企业财务会计理论及核算制度正在发生巨大的变革，这种变革，既体现着市场经济体制的国际化趋势，又体现着中国国情所决定的中国特色的理论与实践。虽然《企业会计准则》的颁布隐含着会计和税务分流的意向，现行税制的有关规定也做了某些肯定，但如何建立和完善符合中国国情的企业税务会计学，并且能够与国际上通行的企业税务会计理论及实务相衔接，提高我国企业会计理论的科学性和业务技术上的合理性，以便向会计信息使用者提供真实、客观、公允的信息，一些专家正在考虑将原财务会计中的纳税业务分离出来，建立一个以国家税法为依据，以保证财政收入、调节经济、公平社会分配、促进竞争为目的，以包括流转税会计、所得税会计为主要内容的，具有中国特色的企业税务会计学。山西财经大学青年学者李占国和太原市地税局专家王吉祥二位同志不仅早有此理论思考，而且率先推出了这本专著，这无疑是一种大胆的尝试和探索。

我有幸先读了这本书稿，觉得该书有以下两个特点：第一，体系合理，条分缕析。该书按税种组成企业税务会计体系，按章节分税种来阐述会计准则和税务法规在纳税会计要素的确认、计量、报告方面的规定及其差异，构成一个和税制结构基本配套的知识体系，它便于计算各税种的应纳税额。这样条理清晰，读来明快，好读，好懂。第二，内容充实全面，可操作性较强。该书面向纳税人和税务征管人员的工作实际，全面、系统地论述了每一税种的基本内容，并将其点点滴滴具体化在会计核算之中。同时，又从纳税人自身的经济利益出发，详细论述了避税的基本方法，并有大量的实务举例。具有较强的可操作性，读来解渴，可亲可用。

据国家有关部门预测，21世纪中国急需的13类人才中，税务会计师排在首位。我相信本书的出版对提高税务征管人员和企业财会人员的业务水平，对培养会计和税务都精通的复合型人才——税务会计师，会起到积极的推动作用。我预祝本书的作者所付出的辛勤劳动能结出丰硕的果实。

《商业银行与现代企业往来实务》序

背景说明

本文是应长治市侯占林、张丽珠同志要求，为其《商业银行与现代企业往来实务》一书所写的序言，中国商业出版社1996年7月出版。

在市场经济中，资金是企业的血液，银行和金融市场体系就是企业乃至整个国民经济运行的血液循环系统。诚如列宁所说，银行可以"用扩大或减少、便利或阻难信贷的办法来影响它们，最后做到完全决定它们的命运，决定它们的收入"。假如银行患了"贫血症"，或"血管硬化"或"血栓病"，企业将难以正常运行。所以企业往往对银行有一种敬畏的心理，不敢得罪银行。由于我国银行以国有银行为主体，难免存在官商作风，有的企业便认为银行是机关或衙门；又由于我国银行在20世纪50～70年代与财政共同供给企业流动资金，80年代以来又统管企业流动资金，企业在经营不善，资金不足时，又仰赖银行资助，视银行为救济机构，甚至发不了工资也要要求银行贷款；再加上我国市场经济正在建设，计划经济时期银行主要从事存（款）、放（款）、汇（款）、兑（换），而市场经济下银行已超越存放汇兑业务，而服务项目扩大、业务创新，其自身利润来源也多样化，使企业对银行亦难以琢磨。因而企业在与银行打交道中普遍感到一种困惑。

其实，银行也是一种企业，银行的货币资金也是一种商品，银行融资授信的各种业务活动，也是做生意，银行职工也是生意人，商业银行也要

54

注意成本和利润。要学会和银行打交道，正确处理好银企之间的业务往来，重要的在于了解银行，通晓银行业务活动的机理和制度，如此，企业就会不虞资金匮乏，可轻易从银行得到资金，这是企业融资最重要的战略。无怪西方许多大企业都设有融资的智囊团，其目的就在于知己知彼。

要与银行建立良好的往来关系，必须了解银行是营利企业，不是慈善机构，因而其特性是锦上添花，即经营状况越好，越容易获得银行支持，营业状况越不好，银行越不敢轻易提供信用，很少雪中送炭。而且，好怀疑人，要求担保、抵押等，并要求手续完备。这是银行的性质与特点决定的。

市场经济下银行与现代企业如何建立良好的业务往来关系，张丽珠、侯占林等同志的这本《商业银行与现代企业往来实务》，为我们提供了一个很好的入门之径。

侯占林、张丽珠同志60年代后期毕业于山西财经学院财政金融系，有较深厚的理论功底，毕业后近30年来，既从事过企业和银行业务，又分管和监督过银企工作，积累了比较丰富的实践经验。他们两位与周围的几位专业和理论工作者一起撰写了这本书，力图为现代企业了解银行，掌握银行的政策法规、结算方式、贷款方式等提供帮助，使银企有机地结合起来。作者比较系统地介绍了商业银行与现代企业的经济关系；介绍了我国银行、发达国家银行、货币流通、现金管理、结算往来、信贷往来、商业银行礼仪与现代企业等；还对银企往来的重点和难点做了详细的阐述和研究。

本书有三个特点：一是针对性强。它从商业银行与现代企业的基础理论入手，着眼于企业与银行管理和往来工作的实际操作，突出了贷款往来、结算往来，企业的财务与现金管理监督，有利于增进银企的相互了解与沟通，提高双方的工作效率。二是适用性强。它以企业法规和金融法规为依据，详尽地介绍了企业在贷款、结算等方面的规范操作，应注意的问题，便于银企财会人员共同规范操作，提高工作质量。三是系统性。它介绍了银行概况、货币流通、现金管理、企业管理，系统地介绍了银企往来过程，既务虚又务实，重点是务实。

总的来看，该书有较好的实用价值，可读性强，探索方向正确，在理论与实践的结合上做出了很大努力。但由于金融改革和企业制度改革正在不断深化，很多企业制度还有待规范，所以不能苛求本书尽善尽美，我真诚地希望作者在改革的大潮中，进一步加强对这一课题的研究，以期创造出更新的研究成果。

亚洲金融危机是不是"亚洲奇迹"的终结

背景说明

　　本文是 1998 年 8 月在中国日本史学会、北京大学东北亚研究所、南开大学日本研究所、北京外国语大学日本学研究中心、日本早稻田大学亚太研究中心和山西财经大学国际经济贸易系联合主办的"传统文化与中日经济发展国际学术研讨会"上的发言稿，被收入会议论文集《经济一体化的延伸与超越》，中国商业出版社 1999 年出版。亚洲金融危机以后，有一种"亚洲奇迹"终结了的议论，作者不认同。亚洲金融危机是与西方资本投机势力的活动分不开的，这在历史上也曾发生过。避免亚洲危机的办法不是放弃儒家文明和照搬美国文明，而是继续弘扬中国传统文化，高度重视西方投机资本势力的破坏和干扰。

一

　　（一）"亚洲奇迹"得益于儒家思想

　　30 多年来，东亚国家经济高速发展。先是日本，把一个"二战"后满目疮痍的国家迅速变成一个超经济大国；其后是"四小龙"，中国香港、韩国、新加坡、中国台湾进入高收入国家行列；再后是新兴工业国家印度尼西亚、马来西亚、泰国；中国大陆在结束"文化大革命"之后，改革开放，用 20 年时间高速发展。亚洲国家经济的高速增长被称为"亚洲奇迹"。那么奥秘到底在哪里？前新加坡驻日本、韩国特命全权大使黄望青的回答是："很简单,只在一句话,东方文化与西方科技的巧妙配合。"[①] 1993 年世界银行发表《东亚奇迹:经济增长与公共政策》的报告,世界各大传媒争相刊播,把"东亚热"推向了高潮,不仅亚洲学者,就连欧美学者也发表了不少文章,如 1996 年 5 月 24 日美国《时代》发表文章《繁荣无尽期》,1996 年 7 月 15 日美国《福布斯》双月刊刊登安德鲁·坦泽文章《太平洋世纪》等。

(二)"亚洲金融危机"给"亚洲奇迹"蒙上阴影

对 1997 年 7 月以来的亚洲金融危机,世界传媒又爆出一种新的声音,说亚洲金融危机是亚洲经济增长模式的终结。它表明"亚洲资本主义模式的解体"。据日本《时事解说》杂志刊载一位研究所所长的文章说:"亚洲被莫名其妙地卷入了大规模的乱气流之中,被蹂躏得一塌糊涂。"他说,"亚洲发生的这一系列不幸事件有共性,这就是亚洲型资本主义走到了尽头。发展中国家追赶发达国家,不听任民间机构随意从事经济活动,而遵照政府优先按官员制订的伟大构想进行重点投资,扶植基干产业的做法是行之有效的,这就是日本和东亚各国获得成功的官僚主导型的发展思想。可以说这种思想的底层存在着亚洲特有的儒教思想。重视上下长幼的次序,看重同情心,避免无益的争斗。"他认为,这种儒教思想在追赶时期是美德,在富裕之后就是丑德。是一种不以市场原理为准则的变相资本主义,它的"官民一体",使"亚洲各国经济运营的结构不能适应市场变化,引发了投资过剩和供大于求"。

二

(一)儒家思想的精髓在于治国安邦

亚洲金融危机真的就是亚洲经济模式的终结吗?

确实,亚洲经济模式是根植于儒家文化的土壤之上的。儒家思想的创始人是孔子,孔子思想是教人如何在现实生活中生存,如何增长智慧,如何获得管理成效的学说,是具有实用价值的管理思想。孔子本人曾认为,良好的体制和适度的改革是治理国家的两项必要条件,他强调的是人和社会的关系。他认为,"古之欲明明德于天下者,先治其国;欲治其国者,先齐其家;欲齐其家者,先修其身;欲修其身者,先正其心;欲正其心

[①] 匡亚明:《孔子评传》,南京大学出版社 1990 年版。

者，先诚其意；欲诚其意，先致其知；致知在格物，格物而后知至；知至而后意诚；意诚而后心正，心正而后身修；身修而后家齐，家齐而后国治，国治而后天下平。"这是孔子的社会管理学的总纲，"大同社会"实现的途径。美国一位汉学家评价说："孔子是东方的太阳。"孔子思想影响了中国 2000 多年，也影响着东亚地区各国，东亚奇迹正是在这种以儒家思想为核心的传统文化背景的国度里发生发展起来的。

（二）政府主导型经济模式是东方国家的追赶方式

亚洲国家为了追赶发达国家，不得不选择政府主导型的经济增长模式。在不发达国家，没有经过也不可能去重复西方的血腥的原始资本积累，在那里资金短缺，劳动力素质低，缺乏庞大的企业家队伍，为了尽快工业化、现代化，政府一方面充分发挥市场机制作用，同时又不得不扮演企业家的角色，通过产业政策，集中资金，保证重点建设，同时担当宏观调控的责任，加速经济增长。这种政府主导型经济增长模式所强调的产业政策和政府主导作用也只有在"长幼有序"的儒家思想的沃土上才能生长。欧美发达国家的发展，其资本积累时期经过了残酷的掠夺和剥削，贩卖黑奴，海盗盛行，根本不讲道德，当时的西方学者也认为经济与道德不可两全。当资本主义发展到一定程度，就由法律来制约，而不是道德来制约。在亚洲，特别是儒家思想的发源地中国，自古就讲道德约束，近代以来不仅讲道德约束，而且也讲法律约束，政府主导型经济模式正是基于这样的土壤和条件发展的。

三

（一）亚洲金融危机有内因也有外因

亚洲金融危机完全是亚洲经济模式的必然结果吗？并不完全如此。亚洲经济增长过程中，确实在近几年存在不少问题：如产业结构调整问题、泡沫经济问题、房地产和股价高估与投机问题、外汇政策的失误问题等。但是还有一点，西方的一些"谋略家"的有意破坏，如投机炒作也是很重要的祸根。回顾 19 世纪下半叶以来，由于西方帝国主义势力的入侵，从中破坏，酿成多次金融危机，几乎每次都有西方投机商人插手。

（二）外国"谋略家"操纵的金融危机

1883 年的上海金融风潮曾波及武汉、南京及整个华南地区，不仅是由于胡雪岩的生丝投机，更重要原因，据郝延平在《中国近代商业革命》

一书中说，他查了收藏在剑桥大学图书馆的怡和洋行档案，其中怡和洋行驻上海负责人威廉·帕特森给驻香港的约翰逊信中说到，某人用 3000 股开平煤矿股票抵押借款，收购股票，中国人跟随他买进，抬高股价，又托人代买，从而把股价抬至每股 120 两白银，两个月后又抬高到 260 两，接着卖出，到后来股价跌至 70 两，第二年为 29 两。之后的 1897 年的贴票风潮，1910 年的橡皮风潮，都有外国投机商人的操纵。1997 年爆发的亚洲金融危机，据传媒披露，其背后也有一个"非常深远而又阴沉的背景"，他们提出，儒家文明若与回教文明联手起来对抗美国的西方文明，则美国在亚太地区将被迫退回母体。他们把矛头对准中国。1989 年夏秋以后，封锁中国三年不成功，以后是量子基金出来策动了金融危机，因中国国内金融市场与国际金融市场尚未全面打通，插不进来，转而向同一文化的东南亚国家下手。这里，不仅有金融上的投机，更多的是针对亚洲奇迹、亚洲价值和亚洲文化的。亚洲金融危机可以说是这些国家自身发展中的不完善、不健全的部位被外来瘟疫侵入而致病的，这表明亚洲经济发展需要作出阶段性调整。

有一位真诚的西方朋友说得好："中国要改革，但如果对孔子不感兴趣，那将是最可悲的。"[1] 我认为亚洲经济模式不会因根植于儒家文化而终结。亚洲国家会通过改革、调整而渡过难关。儒家思想中的精华不仅不会在生存几千年后的今天因为一场风暴而失去光彩，而且儒家思想与其他任何事物一样，都是在发展中演进的，儒家思想不仅光照亚洲，还会光照太平洋以至世界。

---

[1] 《孔子评传》，南京大学出版社 1990 年版。

《理论税收学》序

背景说明

　　本文是应晋城市地税局局长李克林同志要求，为其专著《理论税收学》一书所写的序言，中国商业出版社 1999 年 7 月出版。

　　新中国成立 50 年来，广大税收理论和实际工作者为繁荣和发展我国的税收科学理论作出了艰辛的努力，取得了丰硕成果。面对即将到来的 21 世纪，西方发达国家正在抓紧制定新的发展战略，其中最重要的就是进一步完善国家创新体系。税收作为政府宏观调控的重要组成部分，在建立和完善国家创新体系中起着极其重要的作用。在这种情况下，如何根据我国现阶段的实际情况，合理吸收与借鉴西方现代税收理论之精华，更新我国的传统税收理论，创立适应我国社会主义市场经济要求的理论税收学，充分发挥税收在理顺中央与地方、国家与企业的分配关系以及实现公平竞争中的重要作用，就显得十分必要。

　　正是怀着这种深厚的历史责任感与强烈的使命感，长期在基层从事税收实际工作的李克林同志，经过近两年的调研与写作，写出了这本《理论税收学》。

　　长期以来，我国的税收理论研究较为薄弱，到目前为止，专门从理论角度研究税收问题的著作并不多见。作者没有受传统税收理论与框架的限制，大胆突破与创新，从战略性高度全面系统地阐述了社会主义市场经济条件下的税收理论与税收政策，打破了流行已久的税收无理论的传统说法，对如何构建一套新的理论税收研究框架与体系，进行了有益的探索和尝试。全书分为四篇，第一篇探讨了税收基本理论；第二篇从宏观、微观两个层次上阐明了税收与经济的辩证关系；第三篇从多视角、多方面分析了税收负担问题，尤其是对不同税种与不同产业的税负进行了深入分析；第四篇着重研究了税收政策的选择问题。综观全书，立论新颖，文笔流畅，结构严谨，层次清晰。在研究方法上，作者立足于中国当前的改革开放实践，采用实证分析与规范分析相结合及比较研究等方法，既重视借鉴和吸收西方现代税收理论，又坚持马克思主义的税收思想，并有所创新和发展。

税收问题是一个十分复杂的理论与实践问题，尤其是在我国现阶段，需要研究的问题还很多，如税收负担、税收政策等。作者并非专业研究人士，却能在工作之余就税收问题进行系统而深入的研究，并大胆创新，有所突破，实属难能可贵。相信读者读了这本书，自会认可它的理论贡献与应用价值。

《企业理财实务》序

背景说明

　　本文是应药朝诚、王国中同志要求，为其《企业理财实务》一书所写的序言，中国商业出版社 2000 年 4 月出版。药朝诚、王国中现为山西财经大学教授。

　　由药朝诚、王国中同志编著的《企业理财实务》一书，是非常切合我国深化企业改革实际的。中共十五届四中全会作出《关于深化国有企业改革和发展若干重大问题的决定》以后，企业在改革中急需有关企业理财和建立现代企业制度的知识。这本书，及时地提出了在社会主义市场经济下的企业理财的基本原理和相关知识，这对于贯彻中共十五届四中全会精神，深化国企改革，建立现代企业管理制度是一项贡献。

　　如何理财是贯穿整个经济活动，特别是企业管理活动过程中最普遍、最实际的问题。哪里有经济活动，哪里有企业管理活动，哪里就有如何理财的问题。在社会主义市场体系中，无论是政府行为，还是企业投资，都要考虑资金投入后的回报问题，投资回报率的高低是衡量投资效益的重要指标。决定投资回报率高低固然有许多因素，但其中如何理财是重要因素之一。因此，无论是学习管理学专业和经济学专业的学生，还是从事经济管理工作的各级人员，都应当掌握企业理财的基本知识。

　　企业理财是市场经济体制下企业财务、经营、资本营运等的基本理论和业务。过去，我们观察资本多从其社会属性进行研究，即重视资本的社会归属和所有，为了区别资本主义社会的资本和社会主义社会的资本，我们曾把社会主义的资本称为资金，不称资本，忽视资本的自然属性，即资本要通过运动，实现其的最大化。其实，无论资本主义的资本还是社会主义的资本，都要求在运动中增值，这是资本运动的共性。企业资本营运不仅包括货币经营和证券经营，也包括生产经营的投资。既然资本经营存在于经济生活的各个方面，自然企业理财就成为经济管理尤其是企业管理者必须具备的最基本的知识。由于资本主义经济是典型的市场经济，它在长期的资本营运中积累了许多有益的经验，这些经验反映了资本营运中的规律性，对于我国正在建设中的社会主义市场经济下的企业资本营运有很多值得借鉴和学习的方面。作者成功地把西方国家资本营运中一些规律性的东西融入本书，从资本构成、资本管理、如何融资，到评估投资回报，都做了详尽论述。书中运用了大量数学方法及相关资料，具有很强的理论性，又有很强的指导性，这是本书的一个重要特点。对从事经济管理工作的人员和企业管理人员，想必会大有裨益。

高等学校教育，目前正在将知识教育转向能力与素质教育，如何培养学生的动手能力、分析问题和解决问题的能力，使学生在学校就能掌握一些实际工作技能，是高等财经院校需要解决的问题。本书在这方面做了有益的尝试。该书详细分析了企业资本营运各个阶段的特点及解决资本营运过程中出现的问题，具有一定的可操作性。对于解决学校教学与实际脱节的问题做了大胆的探索，这是本书的又一个特点。

本书围绕企业如何理财这一基本线索，将国际最新理论与中国实际相结合，融理论性和实用性为一体，理论联系实际，通过深入浅出的分析和必要的案例，使读者熟悉资本运动的全过程，掌握理财的基本技能。包括企业资本成本与资本结构，企业中长期融资和短期融资，营运资本投资决策和融资策略，应收款与存货管理，现金与短期证券管理，现金流量分析，投资效益评估、财务预测和企业报表分析，以及跨国理财等。论述全面，通俗易懂。所以，本书不仅适用于高校企业理财课程教学需要，而且也适用于从事经济工作的各级政府领导和公务员、工商企业经理和金融部门人员等希望了解、掌握资本运动有关问题的各阶层人士，正因为如此，愿为此书写序，期待它在深化国企改革中发挥出更大的作用。

迎接民本经济发展的黄金时代

背景说明

　　本文是 2002 年 12 月 21 日在山西经济高峰论坛上的主题发言稿。《山西工人报》记者韩文寿曾对此做过专访，刊于该报 2003 年 2 月 20 日。创造社会财富的主体是人民，创造环境的主体是政府。中国自古以来的传统理念就是以民为本。市场经济就是承认人们有追求财富的本性，有选择经济方式、发展空间的权力，优胜劣汰。民本经济就是经济的民有、民营、民享。民本政治就是"民主民主，由民做主"，人民是创造财富的主体。

一、民本经济大发展的航道已经疏通

　　中国共产党十六大的新党章确立了三个代表的思想为我们党的指导思想。中共十六大报告提出了开创建设中国特色的社会主义的新局面。开创新局面有要新思路。大会提出了突破不合时宜的社会观念，保护一切劳动和非劳动收入，让一切创造财富的源泉涌现出来。中国的现代化建设，应当包括物质文明、精神文明、政治文明。现代化的核心是建设文明社会。可以看出中国民本经济大发展的航道已经开通。

二、民本经济大发展的理论基础

　　首先，中国特色社会主义的主要特征是什么？我理解主要是五个方面：一是以人为本，以人为本既是出发点，也是归宿点，三个代表的核心是为人民。二是市场经济，是中国经济运行的基础。三是共同富裕，这是社会社会主义的根本目的，富裕会有先有后，富裕程度会有高有低，中产阶层比重要不断地增加（北欧 80%~85%，中国 30%）。四是民主政治，这是前面三点的重要保证。五是中华文化，一个民族没有了自己的文化也就没有这个民族了，文化从来都是国际化和本土化并存。

其次，创造财富的主体是人民；创造环境的主体是政府。人民是创造财富的主体这是一条规律。这是因为，第一，国家建设、社会财富，不一定都要国家投资、政府花钱才是社会主义；老百姓花钱，民间投资也是社会主义。人民是创造历史的动力，也是创造财富的动力。第二，不一定国强就能民富；民富才能国强。小河有水大河满，不是大河没水小河干。无论民富国强，还是国富民强，主体还是民富。第三，不一定国有财富才是财富，全社会的财富都是财富。

最后，中国自古以来的传统理论就是民本经济、民本政治。孔夫子初适卫，答弟子冉有问时，提出庶、富、教。管子说："仓廪实则知礼节，衣食足则知荣辱。"《二程集》有："养民之道，在爱其力，民力足则生养遂，生养遂则教化行而风俗美，故为政以民力为重也。"孙中山倡导三民主义，即民族、民权、民生。阎锡山在民国初年曾提出"用民政治"，即民德、民智、民财，主张启民德，即信、实、进取、爱群，长民智，即国民教育、职业教育、人才教育、社会教育，立民财，即发展农业、工业、商业、矿业。

市场，就要承认追求财富是人的本性，选择经济方式、空间的权力，优胜劣汰。所以，民本经济，就是经济的民有、民营、民享；民本政治就是"民主民主，由民做主"。

三、克服民本经济的阻力

如何克服民本经济发展的阻力？

一要解决社会观念问题。明白效率最高的是民营企业，人类社会要公平，但不可能完全平均。有差别就能出动力。解决公平要靠政府建立社会保障，去反腐败，不是杀富济贫。

二要解决环境问题。政府的改革，需要考量政府职能有没有错位、空位、不到位；有没有该管的事没有管、不该管的事管多了？这里有传统观念，也可能有寻租。体制—活力—现代化，逻辑上顺理成章，但是实践中却很难。因为，传统的政治体制和现代（市场）的经济体制并存，"人性本利"、"失去自制和他律的权力必然趋向腐败"，可以设租的地方太多，腐败影响了市场活力，使利益机制互相扭曲。所以，建设现代化的动力、活力问题，需要从体制上解决。利益机制与搞活目前体制的明显缺陷，是政治管理机制与经济运行方式缺乏高度的和谐，利益关系不协调，权力与金钱发生交易的机会相对较多。

三要解决民营企业贷款难的问题。贷款难的原因，老百姓的钱不一定都存到银行或买成国债，让国家去投资。据调查测算，现在70%的国有企业贷款创造30%的产值，30%的民营企业贷款创造70%的产值。工商业市场化程度比较高，金融业的市场化程度太低。老百姓的钱不一定存到银行或买成国债。所以，发展中小企业担保公司，发展民营金融业问题就成为发展民本经济的必然要求。

诚信建设的历史与现实

——兼谈晋商的诚信品格

背景说明

　　本文是在山西省诚信研讨会上的发言，后刊于《山西财政税务专科学校学报》。文章对经济社会发展中的诚信做了简要的历史考察，认为诚信是为人之本、为商之道，并分析了晋商的诚信品格与特点，对近年社会信用危机的状况及原因提出了看法，进而献言现代诚信社会建设，主张由政府唱主角，把道德教化与法治惩处相结合，以法治为主。

一、诚信与欺诈的历史考察

（一）诚信乃为人之本

　　孔子说，人而无信，不知其可也。这里的信指信用。信用一词有多种含义，广义说，诚实守信，遵守诺言，实践成约；狭义说是以偿还为条件的价值运动的特殊形式，如商业信用、银行信用、国家信用、民间信用、个人信用、消费信用、国际信用等。诚信一词，一般是说经济社会活动中，实事求是，诚守诺言，说话算数，借债要还。计划经济时期，信用一般多指银行信贷，现在所谓社会信用，包含着各种信用和诚信经营等比较广泛的内容。诚信，是为人之本，是为商之道。

　　几千年来，中华民族传统文化和道德规范的核心内容之一就是诚信守诺，言行一致。从西周开始，中国文化传统认为人具有人伦关系，把这种

67

人伦关系确定下来并运用到人们全部活动中去的规范就是礼；而把贯穿其中的精神加以提炼而成的思想叫做仁。在《国语·周语上》有"礼所以观忠、信、仁、义也……信所以守也。"此后，信不断发扬光大，成为儒家着重倡导的行为道德规范之一。孔子把信作为仁的重要表现，要求"敬事而有信"、"谨而信"、"与朋友交，言而有信"（《论语·学而》）。孟子认为"可欲之谓善，有诸己之谓信"（《孟子·尽心下》），自身确实具有善德称为"信"。《礼记·礼运》中关于"大同"和"小康"的论述，对于我们了解传统文化对于信的认识是一个重要的文献。大同世界的特点是"天下为公"，这是一个"讲信修睦"的、"大道之行"的人伦世界。

以信义为核心的儒家哲学、智慧是中国人几千年来追求的真理，亦是人类"求道"实践的文明成果。在此基础上，稳固、和谐了人际关系。当然它是以宗法关系作为主干建立起来的。宗法人伦道德，成为齐家、治国、平天下的基本原则，成为中国人一整套特定的思维范式和行为体系。

（二）诚信是为商之道

社会经济发展大体可以分成为物物交换时期、货币经济时期、信用经济时期等不同发展阶段，物物交换时期称为自然经济时期，以货币为主要交换媒介时期称为货币经济时期，以信用交易为主导的时期称为信用经济时期。在市场经济中，物流和资金流的快速周转，都是以信用为桥梁和渠道的，所以市场经济就是信用经济。也可以说，信用是财富，信用是资本，信用是资格和能力。信用高，风险低；信用低，风险高。信用是经济社会中的生命和灵魂，是市场经济的通行证。凡是信用好、信誉高的企业，在激烈的市场竞争中一般都能够"任凭风浪起，稳坐钓鱼台"，总是生意兴隆，财源滚滚。世界500强企业的成功之道，有一个共同点就是诚实守信。不守信用的企业和个人，只能骗人一时，时间长了，就没有人与之往来。所以说失信是蚁穴，失信是毒瘤，诚信是企业的未来，诚信是市场经济秩序的关键。

（三）晋商诚信品格的特点

2000年来，不管有多少思想创新或者是变革的风暴，在山西人的头脑中，大概是关云长故里的缘故，孔孟之道影响至深。在其重商立业思想指导下，对诚、信、义、利，有其独特的理解和行为规范。以诚信、节俭、朴实著称于天下的晋商，坚持儒家伦理思想的内核：先义后利，以义制利。认为人们追求功利的行为不能纵欲妄为，必须受到一种为人们公认的社会行为准则的规范和制约，这就是义。《孟子》说："义，人之正路也。"《左传》说："义，利之本也"，"利，义之和也"。义作为一种行为规范与人们的具体利益结合在一起，便形成了中国传统文化中在崇尚功利的同时，更注意以义制利，先义后利，甚至舍利取义的思想。他们认为，"君子爱财，取之有道"，十分珍视诚信。著名晋商王文显，初涉宦海不成而经商，但善心计，识重轻，适时机变，恪守信义，"与人交，信义秋霜，能析利于毫末，故人乐取资斧。又善审势伸缩，故终身弗陷于井罗。"他提出"凡事以道德信义为依据"。这里看出王文显经商中的诀窍就是既能计算运筹，取利于毫末，又能宽诚待人，严守信义；既善于心计却不行奸诈，能取利又无市井之气。40 年间，足迹几半天下，成为一代名商。他训诫其子说："夫商与士同心。故善商者处财货之场而修高明之行，是故虽利而不污……故利以义制，名以清修……如此则子孙必昌，自安而家肥富"。① 就连乔家大院的乔致庸也对信义与利润做过次序排队：首重信，次讲义，第三才是利。以此训鉴后人。

晋商的成功可以说是建立在商业诚信基础上的，诚信给他们也带来了丰硕的回报，因为诚信而成功，因为成功而更加诚信，二者相得益彰，他们对待悉心建立起来的诚信、商誉看得比什么都重要。

晋商诚信品格的特点主要表现在以下几方面：

1. 出售商品货真价实

晋中商家孩童习读的《俗言杂字》说："趸装零卖，主顾客人，收买出换，贩卖交银。童叟无欺，价实货真。本多利厚，贸易兴隆。每年开俸，足有千金"，自幼就灌输诚信经商才能致富的思想。祁县乔家在包头的复盛油房，运胡麻油回山西销售，经手职工为图厚利，在油中掺假，掌柜发现后，即令另行换装，经济上虽一时受了点损失，却招得近悦远来。咸丰年间，复盛西面铺掌柜立账，把斗秤放大，比市上加一成，市民争相到该号购买。所以各地老百姓，对山西商人经营的商品，只认商标，不还价格。

2. 货币借贷按期偿还

晋商放款，以信用放款为主，其次是保证放款，很少抵押放款。票号

---

① 李梦阳：《空心集》卷四《明故王文显暮志铭》。

重信用，轻抵押，这与意大利金钱商有着惊人的相似之处。他们不做抵押贷款的原因有三：一是他们从事的大部分是商业性贷款，具有自偿性。二是大商家以信誉为生命，而且资力雄厚。三是无合适抵押物，首先，商家贷款采购的商品不宜作抵押物，若商品损毁，抵押物也无用；其次，他们的家产不宜作抵押物，行商们背井离乡，行游天下，其家产可能远在千里万里之外，不易估价也不易处理；最后，当时没有发达的金融市场，也没有适合的金融工具用于抵押。

3. 赊销商品公约标期

商品赊销的货款清偿和货币借贷的归还期限，一般按标期确定，到期必偿。标期是将商业行会按照镖局押运商品和现银由甲地到乙地的时间计算的期限作为债务清偿期，有太谷标（太谷县一县一标）、太汾标（太原府和汾阳府两府为一标）。以太谷为中心，太谷标在前，周围各县在后，标期一到，一切债务必须立即清偿，成为山西商人的公约履信期。

4. 家庭教育信义忠实

很多大商业家族定有家训和家规。榆次常家家训要求"凡语必忠信"，"凡行必笃敬"，"饮食必慎节"，"字画必楷正"，"容貌必端庄"，"衣冠必肃整"，"步履必安详"，"做事必谋始"，"出言必顾行"。力求戒除富家子弟坐享荣华富贵、骄奢淫逸的恶习。从而使晋商子孙承接祖业所必备的自律、自尊、自爱、自信的良好素质，对晋商维持久盛不衰起了积极作用。

5. 商号号规诚信约束

《贸易须知》说："一切账目，需要检点清白，腾抄的实"，"随手上账，免后思想"，"毋许连环钩搭，扯东补西，不清不白，忘其所然。如此，即是攒账、混账、花账之说。做生意之人，唯独账目为要，头一要清白"。又道："美账如扫荡，好算账不折至竭之言。""给票与客，须将客货件数、斤两、折头、价值一一算明，查清对号，落于自家底簿，然后给票，照票给起之后，再查再对，重算重宣，则无伪错矣。"[①]

6. 行业协会严格监督

晋商在各地经营商业，有许多商帮和行会。建会馆，修关庙，尊关云长为财神，以其信义教育同行，以其武功保佑他们的商业利益。晋商在

---

① 《贸易须知》手抄本，原藏太谷曹家。

外，一赚了钱，最先想到的是修建关帝庙，以关公为诚、信、忠、义的化身，无论在何地，也无论是那个行业会馆，都供奉关云长为关帝君。全国各地的关帝庙大部分是山西商人捐资修建或者参与修建的。同时，行会执事由各商号经理轮流担任，定有严格的行规，负责处理商务纠纷甚至巡查弹压，拘捕人犯，维护市场秩序和商民利益。要求各商重信义，除虚伪，节情欲，敦品行，贵忠诚，鄙利己，奉博爱，薄嫉恨，喜辛苦，戒奢华，反对采用任何卑劣手段骗取钱财，不惜折本亏赔也要保证企业信誉。

7. 商家用人宗族约束

商号新学徒的来源，原则上只在商号财东或经理的同乡人中选拔，在对其家庭出身、上辈人的为人处事、德行信誉等都很了解的人员中挑选，所以多为亲朋引进，知根知底，事关个人信誉，推荐人都很认真负责，绝不敢推荐不肖子弟。当了学徒表现不好被开除回家者，别的商号多不再录用。故一旦被开除，将会绝其后路，所以学徒都很遵守商规号规。

8. 重视相与和谐团结

古云"天时不如地利，地利不如人和"，中国传统文化中很重视人的作用，注重以人为本。重人就是重人的和谐，人的团结，人的凝聚，人的群体，一句话就是重视人的群体价值。晋商对传统儒家文化的"人和"精神的继承，是其历经数百年昌盛不衰的一个重要原因。晋商的组织形式——两权分离和人身股制度就体现着这种和谐精神。他们有钱出钱，有力出力，出钱为股东，出力者为伙计，"东伙共而商之"。掌柜全权负责，东家不问号事。相互信赖，体现了企业内部"和为贵"的精神。晋商还互相认定"相与"，"相与"之间都是经过了解，认为可以共事，可以与之金钱往来的同行。既是"相与"，必诚信往来，即使无利可图，也不中途绝交，必定善始善终，同舟共济。

这里需要说明，虽然晋商诚信经营非常突出，但是不等于说没有欺诈哄骗。晋商的晚期，驻外经理人员，不执行总号规定，贪污作弊以致劫资潜逃的事例也不少。

（四）近代社会诚信问题的估计

近代中国社会诚信似有江河日下之势，从鸦片战争到"五四"运动，这一时期中国社会处于半封建半殖民地社会，但民间传统的社会信用尚好，受传统文化的影响，人与人之间讲究诚信守约，儒家文化仍然统治着人们的思想，影响着人们的行为。从"五四"运动到新中国成立这个时期，由于"五四"运动在反帝反封建的口号下，提出"打倒孔家店"，动摇了儒家的道统，虽然在客观上对传统文化有一定的消极影响，但社会信用尚好。从新中国成立到1957年"反右"斗争之前，这是新中国成立之初的一段宝贵时间，人们真诚相处，沐浴着共和国的春风，工作热情积极，这一时期的社会信用是好的。从"反右"斗争到"文化大革命"结束，由于"反右"斗争的扩大化，人们从反面接收了教训，认为说真话吃亏，人与人之间的真诚关系受到了影响，为日后信用留下了隐患。"文化大革命"阶级斗争的无限扩大，更加剧了这种不信任，整个社会信用受到了破坏。从"文革"结束到现在，中国进入改革开放时期，外商的进入以及外资企业、乡镇企业、个体私营企业等多种经济的不断发展，致富成了中国人的追求，但也导致一些人为了谋财致富，不择手段，以致坑蒙拐骗，肆意欺诈。人们的价值观发生了一定程度的异化，人与人之间的关系发生了变化。几千年来中国传统文化中的思想精髓——诚信守诺、以诚待人的价值观和信用意识受到冲击，异化的道德意识、处世哲学在整个社会弥漫，不论是物质领域，还是精神领域都不同程度地存在着一定的问题，诚信社会面临严重的信用危机。

综观人类社会发展史，信用观念和信用是随着经济社会制度的变迁和商品交换、法律道德建设的发展而发展变化的。但是社会信用制度和信用体系的建立则是市场经济发展到一定阶段的产物。从假烟、假酒到毒米、注水肉，从厦门远华案到郑百文事件，从牟其中案到广东虚开增值税发票案……发生在身边的走私、诈骗、假货泛滥、股市黑幕等一桩桩触目惊心的案例，充斥着金融、证券、合同、会计等各个方面。企业之间的"三角债"、银企之间的逾期贷款居高不下，企业假破产真逃债，逃废银行债务问题时有发生，这些已经成为经济运行中的一大顽症。中国的许多企业并不以欠钱不还为耻，甚至有的个别企业，以欠钱不还为要挟手段，迫使银行继续借款。此外，牵涉个人信用不良记录的现象更多，诸如恶意贷款、恶意透支、住房不付房租以致申请助学贷款，毕业后"失踪"，等等，越来越平常。

当然，欺诈问题不仅仅是在中国频频发生，在国外亦呈同样趋势。

据安永会计师事务所的反欺诈全球性调查，目前全世界欺诈行为呈现增加趋势，经路透社商业版头条披露的近10年有38.5万篇报道，近年平均已经倍增到一年9万篇。欺诈案例中，不发达国家和地区欺诈行为多于发达国家。

（五）经济社会原因

我国信用缺失、欺诈频频的成因是多方面的，有经济原因，也有社会原因，包括历史的、教育的、法治的原因等。其中最突出的是：第一，打倒孔家店的后遗症。"打倒孔家店"的口号提出以来，去除儒家文化中的糟粕是必要的，但也使儒家思想中的义利观、诚信观、秩序观等好的东西受到一定的破坏，没有建立起一种更新更好的理念，伦理道德方面出现一定的真空。第二，"文化大革命"的后遗症。"文化大革命"中的怀疑一切，打倒一切，严重影响了人们之间的关系，谁都不相信谁，谁也不敢相信谁，互相猜忌。"批林批孔"等运动使人们心目中缺少了行为规则，这些都不同程度地动摇了社会信用，扰乱了社会信用秩序。第三，公有制的心理影响。由于"极左"思潮的影响，在社会主义初级阶段就想搞单一全民所有制，高度集中的计划经济，使人们认为公家的是你的也是我的，特别是几次银行贷款的豁免，创下了欠账可以不还的先例。同时，产权不明晰，也扭曲了一部分人的行为和处事原则。第四，政府低效率的示范效应。计划经济体制实际也是权力经济，政府机构人浮于事，相互扯皮，办事拖拉，影响了人们的信用。吹牛皮、说假话，浮夸风，"官出数字，数字出官"，"不说假话办不成大事"成了人们普遍观念。阿谀奉承，说假话，往往可以升迁。而诚实信用的人，反而被讥为"窝囊废"。加上腐败官吏制裁不力，一定程度上助长了欺诈行为。第五，市场经济内生的负影响。市场经济实际也是以利润为中心的集体的逐利活动，在经济活动趋利性规律下，过分夸大企业利润是唯一目标，而忽视企业的社会功能，必然伴生假冒伪劣、欺诈哄骗，扭曲义和利的关系。第六，法制建设滞后。由于改革开放发展迅速，法律制度建设和执法跟不上，又疏于德治教化。

欺诈不是新鲜事物，历史上一直存在。但是为什么近年在增加？从世界范围看，欺诈行为增多的原因大体上有如下原因：一是社会企业组织构架日益复杂；二是传统上对此不予关注；三是内部审计人手不足；四是很多人将某种程度的欺诈视作经营成本；五是过时而无效的内部控制制度；六是激进的会计操作；七是管理人员的频繁更替和软约束。

经济发展中的正反两方面的经验教训，给我们的启示是：发展经济必须走市场经济之路，市场经济是建立在信用基础上的经济，如果不讲信用，结果是"损人不利己"，只能是无序与恶性竞争的市场。一个国家、一个民族的经济和社会要发展，必须正确处理"义"和"利"的关系，以诚实的劳动和良好的信誉发展经济，促进社会进步。总之，完善信用制度的任务迫在眉睫，我们应当强化对于社会信用建设的认识，为新世纪中国经济的持续、快速、健康发展建设一个良好的社会信用环境。

二、诚信社会的建设

（一）中国社会信用建设的形势

中国社会信用建设问题在实践中被引起重视，是从 20 世纪 80 年代中期开始的。1987 年 9 月，中国工商银行太原企业信用度鉴定公司、经济信息咨询公司同时成立，1988 年 6 月中国农业银行太原信用度评估鉴定公司成立。这些机构的建立，有力地推动了社会企业的信用需求。1990 年国务院下发《关于在全国范围内开展清理三角债工作的通知》后，诚信社会建设加快了步伐。90 年代初，社会信用评估机构在全国各地建立与发展起来。当时主要是适应企业发行债券和资本市场发展的相关评估需要，如中国诚信、上海远东等，公司业务有信用调查、信用评估、信用担保、讨债追债等。90 年代中期是信用社会建设的发展阶段。最突出的表现为信用担保公司的快速发展。先是政府投资成立，后来民间资本也进入了，山西阳泉就有个私担保公司。到 2001 年末，全国有 360 家信用担保公司，担保资本 100 亿元，50% 是民间资本。[①] 2000 年以来社会信用建设进一步发展，以政府为主体的信用信息披露体系和社会中介为主体的信用联合征集体系的起步和推进，使社会各方面都重视了社会信用建设，有的省区向社会开通了企业信用信息系统。2000 年 4 月中央十部委下发了信用管理指导意见；2002 年 3 月国务院开始启动企业和个人征信立法与实施方案的起草工作；2002 年 4 月财政部、经贸委、人行联手进行全国信用担保机构调查；2002 年 6 月人行企业信用登记咨询系统实行全国跨省联网；中国工业联合会推动信用工程；中国商业联合会着手组建商业信用中心；工商、证券、保险、税务、旅游及注册会计师等领域信用体系建设加快；民间信用中介机构发展，中国联合信用网正在建设；外国信用中介机构站进入中国，如邓白氏、惠誉、科法斯等；上海、北京、广东汕头、浙江富阳等政府信用披露系统联网并为全国提供服务。

---

① 陈洪隽：《我国社会信用建设的回顾、问题、展望》，《经济研究参考》2002 年第 44 期。

总之，政府信用披露的程度已经大大提高，人们对信用建设的认识有了明显改变，信用市场竞争机制有了增强，信用机构生存和发展的环境正在不断改善。但是，社会信用建设的发展极不平衡，问题还比较多。一是对于社会信用的概念认识不一致，对社会信用范围有多大，缺乏统一界定；二是信用业务操作政府企业不分；三是信用机构的行业自律没有建立起来；四是信用服务行为如何保护，需要法律保证；五是由于社会认识水平还不够高，信用产品市场需求不足。

（二）中国社会信用体系建设的模式

一个国家的信用体系如何建设，世界上大体有两种模式：一是美国模式，即社会信用体系是以民营征信服务为特征的市场模式，其机构由私人或法人投资组成，其信息来自金融机构和商业机构，信息服务于金融业、工商业和政府部门；二是欧洲模式，即社会信用体系是公共信用调查系统的模式，欧洲中央银行行长会议定义为"为向商业银行、中央银行和其他金融监管部门提供关于公司、个人，乃至整个金融系统的负责的情况而设计的一套信息系统。"①

我国采取什么模式，是当前社会信用建设中必须很快解决的问题。我赞成有人提出的四个信用体系同时发展，共同构成国家社会信用体系：以各级政府为主体和电子政务为基础的政务信息公共披露体系；以行业协会为主体和会员单位为基础的自律维权同业信用体系；以企业自身为主体和风险管理为基础的独立的自我内控信用体系；以信用中介为主体和市场运行为基础的社会商务服务信用体系。② 政府、协会、企业和中介同时发展各自的信用体系，形成全国的社会信用体系，并且互联互通，信息共享。

（三）政府在社会信用建设中的作用

长期的计划经济，使得我国社会信用建设缺乏必要的基础，包括信用中介机构、社会信用制度、社会信用观念、企业信用管理、政府公务信用的透明度和由此形成的信用纪录的公开披露。所以，建设社会信用政府必须唱主角，抓紧健全信用法治、培育信用需求、提高政务信用信息透明度并积极推动上述四个信用体系的建设和互联互通，信息共享。这项工作没有政府的牵头和努力，仅靠行业协会和企业是办不成的，而且成本也会是很高的。

---

① 张军扩等：《建立社会信用体系的模式比较》，《中国经济时报》2003年2月17日。
② 陈洪隽：《我国社会信用建设的回顾、问题、展望》，《经济研究参考》2002年第44期。

当前在转变政府职能中，拆除"寻租"温床，治理市场经济秩序，充分发挥商会、行业协会等企业自律组织和中介组织的作用，在继续培育发展市场和提高市场运作管理水平的同时，进一步提高对市场秩序的监管水平。政府各部门应通力合作、大力支持用市场手段建立发达的诚信服务业，鼓励中外合资、合作开办信用管理服务机构，用法律和经济手段规范从业行为，在市场竞争中树立公正、中立的形象，避免政府垄断重新出现。政府有关部门对信用管理公司这些中介机构包括会计师事务所和律师事务所，实行联合年检，以确保它的客观、公正、中立，避免政府部门对企业的多头管理和可能产生的过多干预及对企业的管、卡、压，利用市场的力量制约、平衡各种利益关系，达到维护市场秩序促进经济发展的目的。

诚信建设问题，是涉及道德和法律两方面的问题。政府要重视加强公民与企业的信用意识教育，使国民树立信用光荣、无信可耻的观念。这种教育对青少年尤为重要。诚信教育和诚信道德的养成是培养一代企业家和造就一代社会风气的不可或缺的社会教育的重要内容。必须把基础教育、专业教育、社会教育摆到重要地位。所以，在小学、中学、大学开设诚信教育课程，培养人们的信用意识，培养信用管理人才是非常必要的。只有当每个人都能在信用社会以"德"立身时，每个人才会像爱惜自己的眼珠一样，维护自己的信用。但是，仅有道德教育是不行的，在信用严重缺失的今天，重点是从法治角度着手整治，严刑峻法。在立法环节，加重处罚标准，使严厉打击有法可依；在地方，则主要是抓执法环节，解决行政执法软弱无力的问题。从公安、法院、银行、税务等部门加大力度，应将公民个人和法人企业的各种违法犯罪记录、民事诉讼记录、欠贷款和信用卡恶意透支记录、偷逃漏税记录向社会开放，允许任何人查询。在信用方面已经无可救药的人，只有依靠法律手段来加以制裁，将信用制度破坏者绳之以法。特别是加强对司法人员诚信执法的监督，同时严禁失信人员担任企业、政府的管理人员，尤其是担任企业的董事长、董事、经理、会计、审计师、律师等职务。在此过程中，新闻媒体要宣传重信守诺的社会美德，披露不讲信用的人和事，谴责不讲信用者，造成一种诚信社会氛围，让那些失信者、背信者、无信者、骗信者的恶名昭然天下、无处躲藏，让不守信用、不讲信誉者在社会上无法立足，付出更高的代价，把精神文明、物质文明和政治文明统一起来，一个诚信社会就会向我们走来。

《财政风险问题》序

背景说明

本文是应武小惠同志要求，为其《财政风险问题》一书所写的序言，中国社会出版社 2005 年 9 月出版。武小惠现任山西省社会科学院财税金融研究中心主任、研究员。

武小惠同志编著的《财政风险问题》一书，近期由中国社会出版社付梓，诚邀我作序，作为她的老师，我十分高兴。小惠同志是我的学生，我看着她长大，她天资聪颖，综合素质好，尤擅吟诵。大学毕业后，在财政金融领域做研究工作 20 余年，她对所学所研专业的热爱，使她执着地耕耘在这片沃土上，孜孜以求，一丝不苟，持之以恒，她的勤奋、好学、谦逊、执着，给我留下了深刻的印象。她先后发表论文 80 余篇，合作著述多部，这是她的第一部专著。

财政乃一国理财之政，对国家发展起着重要作用，可谓"国之大事"，"不可不察"。

近年，财政问题成为困扰世界各国政府的一大难题，学界与实务部门的一些人提出了"世界共解财政难题"的命题。但"财政难题"中的难中之难，在于财政风险问题。财政风险，应该说，它是现代财政学领域的至关重要的范畴，也是研究和开拓现代财政学的重要理论前沿。规避财政风险问题，贯穿世界各国政府财政活动的始终，成为各国政府制定财政政策、实施财政预算管理等各项活动的最重要理论依据之一。

中国长期蔓延的国有企业亏损、国有银行的不良资产、社会保障的欠账、对内对外的负债，等等，会不会使中国财政陷入危机？中国能够避免一场恶性的财政危机吗？积极的财政政策是否将成为中国财政危机的催化剂？对此，几乎所有的人都感觉中国财政的问题不少，却少有人能说明白其中究竟；几乎所有的人都担心中国会爆发财政危机，却少有人知道它究竟会不会真的来临。

20 世纪末，面对亚洲金融危机、全球经济增长放缓和国内经济出现的通货紧缩局面，作为相机抉择出台的积极财政政策一经实施，就是 6 年多。尽管这项"不得已而为之"的政策对拉动经济增长功不可没，但随着实施时间的推移和延长，经济理论界对这个"踩油门"的动作争论渐多，褒贬难断。议论多集中于四个方面：国债余额和赤字增加所隐含的财政风险、政府投资对民间投资的挤出效应、财政投资项目的效益和投资的边际效益递减，其焦点则无外乎一个赤字财政。虽然中国政府具有强大的偿债能力，财政运行仍在安全区间内，但赤字财政隐含的风险不能不令人警醒。因此，完善防范和化解财政风险的措施，实现财政可持续发展是深化财政改革的重点之一。

武小惠同志出于对祖国的热爱与专业研究的责任，大胆地介入世界财政难题的研究，用几年的时间完成了她的《财政风险问题》一书，勇敢地对财政风险原因、积极财政政策、赤字财政及其可持续性、内债、外债、社会保障、国有企业债务、县乡财政等进行了全面分析，并且提出了相应的政策性建议，同时使用了一定的数理方法，提供了财政风险的预警预报系统，是财政理论界的一项可喜可贺的研究成果。

武小惠同志的这本书，有几个鲜明的特点引起了我的兴趣：第一，选题具有学术前沿性。目前国内研究财政问题的著述颇丰，但对财政风险进行专门研究的著作还不是很多，本书从引发财政风险的成因入手，具体分析了财政风险的内涵、特征及财政风险的渊源，评析了积极财政政策，提出积极财政政策的实质是"赤字财政"，但赤字财政不能长期使用，如果继续推行积极财政政策，风险巨大，并运用赤字率、国债依存度等一些基本衡量指标和财政风险矩阵方程，借鉴目前已有成果，对我国的赤字财政风险深入剖析，提出我国目前财政风险处于中度状态，应该引起理论界和实际部门的足够重视。选题具有前沿性和现实意义，视角独特，是近年来财政领域中不多见的。第二，宏观政策分析具有很强的理论性。2004 年的乐章还未接近尾声时，多思的人们已经开始回味其跌宕起伏的段落，就在此时，我国财政政策出现重大调整，积极财政政策逐渐淡出，转为稳健的财政政策。这种转向，既是我国宏观经济形势变化的客观要求，也是新一届政府科学发展观执政理念的体现。就其实质而言，是总量取向财政政策向结构取向财政政策的转变，从单纯注重经济指标转为兼顾经济、社会的全面发展。这一政策的调整，将对我国未来实现统筹协调发展产生积极而深远的影响。实施财政货币双稳健政策，逐步降低赤字率，有利于财政能够保持中长期均衡发展。双稳健政策也为财政金融体制改革留下更大的回旋余地。不仅资料翔实、论证严谨，而且内容丰满，宏观调控理论突出，富有新意。第三，防范财政风险的政策性建议具有可操作性。本书对财政风险的成因、积极财政政策评析、赤字财政可持续性的实证分析、国债政策可持续性及财政风险度量、外债风险、县乡财政风险、国有企业债务风险等方面的论述，运用大量案例来印证，有理论，有实践，涉猎范围广泛。如研究县乡财政风险，从县乡财政出现困难的主要成因、具体表现、体制性诱因等进行剖析，明确提出发生在中国的县乡财政困难，是社会结构转型中制度转型有效支持不足所积累的矛盾在基层政府理财上的反映，与政府体制、省以下财政体制现存问题和农村生产要素市场化制度建设滞后有密切关系，提出解决县乡财政困难的对策与防范机制，需要配套改革、调整政府体制和省以下财政体制：①科学划分各级政府的事权，按照财权与事权相对称的原则，适当调整中央和地方政府及省以下各级政府之间的财力分配关系；②加快完善适应分税制要求的转移支付制度，加大对欠发达地区的财政支持；③强化中央及省级政府在农村义务教育方面的投入责任；④因地制宜，加快预算管理制度和财政收支制度的改革创新；⑤加快行政体制的改革和政府级次的调整，取消地市级政府，因地制宜地探索乡镇级政府的改革方向；⑥调整区域经济发展战略，加强对县城经济的财政金融支持，培育县乡财源。作者在分析国有企业债务、社会保障与财政风险时，提出如果金融体系出现问题，银行不良资产将会大量增加；如果国有企业亏损严重，债务负担严重，需要进行资产重组；如果人口老龄化带来养老金赤字迅速上升，中央政府都会出面援助。在这种情况下，如果缺乏必要的市场机制予以化解，上述隐性及或有债务就可能导致国债的较大增加。因此，各类隐性及或有债务的存在，尽管不会对国债政策产生直接、显性的影响，但其风险转嫁作用也将使国债政策受到约束，政府也将面临更大的财政风险。因此要预防财政风险，必须建立预警机制，借鉴国外经验，积极防范财政风险。这一些操作性的分析与建议，使人读后不感到空乏，而是一种对实际工作的责任与思考。

总之，《财政风险问题》融理论性、操作性、可读性于一体，是一本好书。祝愿武小惠同志能源源不断地为社会推出营养丰富的精神食粮。

金融经济战略

金融经济的难点与出路

背景说明

  1988 年的金融形势令人难忘。症结何在？对 1989 年将产生怎样的影响？应选择何种对策？1989 年初《山西金融》以笔谈会的形式，约请部分同志进行了探讨，旨在加深对这些问题的研究，刊于该刊 1989 年第 2 期。治理通货膨胀的当务之急必须改变赤字财政，并依据物价上涨率调整收入政策，调整相关的利率和工资，把治理商品市场和金融市场结合起来。

  我国 1988 年的金融经济，经过了投资潮、涨价（调价）热、抢购风，出现了信贷失控，发行骤增，不得不来一个急刹车。紧缩银根后，又出现了银行周转失灵，转账支付困难，提款缺少现金，资产负债失调，各银行之间展开了储蓄大战；企业告贷无门，刮起集资风。国民经济出现滑坡迹象，如此由龙年进入了蛇年。

一、滞胀局面

  国民经济拖着经济增长下降或停滞、通货膨胀高居不下的沉重脚步进入 1989 年。今年的情况如何？人们从不同的角度作着预期。

  在整顿经济秩序、治理经济环境，进一步深化改革的总方针下，首要的任务是治理通货膨胀，抑制物价上涨。而财政金融实行双紧政策，银行既要继续抽紧银根，压缩信贷，期望既控制货币信贷总量又保证经济增长，谈何容易？能否摆脱滞胀局面，尚需看有无得力措施。因为：

近半年来的紧缩，已使企业家长吁短叹。企业在生产中，能源和原材料的短缺，流动资金的不足，确实压得它们喘不过气来，市场上建材转冷，部分机械配件滞销，建筑施工队伍争活；尤其是乡镇企业、私人企业面临能源和原材料涨价，部分原料专营，加上银行加紧收贷，提高利率，限制提现，不许资金外流，又给企业尤其是乡镇企业雪上加霜，减产、停移、破产在威胁着它们。而来自社会各方面向乡镇企业和私人企业的"抽血"仍有增无减。因而一些地方发出了"救救乡镇企业"的呼喊。

我们知道，货币发行量的增加对物价的影响是在半年到一年以后才反映出来。1987 年钞票发行量比 1986 年增加 69%，搞得 1988 年人们谈价色变。1988 年钞票发行量比 1987 年至少要增加 195%，而 1989 年的市场物价如何变化，人们拭目以待。物价上涨的惯性仍在继续推托价格居高难下。再说投资体制弊病造成的高投资，低效益，很难马上改变。投资体制改革刚刚开了一个头，远未完成，资本官僚化仍是投入产出不相称的原因。历史经验说明，我国在宏观调控中，供给的增加，主要依靠新增投资，需求的抑制，主要靠中央政府，个人、企业和地方是没有自控机制的。人均工资每增加 1%，1952 年到 1979 年，平均可以使劳动效率增长 5.56%，1979 年到 1987 年，则只能增加 0.14%。短缺始终困扰着我们。谁有商品谁就有了权力，商品权力化，与此同时，权力商品化也时有所闻，"官倒"作祟，物价呈无序状态。一种商品，会有市价、议牌价之差，又有现金价和转账价之别，更有开票价和不开票价等花样。紧俏商品在流通环节盘旋、加价，不能迅速抵达消费者。通货膨胀，不仅坑了消费者，损了生产者，最终还会影响国家财政，使财政实际收入减少，社会财富进入了"倒爷"之手。

二、两难境地

鉴于滞胀局面的危险，金融工作处于两难境地。既要控制信贷和货币，又要促进经济持续稳定增长；既要采取坚决措施，抑制经济过热，需求过旺的势头，又要搞好经济结构调整，增加有效供给。在西方一些国家，当商情过盛，用紧缩政策抑制投资，当经济衰退、失业增加时，通过增加货币供应扩张信用来刺激经济回升，短期内实现两个目标是困难的，所以它们两手交替，轮番突出。在我国目前的双轨体制下，传统的行政方法的宏观调控手段在某些方面由于经济环境的变化失去了用武之地，而新的经济方法的宏观调控手段在市场机制不健全的条件下又难以发挥应有的效应。金融工作的两个目标是不易兼顾的。

（1）要紧缩银根，控制信贷总量，不可避免难以保证企业对流动资金的需要，更新改造贷款也在压缩之列。要对贷款作结构调整，就得抽疲转盈，被撤走贷款的企业如何办？工资、失业都需要解决，否则将影响安定团结。

（2）要组织储蓄存款，扩大资金来源，就得扩大保值储蓄，而在银行贷款利率不能做出大幅度调整的情况下，银行背着贴补费的包袱，仅山西工商银行每年就是几千万元，这与专业银行企业化目标是相悖的，甩保值储蓄办法来扩大资金来源终非长久之计。

（3）要用发行金融债券来筹集资金，由于保值储蓄的开办，已使储蓄存款的名义所得达到了16%以上，再发金融债券的利率仍是10%，有谁能来购买？若提高储蓄利率与储蓄存款利率持平，银行更背不起两个包袱，只能提高放款利率，又给企业加重了压力，企业生产成本上升，市场物价安能不动？

三、走出夹缝

如何尽快走出停滞和通胀的夹缝，并且力求少交些学费，这是关系改革命运和民族前途的大事。一定要正视现实，全党全民共同努力，渡过这一暂时困难。

首先，治理通胀不能张三得病，李四吃药。通货膨胀的直接原因是货币发行过多。但货币发行过多的根本原因不完全在银行。财政政策和收入政策负有不可推卸的责任。赤字财政和国民收入超分配是不能由银行负责的。真正改变赤字财政政策、调整收入政策，建立地方、企业和个人收入分配的约束机制，才是最佳途径。

其次，依据物价上涨率调整相关的利率和工资。鉴于通货膨胀在短期内不可能改变，保值储蓄利率已给利率体系带来了冲击，职工的实际工资和名义工资的距离拉大，影响着安定团结，企业固定资产折旧率在通货膨胀中不能得到补偿，使国家资产在无形中流失，成为企业利润通过消费性分配冲击市场。笔者建议以物价上涨率为依据，调整利率体系和工资发放办法，即实行五个挂钩，职工工资与物价指数挂钩，存款利率与物价上涨率挂钩，债券利率与存款利率挂钩，放款利率与存款利率挂钩，固定资产折旧率与生产资料价格上涨率挂钩，建立通货膨胀会计制度。这样一可以解除银行的包袱，二可以保证国家资产价值的完整，三可以使职工的心理承受能力得到平衡，形成安定团结，努力生产的政治经济局面。

最后，治理商品市场与治理金融市场相配合。从商品供应与现金管理两方面同时下手，统一行动，配合治理。凡是国家可以掌握的紧俏商品对个人供应，实行定期储蓄奖售，对企业供应，实行专项存款供应，均以平价计售。如彩电、汽油、化肥等，低来低去，以回笼货币，平抑物价；凡国家不能控制的紧俏商品，价格彻底放开，物价部门不必追踪，会使"倒爷"们的暗中交易变成公开交易，现金交易转为转账交易，尽量避免价格中的开发票价与不开发票价、明价与暗价、现金价与转账价等混乱无秩序状况，方便税收部门的管理。这样，高来高去以加速商品流通，减少现金交易与现金的"体外循环"，增加国家税收。对于低来低去的商品经营中的亏损，由国家通过对高来高去的商品经营中抽收的调节税加以解决。

还有，从根本上说要加快政治体制改革的步伐，重新配置政府权力，减少冗员，打倒"官倒"，建立高效的宏观调控体系，才能保证经济体制改革的正常进行。几年改革实践表明，经济体制改革单轨前进，受到了政治体制改革滞后的制约，经济体制改革就无法顺利前进。因而治理经济环境同时也需要治理政治。

脱贫：合理配置资金和资源

背景说明

本文是 1989 年 10 月在吕梁地区农村金融学会成立大会上的演讲提纲。经济的贫困往往是由于"贫困的经济"，缺少经世济民之道，其道的核心是合理配置资金与资源。

一、经济的贫困与"贫困的经济"

在山西的东部和西部山区，有 30 多个县被称为贫困区。贫困地区，自然条件相对差，生产力水平低，地方财政收入困难，居民人均资产低于其他地区。有人提出，所谓贫困，一般是指人均年纯收入在 250 元以下，人们的食物支出占升活费用支出的比重，即恩格尔系数在 50% 以上，财政靠补贴过日子。在这些贫困山区，荒山秃岭多，水土流失严重，降水较少，交通不便，信息不灵，文化教育基础差，人才缺乏，农业单产低，工业基础薄弱。

但是，这些地区却人少地多，宜林、宜草、宜牧地多，多种经营条件好，农副产品丰富，特别是地下矿产资源尤为丰富，是一个"富饶的贫困区"，大凡"富饶的贫困"，多根源于"贫困的经济"。

所谓"贫困的经济"，就是缺乏经世济民之道，也就是缺少从事物质生产和经营的组织管理办法，无生财、聚财和理财技术。"贫困的经济"，症结在于"贫困的经济思想"，如果以"贫困"作为年年向国家取得财政补贴的"法宝"，那就无法摆脱贫困，也无法学会生财、聚财、用财之道。

因此，贫困地区脱贫致富的根本问题，关键在于解决"贫困的经济思想"，增加致富的信心，学会致富的本领，才能掌握致富的"金钥匙"，叩开致富的大门。这个会议挂着一个条幅，说农业银行"辅佐农业生财有道，流通经济获利无涯"。

可以说，让贫困地区的人民群众脱贫致富的头等重要的任务是解决资金与资源的合理配置。

二、脱贫致富的国际经验

按联合国世界银行所属国际开发协会帮助贫困国家和地区发展经济的最基本的经验，就是解决好资金与资源的合理配置。

国际开发协会曾在非洲巴南科南部实施一项"马里—苏德项目"。项目的负责人是马里纺织品开发公司（一个半国营机构），他们接受国际开发协会、非洲发展基金和法国阿拉伯基金提供的资助，对 10 万农户每户口 4～5 公顷土地面积投入物资供应、技术推广、销售服务，支持发展棉花生产，效果相当好。其成功的经验在于：①开发公司有效的技术推广；②农业上所需物资的及时供应，并与贷款同时到达；③保证产品的合理价格和销售系统；④公司搞了铁匠培训班，解决了农机修理和小农具制造问题；⑤农村成立相互担保小组，组织分发和回收贷款，并组织农民用棉花收入和贷款打水井，建立小型加工厂；⑥公司领导组织对农民的文化基础培训和医疗保健培训，办起文化设施后，逐步交给农民自己去管理。国际开发协会的结论是：只要做到：①能得到农业投入的物资；②合理的价格使农民有收入；③政府不课以重税，那么提供资金和技术给农民，农民是能够发展生产力的。

众所周知的印度绿色革命也是很好的例证。60 年代中期印度每年还要从国外进口 1000 万～1200 万吨粮食，而几年之后却成了粮食出口国。他们是在国际开发协会的支持下，在小麦生产技术、种子、水利设施、化肥等一揽子技术和信贷的科学配合下获得的成功，是科学发展、机构支持和国际开发协会资金三者结合的成果。他们认为取消补贴和市场限制，改善作物收成预报和价格信息的提供，给予法律支持，保障改善国内贸易和国际贸易的基础设施，改善支持财务结算的基础设施等，都是提高贫困地区农业生产率的重要保证。

三、贫困地区脱贫战略

为了解决贫困地区生产发展问题，山西省财政每年拨出巨额扶贫款，拨向贫困地区，但是效果较差。其问题在于资金下拨撒了"胡椒面"，资金、技术、物资管理不能协调动作。要获得良好的扶贫效果，我认为，山西省贫困地区脱贫工作应当坚持以下战略措施：

（一）统一规划，统一指挥

东西两山贫困地区的开发，省里和有关地市要制定一个中长期的科学规划，并组织各方面专家论证。规划一经通过，不论哪级政府换届，脱贫规划不变。彻底改变一任书记养蚕栽桑，二任书记毁桑种树，三任书记砍树种草放牧。这样，书记一茬换一茬，贫困一代接一代的局面仍不能改变。

各级政府要把脱贫作为任职目标，建立专门班子和相应的智囊团，提高经济开发决策科学性和指挥统一性，可分全区或全县为若干经济小区，确定各区支柱产业和龙头产品，成立相应开发公司，统一使用各个渠道的资金。克服农、林、水、乡镇企业、民政等各行政系统单独作战，名为支持脱贫，实则恩赐救济，越扶越贫。

（二）扶持商品经济

对于贫困地区的经济扶持，不应再扶持自然经济了。过去那种帮助贫困户养一头猪、三只兔的做法已经过时了。各有关部门在扶持贫困地区脱贫致富时，要支持当地发展商品经济，在既定规划和产业政策基础上，支持商品生产和流通，彻底改变扶持小农，一户一户去脱贫，而要抓住产业和龙头产品，带动一村一乡以至全县的商品经济发展。

（三）扶贫先扶志，治穷先治愚

要重视贫困地区文化教育事业的发展，提高人口质量和劳动力素质。为此要重视扫除文盲、控制人口、举办技术培训班和职业教育，把文化和科技"脱贫"放在首要地位。在一个文盲众多的地区推广现代科学技术和现代商品生产是不可思议的。在提高贫困地区干部、群众的脱贫致富思想上要下一定力气，提高他们的信心，才能产生自发的动力。

（四）资金、技术、物资、管理配套扶贫

按照国际上脱贫致富的成功经验，对扶贫资金、技术、物资和相应的经营管理等要注意配套同时下达，不可脱节，以发挥其整体和配套的优势。否则不仅不易发挥作用，甚至还可能给贫困地区增加债务负担。

（五）政策倾斜

政府要对贫困地区实行必要的政策倾斜，尤其是在农副产品收购、农业生产资料供应等方面保证价格和供销体系的稳定，积极提供市场信息，以指导贫困地区企业进行产品开发和经营。

金融的困境与突破

背景说明

本文与石建社合作完成，原载《山西金融》1989 年第 2 期。1988 年末，国民经济出现高物价上涨率、高消费基金增长率、高货币发行增长率、高基建投资规模、高盲流队伍（高失业率）；低能源原材料增长率、低粮食增长率、低出口增长率、低财政收入增长率。

金融，这个商品经济条件下最为高深莫测、最具风险的行业，这个在计划经济条件下曾被人们贬为下九流的行业，在近年的改革过程中，行业性质发生了显著变化。变化之一是，最无风险。街谈巷议的"铁路铁饭碗、金融金饭碗"，就是对这一变化最为简洁的概括。变化之二是，金融机构以前所未有的速度得到发展。中央、地方、街道、企业、民间、个人举办的金融实体如雨后春笋般地破土而出，掀起了一股不亚于"经商热"的"金融热"。变化之三是，金融这门奥秘无穷的高深学问，也一改往日极少人问津的局面，成为普通百姓议论的热门话题。这种超常的变化，虽有消极的作用，但其对于更新人们观念等方面的积极意义却不能低估。

令人可悲的是，当金融刚刚发生"从凉到热"的变化之际，"金融慌"却又时时袭上人们的心头。自 1988 年夏季一阵紧似一阵的物价上涨、抢购风潮后，政府开始紧急拉闸，抽紧了银根。这一"急刹车"，顿使企业界、金融界陷入一片恐慌之中。表现在企业购进商品，银行不能提供贷款，销货单位难以收回货款，专业银行在中央银行的存款无法提现，企业提现受阻，转账押票，甚至连居民个人储蓄也难以支付，商业部门收购农副产品打"白条"，发生了新中国成立后罕见的支付危机，出现了储户、农民骂娘，行员发慌，行长躲避的金融恐慌局面。虽然目前支付危机正在逐步缓解，然而银行的困境并未从根本上解除。要寻求新的突破，要寻求金融业近年来无常变化的深层原因，就必须清醒地认识银行目前所面临的困境。

一、金融经济的困境

我国金融经济目前的总体状况可以用"五高"、"四低"来概括。即高物价上涨率、高消费基金增长率、高货币发行增长率、高基建投资规模、高盲流队伍（高失业率）；低能源原材料增长率、低粮食增长率、低出口增长率、低财政收入增长率。从宏观经济调控目标的角度看，这种状况是经济发展的"红灯"。一般来说，宏观经济调控的目标主要是四个：物价稳定、经济稳定增长、充分就业和国际收支平衡。上述"五高四低"，不仅给宏观调控目标的实施增加了难度，而且将金融经济拖入了多种矛盾并存的境地。

（一）资金不足与货币过多并存

目前，银行信贷资金紧张，企业资金周转不灵，流动资金供应不足，进货无资金、销货款又收不回来，表现为整个资金不足；但同时货币又过多，人们持币待购，经常有人腰缠万贯，四处采购。

资金不足与货币过多并存，反映了"经济空心化"。"经济空心化"，就是社会财富中可增值的社会财富所占比重越来越低。资金是可以增值的货币（即能"带来剩余价值的价值"），而货币则仅是一般等价物。再生产过程中的资金如果进入了个人或机关单位而离开生产过程，就变成了单纯的购买手段，不作生产性使用，而成为货币。这就使社会赖以存在的物质基础难以支撑社会的消费，这是个危险的信号。据有人测算，1949~1958年，"经济空心化"程度由63%下降到12.6%，这是国民经济恢复发展时期和"一五"计划时期经济建设的重要功绩。但是，1959~1966年，"经济空心化"程度则由13%上升到了50%，60年代的市场状况是人人皆知的。"经济空心化"程度现在是多少？虽无精确计算，但经验告诉我们，"经济空心化"程度要远远大于60年代初期。

在这种情况下，银行增加贷款，可以解决企业资金不足，但是扩大了货币发行，使本来就多的货币更多，收又收不回来，即使收回来，又使企业资金更加紧张，从而影响生产。真是左右为难，欲贷不能、欲收不可。

（二）物价上涨与经济滑坡并存

目前物价在1988年上升18.5%的基础上，继续上升，1989年第一季度上升幅度与1988年同期相比也未降下来，今后也不太乐观。因为山西1989年货币投放任务是21亿元，但1989年1月就投放了11.2亿元，比1988年同期增加7亿元，这是紧缩之中发生的，等于全年的50%，这是第一。第二，货币投放与回笼的规律一般要晚半年到一年。发行过多和物价上涨之间的间距是半年到一年，加上1989年的新增投放，社会商品需求是大大增加了。山西1988年投放32.68亿元，为历史上投放最高的一年。第三，社会商品供应不足，商品库存与货币的比例我国经验数据是1∶13，而现在据有人测算几乎为1∶1。与此同时，作为商品供给源泉的企业来讲，面临的困难则很多：①紧缩银根"一刀切"，要压缩贷款，压谁呢？经营效益低的、销售收入不高，扣货也扣不回来，压贷任务要完成，不可避免地要在经营效益好的企业身上开刀。紧缩很可能是紧了好企业、松了差企业。②压缩基建，往往要看主管负责人的权力，不一定要看项目的可行性与紧迫性。同时技术改造项目也在压缩之列，而一般说来，技改项目的效益也是好的。③压缩消费基金，眼睛盯着工资基金总额，岂不知这只能管住机关、团体、学校和国有企业中工资本来就低的全民所有制职工，而那些收入偏高的个体户、小集体、"倒爷"等消费基金根本管不住，企业承包人也因承包兑现，无法压缩。这样的工资基金管理，只能是加剧分配不公，影响职工的劳动积极性。④能源和原材料供应紧张、涨价。⑤增税。从实际情况分析，1989年的生产不可能大幅度增加，某些方面可能还会有所下降，社会有效供给难以适应社会需求。这种状况，正是所谓滞胀局面。在此情况下，银行本应通过储蓄存款、信用回笼，扩大资金来源，但是银行又无权灵活调整利率。低利率储蓄实际是贬值储蓄，而保值储蓄虽然好，但因为放款利率不能变，所以还得贴补，储蓄越多越亏损。这叫能干（提高利率）不让干，不能干也得干（亏损着干）。

（三）基建规模过大与"盲流"并存

基建规模过大，年年压但年年压不下来。人所共知，基建规模过大，不在于个体经济、集体经济，而主要在于国家投资规模过大。这几年的数字表明，基建投资主要依靠赤字财政，而赤字财政又是靠货币发行来支撑的。1981～1988 年，累计赤字 1278 亿元，1981～1987 年，银行透支借款累计 515 亿元。所以笔者认为，是财政银行的"连裆裤"体制支撑了基本建设规模的膨胀。更需要重视的是，还有一支所谓的"盲流"队伍。前几年，由于广大农村实行了经济承包责任制，调动了农民的劳动积极性，提高了劳动生产率，改变了"打钟上工地头歇"的状况，产生了农村的剩余劳动力。在城市职工"铁饭碗"没有打破的情况下，农村这些剩余的劳动力，到工厂当临时工，到工地承包基建施工，这就产生了"正式工看，临时工干"的现象。农村的大量失业人口被城市的低效益生产、高基建规模所容纳，随着农民的消费要求扩大和城市基建膨胀的"虚假繁荣"，农民"进城好挣钱"的意识扩大了，进城农民越来越多。进城挣钱并非易事，基本建设刚刚紧缩了一下，实行财政金融的"双紧"政策，那么，被抛向街头的劳动力首当其冲是没有城市户口的农民。他们不愿意，也不可能返回农村中去，农村中的许多农民就只好在铁路线上溜来转去找饭碗。这种"盲流"队伍实质上是农村的失业人口，由原来的隐性失业变成了显见失业。而城市中有没有隐性失业呢？我们认为是有的，一是表现为机关团体人浮于事；二是工厂工人上班无活可干；三是中学、大学毕业生都不同程度地存在着找工作的困难。一旦把城市"铁饭碗"打破，城市隐性失业就会变成显见失业。所以说，基建规模并没有真正彻底消肿，就爆发了显见失业。由此，不能不说，基建规模膨胀与失业者是同时并存的。

应当看到，"连裆裤"的财政银行体制可以支撑基建胖子，但无法支撑和包容正在"盲流"的队伍。治理整顿，只好用行政方法进行遣返、流退。但遣而不返，返而不留的情况是应当估计到的。这不仅是经济不稳定的表现，也是政治不安定的因素。

在这种情况下，银行要压基建，只能忍痛割爱，去压那些银行支撑的有效的技改项目，而保证上级指令性的重要项目。应支想支的不能支持，想压应压的也不能压。

（四）外债增加与出口缩减并存

1981～1988 年，举借外债 520 亿元人民币，其中 1987 年为 103 亿元，1988 年为 123 亿元。吸收外债，要保证偿还能力，若无偿还能力，一会影响国家信誉，造成今后借债的困难；二可能造成债务危机。目前国际上衡量一个国家偿还能力大小的主要依据是还债率。所谓还债率，即一个国

家本年还债额（本金加利息）占本年出口收汇的比率。国际通用的是
20％。不足 20％，说明还债能力出了问题。当然如果还债率超过 20％，
只要外汇储备充足，人均国民收入较高，今后经济发展速度快也是可以
的。目前，我国出口增长幅度下降，借债额上升，这是需要重视的。

（五）消费基金膨胀与分配不公并存

我国 1981～1987 年消费基金每年递增 21.4％，1980～1987 年国民收
入每年递增 9.5％，1988 年又比 1987 年增长 11.2％，1980～1987 年固定
资产每年递增 24.1％，消费基金增长是国民收入增长的 2 倍多，固定资
产年增长是国民收入增长的 2 倍半。这种状况是靠借外债、借内债、发纸
币来支持的。更主要的是，消费基金的增长极不平衡，主要集中在少数个
体户、投机者和"倒爷"手中，脑体严重倒挂。我国清朝到民国，脑体
劳动者的工资差别大体是 13 倍，50 年代，体力劳动为脑力劳动的 70％，
70 年代体脑劳动者工资相等，80 年代则倒了过来，脑力劳动为体力劳动
的 70％。所以出现了学生厌学、研究生退学经商及出国热等现象。教育
危机将导致科学危机、经济危机，这是不可忽视的。但目前分配不公仍在
继续发展。如前所述，要将工资基金控制在 1988 年 8 月的水平，这岂不
是正卡了低收入的劳动者吗？分配不公，是劳动积极性降低，社会治安困
难的重要原因。在银行利率低的情况下，高收入的人不可能将不需用的钱
都存入银行，这是造成"体外循环"的原因之一，也是银行工作的困难
之一。

二、紧缩银根的思考

金融的这种困境，是在 1988 年 8 月开始的。在 1988 年经济过热、商
情过盛的情况下，中央断然采取了紧缩银根的政策，到现在已经半年了。
应当肯定，紧缩政策是十分正确的。紧缩，就是要抽紧银根，只有抽紧银
根，才能使过热造成的经济浮肿消退。抽取了流通中过多的货币供应，是
可以起到消肿作用的，改变国民经济中的虚胖子，进而实现国民经济的合
理结构和均衡发展。

但是，为什么正确的紧缩政策会给金融造成了困境？是正常的消肿时
的阵痛？还是有别的原因？

任何改革和调整，都不是很舒适的，都会有痛苦。但我们目前所面临
的这种阵痛，则是不正常的。产生这种不正常的阵痛的原因在于：

（一）紧缩的力度过大过猛

前面说过，紧缩是正确的。然而常识告诉人们，在快车飞驶之时，切忌急刹车，刹车过急自然会翻车。在经济过猛时紧缩银根的力度要适当，不可过猛过大。事实上，刹车过猛是出于对通货膨胀和经济形势的分析。我国 1988 年货币发行增长 46.7%，物价上涨 18.5%，实际要求货币增长为 16.2%，低于 1979 年、1980 年、1983 年、1984 年、1986 年，仅仅高于 1981 年、1982 年、1987 年。在结算中的现金使用量扩大的情况下，货币发行增长的情况并没有像人们估计的那么严重。从信贷规模看，1988年远远低于 1984~1987 年的水平。如果惊慌地一刀切下来，搞得专业银行不能支付，农村基层行哭鼻子，有的行长提出辞职，这是很难理解的。这种过猛、过大、过紧的紧缩，给国民经济的震荡太大了。如果 1989 年生产滑坡已成定局，那就不能不由紧缩过猛的政策来承担责任。

（二）紧缩的操作手段与操作环境错位

在计划经济体制下，宏观调节的操作手段是编大计划，即信贷计划和现金计划，扩大或缩小计划指标，都会影响国民经济规模。而在市场经济体制下，宏观调控的操作手段应是经济手段而不是行政手段，应由再贴现率，即中央银行利率、存款准备金率和证券买卖进行。现在，我国金融经济的环境是双轨制，有计划部分，也有市场部分。这次紧缩，证券买卖手段没有使用，利率手段也没有使用，存款准备金率提了一点。主要还是依靠行政命令的指令性计划来紧缩，因而使紧缩的操作手段和操作环境相错位。

从已采取的紧缩措施看，已经产生了若干不良后果，这种不良后果还可能继续扩散，影响到更多的方面：①有效生产和正常流通受到了限制；②分配不公在继续扩大；③现金的"体外循环"不但没有制止，而且有所加剧；④银行存款增长幅度下滑，储蓄率降低，金融机构以外的借款发生，市场利率对计划利率提出了挑战，使金融市场的管理更加困难和复杂化。信用回笼差，生产与流通受阻又影响有效供应，使商品配置的潜力受到制约，滞胀可能由此而继续下去。

操作和管理的错位，势必带来调节无力。弄不好，就会使我们从经济增长的虚胖变成经济停滞的虚胖，从一个危险进入另一个困境。

三、金融困境的突破

金融困境如何突破，是摆在全国人民面前的大事，不能认为只是银行的事情。金融是国民经济的综合部门，金融困境是整个国民经济困境的集中反映。如何突破，进入柳暗花明的又一村，需要很多的条件相匹配。笔者的看法主要有三点：

（一）堵不如疏

自古以来，治河之道，"堵不如疏"。这是大禹治水的经验，也是黄河流域劳动人民千百年来的体会。在货币发行溃堤之后，不能仅仅是堵，单一的"关闸"，不仅关不住，也会出现更大的危机。莫不如疏通河道，导水入海。发行过量导致的货币回笼减弱，收储率降低，其原因有二：一是物价上涨，人们怕贬值吃亏，持币待购，有的认为存放在银行不方便，也生不了利，不如放在家中使用时方便。对此，疏导的办法可以是：提高存款利息率，实行追踪物价指数的浮动利率，让储户有所得，使储蓄成为个人投资的一种形式，同时按此存款利率加上银行费用和利润率确定贷款利率，建立起与市场利率平行的利率体系，最后达到统一的市场利率。这样会使人们集中的钞票回归银行。不仅扩大了信贷资金来源，同时减少了市场压力。二是现金管理制度过严。现金管理制度是高度集中计划下的产物，在双轨制下，它失去了用武之地。就现金计划而言，它不仅解决不了市场钞票投放过多的问题，反而会成为钞票回流的障碍。在双轨体制下，各种变通都能绕开现金管理，这已是公开的秘密。加强现金管理，不如增加多种信用工具，如流通转让支票、银行本票、流通转让汇票和旅行支票、信用卡等，既方便了客户，同时可以达到现金回归银行的目的。当然，现金管理制度的废弃需要时间，但迟莫如早。如果这个思想是对的，那么我们是否可以多研究一些能吸收钞票回行的手段，而少去和企业、单位争吵现金管理问题呢？

（二）微观经济基础的再造

经济滞胀、抢购风潮可怕，但对改革的怀疑、否定更为可怕。现在经济体制改革进入了底谷，遇到了很多困难。有人把这些困难归咎于改革，把物价上涨当作改革的产物，这是很危险的。旧体制的滋味所有的人们都尝过，没有人愿意吃二遍苦了。而免吃二遍苦的唯一出路，就是推进改革。推进改革的根本则在于微观基础的再造。

改革中的很多问题，现在看来都与微观经济基础有关系。而微观基础再造的关键则在于所有制问题和产权归属。高度集中的公有制，是低效益高浪费；双轨制下的公有制，制造了"官倒"和分配不公。私有制的美国，有 4/5 的人持有各种证券资产，并在金融市场上获得收入，能说他们都是资本家，都是剥削者吗？多种所有制成分并存、企业股份化、资本证券化不是资本主义特有的产物，而是商品经济发展的必然趋势。发展股份制，可以吸纳各阶层人员手中的货币，把消费基金转化为生产资金；可以增加中央银行调控经济的手段，以有效地调整产业结构和资产结构；可以吸收外资，增加社会的有效供给。当然，实行股份制，建立和发展证券交易所，有些同志担心会导致官僚资本的出现，更担心官僚资本垄断了金融，融工业、商业、金融业于一体，造成贫富悬殊。这种担心虽有道理，但总比低效益、高浪费、"官倒"横行、封建落后要强得多。况且，我们完全可以通过制定反垄断法等措施加以限制。

（三）中央银行与专业银行各司其职

中央银行的职责是金融管理，是宏观调控，是政府的银行、发行的银行、银行的银行、管理的银行，这是非常清楚的。专业银行是个金融企业，是直接从事存款、贷款结算、汇兑及各种金融服务的机构，按理说也是明确的。但是，有一种思想时隐时现地在指导着二类银行的分工，就是专业银行也要管宏观。不仅国家负责人这样讲，甚至有些专业银行的领导人也这样讲。这就直接混淆了二者的分工。

专业银行为了要管理宏观，就可能牺牲经济效益，造成低效经营。中央银行因为宏观不是他自己一家管，是大家的事，就去与专业银行攀比经济效益，办什么这个公司、那个服务社，与专业银行争利，这种职责不清的状况是根本不可能搞好金融管理与宏观调控的。

我们认为，中央银行不管哪一级，主要是管宏观，不能与专业银行攀比，专业银行就是业务银行，必须讲求经济核算，可以不对宏观负责。这不是说专业银行业务不需要考虑社会效益，只考虑自身效益，而是说不负宏观调控的职责。如果为了求得自己的生存，不讲社会效益，不顾企业利益，最终将否定自己。

区域经济调控与资金流量信息系统

背景说明

本文与游广武（原山西财经学院教师）合作完成，原载《经济问题》1990 年第 12 期。幅员辽阔的中国，宏观经济调控需要重视区域经济调控。文章以区域经济调控的性质、特点与相应的信息系统为研究对象，探讨有效实现区域经济调控与区域资金流量的关系，认为资金流量表与区域经济调控之间有完全对应的关系，建立区域经济调控系统的配套信息系统，应以资金流量表为工具。

中国是一个幅员辽阔、地区差别很大的国家。在这样的国土上实行国民经济的宏观调控，只能以分层调控模式为主体。中央与地方（主要是省）调控相结合、相补充。近年来，经济理论界对中央宏观调控论述颇多，而对区域经济调控却很少有人问津。我们认为：在分层经济调控体系中，区域经济调控是整个宏观调控是否有效的基础。只有这样才能实现国民经济的良性运行。本文以区域经济调控的性质、特点与相应的信息系统作为研究对象。力图探讨如何有效地实现区域经济调控，以及与资金流量之间的关系。

一、区域经济调控的内涵与特点

所谓区域经济调控，是指把一个地区的国民经济作为调控对象，以地区经济职能部门为调控主体的调控，主要是相对中央宏观经济调控而言的。区域经济调控与中央经济调控的连接点在于目标系统，区域经济调控的目标应当与中央经济调控的目标相协调。从而形成中央经济调控与区域经济调控相结合的分层调控模式。

区域经济调控的控制领域是社会再生产的价值运动过程，包括生产、分配、交换和使用四个环节。四环节中对产业结构形成、改变有影响的主要集中在分配与使用环节。在分配和使用环节的价值运动便形成了社会资金流动系统。因此，区域经济调控的主要对象是社会资金流动系统，其内容就是通过调节社会资金流动系统的流向、流速。使地区的产业结构向合理化转移。

区域经济调控，在我国是通过地区各职能部门来达到对社会资金流动系统控制的，从而经济主管部门和经济职能部门就成为区域经济调控的执行机构或二级调控机构。

区域经济调控的手段同中央经济调控一样，主要有金融、财政和税收手段以及行政、法律手段。

总之，区域经济调控是以建立地区合理产业结构为目标，以社会资金流动系统为对象，以地区经济职能部门为主体，以经济、行政和法律为手段的控制。它与中央宏观经济调控共同形成国家分层调控模式。

区域经济调控的意义，首先在于它是实现国家宏观经济调控目标的组成部分。由于区域经济调控目标是在国家宏观经济调控目标下制订的，区域经济调控的目标和调控水平直接决定和影响着国家整个经济目标的实现。其次在于区域经济调控是地方政府实施其组织管理经济职能的手段和方法。地方政府作为一级政府，承担着组织管理、发展地方经济的职责。地方政府要组织管理经济，不仅应拥有财政、信用和行政手段，而且还应建立包括信息系统、监测系统、专家系统和控制系统在内的区域经济调控体系。

世界上，任何控制都是以信息系统为依据的，区域经济调控也是如此。这一点，从区域控制的过程可以清楚地看到。区域控制的过程可以通过图 1 来表示：

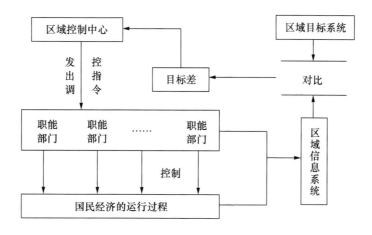

图1 区域控制反馈图

从图1可以看出：区域控制中心和经济职能部门构成区域经济调控的控制系统。区域控制是根据区域信息系统与区域目标系统对比形成的目标差来进行的，当目标系统预先给定，则区域控制的基础工作就在于信息系统。

在区域经济调控过程中，信息系统具有两个功能：一是反映社会资金运动的过程及结果；二是反映职能部门的调控实绩。信息系统把这两方面的信息传输给控制中心，一方面使控制中心了解国民经济运行情况，与目标系统相对比，得到下一轮调控的方向；另一方面也了解下一层次的调控系统——职能部门调控的情况，从而为确定下一步如何调控，由谁调控提供依据。

由上可见，区域经济调控的实施必须建立在具有以上两个功能的信息系统基础上。我国现有的信息系统能否完成此任务呢？

我国现有的信息系统主要由会计、统计、业务三大核算资料构成。由于长期以来不重视信息工作，三大核算资料各自分散、互不相连，指标、口径、范围以及计算方法各不相同，原有的这些会计、统计、业务信息还无法成为一个系统，更不能成为区域经济调控所需要的可靠信息。另外，上述会计、统计、业务三种核算有各自的目的，没有一个专门为区域经济调控而服务的，所以要实现区域经济调控，必须建立专门的信息系统。

新的系统如何构造，其主体是什么，这是区域经济调控中必须首先解决的问题。我们认为，在现有会计、统计、业务三种核算资料的基础上，建立以地区资金流量为主体的信息系统，不仅简便易行，而且可以满足区域控制的需要。

二、地区资金流量表的结构与功能

资金流量表是 20 世纪 40 年代由美国经济学家 M. A. 科普兰首创的用于分析经济与金融的表式。目前它已成为世界各国宏观调控不可缺少的信息资料。我国由于国民收入分配格局的变化，国民经济宏观调控方式的转变，也于 80 年代中期编制资金流量表。

资金流量表是反映国民经济各部门在分配与使用环节的资金流动情况的表式。地区资金流量表是相对国家资金流量表而言的，它反映一个地区各经济部门的资金运动的状态、方向，以及该地区与地区外的经济联系。表 1 是资金流量表的标准表式：

表 1　资金流量标准表式

		居民	企业	政府	金融	行政事业	地区外	合计
经常账户	Y（收入）							
	T（转移净收入）							
	Y＋T（可支配收入）							
	E（消费）							
投资账户	S（储蓄）							
	I（实物标准）							
金融账户	S－I（储蓄投资差）							
	ΔFA							
	ΔM							
	ΔL							
	误差							

区域资金流量表的结构和全国资金流量表一样，由主词和宾词两部分组成。区域资金流量表的主词，主要由居民、企业、政府、金融、行政事业和地区外几个部门构成。居民部门的主要功能是向社会提供劳动，获得各种收入，消费一定的物质产品，同时向社会提供一定数量的货币资金；企业部门主要是吸收社会资金，向社会提供产品；行政事业部门主要是通过财政取得资金，提供非盈利性服务；政府部门在这里主要是指财政收支情况；金融部门主要是以银行为主体的金融机构，是作为资金供需双方的中介，财政与金融都是不消耗产品、劳务的纯分配部门；地区外是由所有

与本地区有经济联系的外界组成的，不仅有商品交易，而且有资金借贷或款项划拨。资金流量表可以反映社会资金在上述各部门之间的流动情况。上面六个部门，还可以根据分析的目的进一步细分若干类别，以满足详细分析需要。

区域资金流量表的宾词是对社会再生产有关分配与使用环节的主要"关口"所设置的指标或科目。社会产品经生产、销售，扣除物耗，即得当期所创造的纯收入，这里的纯收入即表中的收入 Y。然后以 Y 为起点开始了国民收入的分配与使用。T 代表非金融分配收入净值。Y + T 是各部门的可以支配的用于消费或储蓄（积累）的收入。在可支配收入中，一部分用于消费，另一部分用于储蓄。储蓄中，一部分用于实物投资，另一部分用于金融投资。表 1 中非金融分配过程的各部门之间资金流动关系正是 T 进一步分解的体现，金融账户则是金融市场上资金在各部门之间流动情况的集中反映。

这样，我们就会发现资金流量表的主词反映着资金流动的起点与终点，宾词反映着资金流动的具体途径，从而形成了纵横交错的矩阵结构。这种结构，科学地反映了一个地区资金的来龙去脉，从而为以资金为控制对象的区域经济调控提供了基础。

三、资金流量表与区域控制

地区资金流量表与区域控制有着必然的联系，这是因为：

第一，资金流量表的功能是反映资金的来龙去脉，而区域控制的对象是资金流动过程。所以资金流量表可以作为区域经济调控的主要信息。

第二，资金流量表完全具备区域经济调控所需要的信息系统必须满足的条件。一是资金流量表中企业部门按产业进行的分类，可以满足区域经济调控与目标系统对比的要求；二是区域经济调控是采取二级调控方式，即由控制中心和职能部门组成。控制中心是通过向职能部门发出指令以达到对国民经济运行过程的控制，这样信息系统就应提供职能部门具体调控的实绩。而资金流量表中按主管部门进行分类的企业部门，以及政府部门中各主管部门的预算外资金，这两方面的信息完整地反映了这方面的情况，所以资金流量表可以满足区域经济调控对信息系统的特殊要求。

第三，区域经济调控是以行政和经济手段相结合的方式进行的，资金流量表可以为这两种方式的调控提供信息。政府部门的资金使用来源情况为政策手段的实施提供依据；企业、居民的资金情况为区域经济调控提供基础；财政、信贷资金，为了解调控的实施过程及后果提供依据。所以资金流量表就成为各种调控手段的参谋。

第四，区域经济调控不是对单一的总量指标进行控制，而是总量与结构相统一，而资金流量表完全可以提供总量指标与结构指标相统一的经济、金融信息。

由上可见，资金流量表的结构与功能，决定了它与区域经济调控之间有着完全对应的关系，说明建立与区域经济调控系统相配套的信息系统，应当以资金流量表为主要工具。因而研究编制区域资金流量表，就成为当前宏观经济调控中一项积极而有意义的工作。它必将对区域经济调控和国家经济的稳定协调发展产生重大影响。

省级宏观经济调控研究

背 景 说 明

本文是《三晋经济论衡》的第十二章"省级宏观经济调控",中国商业出版社1993年9月出版。文章对山西省级宏观经济调控问题提出了比较系统的方案,对省级宏观经济调控的必要性、特点、目标、任务、原则、手段以及操作系统及其方法,均提出了建设性意见。

相对全国宏观经济,山西经济只是局部。但是,山西经济作为区域经济又存在宏观调控问题,它关系省区经济协调、持续、稳定的发展,是省区经济发展中的重大问题。

一、省级宏观经济调控的基本理论

省级宏观经济是国家宏观经济同微观经济的结合部,国家的宏观经济目标和政策决策有很多是要通过省级宏观经济的调控传导到微观经济活动中去的。而微观经济活动中的变化又通过省级宏观经济反馈到国家宏观经济中去。省级宏观经济政策手段的娴熟运用和合理搭配与协调,是实现国家宏观经济目标,搞活微观经济活动的保证。

(一)省级宏观经济调控的必要性

宏观经济通过运用政策手段,可以引导微观经济活动按照宏观调控的目标变化。那么,为什么还要强调省级宏观经济调控呢?

在我国,实行高度集中的计划经济时,对经济运行采取高度集中的决策、控制和管理。30 年的实践证明它不利于调动基层积极性，往往造成微观经济效益低下。总结过去的经验教训，改革开放以来，实行了经济决策的适度分权，包括分层决策、分层控制和分层管理。在我国这样一个 11 亿人口的大国，全国性的生产计划和流通计划订得越细越难以准确。而分层决策、分层控制和分层管理，不仅可以调动各级地方的积极性，也可以使计划、控制和管理更符合客观实际情况。

既然分层决策、分层控制和分层管理是国家宏观经济调控与省级宏观经济调控划分的基础，那么如何科学、合理地划分它们之间的调控范围呢？科学正确地划分原则应为：总量调控归国家，分量调控归省级，重大比例调控归国家，一般结构调控归省级；各种间接调控手段的基准和浮动幅度归国家；基准和幅度范围内的调节归省级。

（二）省级宏观经济调控的特点

省级宏观经济调控的特点，首先是同国家宏观经济调控一样，是有间接性、全面性、系统性、二元性（计划与市场）；其次是省级宏观经济调控目标具有二重性，它既要服从国家宏观调控，又要有自己的决策和调控，即既要有全国性，又要有地方性；再次是省级宏观经济调控的力度，要受到自己调控力所及范围的制约；最后是省级宏观经济调控介于国家宏观经济与微观经济之间，它通过传递扩散国家宏观调控力，实现全国整体效应，在这个意义上讲，它要具体化、弹性化和时效化。

由于上述特点，省级宏观经济调控的手段，除一般宏观经济调控手段都需要以外，还要有自己的补充手段或具体手段。如在货币政策手段方面，地区中央银行的基础货币，由于受到联行往来及货币流出流入的影响，故需要对企业自有资金比例和利用外资的人民币配套资金比例有相应的规定，在财政政策手段方面有地方预算外资金管理、地方债券、折旧基金使用等，工资政策方面，对企业、个人收入比例的调节，企业留利水平的规定，人的级差标准，建立退休、保险、待业基金会等。这些举例都是省级宏观经济可以经常运用的具体调控手段。至于各种手段的选择和搭配，则要视省级宏观经济发展的具体情况而定。

二、山西省级宏观经济调控目标

（一）省级宏观经济调控目标

一个国家对于自己的经济发展都有一定的发展目标，一切经济政策、手段都要为此目标服务，这种目标，一般表述为四个方面：一是经济增长；二是物价稳定；三是充分就业；四是国际收支平衡。一个经济增长、物价稳定、人民安居乐业和国际收支平衡的国家，不能不说是一个比较理想的发展目标。尽管有时四个目标很难兼顾，经常遇到"鱼翅和熊掌"问题，被迫采取"逆对经济风向行事"的办法：在商情过盛，物价上涨过猛时，重点抓物价稳定，甚至牺牲一点经济增长的利益；在经济萧条、生产下降、失业增长时，重点抓经济增长和充分就业，甚至牺牲一点物价稳定的利益。从一个较长时间说，要做到四个方面同时兼顾。

一个省区作为国家的一个经济区域，其政府有组织、管理、领导当地经济和社会发展的职能。一个不能使当地经济发展和人民生活水平提高的地方政府，不会是人民群众拥戴的政府。因而省级宏观经济社会调控的目标必须是十分明确的。山西省省级宏观调控的总目标，是促进本区域经济、社会、生态环境的协调发展，促进全省国民经济持续、稳定的发展。其具体目标为：较快的经济增长速度，比较平稳的物价水平，财政收支基本平衡，合理的产业结构和最佳经济效益，一定的城市就业水平和不断稳定增长的人民生活水平。

由于国民经济的发展受到多方面的影响，有自然条件、经济政策、政治因素、劳动力状况等，经济运行中出现一些波动是正常的，这些经济波动往往会随着经济运行本身的规律呈现周期性变化，在周期变化的各阶段上，上述五个调控目标会有高有低，为了总体上使各个目标都能实现，在不同的经济状况下会有必要的侧重。因而不可以把上述五个目标量化为不变的指标要求，要在不同时期根据当时的实际情况和需要而有所侧重。

上述目标在实际执行中，也会出现一些相互矛盾的问题，即出现是"取鱼而舍熊掌"还是"取熊掌而舍鱼"的问题。如经济增长与物价稳定之间，产业结构与财政收支平衡之间，就业与生活水平提高与财政收支之间，都常常会出现"二者不可兼得"。这些矛盾是客观经济规律决定的，我们的宏观调控的艺术，也正在于此，即在多重目标的夹缝中，找出一条能使各项目标相互兼顾的路子来。

（二）省级宏观经济调控任务

按照上述省级宏观经济调控的目标，其调控任务可以概括如下：

（1）搞好财政、信贷、外汇和物资、劳动就业的综合平衡。地方财政收入、地方可用信贷资金和其他社会资金、地方可支配的外汇资金，要在充分发展横向经济联系的条件下，保证物资供求、劳动力就业的均衡。

（2）制定合理的省级国民经济计划和产业政策，不断改善本省产业结构、产品结构、企业组织结构和技术结构，优化资源配置，使本省经济优势充分得到发挥。

（3）抓好影响山西全省经济和社会发展的重大基础设施建设，如铁路、公路、民航、大型水利设施，输电、城市公用事业等，为企业从事经济活动和人民生活提供较好的条件。

（4）围绕国民收入的初次分配和再分配，正确处理国家、企业、个人三者之间的关系，防止分配不公，使劳动者各得其酬，兼顾国家、集体和个人的利益。同时使贫困地区脱贫致富，逐步缩小地区差别。

（三）省级宏观目标和任务的量化及其原则

上述宏观调控的目标和任务，在实际操作中要按各年度的具体情况量化，没有量化指标，不是一个明确的目标，为了保证目标和任务量化的科学性、可行性，必须坚持以下量化原则：

1. 消费支出与生产资料供应平衡原则

坚持国民收入经过初次分配和再分配，最后形成了社会公众（包括城乡居民与各机关团体、事业单位与企业）的购买消费品支出和购买生产资料支出，二者之和必须与社会消费品和生产资料供应相平衡。山西省仅仅是全国的一个经济区域，与各兄弟省、区之间必然有横向的经济往来。在实行开放政策过程中，进出口贸易和对外资本往来，也影响经济平衡中资金与物资的关系，应当坚持以下公式：

消费支出 + 投资支出 +（省外资金流入 − 省内资金流出）+（国外资金流入 − 省内资金流出国外）= 消费资料供应 + 生产资料供应 +（省外物资流入 − 省内物资流出）+（进口物资 − 出口物资）

2. 坚持积极的财政收支平衡原则

省级财政收支平衡，若是坚持"尽钱吃面"的办法，即有多少钱办多少事，这种收支平衡是一种消极平衡。积极的财政收支平衡是从生产和经济发展的立场出发，努力组织收入，同时争取中央财政拨入和外资引入，适当地发行地方债券，通过各种办法筹措足够数量的资金，来安排财政支出。安排财政支出时，要在保证人民群众生活水平随着生产发展而不断提高的原则下，充分保证生产发展的需要；要严格压缩纯粹行政性经费开支（但必须保证科技教育的开支），在安排生产资金支出中，必须把固定资产投资与流动资金供应合起来考虑。在支出中，还要考虑到债券还本付息总支出。必须明确，负债性支出，必须是保证用于有效益的生产性投资，必须保证这部分资金支出的增值性能，否则绝对不可以搞负债性财政支出。

3. 银行信贷规模与直接融资此消彼长原则

信贷收支平衡，在一个省区不可以简单地搞信贷收入与信贷支出一致，而要注意使信贷总量具有一定的弹性。这要具体考虑到：①国家信贷规模增长给本省的分配指标；②在金融市场发展的条件下，商业汇票和银行票据流通转让与社会集资等形式的直接融资及信用扩张的作用，要注意间接融资的信贷规模与直接融资的社会集资的此消彼长的关系，从而使信用扩张规模与国民经济生产流通扩大规模相协调。

4. 协调积累和消费关系的原则

要保证积累基金与消费基金加起来不能超过国民收入总额，消费基金的增长不能超过经济效益的增长，工资总额的增长不能超过劳动生产率的增长。

三、省级宏观经济调控手段

经济宏观调控手段的运用，决定于经济运行的机制。在高度集中的计划经济中，宏观调控的手段是直接手段，即计划和行政管理。在市场经济中，宏观调控手段主要是间接手段，即经济的各神调控工具，如公开市场业务、存款准备金率、再贴现、再贷款政策等。当然也辅之必要的市场干预。在我国社会主义市场经济中，省区经济的宏观调控，可以采用以下手段：

（一）国民经济计划

社会主义市场经济，并不排除计划手段，市场经济是国家经济管理体制，计划则是经济管理的方法或手段，省区宏观经济调控运用计划手段，就是通过编制和执行本省的中长期经济和社会发展规划及年度国民经济计划，按照财政收入、信用资金、外汇资金和物资供应的可能，安排好各种比例关系，并确定国民经济的主要增长指标。这些指标包括国民生产总值增长、国民收入增长、财政收支、信贷收支、工资总额、劳动就业、固定资产、投资规模等。在这些计划指标中，有一些事关国民经济大局的关键性计划指标，应当是指令性的，必须完成。这类计划指标，不宜过多，主要控制固定资产投资规模、国家机关和事业单位工资总额增长、地方财政收支等。另外一些一般性的经济指标，可以是指导性的，即作为国民经济中各部门、各企业和居民作为自己的经济活动决策的参考和依据。

计划手段的运用，主要通过计划委员会、经济委员会和各业务主管部门编制计划，经人大会议讨论通过执行。由于计划毕竟是主观的，国民经济运行是客观的，市场瞬息万变，计划与实际情况往往难于恰到好处。鉴于这种客观事实，计划制订者不可以将计划订得过细过死，不可以也不必去计划农民的芝麻、西瓜、黄豆各种多少，也不必去管工人的白布、花布各印多少，这只能交由市场动态引导企业去生产。

（二）产业政策

产业政策是宏观调控的重要依据，也是经济调控的重要手段，其中心是调节产业部门的协调与发展，它最基本的特征：一是目标明确，实现国家和地区尽可能快的经济增长；二是政府干预，主要对社会再生产过程，产业部门之间以及内部的资源分配进行干预；三是政府不直接介入资源分配，而是强调政策引导。日本经济起飞，曾得益于产业政策的合理运用，作为成功的经验已引起世界各国重视。

我国产业政策的研究和制定开始于改革开放之后，1989 年 3 月 15 日国家公布了《关于当前产业政策要点的决定》。按照国家产业政策，主要产业的发展序列是：生产领域、基本建设领域、技术改造领域、对外贸易领域。集中力量发展农业、能源、交通和原材料等基础产业，加强能够增加有效供应的产业，增强经济发展的后劲，同时控制一般加工工业的发展，使它们同基础产业的发展相协调。

在一个省区，也需要有自己的产业政策，山西产业政策是根据国家统一政策，结合本地区实际制定的。它包括地区生产力布局政策、产业结构政策、产品结构政策、产业技术政策和产业贸易政策。按照山西省制定的产业政策，山西要在积极发展农业生产包括林业、牧业、渔业的同时，特别重视工业产业的行业结构、产品结构与技术结构。因为山西是国家能源重化工基地，是全国主要的能源供应基地和原材料工业生产基地，工业产值占社会总产值的比重很高。抓好工业产业政策，对于整个经济的发展会产生重要影响。按 1990 年山西省产业政策要求，要在产品结构逐步优化的基础上，建立起山西多元支柱产业新体系，形成以能源产业为重点支柱，包括冶金工业、装备工业、化学工业和食品工业四个新支柱工业在内的五大支柱产业体系，并使四个新支柱产业在工业生产中的地位有明显提高。形成八条产品链：煤炭系列产品链、煤化工系列产品链、能源装备工业系列产品链、铝及其制品链、食品系列产品链、纺织系列产品链等和88 种重点扶植发展的产品。

产业政策制定的目的，在于引导投资方向，逐步实现产品、产业结构的优化，充分利用当地资源，满足市场需要，建立一个生产、流通和消费相互和谐的社会秩序，避免浪费和社会财富的破坏。

（三）财政政策

财政政策是宏观经济政策的重要方面。它是通过有目的地安排财政收支计划和实施税款征收，来影响调节国民经济的一种手段，其具体内容包括：

（1）根据国民经济发展的需要，正确调整财政收支管理体制和税收体制。处理好能源划分、利润收解拨付，是正确处理省、地、县之间的经济利益关系，正确处理国家、企业和个人之间利益关系的具体步骤和环节。

（2）根据国民经济发展需要，正确确定税种税目税率，对符合产业政策优先发展的产业、产品，在纳税上要优惠，或减税或免税，以保证产业结构和产品结构的优化，并兼顾社会各方面的经济利益关系，引导省内游资、省外资金和国外资金来山西投资，发展山西经济。

（3）合理安排财政支出，在财政的投资方面上报据产业结构、产品结构的合理调整，支持科技增长率的发展，提高企业技术水平和劳动力素质。

（4）通过国有资产的管理，提高国有资产的利用率，保证国有资产的不断增值，增强社会主义公有制的经济基础。对于省、县地方公有企业，通过国有资产管理局的控股权办法，逐步改拼盘投资为国家、企业、个人、外资相互参股的办法，明晰产权，提高企业的自我发展能力。

（四）货币政策

货币政策在市场经济宏观调控中是最重要的政策，运用货币政策不仅仅是用经济办法来刺激社会经济部门朝着宏观经济目标行动，而且因为它的调节一般是经过了"二冲程"的形式，有较高的弹性，即中央银行实施的货币政策手段，不是直接到达企业单位，而是直接影响商业银行与其他金融机构，由此引起第二个冲击波，即由商业银行与其他金融机构作出的反映和采取的措施所形成的第二个冲击波才传导至企业，引起企业的反映和不得不采取调整的办法。这是货币政策调控的突出特点。

货币政策的具体手段很多，可以多达二十种，但使用最多的手段有以下几种：

1. 公开市场运用

由中央银行即中国人民银行在市场上公开卖出或买进有价证券，借以收回和投放货币，缩小和扩大市场货币供应量的办法，影响市场利息率，影响投资和就业，调节社会总供给与总需求。

2. 再贴现、再贷款

人民银行对专业银行进行再贴现（对专业银行已经贴现的未到期票据进行贴现）和再贷款（中央银行对专业银行提供的贷款），可以扩大专业银行可贷放的资金，以解放企业对信贷资金的需求。人民银行对再贴现和再贷款实行放松或紧缩的政策，可以达到调节金融系统以至企业资金的目的。

3. 存款准备金率

存款准备金，是法定的专业银行必须按自己吸收存款的一定比例交存人民银行作为准备金，其交存比例即存款准备金率，法定存款准备金率越高，专业银行可贷放的资金就越少。那么中央银行根据市场经济发展状况和商情动态，在需要消除经济过热时就可以适当调高存款准备金率，减少银行信贷规模，在市场疲软，经济萧条，需要刺激经济时就可以调低存款准备金率，以扩大信贷规模。

4. 利率管理

调整利率可以调节经济，其原理就在于利息是企业利润中的一部分，银行家拿到的贷款利息是从企业家的利润中分割出来的。利息率愈高，企业利润愈低，利息率愈低，企业利润就愈高。正因为这样，中央银行通过利率管理，调高或调低利息率，可以影响企业利润收入，特别是对股份制企业、私人企业和乡镇企业。利息率的调节作用是巨大的。这些企业的生产规模和投资规模会因银行利率的降低或升高而有所伸缩。同时，中央银行为了配合国家产业政策的实施，也可以对优先发展的产业和产品的生产企业贷款实行低利率政策，从而达到调整产业结构的目的。同样，对不同所有制企业或对不同行业实行不同利率，也可以达到调整经济结构的目的。

此外，中央银行可以选择的调节手段还有对消费信贷的控制、对房地产信贷的控制、对固定资产信贷的控制等有选择的调节，以及进口预存款、道义劝说等。

但是需要指出，一个省区的中央银行货币政策手段的运用，必须注意以下几点：第一，要求与国家货币政策保持一致，因为货币政策运用不同于其他手段，它是以货币、利率为工具而实施的，一经使用不仅影响本省也影响其他地区。货币是无孔不入的，它可以在地区之间自发地流动，所以必须与国家的货币政策一致。第二，要注意各种手段的科学配合，因为各种工具各有特点，要注意趋利避害，讲究配伍的科学性。如存款准备率调节效果大，作用快，但过于猛烈，调幅大，就会引起企业的巨大震荡；而利率管理比较缓和，但是却不可经常使用，经常变动信贷利率，不利于企业正常经营。

（五）行政手段

行政调节手段，包括计划调节在内，为了强调行政管理的意义，突出计划的作用，我们在前面专列一条叙述。这里行政手段主要内容是：压缩行政机构、控制行政开支和集团购买力；对部分商品实行专卖，制止哄抬物价，发放各种许可证，如建设项目许可证、进出口许可证、定价许可证、收费许可证、重要生产资料经营许可证、制止乱收费等。

运用法律手段调节经济，是行政调节手段的一种形式，它是指通过地方立法、执法和监察来调节经济活动。这些法律，国家大都有明文规定，需要根据山西的具体情况制订相应的实施细则，有些是中央授权地方管理的事情，需要地方制订相应的法律规程。如《土地资源开发利用管理办法》、《生产资料市场管理办法》、《预算外资金管理办法》、《资产评估办法》、《国有资产管理办法》、《农业投资办法》等。并且强化人大、政协、审计、监察部门的监督作用，通过对行政机关、事业单位和企业的监督，堵塞漏洞，强化法律规范，杜绝各种不正之风。

必须指出，上述各项宏观调控的政策手段各有自己的特点，要相互配合、相互补充，才能更加完备。同时还要注意协调，避免冲突。这就要求宏观管理部门，对上述各种调控手段采取协调动作。否则各行其是，势必相互抵消作用，出现负调节，以致给国民经济的发展造成危害。

四、山西经济宏观调控的组织系统与操作

（一）省级宏观经济调控的组织系统

省级宏观经济调控，需要有一个调控操作系统，这个系统不仅要有中央银行，还要有计划部门、财政部门以及税务局、国有资产管理局、工商管理局、财办、农办、法制局、审计局、统计局等。

为了使具有宏观调控职能并参与宏观调控的机构协调互动，相互配合而不是相互扯皮或抵消力量，变成负调节，需要建立一个省级宏观经济调控委员会，直接由省长或常务副省长来抓此工作。由省计委、人民银行负责人协助，组织统计局、财政厅、财办、农办、法制局负责人参加，组成委员会。省级宏观经济调控委员会的职责是：①定期召开会议，分析全国和本省经济形势，研究全省宏观经济的重大问题，提出决策性意见和建议，供省政府决策参考，提高政府决策的科学性、民主性。②统筹和协调省级具有宏观调节与管理职能部门之间的关系和各种调控手段之间的关系，使各种手段得到科学的配伍，协调动作，避免各自为战、各自为政、各行其是、互相掣肘，产生逆调节。③检查、监督、督促省政府及其下属有关厅局对各项宏观调控决策的贯彻执行，落实调控措施。

为了使省级宏观经济调控委员会顺利实现自己的职责，需要在其下建立必要的工作和服务系统，为宏观经济调控委员会服务的系统包括：

1. 省级宏观经济预测、预警系统

这个系统由省属各具有综合性信息源的机构组成，主要包括统计局、财政厅、人民银行、经济信息中心等部门。为了向宏观经济调控委员会提供宏观经济预测、预警系统信息资料，该系统需充分运用国民经济各部门、各单位的会计资料、统计资料和业务资料，建立科学的指标体系，并符合本省经济运行特点。选择各类典型的国营大中企业和有代表性的地、市、县、乡、村及城乡居民户，进行跟踪监测。建立必要的资料汇总和分析模型，输入电子计算机处理，定期向省级宏观经济调控委员会提供报告，供宏观经济调控委员会决策参考。

2. 省级宏观经济研究专家系统

省级宏观经济研究专家系统，是山西省政府的"智囊团"，由山西省政府经济研究中心牵头，组织山西省各经济研究机构和高等院校对山西经济有研究的专家参加，吸收他们的研究成果和合理意见。为了使专家意见

能够与实践结合，提高其科学性、实践性和可行性，需要按国民经济的不同行业，如工交、农林牧、地质地理、财政金融、价格市场与综合等分作若干专家组，向他们提供经济信息，定期召开会议，由专家系统向宏观经济调控委员会提出建议。

3. 省级宏观经济监督系统

省级宏观经济监督系统，是一个综合的监察机构，由审计、监察部门牵头组织，吸引对经济活动具有及时灵活信息的机构加入，如银行、税务、统计、工商管理等部门参加，对国民经济各部门、各单位进行跟踪监督。不仅需要对国民经济活动进行监察，尤其要对各部门、各单位负责人的行为进行监督，对其滥用职权、渎职行为、营私舞弊以及贪污受贿等进行监察和追究责任。定期向宏观经济调控委员会提出报告和建议，以便宏观经济调控委员会向政府部门建议，调整国民经济中不称职的管理干部和负责人，保证经济运行中各个环节的正常转动。

（二）省级宏观经济调控的操作

省级宏观经济调控的操作，不仅是一个重大的经济问题，而且是一个很复杂的技术问题，这里不可能详细论述，仅就一般操作程序和注意事项提出以下几点。

1. 操作程序

省级宏观经济的管理者，如何在国家宏观经济政策及其调控手段范围之内，运用自己手中可供选择的调控工具，通过怎样的程序实现本省经济社会发展目标，可以用图1表示。

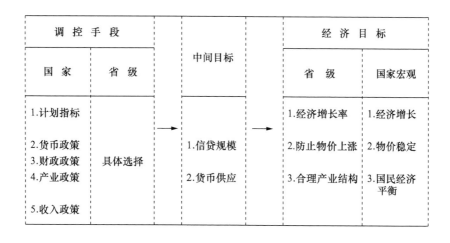

图1 省级宏观调控传递过程图

具体步骤：

第一步，按照已经批准执行的五年规划，确定年度计划内的国民经济发展主要目标：国民生产总值、国民收入、财政收入等主要经济指标。

第二步，分别计算上述几项经济增长额与投资增长额、工资总额增长额、现金发行增长额之间的相关系数。按照历年各该经济指标一一对应计算，确定计划年度内的相关系数。

第三步，按照第二步计算的相关系数，确定计划年度的信贷规模、货币供应额，以此作为省级宏观经济调控的中间目标。

第四步，充分发挥中央宏观调控计划执行中已使用的各种手段，并在其作用范围之内，加入省级可供选择的各种手段，紧紧跟踪手段运用后的信息反馈，及时调整或变化省级调控手段，从而使国民经济运行盯死中间目标。如果中间目标能够实现，那么年度经济社会目标基本是可以达到的。

2. 注意的问题

（1）确定年度经济社会发展目标，既要积极又要稳妥，按照到2000年翻一番的总体规划并根据具体情况量力而行，不可以定得太高。而且经济增长与稳定物价之间往往有矛盾，要兼顾二重目标的实现。当然在某一方面问题突出时，也可以有所侧重，绝不可以搞高指标、大计划。

（2）根据年度经济计划目标确定中间指标时，要用历史资料排比选择，并根据计划年度可能出现的新情况、新因素，作出适当调整。不可以机械地用历年平均值确定计划期的中间目标。

（3）各种调控手段要讲究配伍，搭配调节手段，要根据经济发展的具体情况，选择主辅搭配，财政货币双松政策搭配，财政货币政策双紧政策搭配，财政货币一紧一松政策搭配。不同搭配会有不同经济社会效应，必须充分重视。

（4）由于省级宏观手段的效应要受到国家宏观调控手段的影响和制约，有时可能方向一致，有时可能方向相背。在出现这种情况时，一定要顾全国家大局，在不影响国家大局的前提下，努力实现地方经济发展的目标。

新晋商的出路在于开拓市场

背景说明

　　本文是 1995 年 4 月在《山西发展导报》"我看内陆"专栏讨论会上的发言提纲,原载该报 1995 年 4 月 26 日。晋商在清末民初的衰落,主要的原因之一是市场的缩小。当代晋商振兴之策,莫过于开拓市场。在老晋商成功的同时与意大利商人相映生辉;在当代晋商崛起之时,外有西班牙以商立国先例,内有江浙闽粤商人流通勃兴经验。需默记市场突破。

　　历史上的晋商,威震华夏,名扬亚欧,此乃人所共知。当代晋商,对外交往,步履艰难,令晋省朝野人士焦急。

　　红极明清两代数百年的晋商,到清末逐渐衰败,究其原因也是多种多样,而最主要的原因是市场的缩小。

　　世界进入 19 世纪后期,西方资本主义在中国的势力逐渐扩大,不仅洋货涌入中国市场,打破了旧有市场的商品结构,也输入了西方的技术,西方的轮船、铁路也传入中国,改变了中国国内市场与国际市场联结的商路,一向以垄断陆路对外贸易为支撑的晋商,因海上贸易的发展失去了地理优势,市场遂逐渐缩小。而且国内各商帮的兴起,外商势力由沿海进入长江流域以至内地,俄国势力在西北、东北、华北延伸,打击了山西商人的势力。1911 年辛亥革命,清政府垮台,作为山西商人势力及全国金融力量代表的山西票号商人,因为政府放款不能收回,而存款逼提,一败涂地。在京城及全国商业中心城市失去了金融大亨的地位,向以金融资本与商业资本相互支持混合生长的晋商势力被砍去一个臂膀，这对晋商无异于釜底抽薪。1917年俄国十月革命，1921年外蒙古独立，使晋商在俄国和外蒙古，不仅市场全失，连资本也被没收殆尽，光着身子返回晋省。1931年日寇侵占东北，晋商在东北不能存在。1937年山海关记载，经由山海关返晋商人达17万多人。1937年日寇对华发动全面进攻，晋商在各地商号或被夺掠夺，或被迫停业关门，而进入难民队伍。称雄一世的晋商活动舞台几乎丧失殆尽。因此，我们没有理由不认为市场的萎缩是晋商垮台的主要原因。

有鉴于此，当代晋商振兴之策，最大最要者，莫过于开拓市场。近一二十年以来，山西省内市场上，日用消费品供应60%左右来自省外供给，自给率仅为40%。而这些日用品生产虽是外省搞的，但有很多商品的原材料及大部分能源是由山西供给的。当代山西是全国原材料、能源供给地和消费品销售市场。如此的产业产品结构和市场，缘何能富裕山西？当代晋商继续把原煤挖出来，让别人卖出去；继续把特殊钢材炼出来，让别人卖出去；把铝材炼出来，把化工原料产出来，拱手送人，然后买进不锈钢制品、铝制品、塑料制品以及各种消费品，等于给兄弟省市提供了税收基地。所以税收外流，资金外流，人才外流，一江春水东去也。因而，寻找山西货币回流之法，急急切切。我看当务之急，当抓市场战略。在老晋商成功发展之同时，有意大利商人相映成辉；在当代晋商崛起之时，外有西班牙以商立国的成功经验，内有江浙闽粤商人流通勃兴的先例，所以当代晋人无需怀疑，只需默记：市场突坡。

当今国际市场有山西省所产之需，如晋煤、晋钢、晋铝、晋药、黄河文化、华夏古建和旅游资源；国内市场也有山西省所产之需，如水果、杂粮、化工原料以及电力、电石、电加工制品等。集中精力调整山西产业结构，提高省内市场占有率，奋斗几年，逐渐满足并垄断省内市场，开拓国内市场，进军国际市场是可能的。省内经济决策者，若能组织专家机构，专司国际国内市场需求与山西资源、产业研究，制定科学的产业政策，鼓励省内外民间力量向山西投资，将产品打向国内外市场，山西是大有希望的。山西市场战略形成之时，定是当代晋商振兴之机；山西市场突破之时，将是山西经济振兴之时。

关注三个难题开辟两条战线

背景说明

　　本文是 1997 年 4 月 8 日在"山西省推进企业改革和对外开放座谈会"上的发言稿，摘要刊于《山西日报》1997 年 4 月 10 日。当时经济生活中的问题是就业问题、国有企业负债问题、农信社改组农村商业银行后的信用社缺位问题，但中心却集中在资金问题上。文章主张扩大直接融资市场，尽快培育一批基金会和"上柜公司"，建立合作社协会，填补合作金融的缺位。按国际合作联盟的合作原则，把生产合作、流通合作、信用与保险合作以及各种专业合作社，都联合在合作社协会之下，补足合作银行改组后的合作金融缺位。

一、当前经济生活中的三个问题

当前经济生活中的三大问题困扰着各级领导和企业。

（一）就业问题

目前全国有 5000 万农民在城市找工作；1990 年以来，下岗的国有部门职工达 1500 万～2000 万名，预计 2000 年前还将有 3000 万～3500 万名国有企业职工下岗，加上新成长起来的劳动力和大中专毕业生，就业的压力将长期存在。这是改革中企业由粗放型经营向集约型经营转化的结果，是正常的经济现象。但是需要解决，否则有碍稳定和社会治安。

（二）企业、财政、银行"三难"

近年来，国有企业资产负债率越来越高，有的已达 100% 以上，基本依靠银行信贷过日子，赚的钱交了银行利息后所剩无几，财政收入在国民收入中的比重也有所下降，成了"吃饭财政"，对国有企业自有资金的拨付和亏损拨补不到位，包袱丢给了银行。而银行呢？信贷基金（自有资金）比重低，主要靠外来资金经营，外来资金中又有70%左右为城乡居民个人储蓄，放贷出去就可能收不回来，不放又会亏损。总之企业的不良负债与银行的不良资产、财政资金困难相互咬在一起，形成一个死结。企业、财政、银行"三难"问题亟待解决。

（三）城乡信用社改建为合作银行后造成合作金融缺位

信用社作为合作金融，是与城乡个体经营单位、小集体和合作经济相适应的，改建的合作银行是股份制银行。股份制商业银行与合作金融在性质上是不同的，经营原则也不同。城乡急需有为合作经济服务的合作金融。由于这个缺位，农户、小集体、合作社借贷困难重重。这一问题也亟待解决。

二、开辟两条战线，创造两个经济增长点

鉴于上述困难，有必要积极扩大就业机会，以保持社会稳定，推动企业改革，加快经济发展。为此，建议开辟两条战线：

（一）扩大直接融资市场，尽快培育一批基金会和"上柜公司"

我们现在有可能也有必要扩大直接融资市场，即扩大股票债券市场融资。这样做可以一箭几雕：一是解决国有企业自有资金不足，也解决财政拨补企业自有资金的困难；二是发展一批股份制企业，创造劳动力就业的机会；三是减轻银行信贷风险压力，有利于银行的正常经营；四是解开企业、财政、银行在资金问题上的死扣。发展直接融资市场，不必等待企业条件成熟后，成为上市公司去深圳、上海上市售股，而可以在本省筹建柜台交易市场，把不达上市公司条件的公司股票经审查后在柜台交易，即作为"上柜公司"先行在省内培育，待条件成熟时再上市。这样做的好处是：可以为不够上市条件的公司提供机会，最大限度地吸纳社会闲散资金。因此建议省里尽快拿出一个上柜公司交易办法，抓住国家扩大直接融资的机遇，培养山西新的经济增长点。

（二）建立合作社协会，填补合作金融的缺位

建议政府尽快重视合作社这一联系千家万户与千变万化的市场的事物，建立合作社协会，按国际合作联盟的合作原则，进行整顿规范，把生

产合作、流通合作、信用与保险合作以及各种专业合作社，都联合在合作社协会之下，补足合作银行改组后的合作金融缺位，把城乡合作社经济与农户、个体户、小集体等经济动员起来，这也是解决就业问题和培育新的经济增长点的一个方面。

不论哪个战线，在操作中，政府应该只做舵手，不要去划桨；只做裁判员，不要做运动员。

必须加大整顿金融秩序力度

背景说明

　　本文是作者作为《记者观察》特邀评论员，在该刊 1998 年
第 4 期发表的评论。1997 年亚洲金融危机后中国金融存在诸多
问题，针对这些问题文章提出了具体的政策性建议。

　　亚洲金融风暴至今余波未平，我国由于谨慎地利用外资，2/3 以上为
长期直接投资，有计划有步骤地实行对外开放，至今没有在资本账户下实
行人民币自由兑换，基本拒国际短期投机资本于国门之外，使这场金融危
机风浪没有冲破我们的堤坝。然而，只要我们详细分析一下我国金融经济
现状，就会清醒地认识到，当前我国金融形势并不乐观，总的讲，我国金
融结构，包括组织结构、业务结构、资产结构都存在许多问题，必须引起
足够重视，继续加大力度整顿金融秩序，积极防范金融风险。

　　我国金融领域中存在的具体问题，可以概括为以下几点：第一，国有
商业银行不良资产与企业不良负债长期咬在一起，始终没有解开这个死
结，造成银行大量呆账、坏账，不良资产高居不下，本息收回困难，而且
资产中自有资本比率过低，甚至低于国际惯例的基本要求。第二，非银行
金融机构尤其是各级各类投资公司，由于出资者多数为地方政府和政府部
门，其业务经营自然受政府行为的影响，亏损面大得惊人，而且还在亏损
中继续经营着新的"亏损"。第三，股票市场、期货市场存在许多非法经
营活动，公正、公平、公开原则受到干扰，内幕交易，投机炒作，以至地
下期货交易在很多城市均不同程度地存在。第四，一些地方的"三乱"

严重，乱办金融机构，乱开金融业务，乱集资等，搞出了许多缺乏规范的金融组织和业务，如各种名目的基金会、互助储金会、金融服务社、结算中心、内部银行、投资咨询公司等，操纵巨额资金，在借贷市场、证券市场、拆借市场上横冲直撞，隐患甚多。第五，不少金融机构目无法纪，设立账外账，高息收存，高利贷放，又往往在行政干预下投向没有前途和效益的重复建设方面，一上马就停产，致使存款者提款受困，群众恐慌，发生挤提存款，给央行造成很大压力。第六，伴随着金融电子化的迅速发展，金融诈骗案屡屡发生，个别金融工作人员和金融机构弄虚作假，贪污诈骗，以贷谋私等现象也不断发生。第七，在我们大力引进外资的同时，资本外逃也在看不见之中呈增长趋势。而我们很多人却不明白；不重视或看不见资本外逃，还在一心一意地放手地招商引资，重复建设，不顾我国的偿债能力。岂不知国际资本的引进本身就是一把"双刃剑"，弄好了会促进经济增长，弄不好会使我们陷入资本的恶性循环之中，致使国际收支的逆差扩大，不得不求助于国际短期资本市场，最终不可避免地要承担国际游资冲击的风险。

鉴于目前我国金融领域的诸多矛盾和问题，我们必须加大整顿金融秩序的力度，加快金融改革的步伐，加强央行对金融的监管，实实在在地筑起金融风险防范的坚固堤墙。第一，整顿金融机构、金融业务和规范社会集资等金融行为要快速有力，在金融领域率先彻底地实现政企分开，按经济区划设置金融机构，以中心城市布设网点，向周围辐射，该合的合，该撤的撤，垂直建立金融党委和业务指挥系统。建立银行贷款质量的新的考评制度，保证信贷质量，严格资产负债比例管理。与之相配套的，同时要降低利息率，分流储蓄存款，这样既可以为企业利用股票市场筹集自有资本提供良好环境，减少企业不良负债，又可以提高企业的盈利水平，同时也降低了银行风险。第二，对资本市场的开放要循序渐进，要视我国金融市场发育的水平和抵御风险实力、技术和经验而定，探索和建立介入国际金融市场的安全机制。第三，加强金融自由化和衍生金融工具的研究，制定我国金融风险监察机制，防止国际游资的冲击。第四，保持汇率政策的稳定性和灵活性，实行动态管理，在动态中求稳定。第五，加强央行宏观经济调控和监管，灵活利用货币政策工具，在稳定币值的前提下，大力促进经济增长和充分就业，保持国际收支平衡。国际上每日金融交易量达到

1.5 万亿~2 万亿美元，而真正商品交易的融资需求仅仅为 300 多亿美元。在游资和投机资金如此巨大的情况下，必须积极稳健地对外开放，介入国际市场，这样才能为国家的经济安全筑起防范风险的坚固长城。

调整战略　流通立省

——山西省 21 世纪经济发展战略构想

背景说明

　　本文与崔满红、张新伟合作完成，为政府提供的研究报告《山西经济发展战略》课题，思考研究时间较长，写于 1999 年 10 月。文章主张变煤炭立省为流通立省。流通立省战略的基本思路是：以面向全国市场的大流通带动全省的产业结构调整，以调整能源产品结构为突破口，夺回市场份额，以中小企业优先发展和大中型国有企业转变经营机制为战略重点，发挥金融先导作用，推动山西经济的持续发展。

一、树立流通立省的全民意识

（一）关于山西省战略重点的基本判断

　　1985 年以来，山西省的经济发展战略重点是把山西建设成为国家的能源重化工基地。这一战略确实使山西省在"六五"、七五"期间得到了国家一定数量的能源投资和交通设施投资，推动了山西省支柱产业的发展，这是毫无疑问的。但是，把山西省确定为能源重化工基地的基础是计划经济，不是市场经济。能源重化工基地的定位，重心是解决生产问题，即生产什么，却没有解决如何销售，销给谁的问题，山西省主导产品的市场没有形成，进入市场经济以后，我们的产品，不知道该卖给谁。多年来山西经济与自己的过去比，是发展了，但是与其他省市区比，明显地落后了，人均收入已经跌落到了全国倒数的位置。

山西省作为全国能源重化工基地的历史使命已经基本完成。统配煤矿下放，说明煤炭在推动国民经济发展所需能源结构中的地位已经下降；全国煤炭价格的放开，说明煤炭已经复归一般商品的地位；建立全国统一的市场经济体制，所有能源商品都将依据市场经济规则进行交易，煤炭市场也是如此。

所以，在以后的相当长时期内，我们需要加大宣传教育力度，推动山西省广大民众冲破传统观念束缚，树立大市场意识。①资源观念需要转变，煤炭已经不是山西省的唯一主要资源，人才、历史文化、人文自然景观同样是山西省立省的重要资源。②市场观念需要转变，市场是没有边界的，是没有国界的。面向市场不仅是面向山西，而是面向全国，面向世界。③就业观念需要转变，就业要面向市场，不能依靠政府。④再生产的观念需要转变，不能以生产为起点和终点，要以流通为出发点和归宿点，大中型企业要开发、生产、流通一条龙，小企业和个体生产者，要科技、生产、销售合作化，以流通引导生产。

（二）放弃煤炭生产为纲，确立市场为纲的新观念

基于以上基本判断，山西省的战略重点必须转移。煤炭以及基于煤炭开发的能源产业，仍然是山西省经济发展的初始条件，但是，在全国统一大市场上，发挥山西省的产业优势，必须树立流通立省的基本观念。通过疏通流通渠道，沟通山西省的主导产业和主导产品与其他省市区的联系，把山西省的产业结构调整和经济的发展基础建立在全国经济发展的供求关系调整之中。

就全国来说，任何一个省市的经济发展，都需要能源，都需要煤炭和电力资源，但是，随着全国各省市区经济的发展，全国的能源结构和状态已经发生了深刻的变化，不同省市区经济发展水平的差异决定了它们对不同能源的需求结构不同，而且目前国内能源供应状况也发生了前所未有的变化，所以，国内市场对能源的供求状况如何，需要多少数量，需要什么结构，需要什么质量，市场的价格定位如何，只有市场能够告诉我们。能源的大流通决定着山西省能源产业的市场定位。

山西省能源产业的生产者和经营者，必须放弃计划经济观念，在全国变化了的能源市场上找出路，只要找到我们的市场定位，才可能发现我们的优势和劣势，才可能针对市场制定出相应举措，才可能真正发挥山西能

源大省的优势。

山西省各级政府及有关部门必须转变观念，把山西省的能源产业推向市场，还能源商品一般商品的市场定位。中央在能源产业放弃计划经济的同时，放弃山西省能源重化工基地的定位，我们不能继续维持山西省能源产业计划经济的思维定式，只有把能源产业真正推向市场，山西省的能源产业才有出路。

（三）转变"官本位"观念，提高各级政府部门的服务意识

山西省是官本位意识最浓的地区之一，以致出现了卖官、买官、贿选等不正常现象，官本位是山西省腐败现象严重的根本原因。打破官本位，才可能促进山西省上上下下的观念转变，才可能营造出"谋事不谋人，谋绩不谋官，谋正不谋邪"的政治环境。转变官本位是山西省经济、政治体制改革的瓶颈。突破官本位，山西的事情将会好办得多。

二、重新构建山西省经济发展的赶超战略

确立山西省流通立省经济发展战略的基本框架是：以面向全国市场的大流通带动全省的产业结构调整，以调整能源产品结构为突破口，夺回市场份额，以中小企业优先发展和大中型国有企业转变经营机制为战略重点，发挥金融先导作用，推动山西省经济的持续发展。

（一）重塑山西省委、省政府的改革形象，努力营造深化改革的政治环境

重塑省委、省政府改革形象的重点是"廉洁、开放、高效、务实"。这也是山西民众的基本呼声。

调整山西省最近几年确定的"挖煤、发电、引水、修路"的战略重点，在决策思想上理顺基础设施建设和发展经济的关系，明确提出，把山西省的战略重点转向开拓市场、扩大流通，以提高全体社会成员收入水平上来。

打破保守观念必须从省委、省政府开始，需要发动一场思想解放运动，讲理论，造舆论，培养干部，调整干部。建议山西省每年从高校、政府机构、业务部门工作的高学历、懂外语、副高以上职称、40 岁左右的副处级或正处级或副厅级干部中，选拔一定数量的年轻干部，经过政治素质培训后，派往日本、美国等发达国家学习 1~2 年，回国后充实到各厅局主要负责人岗位，为山西省建设一支高素质、开放型的业务领导干部队

伍，彻底改变山西省领导干部队伍结构。

省委、省政府当前应借"三讲"的东风，塑造一个全省人民信得过的领导集体形象，重新激发各级政府、企事业单位和广大民众改革热情；建立一个专家与企业家、政府官员共同组成的高层次政策咨询班子，成为省委、省政府的智囊团。尽快出台一系列有较大力度、符合实际的改革措施和政策，努力把全省干部职工和人民群众引导到深化改革、发展经济的轨道上来。

（二）依托大流通，带动山西省产业结构的调整

为使山西省计划经济时期形成的以军工为主的重型产业，和计划经济向市场经济转型时期形成的能源产业，在市场经济体制下获得新生，只有依托大流通战略，在全国大市场上找定位，把山西省的产业结构融入全国产业结构调整的大战略中，才可能找到山西省产业结构调整的重点和出路，才可能使山西省在全国经济发展和产业分工中占据有利位置。也就是说，只有在各省市区经济优势的比较中，展现出山西省的产业优势和技术、人才优势，山西省才可能在省市区经济的互动中摆脱过去 20 年始终存在的不平等交换地位。

围绕优势产品，支持大中型企业集团化。山西省名牌产品较少是事实，所以只有围绕传统名牌产品和开发名牌产品，支持大中型企业的集团化经营，才可能提升山西省企业的国内和国际竞争力。如酒业集团、旅游集团、铝业集团、煤炭集团、电力集团，等等。

调整微观经济管理政策。政府对企业要放手、放开、放心，让企业自己进入市场，并努力营造政策环境，推动企业在生产、经营、管理和产品上提高科技含量，努力改变山西省主导产品低级化的原始状态。

在政策上，重点扶持一部分在全国具有一定知名度的产品或产业，努力形成山西产品在国内市场竞争中的比较优势。先扩大市场占有率，然后再努力进入国际市场际市场。

（三）理顺能源产品结构，夺回市场份额

摆脱能源重化工基地的定位，并不是放弃煤炭生产和经营，只是要放弃煤炭生产为纲的经济发展战略，把煤炭的生产经营确定在市场为纲的基础之上。

能源产业在未来相当时期应该也必然是山西省的支柱产业之一，这是不以人的主观意志为转移的，但是，必须转变能源产业发展的经营指导思

想，重视能源市场研究和能源营销战略研究，通过市场机制搞活能源产业。山西省煤炭行业改革的基本思路是，在煤炭企业全面建立现代企业制度，实现政企分开，让企业自主经营。建议组建山西省煤炭市场开发研究中心，针对国内外市场需要研究、开发煤炭市场，帮助省内煤炭企业制定煤炭营销策略，提供国内外市场信息等。

（四）重点发展不同经济成分的中小企业，带动全省经济发展和产业结构调整

山西省产业结构的调整，不应该走"投入巨资，更新改造，调整大中型国有企业产品结构和产业结构，进而实现山西省产业结构调整目标"的负重突围之路，我们的任务是寻找一条"依托政策，较少投资，推动不同经济成分的中小企业发展的轻装、快速发展"之路。利用中小企业投资少、掉头快的优势，逐步提升以不同经济成分的中小企业为核心的产业在山西省产业结构中的比重，逐步实现稀释山西省重型产业结构的目标。所以，山西省重型产业结构的转型，只能走间接稀释为主，直接转型为辅之路。

发展不同经济成分的中小企业，以中小企业的发展带动全省经济发展，是许多省市成功的经验。浙江省 1998 年，集体经济的比重为40.3%，个体经济的比重为 42.5%，该省 2/3 以上的市县个体私营经济工业总产值的比重超过 50%。广东如此、江苏如此、浙江如此、山东也是如此，这些省市的国民生产总值中，由于小企业发展起来形成的新型产业所占比重都在 50% 以上，而且这个比例都有不断提高的趋势。发展中小企业的对策应坚持"你申请我批准，你挣钱我收税，你需要我服务，你破产我不管"的基本原则，把广大社会成员投资办企业、办实体、搞流通的积极性重新调动起来。

（五）大力发展第三产业，化解再就业难题

大力发展第三产业，把第三产业的发展作为缓解本省就业压力的主要出路。山西省的第三产业在全国是十分落后的，通过发展第三产业，既可以改善山西省的产业结构，也可以提供更多的就业机会，山西省的第三产业蕴藏着巨大的商机和巨大的就业机会。

发挥省会所在地太原市和各地市所在地城市的中心城市功能，形成全省市场网络体系。把山西省建成面向中国西北、华北地区的全国商品集散中心，降低省内零售商的采购成本，改善本省城乡居民的生活质量。研究

制定各中心城市辐射全省的市场网络的格局与特色，建设配条设施，并与发展第三产业结合起来，努力实现扩大流通，促进就业的双重目标。

（六）发展信息与教育产业，推动山西省产业升级

把发展本省教育作为推动山西省经济持续发展的持久动力来对待。本省一位学者说过"山西没有'清华同方'、'天大天财'是山西大学和太原理工大学的悲哀；山西没有一所有能力为上市公司提供全能服务的会计师事务所，是山西财经大学的悲哀"。有几个数字很值得注意，最近几年山西省非正式途径到外省求学（自费中专、自学考试辅导班等）从本省带出去的货币每年都在1亿元以上；而1999年全日制本科扩招一项，外省院校就从山西拿走货币7000万元。宁夏第二民族学院都可以在山西招收预科生。如果通过一定的政策和途径能够把这些资金的绝大部分引入本省院校，对本省教育的发展必然产生巨大的推动力并为山西经济与社会发展提供不竭的动力。

山西省高等教育的产业化，需要高校与政府有关部门的共同努力。高校的发展除了财政的支持外，还要自我发展，自我发展需要计划、税务、审计、物价等有关部门对高等教育产业化有正确的认识和必要的支持。山西省高等教育的发展思路一是普通高校走内涵发展之路；二是大力发展高等职业教育。

把信息产业的发展和教育产业的发展紧密结合起来，围绕高等院校的人才和技术优势发展本省高科技产业和信息产业，建议以太原理工大学、山西大学、山西财经大学、山西医科大学、山西农业大学为依托，组建若干个不同类型的高科技开发区或工业园区，"产、学、研"相结合，加快这些高校科技成果的转化速度，通过大学高新技术的转化，必将推动山西省产业结构的升级换代。

制定更加完善的人才使用与激励政策，为山西省吸引和留住人才创造较好的环境。流通立省战略的实施，需要大量高水平人才的支撑，尽早出台山西省吸引人才管理办法，彻底解决山西省长期存在人才"孔雀东南飞"的问题，是流通立省的当务之急。

（七）反弹"琵琶"，金融先导，推动山西省产业结构调整

金融先导战略，是东南亚赶超型经济发展模式的核心，我们不能因为这些国家发生了金融危机，就否定金融先导的赶超型经济发展模式。山西省经济发展已经落后于全国，没有符合山西省经济发展的强有力举措，赶

超其他省市是不可能的。总结东南亚各国的经验，反思山西在明清时期直至 20 世纪 30 年代的经济发展过程，选择金融先导，推动山西经济快速发展是一种有效的手段和途径。所以，应借鉴晋商的历史经验，挖掘山西金融商人遗留下的金融资源，大力发展山西省地方金融，充分利用金融市场为山西省经济发展筹集资金。值得注意的趋势是，中国金融体制改革的总体方向是以国有银行为主体的多种金融机构并存，地方金融机构在一些省市已经成立多年，并在推动地方经济的发展方面取得了很好的成绩。借助金融体制改革的助推力，组建山西省发展银行，不是没有可能的。

（八）开征再就业基金，启动再就业工程，建立稳定和谐的山西政治经济环境

建议在烟、酒、糖等有较高级差收入的行业开征下岗职工再就业基金或个人所得税附加，用于各级政府兴办下岗职工再就业工程，是政府利用转移支付的创新之举。通过政府再就业政策和再就业基金的相互配合，从而提供较多再就业机会，建立山西省稳定与和谐的政治经济环境。

金融全球化趋势与中国金融的对外开放

背景说明

本文是 2002 年 8 月 20 日在人民银行太原中心支行的讲座稿。文章讨论加入 WTO 相关金融问题，包括背景、金融开放规则及发展趋势，如何认识中国金融服务贸易的对外开放以及对外开放的战略等。

一、经济全球化与金融全球化

（一）经济全球化

1. 经济全球化的提出

经济全球化，是英国经济学家安杰尔（1873～1967 年）在 1911 年出版的《大幻景》中提出的。他认为，建立经济长远发展的基础，用军事征服的手段是不可能的，只能借助经济全球化才能实现。他的观点当时并没有引起社会重视，当时由于金本位日趋崩溃，各国经济相互隔离，殖民主义者正在以武力夺取资源和世界市场。但后来的两次世界大战证明了安杰尔的思想。"二战"后西方资本主义国家经济的迅速发展和发展中国家的经济起飞，经济全球化成为世界经济发展的趋势。特别是近 30 年以来，经济全球化正在影响和改变着世界经济的发展，成为一股不可阻挡的潮流。

2. 经济全球化的概念

表述不一。我认为它是指自然、劳动力、资金、技术、信息、管理等生产性资源在全球范围内配置以及由此引起的各国经济之间相互促进、相互制约，进而相互融合的经济发展状态。有人说有 5 种全球化，即经济、科技、文化、政治、军事全球化，这不大可能。经济、科技全球化是可能的。

3. 经济全球化的发展阶段

（1）1750 年到 20 世纪初是产生和缓慢发展阶段。有人说没有那么早，但马克思在《共产党宣言》中有过描述。1847 年《共产党宣言》就说："资产阶级，由于开拓了世界市场，使一切国家的生产和消费都成了世界性的了。不管反动派怎样惋惜，资产阶级还是挖掉了工业脚下的民族基础。古老的民族工业被消灭了……这些工业所加工的，已经不是本地的原料，而是来自遥远的地区的原料；它们的产品不仅供本国消费，而且同时供世界各地消费。旧的、靠本国产品来满足的需要，被新的、靠极其遥远的国家和地带的产品来满足的需要所代替了。"[①]

（2）1910～1950 年是停滞或倒退阶段。1910 年国际贸易额 500 亿美元，1950 年还是 500 亿美元，中间两次世界大战，一次经济危机。

（3）1950 年以来是大发展阶段，国际贸易额由 500 亿美元发展到 6 万亿～7 万亿美元，增加 100 多倍。

4. 经济全球化的主要内容

一是国际贸易自由化。"二战"后，世界贸易组织的前身关税与贸易总协定（GATT）一直致力于削减关税和拆除贸易壁垒，经过 40 多年 8 个回合的谈判，使工业品关税降低为：发达工业国 3.8%，转型经济国家 6%，发展中国家 12.3%。1995 年 1 月 1 日 WTO 取代 GATT，在影响世界经济贸易发展方面更加雄心勃勃。1947 年世界贸易量为 450 亿美元，美国占 33%；1997 年全球贸易量为 6.10 万亿美元还有 1.23 万亿美元的服务贸易，50 年增长了 135～160 倍，美国占 10%，但绝对额增加了 42 倍。世界各国自由贸易的大门已经打开。

二是生产的国际化。这是说生产和生产的各个分工环节在国际范围内的分布、配合和扩散，使生产组织在跨越国界进行。最典型的是电脑生产。目前，世界上有 4 万多家跨国公司，其中前 300 家控制着世界 1/4 的生产资金，超过 5 万亿美元。因而跨国直接投资增加很快，由 10 多年前

① 《马克思恩格斯选集》，人民出版社 1973 年版。

的 250 亿美元上升到 1996 年的 2500 亿美元。

三是金融全球化。金融全球化是指资本的全球流动以及相关的金融服务的全球支持。也有人定义为全球金融交易活动、风险发生机制联系日益紧密的一种状态。

到现在，经济全球化还能够大发展吗？需要注意的是，受新经济的泡沫和"9·11"的影响，经济全球化会不会发生逆转、停滞？因为国际和地区的贸易保护主义的存在，因为还有对抗 WTO 的办法，即"双边贸易协定"和"地区协定"等。还有美国的高新技术的新闻炒作，IT 泡沫一时难以克服。美国用高利率吸引资金也不可能长期维持，利率政策失灵，升不行，降不可。左右为难。

（二）金融全球化

1. 金融全球化的发展

在"二战"结束之前，世界各国的金融市场基本上是不相互联系，而是各自独立发展，只有服务贸易的国际结算的金融服务有联系。1944年布雷顿森林体系确立后，在国际货币基金组织的推动下，通过协调国际货币、提供贷款和投资，成为金融全球化的发端。20 世纪五六十年代的欧洲美元的出现和离岸金融市场的创立，七八十年代的金融创新推动的金融自由化浪潮，加快了金融全球化的进程。90 年代以来。金融全球化更加迅速地发展，成为世界经济发展中最突出的问题。一般认为"三世"组织的成立和运作是金融全球化的开端，而欧洲美元市场、离岸金融中心的产生和发展是金融全球化的实质性展开。

2. 金融全球化的内容

（1）金融机构和业务的国际化。金融机构和业务国际化的先锋是跨国银行。19 世纪末，西方国家的垄断银行出现并向外扩张，通过建立分支机构和扩大业务建立跨国银行。20 世纪 60～80 年代计算机和电信技术的迅速发展推动了国际贸易自由化和生产的国际化，对金融服务需求提高，跨国银行获得了前所未有的发展。到 90 年代这种发展速度加快，除了商业银行以外，还有投资银行、证券公司、保险公司等非银行金融机构也从全球化中寻求发展战略，纷纷向外扩张，建立全球化的分支机构和服务网络。

（2）金融市场的一体化。国际金融市场形成于国际贸易引起的大规模的外汇交易需求，之后随着发达国家的资本输出使其得到了进一步发展。最初主要在伦敦、纽约和法兰克福，七八十年代东京与伦敦、纽约成三足鼎立之势。90 年代新加坡、中国香港地区进入国际金融中心，吉隆坡、曼谷成为地区金融中心，传统的金融中心和新兴的金融中心相互交织在一起，成为庞大的国际金融市场。国际金融市场包括国际货币市场、国际外汇市场、国际证券市场。从货币市场看，欧洲美元市场的出现，刺激了国际银行业同业拆借市场和对非居民的离岸金融市场的发展，不仅资金流量大，并形成统一的资金价格，目前欧洲货币市场的交易额超过 6.4 万亿美元。从外汇市场看，外汇交易增长规模和速度大于国际贸易的发展，1989 年全球文化交易日平均为 5900 亿美元，到 1998 年为 1.5 万亿美元。从证券市场看，全球形成了几个证券交易中心，1998 年全球证券交易总值 25.2 万亿美元，其中十大证券交易中心 22.3 万亿美元，1999 年以来，证券市场出现全球合并和一体化发展。2000 年巴黎、阿姆斯特丹、布鲁塞尔三家证券交易所合并欧洲第二证券交易市场，上市公司有 1300 家，市值 2.3 万亿美元。中国香港证券交易所与美国纳斯达克互换上市公司挂牌交易，开始了两个交易所迈向一体化的第一步。总之，一天 24 小时可以不停地进行所有证券的交易。

3. 金融全球化的原因

（1）跨国公司成为经济发展的主体。

（2）国际组织（"三世"）的推动。

（3）交通、通信等高科技的发展。

（4）有的国家搞外向型经济。

（三）金融全球化的利弊及影响

1. 金融全球化的利弊

现在有两种意见，一是反对，二是支持。我认为，一是有利有弊，二是不同国家利弊不同。

（1）利的表现：第一，经济金融全球化，最大的好处是可以使六大资源——自然、资金、技术、管理、信息、智力在全球范围内配置，有利于世界经济的发展。第二，有利于各国在经济金融管理技术上进行交流，提高管理水平和效率。

（2）弊的表现：第一，使各国差距拉大。可能多数国家得到好处，少数国家得不到好处。有些非洲国家比 50 年代还穷（斯蒂格利茨的文章）。第二，使金融风险扩大，一旦一国发生问题，弄不好就会波及其他国家，造成金融危机，经济动荡。有人说"成也金融，败也金融；成也全球化，败也全球化"。

2. 金融全球化的影响

（1）金融全球化、虚拟经济与金融安全。金融全球化对金融风险影响要特别重视。要知道，金融全球化带来的最突出的问题是虚拟经济。由于金融全球化，加快了世界的金融交易，使近几年全世界的金融交易量远远超过实物商品的交易量，有人用虚拟经济来表现这种现象，说现在以国际金融为核心的虚拟经济在世界经济运行中日益占据主导地位，这种所谓虚拟经济，就是指同资本的价值形态独立运动相联系的经济。虚拟经济最主要的功能在于：①促进资本形成；②加速信息聚集和扩散；③从而促进资源的配置效率；④公司监控；⑤资产运用；⑥风险管理等功能。但是，它也有明显的副作用，它可能：①引发金融危机，阻止经济增长；②它能导致股市的泡沫膨胀，一旦泡沫破灭，会产生灾难性的破坏；③它可能使国际游资冲击国际经济秩序；④他可能使金融霸权主义成为发展中国家经济健康运行的最大危险。

由于这种被称为虚拟经济的发展，世界的财富的形式成为倒金字塔的结构，如图1所示：

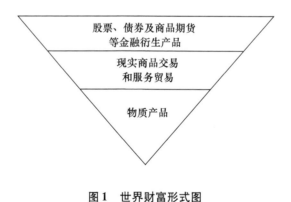

图1　世界财富形式图

这种倒金字塔的上部要比下部发展得快得多，成为一种头重脚轻的状态，据国际清算银行1998年10月公布的调查，结果显示，全球外汇交易市场一年交易额已经达到375万亿美元，而货物和服务贸易额不到7万亿美元，即贸易引起的全球外汇交易额仅不到2%。目前，经济全球化、金融全球化正以前所未有的广度和深度发展。

由于世界经济的迅速发展，出现了一批被称为"金融巨无霸"的大型跨国企业集团，这些企业集团多数是金融控股集团，它们可以在世界范围内影响以致左右一些国家的经济活动。如果说，过去国与国之间的经济往来、资金活动，政府起着重要作用的话，那么现在这些"金融巨无霸"有取代政府作用的趋势，这种趋势加大了世界金融的不稳定性。

（2）金融高度集中化、高度分散化与金融安全。近几年来，由于信息技术革命的变化，使经济全球化和金融全球化的发展过程中出现了一种既高度集中化又高度分散化的趋势。国际互联网使用的扩张，使分散的用户能够普遍享受过去难以想象的金融服务，足不出户就可和金融业打交道，为金融业的发展提供了广阔的基础和巨大的发展，从而使金融服务的对象高度分散化，不一定要在集中到营业大厅通过手续去成交。另外，Internet 也促进了全球主要金融活动集中在少数发达国家的金融中心。金融业务活动高度集中化。这种高度集中化和高度分散化的趋势，强化了金融对经济的影响，但是也带来了金融业的不稳定性。根据经济学的溢出效应原理，一国的不稳定性会扩散到别的国家，输出不稳定性。金融安全就成了国家的大事。

正因为如此，为了提高自己的综合国力发达国家都在抢占国际金融的制高点。当代美国战略家哈佛大学的享延顿教授为美国政府列出了控制世界的 14 项战略措施，第一项是控制国际银行系统；第二项是控制全部硬通货；第五项是掌握全部国际市场……高科技军工和航天工业被放在倒数第一和第三。日本在 1998 年把金融列为综合安全保障七大要点的首位，而粮食和能源却被放在第三位。看来，一个国家的崛起必须有坚强的金融后盾，金融安全成为各个国家关注的重要问题。

（四）居安思危、趋利避害

鉴于上述，加入 WTO 后，我们应当居安思危，积极地趋利避害，绝对不是说上了全球化的列车就可以大发展了，上不去就靠边站了那样简单。因为我们必须看到全球化是美国垄断的全球化，不会只讲和合，不讲矛盾和斗争。因为：第一，全球化的规则是谁定的？是发达国家；第二，全球化的主体是跨国公司，我们基本没有；第三，全球化的组织者是"三世"组织，是人家控制的，那里是按股份投票的，即使"双赢"也有谁多谁少的问题。有人说"中国是世界的大工厂"，其实是给跨国公司打工的，大头跨国公司拿走了。经济从来离不开政治，经济学从来是政治经济学。

用朱总理一句话概括：（金融对外开放）有利有弊，做好工作，争取利大于弊。所谓做好工作，不能仅限于对前面所述的冲击简单应对，而应转换机制，更新制度，全面提高竞争实力。

二、WTO 框架下的金融开放规则及发展趋势

（一）中国进入对外开放的历史和现状

中国金融的对外开放可以追溯到 19 世纪初。1801 年、1804 年英商保险机构就从印度来到中国。到 1838 年，仅广州一隅就有外商保险代理机构 15 家。进入 40 年代，英商丽如银行最先来到中国，它是 1842 年英国在印度设立的英印合资的西印度银行，不到三年迁回伦敦，更名丽如银行，同年就成为闯入中国的带头羊。不几年就持有英国"皇家特许状"。继而是 50 年代初，英国汇隆、阿加刺、有利、麦加利银行等，60 年代又有法国法兰西银行和英国汇川银行、利生银行、利华银行、利升银行，1864 年英国汇丰银行干脆把总行设在了中国，以后发展成为垄断性的金融机构。进入 90 年代，德国德华银行、日本横滨正金银行、俄国华俄道胜银行、法国东方汇理银行、美国花旗银行等相继进入。它们先在沿海城市，以后进入中国内地经营，不仅从事商业银行业务，而且从事政府借款、经营证券、保险业务等。当然那时的开放是被迫的开放，它们依靠武力在中国获得了许多特权，是不平等的。

新中国的金融对外开放，始于 1978 年以后，其过程大体是：在地域分布上，基本上是沿着先经济特区，再到沿海开放城市，然后逐步向内地省会城市和经济中心城市辐射的路径行进的；在外资金融机构类型的引进上，基本上是按照先银行，后保险和证券的顺序有序开放的；在外资金融机构的业务内容和范围的开放上，是按照先外汇业务，后允许部分外资金融机构试点经营人民币业务的顺序进行的。到 1999 年末有近 20 个国家和地区在中国的 20 多个城市设立金融机构的分支机构 170 多个，有 40 多个国家和地区在中国设立有金融代表机构 460 多个。分布在 25 个大城市。中国正在沿着金融对外开放的道路前进。

对外开放是我国的基本国策。20 余年来，正是因为始终高举这面旗帜，我国经济才获得长足的发展，并取得举世瞩目的成就。根据过去 20 多年的成功经验，我们有理由期望，我国经济将由此获得更大的收益。不

同于整体经济，由于基础相对脆弱，我国金融机构受到开放的压力将会更大一些，但中长期内也会得益良多。

（二）中国对 WTO 的承诺

2001 年 12 月 11 日，历经 15 年的艰辛谈判之后，中国正式加入WTO。在长达数百页的中国加入 WTO 议定书中，金融服务贸易被浓墨重彩。从此，中国的金融开放被外在地规定了加速度和时间表，中国金融业全方位开放的时代已经开始。加入 WTO 中国银行业对外开放的承诺主要是：

1. 外资银行经营许可方面的承诺

（1）扩大外资银行外汇业务范围——正式加入时，取消外资银行办理外汇业务在客户对象方面的限制。可以立即向中资企业和中国居民全面提供外汇服务，且不需要进行个案审批。同时，立即允许外资银行在业务范围基础上增加外币兑换、同业拆借、外汇信用卡发行、代理国外信用卡的发行等业务。

（2）逐步扩大外资银行人民币业务范围。中国入世后，将从多方面扩大外资银行经营人民币业务的范围：一是允许外资银行在现有业务范围基础上增加票据贴现、代理收付款项、提供保管箱业务。二是取消外资银行经营人民币业务的地域限制，加入时开放深圳、上海、天津、大连，1年后开放广州、珠海、青岛、南京、武汉，2 年后开放济南、福州、成都、重庆，3 年后开放昆明、北京、厦门，4 年后开放汕头、宁波、沈阳、西安，5 年后取消所有地域限制。三是放宽对异地业务的限制，允许在一个城市获准经营人民币业务的外资银行向其他开放人民币业务城市的客户提供服务。四是逐步取消人民币业务客户对象限制，加入 2 年后允许外资银行向中国企业办理人民币业务，5 年后允许外资银行向所有中国客户提供服务。即 5 年后享受国民待遇。

（3）同城营业网点的审批问题。外资银行设立同城营业网点的审批条件与中资银行相同。

（4）坚持审慎原则营业许可。中国金融监管部门发放营业许可证，坚持审慎原则，即在营业许可上没有经济需求测试或者说数量限制。加入5 年内取消所有现存的对外资银行所有权、营业和设立形式，包括对分支机构和许可证发放进行限制的非审慎性措施。

2. 关于开放汽车消费信贷服务

加入时，即允许非银行金融机构进入中国汽车消费信贷市场扩展业务，而且在市场准入和国民待遇方面没有限制，这也意味着它们可以在汽车消费信贷领域立即经营对居民的人民币业务。同时，外资银行在获准经营中国居民人民币业务后也可以扩展汽车消费信贷业务。

3. 关于开放金融租赁业务

加入时，经审批即允许外资金融租赁公司按照与中资金融租赁公司相同的条件，提供金融租赁业务。

（三）WTO 关于金融服务贸易的基本准则

成立于1995年1月1日的世界贸易组织（WTO），是致力于监督世界贸易和使世界贸易自由化的国际组织，其核心是《WTO协定》，基本职能是实施《WTO协定》、组织多边贸易谈判，以及解决成员国间可能产生的贸易争端和审议各成员的贸易政策。其前身是1947年成立的关税及贸易总协定（GATT）。

在一个相当长时期中，关税及贸易总协定的主要关注对象是货物贸易。直到乌拉圭回合谈判（1986年9月至1993年12月15日）进行一段时间以后，服务贸易方进入GATT的谈判范围。1993年12月缔结的《服务贸易总协定》（GATS）等若干重要文件，是调整所有国际服务贸易的一般规则，它由框架协议、8个附录和各成员国提交的国家具体承诺表组成，其正文共六大部分，29条，包括范围和定义、普遍义务和纪律、具体承诺、逐步自由化、争端解决等，适用于各个服务部门。其中，最惠国待遇（第2条）、透明度（第3条）、垄断及专有服务提供（第8条）、支付和转移（第11条）、为保障国际收支平衡而实施的限制（第12条）等5项条款，以及两个金融服务附录，对金融服务贸易更具针对性，值得我们认真关注。在GATs框架下，1995年达成的关于GATS金融服务承诺的谅解协议以及1997年达成的全球金融服务贸易协议则对金融服务开放做了更加具体的规定。按照GATS金融服务附录的定义，金融服务是指由一参加方（参加服务贸易谈判的国家和地区）服务供应者提供的任何金融性服务。在GATS中，"金融服务"的内容被概括为信贷、结算、（证券、外汇）交易、保险、资产管理、金融咨询六大类，计16项，可以说已囊括了金融领域内的所有营利性业务。其基本准则是五条。

1. 市场准入

市场准入关系到外国服务提供者能否有效进入缔约国市场。GATS第16条对市场准入的具体规则做出了规定。

（1）每一成员国在具体服务部门就市场准入做出承诺时，给予任何其他成员国的服务和服务提供者的待遇，不得低于承诺表规定的条件和限制所赋予的待遇（第16条第1款）。也就是说，各成员国在承诺表中确定的承担市场准入义务的最低标准，代表着对其他成员国开放市场的最低限度，并且，在以后的每一轮谈判中只能减少限制，而不能增加限制。

（2）做出市场准入承诺的部门，必须明确列出以下限制条件：

1）限制服务提供者的数量。

2）限制服务交易或资产的总额。

3）限制服务经营或服务产出的总量。

4）限制具体服务部门的雇用人员总数。

5）限制服务提供者的经营形式。

6）限制外国资本的最高份额（第16条第2款）。

如果一个成员国承诺开放某一服务部门，而又没有明确列出这些限制条件，以后实践中就不得维持或采取这类性质的措施。这样的规定，使各国的国内法规具有透明度和可预见性。

谅解协议还在GATS框架下提出市场准入的现状约束要求，即各成员国在具体承诺表中列出的任何条件和限制，应仅限于其现存的限制条件，不得施加超出现有水平的限制。

2. 国民待遇

国民待遇是一条传统的自由贸易原则，它要求一国境内的非居民享有与居民同等的待遇。GATS要求各成员国按其具体承诺表规定的范围、条件和限制，给另一成员国国民待遇。还规定，如果形式上相同或形式上不同的待遇改变了竞争条件而有利于本国的服务或服务提供者，则该待遇应被认为对其他成员国的相同服务或服务提供者不利（第16条第3款）。也就是说国民待遇的标准是事实上的，不仅仅是法律上的。国民待遇要求竞争机会均等。使外国服务和服务提供者享受的待遇在竞争条件上不低于本国相同服务和服务提供者。

金融服务谅解协议还要求其签字成员国履行两项国民待遇基本义务：

（1）允许设在其境内的其他成员国的金融机构使用其由公共机构经营的支付和清算系统，以及获取正常业务活动中可能得到的官方基金和再融资便利。例如，允许外国银行从其所在国中央银行获得再贷款或进行票据再贴现。

（2）在外国金融服务提供者进入成员国境内自律性机构、证券或期货交易市场、清算机构和其他协会组织方面，有关成员国应给予外国金融服务提供者国民待遇；当一成员国给予本国金融机构直接或间接的金融服务特权时，其境内外国金融机构也应享有。

与过去的国际协议不同，GATS 并不是以商业存在的国籍为判断内外方服务提供者的依据，而是代之以外商投资者（主要体现为控制的含义）及其投资（主要体现为拥有的含义）。据此，在一成员国境内享受国民待遇的外资银行既可以是具有东道国国籍的子银行和合资银行，也可以是分行、代表处等不具有东道国国籍的商业存在，只要它们满足金融服务提供者的含义，尤其是 GATS 规定的由另一成员国方自然人或法人拥有或控制的条件即可。

3. 最惠国待遇

最惠国待遇，是与国民待遇互为补充的作为非歧视原则的两个方面，共同构成多边贸易体制的基础。国民待遇是在外国与本国之间进行比较，仅涉及本国对内措施的适用问题；最惠国待遇是在外国与外国之间进行比较，涉及一个国家对内措施和海关措施两方面的适用范围。GATS 规定："每一个成员国应立即并无条件地给予其他任何成员国的服务和服务提供者不低于该成员国给予任何其他国家的相同服务和服务提供者的待遇"（第 2 条第 1 款）。这里，受惠的对象是服务和服务提供者，任何其他国家应理解为包括非协定成员国。

最惠国待遇实际上涉及三个层次：

（1）把各自在国家具体承诺表或金融服务具体承诺表中做出的金融服务具体承诺非歧视地适用于所有其他成员国。

（2）对于未做出具体承诺的领域，每一成员国应把它给予其他成员国金融服务方面的优惠待遇或豁免立即无条件地给予所有其他成员国。

（3）每一成员国应把它给予非成员国金融服务方面的优惠待遇及豁免非歧视性地适用于所有其他成员国。如果某一参加方有与上述不一致的措施，必须提出理由，并符合免除义务的条件。

金融服务领域最惠国待遇的适用同样服从若干普遍的永久性例外，主要是毗邻边境地区交易的例外，经济一体化组织例外（第 2 条第 2 款）、一般例外、安全例外、保障国际收支平衡例外；也要服从各成员国做出的最惠国待遇的保留。由于各国金融服务贸易实力相差悬殊，GATS 还允许成员国在一定期限内（原则上不应超过 10 年）维持与最惠国待遇不相符的措施（第 2 条第 2 款）。

4. 透明度原则

透明度问题对于服务贸易更为重要。GATS 第 2 条规定：每一个成员国应及时公布影响服务贸易措施的有关国内法律、行政命令及其他决定、规则和习惯做法以及其签订或参加的有关国际协定（第 1 款）；对于成员国制定或修改会对其具体承诺的服务贸易产生重要影响的法律法规、行政指令的情况，该成员国应及时并至少每年向服务贸易理事会通报（第 2 款）；每一成员国应建立咨询机构，及时答复其他成员国提出的有关信息要求（第 3 款）。

透明度无疑有助于保障有关服务贸易措施的公正实施，但其自身并不足以排除国内法规对自由化的阻碍，所以 GATS 第 6 条对适用国内法规做出了一些原则性规定。要求每个成员国应保证合理、客观和公正地实施有关措施（第 1 款）；建立司法、仲裁或行政机构及程序使服务提供者及时获得适当的司法或行政救济（第 2 款）；确保资格限制、程序规定、技术标准和许可证要求不构成服务贸易的不必要的障碍（第 4 款）。

5. 逐步自由化

逐步自由化是力图通过不断进行若干回合的谈判来逐步提高自由化的水平。因为，GATS 将市场准入和国民待遇规定为具体承诺，这意味着，这些原则并不是自动得到成员国认可，而是各成员国的具体服务部门对这两项义务做出的承诺，并受其承诺约束。选择在什么具体服务部门做出什么样的市场准入和国民待遇承诺，各成员国享有自由裁量权。GATS 第 16 条和第 17 条只是对成员国在具体服务部门做出承诺的行为规定了应遵循的规则。服务贸易自由化的程度取决于各成员国在这些谈判中做出让步的结果并因各个国家发展水平的不同而有很大差异。

（四）WTO 金融服务开放规则的发展趋势

GATs 及相关协定基本上反映了服务贸易的特殊要求，有助于推动金融服务贸易自由化进程。但目前，GATS 及相关协定还存在一定的缺陷，集中体现在保障条款的适用条件、市场准入对国民待遇的牵制问题上。目前的主要问题和解决的倾向性意见有以下几点：

第一，金融服务附录第 2 条第 1 款规定，成员国可以为保护消费者和投资者、保证金融体制的完整和稳定而采取防范措施，只是这些措施不能被用作成员国逃避承诺或义务的手段。但该条款没有明确定义防范措施的定义和范围。这在实践中可能会引起争议。又如审慎监管措施不受 GATS 其他条款限制。但对于什么是审慎措施，WTO 并没有进行定义或列举清单，成员国在 WTO 许多场合就此发生激烈争论，争论的焦点是关于对审慎措施进行明确的界定以建立必要纪律，避免监管措施的滥用和对承诺和义务的逃避。

第二，GATS 中国民待遇和市场准入界限不明。成员国正是利用了国民待遇和市场准入分界不明的缺陷，依靠市场准入管制措施来减弱其本应承担的国民待遇义务。例如，由于各国普遍不在市场准入上承担国民待遇义务，尽管一成员国承诺在资本金要求上给予境内的外资银行国民待遇，其仍然可通过在批准外资银行准入时设立高于内资银行进入市场的资本金要求，使得外资银行实际上只能享受低于内资银行的待遇。

第三，WTO 正试图解决这些缺陷。一些文件已开始要求成员国方在市场准入方面承担一定的国民待遇义务。谅解协议市场准入部分的非歧视性措施规定，在不造成歧视的前提下，各成员国方应努力消除对其他成员国方的金融服务提供者进入成员国方市场能力有消极影响的非歧视性措施。谅解协议中要求禁止限制的歧视性数量限制措施将被明确规定为违反市场准入义务。谅解协议的这一规定，实质上是要求成员国方在市场准入方面承担一定的国民待遇义务。《全球金融服务贸易协议》规定："外国公司享有与本国公司同等的进入国内市场的权利。"虽然该协议只是个承诺性的协议，具体的实施仍有赖各国的承诺，不具有强制义务性，但它至少反映了一种立法倾向。由此可见，GATS 正力图在市场准入方面推行国民待遇原则，消除 GATS 中国民待遇适用范围的模糊性。

第四，长远地看，实现更高层次的自由服务贸易，需要解决国内法律差异。途径是对国内法的相互承认和协调一致。GATS 虽没有将相互承认规定为一项多边义务，但已允许单个成员国通过协调、缔结协定或自动给予的方式，相互承认服务提供者在各自国家获得的学历或资历、许可证、资格证书等（第 7 条第 1 款）。这种承认不得与最惠国待遇原则相抵触，不得构成一种歧视手段或对服务贸易的变相限制（第 7 条第 2 款、第 3 款）。在金融服务领域，相互承认的主要内容是各国的防范措施（附件第 3 条）。

第五，GATS 虽没有确定共同最低标准，但已强调了共同国际标准的重要性。GATS 规定："承认应基于多边同意的标准。在适当的情况下，成员国应与相关的政府间和非政府间的国际组织合作，建立和采纳关于承认的共同国际标准以及关于服务贸易实践和职业的共同国际标准"（第 7 条第 5 款）。在服务贸易领域适用共同国际标准具有重要意义，有助于克服现行国内法之间的差异，促进各国国内法规和政策目标趋于一致，为未来多边层次上的承认和协调奠定基础。在金融服务领域，防范措施的共同国际标准正在被越来越广泛地采纳。这方面典型的例子是巴塞尔委员会的《银行有效监管核心原则》，它规定了有关金融机构的开业许可、所有权转让、破产清算、资本充足率等方面的最低标准。

三、正确认识中国金融服务贸易的对外开放

我国开放金融服务市场，国内外的震动很大。人们最大的担心是中国的金融体系会不会被外国金融机构冲垮？其实，金融对外开放既然是中国经济发展的客观需要，那么金融部门也会从中受益，并且中国金融业有一定的竞争力，并非不堪一击。

（一）放开金融服务贸易是整体经济发展的需要

经济金融全球化是世界经济金融发展的大势所趋。在经济全球化的情况下，一个国家很难脱离他国而自我发展，中国自然也不能脱离经济全球化的潮流而被边缘化。中国参与全球化，中国金融必然开放。美国商务部长戴利就宣称，中美"入世"谈判最关键的问题落在银行和保险等金融服务领域中。

因为，中国急速发展的对外贸易和引进外资，需要外资金融服务跟进。外资银行在中国设立分支机构，可以较好地适应母国跨国公司经营活动的金融需求，改善中国的投资环境，便于该国资本向中国市场的流动。据估计，加入 WTO 后，外商直接投资将会从现在的每年 500 亿美元较快地上升到每年 1000 亿美元左右。

在全球跨国投资总额中，服务业的投资超过 50%。我国制造业对外商的吸引力已在减弱，服务业成为外商投资的热点。金融服务业就是外资热切希望投资的行业。国际竞争是综合实力的竞争，20 世纪以来，任何一个真正强国都离不开其金融实力的支撑，"一战"后的英国、"二战"以后的美国以及 80 年代的日本都是如此。1997～1998 年的亚洲金融危机更清晰地显示了这一点。中国要成为一流强国，必须有一个强大的金融作

度，中资保险公司在经历短暂的阵痛后依然保持相当强的竞争能力，并且夺回了大部分市场份额。

（四）中国的宏观金融形势较为稳健

总体看，我国金融业处于安全运行状态。一是人民币币值稳定。二是人民币汇率稳定。现行人民币名义汇率，比 1994 年升值 5%，剔除物价因素，增值超过 30%。三是国际收支状况良好，各项外债管理的安全指标均远远低于国际公认的警戒线。

四、中国金融对外开放的战略

中国金融业对外开放的大势已不可逆转，要"努力做到兴利除弊，力争实现全局上的利大于弊"。为实现这一目标，需要我们谨慎研究设计开放的战略。最主要的，必须重视以下几点：

（一）清理和完善金融法律体系

从本质上说，WTO 是国际范围内一整套规范经济运行的制度框架，加入 WTO 之后，为了使我国金融机构迅速适应国际规则，必须清理和完善我国金融法律体系。

规范我国金融业运行的规章体系由三个层次构成：一是由立法当局制定的金融法律；二是由国家行政当局颁行的金融行政法规；三是由金融监管当局颁行的金融规章。清理和完善金融法律体系的标准，是使它们符合 WTO 关于金融开放的基本规则和我国的具体承诺。具体要做的工作：

1. 明确界定外资金融机构

我们的《外资金融机构管理条例》并未对广义上的外资银行概念做出明确规定，而是采用了列举的方式。外资银行的概念界定不清，就很难清楚地要求外资银行承担国民待遇义务。因此，银行法有必要按 GATS 的有关规定，对外资银行做出严格的概括性定义。

2. 赋予外资金融机构国民待遇

各国承担的国民待遇义务，实际上是和具体承诺表联系在一起的。如果没有把有关服务部门列入承诺表国民待遇的栏目中，有关成员国方就可以不承担在该服务部门给予国民待遇的义务。因此，"入世"后，要符合 GATS 国民待遇的要求，只需保证外资银行享有具体承诺表中明确列出的国民待遇，以及规则中的强制性国民待遇要求。对外资银行的限制措施，即使会使外资银行的待遇较中资银行为低，只要它们不违反强制性的国民待遇和我国的具体承诺，我国就有权加以运用。

向外资金融机构提供国民待遇：

（1）要按承诺表的要求解决外资金融机构的低国民待遇。①按承诺要求进度，取消现存的对外资银行的业务范围和业务对象限制。同时，明确外资银行经营人民币业务的条件和从事汽车消费信贷业务的外资银行资格。②确立外资银行购买获取公共机构提供的金融服务、使用公共支付和清算系统、获得官方基金和再融资便利的权利，及其相应条件、程序，并保证其享有国民待遇。

（2）消除外资金融机构的超国民待遇。主要是将外资银行纳入我国现有一套审慎监管体系（如九大资产负债比例指标限制），以及限制中资银行自主权的金融管理体系。这样，外资银行在外汇利率的制定、管理费、承诺费的收取，人民币同业拆借期限，呆账准备金制度，不良资产认定及停计息政策，以及税收负担等领域享有的超国民待遇就应取消。

（3）保障金融市场化改革。所谓保障金融市场化改革主要是：①修改现行金融法律制度中，不适应市场发展需要的部分。也就是说，诸如利率市场化、放松管制等金融市场化改革的举措，都应以法律形式确定下来。这里特别需要指出消除垄断问题。GATS 第 8 条"垄断和专营服务提供者"规定："当某一成员国的垄断服务提供者直接地或通过某一分支机构，在其垄断权利范围之外提供某项服务且属于该成员国的具体承诺时，该成员国应确保此提供者不以与此类承诺不相符的方式在其境内采取滥用其垄断地位的行动。"根据这一条款，现存的国有商业银行的某些特权都需要取消，以实现内资商业银行之间的国民待遇。②填补现行金融法律中的空白点。如金融机构市场退出的法律制度、金融机构并购法、存款保险法、金融电子商务法等。

（4）对国内现有创新金融产品和服务给予法律保护。创新金融产品的法律保护已是世界各国的普遍做法。这种国内保护在 WTO 的基本原则支持下很自然地会走向国际保护。在外资金融机构对其产品和服务采取了法律保护措施之后，中资金融机构面临着侵权的巨大风险。

金融产业的知识产权保护主要包括：信息系统和计算机程序的专利保护；金融企业和产品名称的商标或服务保护；金融和财务文件的版权。金融工具、招股说明书、发行承销合同和广告都有版权，用于支持金融产品的计算机程序也有版权，甚至连银行支票或股票证明书上的艺术创作也可受版权保护。

中资金融机构经营多年，创造数以万计的金融产品、应用程序、财务文件以及商标，足可以申请法律保护。金融法律制度需要为此做出恰当的安排，使之有法可依。

（5）清理和完善金融法律体系的组织和程序。按照 WTO 基本原则及 GATS 的规定，全面清理现行金融法规、规章，是最基础的一步。总的原则是废止一批、修改一批、新立一批。工作量浩大，可分两个阶段完成：第一阶段是应急安排，即按照"入世"的承诺表解决入世的门槛问题，做好《外资金融机构管理条例》及相关规范性文件的修改工作，还要做好放开外资银行外汇业务后的相关外汇管理规章的修改工作。第二阶段是按照 WTO 的规则主动修改我们的所有规章，体现国民待遇原则和透明度原则。2001 年废止金融规章及其他规范性文件 68 件，失效 69 件，"入世"时公布了第 7 批废止和失效的金融规章和其他规范性文件，修改和完善了法规和规章，如《外资金融机构管理条例》等，制定了新的法规、规章和制度，如《不良贷款认定办法》等，今后还要继续进行。

（二）把握金融开放的主动权

WTO 协议规定了我国金融业开放的速度和深度，我们必须遵守。但是，这并不意味着我们在开放方面就别无选择。

在经济政策上，政府虽不能歧视外资金融机构，但可在鼓励措施方面区别对待。如现在西部大开发急需金融机构介入，就可在政策上鼓励外资金融机构进入西部地区。降低资本金要求、放松准入标准、给以更多的业务发展权限、降低税率等，都是可选择的鼓励措施。在行业上，对于积极投资于中国高新技术产业及基础产业的外资金融机构，可以给予更多的优惠。还可以将外资银行准入与来源国在华投资贸易量挂钩，贷款规模大的给予更大的优惠。在外资金融机构的准入形式上，对于中外合资的方式应给予更多的优惠。而对于那些主要从事短期贷款、中间业务的外资金融机构则减少政策优惠。

外资银行进入中国开展业务，必须同中资银行进行合作，如在中资银行开立外汇结算账户用于调拨外汇头寸、转汇款或委托付款，以及从中资银行借入人民币资金等。随着外资银行逐渐成为中国金融体系的重要组成部分，内资银行也须与它们开展业务合作。外资银行在中国开展业务，相当长时间内必然遇到人民币资金匮乏问题以及衍生的人民币流动性问题。

现在，外资银行主要是通过市场拆借和同业借款来融通人民币资金。在目前资金相对宽裕的情况下，许多中资商业银行已通过同业拆借或同业借款向外资银行融出大量资金。将来这一渠道还可拓展，诸如外资银行和中资银行之间的货币互换，外资银行针对中资银行发行人民币大额可转让定期存单，外资银行为客户开出外币备用信用证或直接出具人民币担保，用于客户向中资银行借入人民币资金等，都是最有可能的合作形式。

到 2000 年底，中资银行境外营业性机构已达 68 家，资产总额 1565 亿美元。国泰、光大、中信、海通等证券公司也已跨出国门。中保集团则在国外已经营了 50 余年。加入 WTO 为中资金融的跨国经营带来了更多的商机，我们必须充分把握。

中资银行跨国经营的战略目标可定为：

在竞争战略上，以国内竞争和人民币业务为基础，从中国跨国企业的海外投资和贸易往来以及在华三资企业切入，逐步对外扩张，在全球布点，最终成为综合型、全能型的世界一流全球银行。

在地域选择上，中资银行扩展海外业务，应以欧美市场为主攻地区。欧美市场规模庞大，结构完善，金融技术发达，是极好的学习之地。进入这个市场，可以使中资银行获得良好的人才培训基地，还可获得最多的关于国际金融业务和管理方面的信息。当然，亚太地区在金融危机之后，金融管制放松，中资银行也可抓住时机进入主要亚太国家的市场。

在业务定位上，必须要发展自己的拳头产品，在某个业务上获得全球或者地区优势，从而获取国际竞争力。

在客户选择上，国内客户应以大型综合型企业为首选，东道国客户则以中型企业和华资企业为重点。东道国的大型跨国公司基本上已经与本国的大银行建立了密切的业务联系，中资银行难以插足。而中小型企业，特别是大量进入国际业务领域的中型企业，可能成为中资金融机构的主要服务对象。

（三）寻求必要的合理保护

经济全球化虽然意味着国界的日益模糊，并绝不意味着各国经济失去了独立意义。因此，在经济日益全球化的大背景下，力图在与他国的经济往来和市场竞争中获得有利地位，尽最大的可能保护本国金融业，以求获得更大的利益，仍然是各国努力追求的目标。

即便是发达国家，对金融业的开放也是慎之又慎。美国财政部的研究显示，在 135 个 WTO 成员国中，对外资银行没有明显限制的只有 13 个。中国金融业长期处于高度的政策壁垒保护之下，在资本实力、服务水平、内部管理及风险控制能力等方面与外资银行存在巨大差距，对于加入 WTO 后可能出现的高度市场竞争形势需要有个适应过程。美国的中国问题专家拉迪（1999）指出：从 WTO 通过中国"入世"议定书所定的条款来看，中国"入世"的复杂性已经超出一般想象；对 WTO 而言，中国开放市场所做的承诺，远比 10 年前世贸组织处理其他国家"入世"的影响来得深远；而中国在议定书中所做的承诺，也远远超过 10 年前其他国家入世时所同意的承诺。拉迪认为，中国做了如此广泛和影响深远的承诺，短期内付出实质的经济代价将难以避免。最主要的短期代价将是中国部分产业会在国际竞争中被淘汰。而加入 WTO 所带来的劳工和资本重整效果要在中长期方会浮现。有鉴于此，我国应在符合 WTO 规则的前提下，对民族金融业实行适当的保护。因此，认真研究其他国家的经验，结合多边服务贸易规则和纪律，合理利用《服务贸易总协定》赋予发展中国家开放金融市场的保障条款、例外条款以及逐步自由化等条款，制定有关金融行服务贸易的适度保护措施，是我们应对加入 WTO 挑战的战略安排之一。运用 WTO 及 GATS 的发展中国家保护规则针对特殊情况提供了一些保障条款或例外条款，东道国可以据以全部或部分终止已达成的协议。

1. 义务免除

GATS 第 19 条第 2 款指出："贸易自由化的进程应取决于各成员国方相应的国家政策目标，以及各成员国方包括它的整体和个别服务部门的发展水平，对各个发展中国家成员国方在少开放一些部门、放宽较少类型的交易和逐步扩大市场准入程度等方面，应根据它们的发展情况给予适当的灵活性……旨在达到本协议第 4 条（发展中国家的更多参与）所述的目标上。"GATS 第 29 条"关于免除第 2 条义务的附录"，具体规定了申请义务免除的例外。按该例外条款规定，任何缔约方可开列一个具体的不遵守最惠国待遇的清单，但该清单将在 5 年后被缔约方全体审查一次，其最长有效期一般不应超过 10 年。GATS 金融服务附件也提出了针对发展中国家的特殊待遇及保护性条款规定。我国是发展中国家，这些条款都可以用来合法保护国内金融业。

2. 审慎监管例外

金融附录除将政府机构行使权力提供的服务排除在 GATS 的适用范围

之外，还对审慎监管规定了更大的例外即审慎例外。第 2 条"国内法规"规定了各国有权采取不符合 GATS（包括国民待遇原则）规定的谨慎措施。"无论本协定任何其他条款如何规定，不应阻止一成员国为审慎原因而采取措施，包括为保护投资者、存款人、投保人或金融服务提供者对其负有诚信义务的人而采取的措施，或为确保金融体系的统一和稳定而采取的措施"。第 3 条"确认"规定了成员国对另一成员国谨慎措施的承认。按照法律适用中特殊优于一般的原则，附录中的审慎例外应得到优先运用。附录使用"无论本协定其他条款如何规定"的措辞就足以表明，成员国方无论是否做出了自由化的承诺，都有权采取监管措施以保护金融体系的稳定及其存款人等，这些监管措施不受 GATS 自由化条款的约束而优先于 GATS 的相关规定。至于什么样的监管措施就是审慎性，GATS 并没有进行定义或列举清单，其他一些从事监管标准的研究制定工作组织如巴塞尔委员会等也没有对监管进行定义，而是推出上述领域的最好做法，供各国参考采用。这就给各国自主选择审慎措施留下了空间。

各国之所以敢于对外开放金融业这一高度敏感的部门，很大程度上是因为 GATS 及其金融附录规定了本国具有足够的监管自主权和灵活性。对此，我们应有充分认识。在围绕金融审慎措施的激烈斗争中，我国应坚持成员国方具有足够的监管权，能够灵活地采取本国金融体系所需要的监管措施，同时应充分利用 GATS 对发展中国家的有利规定，坚持在处理监管问题上发展中国家与发达国家应当具有不同标准。

这样，我国可以考虑的安全的审慎例外措施主要有：

（1）宏观经济政策特别是货币政策。由于金融服务贸易依赖于资本的自由流动，一个国家对投资、借贷、汇兑的限制性规定会直接阻碍国际金融服务。突出的是法定准备金要求。GATS 及其附录将行使政府职权所提供的服务排除在 GATS 的适用范围外。这些措施无疑构成行使政府职权所提供的服务，也可以被认为是为确保金融体系的统一和稳定而采取的审慎措施。

（2）资本项目管理。一国为维护金融稳定、防范金融危机而采取的限制短期资本流入等措施，在多数情况下不在 GATS 的调整范围内。即便这些措施与上述义务承担有关，成员国方仍可以对资本项目交易进行限制。只要这些限制国际资本交易的措施是为了确保金融体系的统一和稳定，构成审慎措施，成员国方就可以自由采取。

（3）对陷入危机困境的金融机构进行救助问题。这种救助虽然对国民待遇具有影响，但其主要目的通常是保护存款人和恢复金融业的稳定，因而能够构成审慎措施，同时亦符合政府行使权力提供的服务。

（4）在一定条件下对市场准入或国民待遇的限制亦构成或转化为审慎措施。就市场准入而言，对法律实体形式的限制和对外国资本在当地金融机构参股的限制十分常见。对同一家金融机构营业机构数目的限制、对同一城市外资金融机构数量限制、对外资金融机构来源国总数和对金融机构交易额或资产额的限制也不少见。这些措施有审慎的成分，但在很多情况下其主要目的是限制外资金融机构对国内金融市场的竞争和保护国内的金融业市场份额，而不是直接为了维护金融稳定和保护存款人。

（四）金融政策的透明度

透明度是 GATS 条款要求的基本原则。从中国目前情况看，无论是在落实政府政策还是各金融机构的信息报告方面，我们不仅没有做到，甚至这方面的意识都尚未形成。"数字出官，官出数字"的造假之风已成普遍现象。金融机构做假账，向监管部门报告假情况、假数字的情况非常普遍。系统性金融风险深埋于这种缺少透明度的"灰箱"甚至是"黑箱"运作当中。

中国金融服务业运行的特点，也使得增强透明度工作非常必要。中国的金融运行机制与西方国家有很大的不同。长期以来，中国金融机构的工作大都根据上级命令来进行，这些命令可以是上级金融部门的，也可以是上级政府的，而且方针、政策变化较快，外界对此不易了解。中国金融机构的运作还具有很强的封闭性，习惯于把涉及金融工作的各种规定、要求以及业务做法等都纳入保密范围。而根据 GATS 关于透明度的要求，中国有关金融服务的数据、法规、条例、决定以及实施细则应该予以公开。信息不透明，除了容易滋生腐败外，还严重阻碍了世界各国了解中国金融服务业的情况，造成种种误解。

WTO 中国"入世"工作组成员对中国目前的服务管理体制缺乏透明度表示担心，尤其是涉及许可证的获得、展期、更新、否决和中止，以及在中国市场提供服务所需的其他许可。工作组成员认为，加入 WTO 后，中国应该发布一份负责对中国做出具体承诺的服务部门进行监管的监管单位名单以及中国的许可程序和条件。中国代表对此表示同意，表示加入 WTO 后中国将在官方杂志上公布中国的许可程序和条件。中国代表还表示，对具体承诺清单中的服务，中国将确保：中国的许可程序和条件将在生效前公布；在公布时，中国将规定合理的时间，以备相关单位就中国的许可程序和条件做出评估和决定；任何不包括在拍卖或招标中确定的费用，均应与处置一个申请的管理成本相符；在接到申请后，中国主管当局对申请尽快做出决定。

应当看到，提高透明度并非遥不可及，现在就可以有所作为。监管当局政策调整对市场参与者公示，现已初步步入规范化，《金融时报》、《经济日报》等主要媒体常常全文刊发政策法规。目前努力的要点是不仅要求监管当局尽可能向公众报告，同时金融机构也应建立直接对公众的强制信息披露制度。上市银行要按规定向社会公众公布资产负债等重大经营信息，非上市股份制商业银行也应向所在服务地区披露信息。人民银行已经建议国有独资商业银行最迟在 2003 年开始公布上一年的经营信息，个别银行可推迟到 2005 年。为防范不良客户利用银行间的业务竞争重复借贷或多头骗取银行资金，各银行之间应建立通畅的信息沟通渠道，以做到客户信用等级信息资源共享，中国银行公司业务部已在这方面做了成功的尝试。

（五）建立审慎金融监管体制

要想充分利用金融开放带来的机遇，同时确保金融稳定，必须深入进行金融体制改革。中国的金融体制改革，最重要的是还权于市场，确立审慎的金融监管体制。1995 年的《中国人民银行法》和《商业银行法》所确立的监管原则与措施，已向审慎监管迈出了坚实的一步。

审慎的监管与金融管制之间的根本区别在于，前者对银行的要求是一种规范性的品质管理，以防范金融风险和促进竞争为目的，银行具有充分的业务自决权；后者则是银行的大部分具体决定直接由政府机构作出。在金融自由化程度很高的国家，监管当局对利率水平和结构、汇率水平和波动、资本流进和流出、金融机构的业务范围、金融机构总量及投向等，都仍然有一定的限制或控制，但限制和控制的方式和程度已大不相同，它建立在对尊重金融机构自主权的基础上，强调市场约束和自我负责原则。2000 年 9 月，巴塞尔委员会发表了对未来银行业监管展望的报告，进一步确认了审慎监管是大趋势。

1. 金融监管政策的基础和方式

（1）金融监管政策非行政化。在审慎监管的框架下，除了业务合规性等无法量化的规定外，在日常监管中基本取消行政命令式的监管办法。只在金融市场失败时，政府直接干预方可走上前台。一般情况下，金融监管手段必须是以法律为基础的间接手段，通过严密的法规约束当局的金融监管行为。为此，需要强调保持监管者与监管对象之间的距离。

（2）监管重点由合规性监管转向经营性风险监管。这需要建立一种风险集中和过程导向的新型监管框架。所谓风险集中，是指监管资源要更多地用于关注银行机构及其资本所将承担的最大风险。目前最重要的是，要按规定标准补充资本金，按五级分类划分贷款质量。所谓过程导向，是指检查和稽核要重点检查银行机构对某种风险的管理过程和管理方法是否充分和有效。对那些没有建立合适的风险控制架构和有效管理过程的机构，施以更多的现场检查。在目前的过渡阶段，对于促进商业银行法人治理结构建设，也要重点监管。如促进董事长、总经理、监事长分设，引进独立董事等。

（3）执行符合国际标准的审慎会计制度。①改进收入核算办法，确保商业银行经营成果的真实性；②改进和统一应付利息的计提方法；③落实呆账准备金由商业银行自主计提的新政策，扩大银行决定核查呆账的自主权；④监管当局通过独立的会计师事务所对商业银行审慎会计制度执行情况进行审查；⑤建立包括短期债务比率、贸易差额、汇率波动、外汇储备、通货膨胀率、股票指数、利率水平、M2/GDP 比率、资本流动易动性、银行资本充足率、不良资产率、偿债率等监控指标在内的金融风险预警系统，及时预报和防范金融风险。

（4）实现利率市场化。在利率管制下，商业银行不能通过利率差别来区别风险不同的贷款人，高风险贷款缺乏高利息补偿，银行处于风险收益不对称状态。多年来，屡禁不止的"储蓄大战"和账外账经营就是利率管制扭曲的反映，我国金融机构的大量不良资产正成因于此。利率管制还人为地强化了金融工具之间的非市场差别，制约了公平竞争。中国利率市场化改革的目标是要建立以市场资金供求为基础，以中央银行基准利率为调控核心，由市场资金供求决定各种利率水平和结构的利率体制。利率管理体制改革的顺序是先贷后存，先大后小，先外后内，先农村后城市，先市场后信贷。总的思路是通过提高贷款利率浮动幅度、规定存款利率上限和贷款利率下限等过渡方式，稳步推进利率市场化改革。当前，利率市场化改革的重点在于：一是放开国内企业债券发行利率，由市场决定；二是放开农村信用社存贷款利率，由农村信用社根据农村资金供求和贷款风险程度自行确定利率水平；三是逐步扩大城市金融机构贷款利率浮动幅度和范围，对一般存款利率仍实行管制，对大额存款利率实行有弹性的管理。

（5）保护业务创新自由权。这里关键是要区分违规经营和金融创新的政策界限。考虑到二者界限的模糊性，在政策实践上，主导思路要尽量减少业务品种的行政审批制。当前，颇为紧迫的任务是允许银行、证券和保险之间的合作，逐步迈向有限混业经营。

由于银行和证券市场制度不完善，以及金融机构的自我约束力薄弱，在中国实行全面混业经营还需要一个渐进的过程。现实的政策是推行各种形式的业务合作或战略联盟。商业银行、保险公司、证券公司通过银证转账业务，开展网上交易，利用银行卡、银行存折直接买卖股票，券商委托银行网点代办开户业务，银行承担基金托管业务和代理销售，乃至共同发行并管理开放式基金等，都是很好的合作方式。

2. 监管主体之间的协调

金融自由化和金融创新，已经而且必将进一步冲破原先设在不同种类的金融活动之间的障碍。这使得各种形式的监管合作成为必然。人民银行、中国证监会、中国保监会已建立三方监管联席会议制度，研究银行、证券、保险监管中的有关重大问题，及时解决分业监管中的政策协调问题，协调银行、证券、保险对外开放及监管政策以及交流有关监管信息等。这一定期磋商制度需要继续完善，最终将协同监管制度化。

3. 金融监管的国际协调

信息技术的发展以及中国金融对外深层次开放，使得国内外金融监管机构之间的协调成为必须。利用互联网时，银行可以超越国界开展业务。现在银行在一国获得银行牌照，在另一地方进行数据处理（后线操作），而目标客户在第三国。在华外资银行的总行注册地在境外，很有可能由于其总行或设在其他国家的分支行的经营失误而负连带清偿责任。在这种环境下，没有全球的监管合作，是不能对之实施有效的监管。目前，发达国家正在使其国家金融监管更具有区域乃至全球监管的功能，并试图通过国家立法来赋予其金融监管法律以治外法权的功能。中国的金融监管也应向区域和国际监管延深，甚至建立起隐含治外法权的金融监管体系。

4. 规范政府行为

中国加入 WTO 后，政府要转变角色。一方面，要把一部分权力（主权）转让给 WTO 之类的超国家组织；另一方面，要把更多的权力转让给消费者和具体企业。WTO 是一个以规则为基础的多边贸易体系，作为其中的一个成员国，中国政府必须遵守其既定的规则。对于金融业而言，首要是减少政府干预。同时，财务管理制度也到了不改不可的程度。财政部对国有商业银行应当实行目标经营管理，它没有必要对银行财务行为和人事工资管理事必躬亲。

（六）完善支付清算系统和制度

尽管中国是一个高度集权的国家，但是，中国的支付清算系统却是高度不统一的。面对加入 WTO 的新形势，加快建立中国的统一支付清算体系，已属当务之急。

1. 发展多种支付工具

在大中城市开办银行本票业务。鼓励工商户和符合条件的个人在银行开立账户，签发使用支票。在大中城市和符合条件的地区，推行定期借记、定期贷记支付工具。

2. 完善支付系统建设

全面实现"天地对接"，完成电子联行业务到县的计划；完成电子联行灾难备份中心的建设，保障电子联行系统持续稳定运行；逐步实现电子联行系统向现代化支付系统的平滑过渡。建立以大中城市为依托的区域性票据交换中心，扩大票据交换的范围和覆盖面。加快中小金融机构现代支付体系建设，完善电子联行系统，允许各类中小金融机构签发和兑付银行汇票。

3. 发展电子货币

完善银行 IC 卡的技术和实施方案，推动电子货币的普及应用。遵照市场的原则完成银行卡信息交换总中心与商业银行银行卡中心、城市银行卡信息交换中心的联网，实现 ATM 和 POS 通用。

4. 建立健全计算机系统安全管理机制

组建计算机系统安全工作的组织管理体系，加强计算机系统运行及信息的安全管理和计算机安全基础设施建设，进行计算机安全培训教育和法制宣传。

（七）培育信用文化

由于多年计划经济的影响，我国的社会信用观念和法制意识均十分淡薄，某些司法部门又偏袒地方利益，使得商业银行依法行使放贷和收贷的权利大打折扣。在一个信用文化不够健全的环境里，经营信用，以维持信用为己任的银行业是不可能获得健康发展的。

信用文化的内涵，包括债务人的偿债意愿、偿债意识、偿债行为、偿债记录等，也包括对违约债务人的惩罚等。信用文化的实质是债务人与债权人之间存在着的一种默契，或者说是一种思维方式，即彼此均对对方负有责任和义务。这种责任和义务是以一整套连贯一致的法律、监管和司法实践为基础的。所以，良好信用文化的形成，需要依赖于建立一套符合市场经济发展要求的金融法律框架，并严格执行。债务人按期还债有困难，符合条件的，经债权银行同意，可以延期还债，可以进行债务重组，也可以依法破产，但不能赖债。凡对债权人提出的偿债要求置之不理，躲避债权人，应属欺诈犯罪。我们应当清醒地认识到，若无一个良好的信用文化，在同外资金融机构竞争中，我们将处于劣势。

新农村建设与金融革命

——兼谈小额贷款公司的命运与前途

背景说明

　　本文是 2006 年 4 月 22 日在西南财经大学金融研究中心主办的"中国金融改革：回顾与展望南宁研究会"上的发言提纲。2005 年 12 月 27 日平遥"日升隆"和"晋源泰"两家小额贷款公司正式挂牌开张，是中国改革开放中最早的两家民间小贷机构。刚刚过了一个月，英国路透社记者就跑到太原找到作者，问道："听说是山西票号在平遥复活了，是吗？"回答："不是票号的复活，更像账局或者乡账商号复活了。"记者走后，作者很有感慨，写下了这段文字，正好赶上此次会议。

一、金融改革中的尴尬

　　中国经济体制改革始于农村，但 20 多年以后的今天，"三农"仍然有许多让人揪心的问题，"我国农村初中文化程度以上的农民不到四成，远远低于城市 65.4% 的水平；全国约一半的行政村没通自来水；六成以上的农户还没有用上具备卫生条件的厕所；1.5 亿农户需要解决燃料问题；6% 的行政村还没有通公路；2% 的村庄没有通电……"① 在经济改革中，金融改革一路不落后，在金融工具、金融机构、金融业务、金融制度

---

① 刘敏、周萃、张正华：《突出重围：向农村金融的广度和深度进军》，《金融时报》2006 年 4 月 14 日。

创新以至于国际金融活动方面作出了巨大贡献。但是在农村金融领域却左右摇摆，许多事举棋不定。社会主义新农村的建设，急需一场金融革命的补课。

因为，在自给自足的农业经济社会向工业化社会的过渡中，必然经历商业革命和金融革命。就是说农业农村的自然经济必须经过商品化、货币化、市场化、城镇化，才能实现城乡一体化，最终走向现代化。中国从15世纪开始已经缓慢地开始了商业革命，这就是明确的资本主义萌芽。当时中国出现了十大商帮，晋商独领风骚，先后设立了当铺、钱庄、印局、账局、票号、乡账商号等多种金融机构，创新了多种金融工具、金融业务、金融制度，实行票据融资，有力地促进了中国商品化、货币化、市场化、城市化的发展。自然经济的农村，没有货币与金融的冲击，商品化、市场化、城镇化、现代化是不可能的。新中国成立以后，在中国农村真正与农民密切相处的金融组织是信用合作社。改革开放以来，农村信用社改革左右摇摆，农业银行商业化、农业发展银行囿于粮棉油收购资金供应，农民自发地组织的农村合作基金会、当铺等在不少地区被勒令解散，"三农"融资不得不寻求高利贷。不能不承认中国金融改革在农村金融改革方面遇到了尴尬，致使"三农"问题成为中国经济生社会发展中的突出问题。

当务之急是在农村进行金融革命的补课。先谈一谈最近中外关注的小额贷款公司。

二、古今两个案例

（一）平遥小额贷款公司

目前，中国小额信贷的组织形式有四类：一是国际组织和国内公益组织援助的小额信贷机构。强调扶贫的社会目标，管理比较严格，极少部分机构已经具备了可持续发展的潜力，成为中国小额信贷的典范。但规模小，没有合法信贷经营权。二是政府或者具有政府职能的社团组织（如全国妇联、中华总工会）开办的小额信贷项目，这些项目有明确的社会发展目标，但没有独立的管理机构。三是正规金融机构开办的小额信贷业务，包括农村信用社，形式是小额信用贷款或联保贷款，但缺少有效的瞄准贫困人口的机制，没有形成自觉的信贷业务。四是2005年末新成立的商业性小额贷款公司，依托民间资本，以服务"三农"，支持农村经济发展为重点，为农户提供小额贷款的机构，不吸收存款，不跨区经营，贷款利率可由借贷双方协商。平遥的小额贷款公司就是新成立的商业性贷款公司。

2005 年 12 月 27 日平遥"日升隆"和"晋源泰"两家小额贷款公司正式挂牌。日升隆有 4 个股东，共出资 1700 万元；晋源泰有 4 个股东，共出资 1600 万元。政府对小额贷款公司规定四个原则：第一只贷不存；第二利率不能超过基准利率的四倍；第三主要服务于"三农"；第四不能跨区域经营。政府的主旨是为民间金融提供一条正常的投资渠道，进而培育竞争性的农村金融市场。平遥小额贷款公司的做法：一是发起人是 3 ~ 5 个自然人；二是按照公司法由县工商管理部门批准；三是"三农"贷款不低于 70%，贷款金额最多不超过 10 万元，其中 5 万元以下不低于75%；四是利率不超过国家利率的 4 倍；五是资本金不低于 1500 万元，资本充足率不低于 8%。小额贷款公司刚成立时，晋源泰董事长韩士恭就认定，如果年贷款 1300 万元，年收入就是 150 万元，假如损失 100 万元，还有 50 万元；如果放不出去，可以存在银行吃利息，农民贷款的信用比企业好，一定能够盈利，投资贷款公司比别的项目保险。他希望得到中央银行的支农再贷款，从而扩大贷款规模，更希望中央批准他吸收存款，办成民资商业银行。截至 2006 年 3 月底，日升隆贷款 200 多万元，"三农"贷款占 70%；晋源泰贷款 625 万元，"三农"贷款占 67%。晋源泰贷款共计 61 笔，平均每笔 7.54 万元，贷款利率在 13% ~ 23%，平均为 18%。贷款户董岐旺，是该县林木种植大户，他说："农民要致富，种地也要走市场，我现在租了村里 160 亩地，为扩大苗木花卉种植规模，从晋源泰贷出了 10 万块钱，有了这笔周转资金，我的苗木马上就能赚钱了。我们农民从农信社贷款虽然利息低，但程序复杂，从申请到批下来至少也得一个月，还不一定能贷上，要是借高利贷，以前是月息 5 分，利息太重，还不起。而我到晋源泰贷款，只跑了不到 3 天就拿到了钱，月利息是 1 分 3 厘9，我算了一下，10 万块钱一年下来利息还不到 1.7 万元，合算。"平遥现有金融机构 32 家，2004 年储蓄存款 25 亿元，同期贷款只有 12 亿元，连续三年信用社存贷比为 69.7%，农户贷款仅是存款的 58%，邮政储蓄2 亿元全部上调。副县长温启华说，平遥县每年新增的各项存款余额高达2 亿多元，但投放到本地的贷款几乎为零，资金外流相当严重，从而诱发并形成大量的民间非法借贷。估计近几年每年（50 万人口的大县）有

8000万元的高息民间非法借贷，不仅干扰了正常金融秩序，还造成了较大的社会治安隐患。平遥县这次在全国率先试行小额贷款，除了服务"三农"外，还有一个目的就是引导和规范当地的民间资本流向。

对于平遥小额贷款公司，社会看法不一：有人认为这种被限定在"老少边穷"区域，"只贷不存"的公司注定"没有生命力"，亦不可能承担起将"地下金融阳光化"的重任，更不可能解决"三农"对金融的需求。小额贷款公司是准金融机构或者说欠缺型金融机构。的确，小额贷款公司谁来监管问题、资金来源持续问题，以及相关立法问题、风险问题、能不能长期扶持弱质产业和弱势群体、财务能不能标准化、有没有竞争力、能不能实现地下金融阳光化等，亟待解决。

有媒体报道，小额贷款公司在平遥的出现，意味着已经衰亡100多年的山西票号"重出江湖"，中国金融史上又一次引人注目的改革由此开始，是中国迷茫已久的"草根金融"的一次重大胜利，将有助于整个金融生态体系"种群"的多样化和健康和谐发展。中国的"票号"再次回到了它的发祥地，平遥是幸运的。但是这种轮回是历史前行中的一次偶然相遇还是必然选择？相隔100余年的两种"票号"有着怎样的渊源和差别？后者又将面临怎样的生存困境和发展空间？而这种"转基因"票号在今天的土壤中又该怎样茁壮成长？平遥票号以现实的方式再一次吸引了世人的目光。世界银行的代表来了，英国路透社记者来了，人们都在看着这种融资新形式。

（二）账局

与其说小额贷款公司像票号，不如说像"账局"或者"乡账商号"。清康雍年间，山西旅蒙巨贾王相秦、张杰、史大飞等人所建立的"大盛魁"，设有印票庄，以自有资本开办放贷业务，一直把放贷业务发展到草原上的蒙古包里。账局在城市发展也更快，李燧在《晋游日记》中写道："汾（州）平（阳）两郡，多以贸易为生。富人携资入都，开设账局。"到了清末，账局的分布地区已由京晋等少数城镇扩展到京师、张家口、天津、保定、赤峰、安东、营口、多伦、归化、祁县、太谷、上海、烟台、汉口、成都等城镇，并且设在京城以外的总号多已有了分支机构，1853年京城账局268家，晋商就有210家。账局最初就是小额贷款公司，只贷不存，后来也办理存款业务，它在中国各大城市和农村存在了200多年。当年，晋商还办了一种印局，专门办理短期小额信用放款。清内阁大学士祁寯藻给皇帝的报告说："窃闻京城内外，现有山西等省民人开设铺面，名曰印局，所有大小铺户及军民人等，俱向其借用钱文"，"京师地方，五方杂处，商贾云集，各铺籍资余利，买卖可以流通，军民偶有匮乏日用以资接济，是全赖印局的周转，实为不可少之事"[①]。更有意思的是，晋商在各地特别是在江苏、安徽、山东、河南交界地的几十个县的农村所办"乡账商号"，专门放款给农民。他们所到村庄，对农户一家家摸底调查，户主姓名、家庭人口、劳动力、土地、耕畜、年收入、开支、为人信誉等，逐户调查，按四等分类，对每类农户贷不贷、贷多少、利息高低、期限多长等一清二楚，没有贷款收不回的情况。晋商的账局、印局和乡账商号，都是只贷不存的金融机构。

古今两个案例有某些相似之处，就是小额贷款，只贷不存。对于小额贷款公司，人们第一个担心是只贷不存，不可持续。当年只贷不存可以存活，现在只贷不存没有新的资金来源为什么就不可持续？连投资人晋源泰董事长也认为赔不了，赔不了就可以办下去。人们的第二个担心是能不能长大。世界上的事物本来就有大有小，如果鸡也长得像骆驼一样大就不是鸡了，小额贷款公司不需要长得太大，太大了就不可能对"三农"提供小额贷款，小的也是美好的。第三个担心是能不能长期为"三农"提供贷款，真正支持弱势产业于弱势群体，这倒是一个不可忽视的问题，4 倍于基准利率贷款利息是 5.8% ×4 = 23.2%，农民的农业投资利润率能有多高？农村工商业户是有可能利用这种贷款的，而一般农业生产经营者不可能借用这种贷款。解决"三农"融资还是困难。第四个担心是风险控制和竞争力问题，"三农"小额贷款一般就在本地，借款人的信誉是可以把握的，有没有竞争力只能由市场去决定了。第五个担心是能不能使地下融资阳光化，由于地下融资数量比较大，不可能都从这个渠道阳光作业。

由此看来，小额贷款公司有一定的意义，但是不可能解决"三农"的根本问题，还需要从根本上解决农村商业革命与金融革命的补课问题。

三、农村金融革命补课

中共中央 2006 年一号文件《关于推进社会主义新农村建设的若干意见》提出加快推进农村金融改革。文件说："巩固和发展农村信用社改革

---

① 《祁寯藻奏疏》。

试点成果，进一步完善治理结构和运行机制。县域内各金融机构在保证资金安全的前提下，将一定比例的新增存款投放当地，支持农业和农村经济发展，有关部门要抓紧制定管理办法。扩大邮政储蓄资金的自主运用范围，引导邮政储蓄资金返还农村。调整农业发展银行职能定位，拓宽业务范围和资金来源。国家开发银行要支持农村基础设施建设和农业资源开发。继续发挥农业银行支持农业和农村经济发展的作用。在保证资本金充足、严格金融监管和建立合理有效的退出机制的前提下，鼓励在县域内设立多种所有制的社区金融机构，允许私有资本、外资等参股。大力培育由自然人、企业法人或社团法人发起的小额贷款组织，有关部门要抓紧制定管理办法。引导农户发展资金互助组织。规范民间借贷。稳步推进农业政策性保险试点工作，加快发展多种形式、多种渠道的农业保险。各地可通过建立担保基金或担保机构等办法，解决农户和农村中小企业贷款抵押担保难问题，有条件的地方政府可给予适当扶持。"这段话实际就是要在农村进行一次深入的金融革命。

农村金融，一需要农村政策性金融飞速发展，政策性金融深入农村，自古就受政府重视，西周初年政府就有政策性融资规定。西周农发行实际只解决国家粮棉油收购与储备资金融通，对农业农村基本建设很难顾及。二需要农村商业性金融，现在的农业银行，由于它已经与其他商业银行一样，不可能全力盯住"三农"，因为在那里经营储备高，不可能不转移一部分力量于城市。三需要合作性金融，合作金融产生两个半世纪以来，在世界各地作出了巨大贡献，特别是农村地区。中国的农村合作金融从20世纪20年代诞生至今，实践证明是农民离不了的金融机构，但是自20世纪50年代开始，已经发生了质的变化，近年的农村信用社改革，已经失去了合作金融的自有本性，成为资本运营的实体。综观当今世界，在发达国家里，农村合作金融仍然存在和发展，并未取消。现在中国需要重建农村合作金融。至于更多的农村金融组织形式，同样需要发展。三种类型的农村金融机构和政策是当前金融改革需要重视的问题。

县域小企业融资渠道的修复与建设

背景说明

本文是 2007 年夏季为"山西省县区小企业融资研讨会"准备的发言提纲。文章针对山西金融供求的实际情况，探讨当时可行的融资渠道与方法。呼吁各方都应重视金融市场化后的 1996 年的山西——由贷差省变为存差省的巨大变化及其影响，并以县域小企业融资为对象，探讨其解决办法。

一、山西金融的拐点

山西经济发展缓慢，原因很多，但是金融原因尤为重要。近年，山西金融在相对紧缩。1996 年是一个拐点，由贷差省转变为存差省。

表1　山西省国家银行存贷款比（存贷款余额的比例 = 贷款余额/存款余额）

年份	存款（亿元）	贷款（亿元）	存贷比（%）
1978	25.62	46.60	1.82
1980	43.18	59.20	1.37
1985	104.90	151.24	1.44
1990	314.13	356.90	1.14
1995	943.00	970.66	1.03
1996	1163.00	1130.91	0.97
2001	2256.71	1796.30	0.76
2005	4720.12	2617.58	0.55
2007.4	9250.65	5214.56	0.56（全省数）

注：2007 年为截至 4 月的数据。

新中国成立 59 年来山西省存贷款比例变化：1950~1952 年，3 年存大于贷，私人资本金融业存在。1953~1995 年，43 年贷大于存（贷差省），计划配置资金，保重工业基地。1996 年至今 11 年存大于贷（存差省），市场配置资金，利润导向。计划经济时期的贷差，是重化工业经济区域的特点。

全省金融机构 2005 年本外币存款 7151.18 亿元，贷款 4328.99 亿元，存差 2822.19 亿元。人民币存款 7088.71 亿元，贷款 4229 亿元，存差 2859 亿元。人民币存款比年初增加 1200.34 亿元，存款增幅 20.38%，但是贷款增幅仅为 10.91%。近年山西省银行存差逐年扩大：2000 年 12 月末存差 175.24 亿元；2005 年 12 月末存差 2859 亿元；2007 年 4 月末存差 4036.10 亿元。

说明山西金融特点：一是金融机构负债高，风险大，脆弱性强；二是高储蓄率低资源配置率，资金外流；三是存贷款业务占主导，其他金融业发展缓慢。企业融资 90% 左右靠银行信贷，且国有银行的存贷款是储蓄—投资转化的基本渠道。

表 2　金融机构网点与贷款分布

	机构数（个）	占比（%）	贷款余额（万元）	占比（%）
全部金融机构	541	—	1742921	—
农村金融机构	395	73.01	1186263	68.06
农业发展银行	6	1.17	54881	3.15
农业银行	48	8.87	285251	16.37
农村信用社	341	63.03	846131	48.55

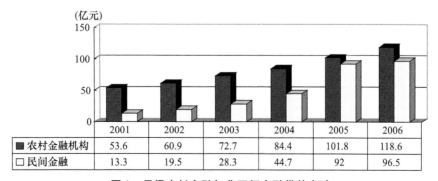

（亿元）	2001	2002	2003	2004	2005	2006
■ 农村金融机构	53.6	60.9	72.7	84.4	101.8	118.6
□ 民间金融	13.3	19.5	28.3	44.7	92	96.5

图 1　吕梁农村金融与非正规金融贷款变动

表3 农金"三驾马车"市场占比变化 单位:%

项目 \ 年份	2001	2002	2003	2004	2005	2006
农发行占比	8.77	8.55	7.26	6.20	5.27	5.39
农行占比	41.54	41.76	38.66	33.59	28.83	28.02
农信社占比	49.69	49.69	54.08	60.21	65.90	48.55

表4 农业银行信贷资金使用情况

项目 \ 年份	2001	2002	2003	2004	2005	2006
存款（万元）	265205	332057	423321	527162	691823	745967
贷款（万元）	222742	254236	280915	297016	293501	285251
存贷比例（%）	83.99	76.56	66.36	56.34	42.42	38.24

表5 民营企业融资结构 单位:%

	企业个数占比	融资金融占比
直接融资	16.5	15.8
股份融资	27.8	21.5
民间借贷	82.8	36.9
贷款	20.8	24.4
预算内	2.3	0.9
引进合资	1.2	0.4
集资	1.2	0.1

注：有的企业采取了两种或两种以上的融资方式。

目前，中小企业已经成为我国国民经济和社会发展的重要力量。山西省目前中小企业法人6万多户，微小企业包括个体工商户80万户，占到全省企业总数的99%以上，从业人员达到500多万人，占全省劳动力总数的1/3以上，全省新增就业岗位的75%以上由中小企业提供。中小企业创造的GDP占全省50%左右，提供的税收占全省的30%~40%，城乡居民收入的一半来自中小企业。

但是中小企业的发展仍面临很多困难，其中融资难是一个很大的障碍。目前山西省中小企业资金来源的主要特点：一是区域外招商引资，占

1/3 左右；二是民间融资，占 1/3；三是银行信贷资金，占 1/3。银行信贷仍是主要渠道，但是银行的拒贷率比较高。中小企业贷款仅占山西省主要金融机构贷款的 16% 左右，对中小企业满足率仅为 35%。

二、农村金融体系的变化

中小企业融资难既有企业自身原因，也有银行和政策因素。

（一）中小企业方面

一是企业产品的市场变化快，风险比较大，稍许的市场波动及经营者的决策失误，都有可能给企业带来重大损失；二是企业规模小，承担风险的能力比较差；三是一般中小企业缺乏抵押或者担保，因为能够抵押的资产少；四是中小企业经营的透明度比较低，不能提供连续几年完整的财务报表，银行对其还贷能力缺乏评估依据；五是中小企业的信用问题，某些企业为获取贷款给银行提供虚假财务信息，个别企业为了完成资本的迅速扩张而不择手段谋取贷款，而后采取频繁更名、抽逃资金等多种方式恶意逃废银行债务，信用不好。

（二）商业银行方面

一是传统信贷模式主要是基于大企业客户建立的，非常看重企业的规范经营、财务指标和有关评级机构的评定，并不适应中小企业客户的需求。二是对中小企业贷款成本高，风险大，银行缺乏积极性。如贷款量少，交易成本高；地域分散，了解情况成本高等。银行对大企业的贷款运作费约为总贷款额的 0.3% ~ 0.5%，而中小企业却高达 2.5%~2.8%。三是家族性质较浓，容易发生道德风险，管理水平滞后。

（三）政策因素

一是获得的信贷支持比较少，缺乏对金融机构发放中小企业贷款的有效鼓励措施和发生风险以后对金融机构的保护政策。二是直接融资渠道太窄。深沪两地证券交易所和各地区建立的区域性产权交易所（中心），缺少能为中小企业提供直接融资的多层次的市场体系。中小企业很难争取到股票上市的机会，企业债券亦因发行额度小也难以批准。

（四）缺乏信息平台

一是有些小企业市场前景很好，需要资金，但银行通过工商注册、项目审批等常规信息途径很难把握企业的真实状况，不了解企业情况不敢放贷；二是有的银行愿意做中小企业融资，但企业不知道哪家银行可以为它们提供融资服务。信息的不对称，贷款难，放款亦难。

三、县域小企业融资渠道修复与建设

小企业对县域经济发展、劳动就业、科技创新的贡献是有目共睹的，但当前资金匮乏仍然是制约中小企业发展的主要"瓶颈"。近年，随着改革的深化，国家越来越关注中小企业，扶持性政策法规陆续出台。目前已经颁发了《中小企业促进法》，国务院办公厅转发了国家经贸委《关于鼓励和促进中小企业发展的若干政策意见》；中国人民银行颁发了《关于进一步改善中小企业金融服务的意见》、《关于加强和改进对中小企业金融服务的指导意见》、《关于进一步加强对有市场、有效益、有信用中小企业信贷支持的指导意见》；国家经贸委颁发了《关于建立中小企业信用担保体系试点指导意见》；财政部颁发了《中小企业融资担保风险管理暂行办法》等，这些构成了中小企业、担保机构建设的法律政策体系。商业银行、政策性银行也出台了相应的政策措施。兴业银行出台《关于开展中小企业金融服务试点工作的意见》；国家开发银行制定了《中小企业贷款评审、信用评审和信贷管理指导意见》。财政部、国家发改委已下发通知，中小企业发展专项资金新增改善中小企业发展环境类项目，由国家政策资助商业性担保机构。

山西省也针对中小企业融资难的问题出台了一些办法，山西银监局先后出台了《山西银监局推动小企业金融服务指导意见》、《山西银监局推动小企业贷款实施方案》，不断完善小企业金融服务指导工作；在业务保障方面，建立"沟通协调、信息共享、信用征集、经验交流"四个平台，把推动小企业贷款作为重点工作。中国工商银行山西省分行出台了《小企业贷款指导意见》，明确营销重点，培养潜在客户，改进小企业授信授权工作；中国农业银行山西省分行实行"一站式"、"一条龙"服务等措施，进一步简化办理流程，为符合条件的优良客户提供及时高效快捷的金融服务；上海浦东发展银行太原分行专门制定了小企业贷款业务发展规划，成立了中小企业事业部，提供一站式服务；民生银行太原分行从市场规划、组织架构、团队建设、授信政策、考核激励、风险定价和信息共享7个方面，把支持小企业提高到全行业务发展的战略高度。

解决中小企业融资难的对策建议：

（一）建立完善的支持中小企业融资的法律体系

目前，我国对中小企业的法律政策配套差，法律制度显得原则而又单

薄，执行上有许多障碍和空白点，影响政策效果。建议：一是以法规形式对银行及信用社提出要求，将其在当地所吸收资金的一部分用于当地融资，并以此作为考核金融机构在当地分支机构的依据之一。二是立法加强信贷人权利保护。如果贷款机构的权利得到法律的强制性保护，贷款环境就会宽松；信贷人权利在制度上和法律上的切实保障，对解决中小企业融资具有深远的意义。三是出台规范担保公司行为的法律制度。对担保公司的运作规范需要作出统一的法律规定。

（二）建立多层次的银行融资体系

一是建立专门针对中小企业融资的政策性银行。建立政策性中小企业发展银行，以法定的中小企业贷款行为和以优惠的利率来满足中小企业的资金需求，同时可以发行低于市场利率的政策性金融债券，为中小企业提供长期贷款资金。二是发展地方小银行和中小金融机构。近几年，工、农、中、建四大银行不同程度地减少了县以下分支机构，上收了县以下分支机构的贷款权，农村信用社成了县以下金融机构的主体。但信用社经营亏损、风险突出，无力满足县域经济中广大中小企业的需求。加强对中小金融机构的引导，对各类中小金融机构的发展方向，要进行准确的市场定位，保障中小金融机构的服务能够适应中小企业发展，也保障中小金融机构在市场竞争中优势的发挥。

（三）建立多层次资本市场

发展多层次的资本市场。一是为数量庞大的中小企业到主板市场上市融资提供服务。二是新兴高技术企业到创业板市场上市融资。三是更多的达不到主板及二板市场条件的中小企业可以通过发展场外交易市场的方式解决融资问题。

（四）政府的资金支持

政府的资金支持是中小企业资金来源的一个重要组成部分，国外中小企业一般能占到外来资金的10%左右，政府资金援助的方式有税收优惠、财政补贴、贷款援助、风险投资和开辟直接融资渠道等。一是可以设立专门帮助中小企业的政府部门，帮助中小企业发展，尤其是帮助中小企业解决资金问题，可通过直接贷款、协调贷款和担保贷款给予中小企业资金帮助。二是对符合经济发展需要的中小企业提供多种形式的财政补贴、税收优惠，引导中小企业的发展方向。

（五）疏通信息渠道

一是建立中小企业信用征信体系，为各种中小企业融资的信用评级提供基础条件。提高融资效率，防范和化解融资风险。二是银行扩大对中小企业的信息来源渠道，如从自身结算业务中筛选资金流量稳定的客户，为其提供更为全面的金融服务；把握客户经营产业链条，锁定重点客户，拓展其长期合作的下游客户，挖掘优良客户源。

（六）完善银行贷款管理机制

当银行开始关注中小企业时，从定价机制、审核机制、考核激励机制等各方面，制定一整套适合中小企业融资的制度架构很重要。一是要合理确定贷款利率。银行一般性企业贷款利率水平在6%~10%，另外再加上评估、公证、担保等费用。考虑到风险、费用等因素的影响，中小企业的借贷利率可以高于这个水平，这对于多数中小企业是可以接受的。因为大企业想获得平均利润，难以接受高利率，中小企业正处于成长期，获得的边际收益较高。银行可以综合考虑风险水平、贷款项目收益率、综合效益、客户忠诚度、同业竞争态势等因素，建立贷款定价模型，贷款利率可以"一户一价"。二是建立贷款审核机制。针对中小企业的特点，设计贷前、贷后调查报告模板、授信审查审批表、信用等级评价表，可以考虑增加企业纳税证明、水电交费单等公共信息的采集和分析，加大信用评级中反映经营者自身情况的定性指标权重，简化授信审查内容。三是建立信贷风险控制机制。中小企业规模小、可抵押物少，过分注重抵押物担保的做法不太可行。可以考虑建立"客户现金流风险控制机制"，风险控制从识别客户开始，强调客户的"现金流"，重视对第一还款来源的考察。对贷后风险，可以考虑实行全过程信贷风险控制，坚持现场调查，随时掌握客户实际经营状况和财务情况；从还款方式上，也可以考虑相应方式控制风险。如可以采取按月等额还本付息的还款方式来降低风险。

四、融资方法

目前各地实行中小企业融资方式主要有以下几种：

（一）综合授信

银行对一些经营状况好、信用可靠的企业，授予一定时期内一定金额的信贷额度，企业在有效期与额度范围内可以循环使用。企业可以根据自己的营运情况分期用款，随借随还，借款方便，融资成本低。银行这种贷款一般是针对有工商登记、年检合格、管理有方、信誉可靠、同银行有较长期合作关系的企业。

（二）项目开发贷款

商业银行对拥有成熟技术及良好市场前景的高新技术产品或专利项目的中小企业以及利用高新技术成果进行技术改造的中小企业，将会给予积极的信贷支持。对与高等院校、科研机构建立稳定项目开发关系或拥有自己研究部门的高科技中小企业，银行除了提供流动资金贷款外，也可办理项目开发贷款。

（三）BOT 项目融资

BOT（Build – Operate – Transfer）即建设—经营—转让。企业投资公共工程，政府给予企业项目建设的特许权时采用这种方式。采用 BOT 方式比较容易得到一些财团的支持，在融资时主要是将项目抵押给财团或金融机构，然后进行建设，建设后从经营的利润中还款，或卖掉某个经营期给金融机构或财团。这种方式比较适合投资规模较大的公共工程设施，如公路、桥梁、大型电站等，公司可以采用股份制的形式吸收财团作为股东，然后以这个公司为工程建设承建主体，并与当地政府签订协议，政府通过银行给予一定的金融支持，并给公司一定的经营期限进行经营，经营期限满后，整个项目工程就归政府所有。

（四）项目开发贷款

一些高科技中小企业如果拥有重大科技成果转化项目，初始投入资金数额比较大，企业自有资本难以承受，可向银行申请项目开发贷款。商业银行对拥有成熟技术及良好市场前景的高新技术产品或专利项目的企业以及利用高新技术成果进行技术改造的中小企业，将会给予积极的信贷支持，以促进企业加快科技成果转化的速度。

（五）政府基金

政府为了支持中小企业的发展建立了许多基金，如中小企业发展基金、创业基金、科技发展基金、扶持农业基金、技术改造基金等。这些基金的特点是利息低或者无息，期限长，甚至不偿还。但是要获得这些基金必须符合一定的政策条件。

（六）买方贷款

如果企业的产品有可靠销路，但自身资本金不足、财务管理基础较差、可以提供的担保品或寻求第三方担保比较困难，银行可按照销售合同，对其产品的购买方提供贷款支持。卖方可以向买方收取一定比例的预付款，以解决生产过程中的资金困难，或者由买方签发银行承兑汇票，卖方持汇票到银行贴现。

（七）异地联合协作贷款

对企业产品销路好，或为大企业提供配套零部件，或者企业集团松散型子公司，在生产协作产品过程中，需要补充生产资金。企业可以寻求由一家主办银行牵头，对集团公司统一提供贷款，再由集团公司对协作企业提供必要的资金，当地银行配合进行合同监督，也可由牵头银行同异地协作企业的开户银行结合，分头提供贷款。

（八）出口创汇贷款

对于生产出口产品的企业，银行可根据出口合同，或进口方提供的信用签证，提供打包贷款，对有现汇账户的企业，可以提供外汇抵押贷款，对有外汇收入来源的企业，可以凭结汇凭证取得人民币贷款，对出口前景看好的企业，还可以商借一定数额的技术改造贷款。

（九）个人委托贷款

建设银行、民生银行、中信实业银行等推出，由个人委托提供资金，由银行根据委托人确定的贷款对象、用途、金额、期限、利率等，代为发放、监督、使用并协助收回的一种贷款。办理个人委托贷款的基本程序是：①由委托人向银行提出放款申请。②银行根据双方的条件和要求进行选择配对，并分别向委托方和借款方推介。③委托人和借款人双方直接见面，就具体事项和细节如借款金额、利率、贷款期限、还款方式等进行洽谈协商并作出决定。④借贷双方谈妥要求条件之后，一起到银行并分别与银行签订委托协议。⑤银行对借贷人的资信及还款能力进行调查并出具调查报告，然后借贷双方签订借款合同并经银行审批后发放贷款。

（十）票据贴现融资

票据贴现融资是指票据持有人将商业票据转让给银行，取得扣除贴现利息后的资金。在我国，商业票据主要是指银行承兑汇票和商业承兑汇票。这种融资，银行不按照企业的资产规模来放款，而依据市场情况（销售合同）来贷款。企业收到票据至票据到期兑现之日，往往是少则几十天，多则300天，资金在这段时间处于闲置状态。企业如果能充分利用票据贴现融资，远比申请贷款手续简便，而且融资成本很低。这是"用明天的钱赚后天的钱"。

（十一）金融租赁

集信贷、贸易、租赁于一体，以租赁物件的所有权与使用权相分离为特征的新型融资方式。设备使用厂家看中某种设备后，即可委托金融租赁公司出资购得，然后再以租赁的形式将设备交付企业使用。当企业在合同期内把租金还清后，最终还将拥有该设备的所有权。通过金融租赁，企业可用少量资金取得所需的先进技术设备，可以边生产、边还租金，对于资金缺乏的企业来说，金融租赁不失为加速投资、扩大生产的好办法；就某些产品积压的企业来说，金融租赁不失为促进销售、拓展市场的好手段。

（十二）典当融资

典当是以实物为抵押，以实物所有权转移的形式取得临时性贷款的一种融资方式。典当贷款比银行贷款成本高、贷款规模小，但典当融资的好处，一是银行对借款人的资信条件要求苛刻，典当对客户的信用要求几乎为零，典当行只注重典当物品是否货真价实，动产、不动产质押都可以。二是典当物品起点低，千元、百元物品都可以当。三是手续简单简便，甚至立等可取。四是不问贷款用途，钱使用起来自由。

（十三）股权性融资

股权是公司的股东投资到公司的资本。股权在不同的财产组织形式上有着不同的体现方式。正因为其有着不同的体现方式，所以产生了不同的股权融资工具。

1. 资本的融集速度快

每一股份都是等额的，金额很小，小的投资者也能投资，资本集中快。有限公司股权称为出资证明书，每一个股东的出资不等，股东最多只能50人，每一股东的出资额较大，小投资者无法投资。

2. 股票的流动性比出资证明书的流动性大

股票经批准后才能上市，流动性大，使得股票成为一种融资工具，发行股票可以筹集不用承担偿还风险的融资方式。而有限责任公司只能通过股权转让或增加新股东而实现资金的融集，协议发行，协议转让。

股权性融资，即以中小企业现有技术、产品、团队、市场、无形资产包括发展规划等资产，折算成股权的方式，寻求战略投资者控股或参股，扩大注册资本金规模，以解决投资不足、市场不畅等问题，实现融资目的。中小企业要获得股权融资，一般需要具有完善的法人实体，有特色产品，特别是高新技术产品，有广阔的市场空间和高成长性，有好的商业计划。也可以通过将闲置专利技术或技术秘密转让，以换取资金，集中发展主要产品，实现融资的目的。

（十四）债权性融资（间接融资）

债权资金是在一定期限后企业必须偿还本金并支付利息的资金，不是股东的资本，但可利用其为股东带来利益。债权性融资主要有向金融机构贷款和发行企业债券两种形式。发行企业债券有着较多的政策规定，比较适合基础设施建设，如水利、水电、道路、桥梁等工程。

（十五）企业保留盈余

企业保留盈余是企业要增加投资时，用应付给股东的利润进行再投资，其融资的性质相当于股权融资。这种方式比较适合股份有限公司。

（十六）小企业小康贷款

小企业客户，经营情况较好、有还款资金来源、具备贷款担保的企业均可作为小康贷款的对象。小康贷款目前主要办理一般流动资金贷款，今后还将推出流动资金循环贷款、打包贷款、票据贴现、保函等品种。一般流动资金贷款期限最长为 1 年，单户企业贷款金额一般不超过 500 万元，担保方式灵活多样，除房地产抵押、质押外，还有专业担保机构保证担保等多种担保方式。

（十七）单位购房抵押贷款

单位购买商品办公楼现房并以该房产作为抵押的专项贷款。除申请人具备一般流动资金贷款申请人的基本条件外，所购办公楼的开发商必须和银行签订开展单位购房抵押贷款业务的专项协议。贷款金额一般不超过新购房价的 1/2，最高为新购房价的 2/3。贷款期限最高不超过 7 年，采取按月等额本金还款方式还款。

（十八）创业保证贷款

高收入阶层的家庭成员，如果没有存单、国债，也没有保单，但其妻子或父母有一份较好的工作即可，有稳定收入的律师、医生、公务员、事业单位员工以及金融行业人员均被列为信用贷款的优待对象，这些行业的从业人员只需找 1~2 个同事担保就可以在工行、建行等金融机构获得 10 万元左右的保证贷款。不用办理抵押、评估等手续，可以以亲属的名义办理贷款，在准备好各种材料的情况下，迅速获取创业资金。

（十九）买方贷款

如果企业的产品有可靠的销路，但在自身资本金不足、财务管理基础较差、可以提供的担保品或寻求第三方担保比较困难的情况下，银行可以按照销售合同，对其产品的购买方提供贷款支持。卖方可以向买方收取一定比例的预付款，以解决生产过程中的资金困难。或者由买方签发银行承兑汇票，卖方持汇票到银行贴现。

（二十）知识产权质押贷款

知识产权质押贷款是指以合法拥有的专利权、商标权、著作权中的财产权，经评估后向银行申请融资。由于专利权等知识产权实施与变现的特殊性，目前只有极少数银行对部分中小企业提供此项融资便利，而且一般需由企业法定代表人担保。

（二十一）信用担保贷款

中小企业信用担保机构大多实行会员制管理，属于公共服务性、行业自律性、自身非营利性组织。担保基金来源，由当地政府财政拨款、会员自愿交纳会员基金、社会募集资金、商业银行的资金等几部分组成。在会员企业向银行借款时予以担保。企业还可以向专门开展中介服务的担保公司寻求担保服务。当企业提供不出银行所能接受的担保措施时，如抵押、质押或第三方信用保证人等，担保公司却可以解决这些难题。与银行相比而言，担保公司对抵押品的要求更为灵活，但是，担保公司为了保障自己的利益，往往会针对企业采取反担保措施，有时担保公司还会派员到企业监控资金流动情况。

（二十二）授权信用担保贷款

申请贷款信用担保的中小企业应向中国经济技术投资担保有限公司的分支公司提供反担保措施，如保证、抵押、质押等。人民币担保单笔额度应不超过申请借款担保企业资产总额的50%，不超过500万元人民币。单个企业或项目的担保期限最长不超过2年。根据担保项目的风险程度、担保期限、担保金额确定年保费率。如担保期为1年，收取标准为0.8%~1.2%。凡符合贷款信用担保条件，同时又符合有关各项要求的贷款担保项目，申请贷款信用担保数额在200万元以下。对承担高新技术成果转化项目认定的高新技术成果转化项目和高新技术企业，不受连续经营期限的限制。

（二十三）银行承兑汇票担保

银行承兑汇票指银行作为付款人，根据承兑申请人（出票人）的申请，承诺对有效商业汇票按约定的日期向收款人或被背书无条件支付汇票款的行为。

（二十四）保证担保

保证是银行根据申请人的请求，以出具保函的形式向申请人的债权人

（保函受益人）承诺，当申请人不履行其债务时，由银行按照约定履行债务或承担责任的信贷业务。按种类划分为投标保证、承包保证、履约保证、预收（付）款退款保证、工程维修保证、质量保证、来料加工保证及来件装配保证、补偿贸易保证、付款保证、延期付款保证、分期付款保证、关税保付保证、保释金保证、滞留金保证、租赁保证、借款保证、账户透支保证、债券偿付保证、出入境备用金保证、财产保全保证、银行委托保证等。

（二十五）自然人担保贷款

2002 年 8 月，由中国工商银行推出，对中小企业办理期限为 3 年以内的信贷业务时，可以由自然人提供财产担保并承担代偿责任。自然人担保可采取财产抵押、权利质押、抵押加保证三种方式。抵押的财产包括个人所有的房产、土地使用权和交通运输工具等。可作质押的个人财产包括储蓄存单、凭证式国债和记名式金融债券。抵押加保证则是指在财产抵押的基础上，附加抵押人的连带责任保证。如果借款人未能按期偿还全部贷款本息或发生其他违约事项，银行将会要求担保人履行担保义务。

（二十六）无形资产担保贷款

依据《中华人民共和国担保法》的有关规定，依法可以转让的商标专用权、专利权、著作权中的财产权等无形资产都可以作为贷款质押物。

（二十七）信用证授信担保

信用证是指一家银行（开证行）应客户（申请人）的要求和指示，或以其自身的名义，在与信用证条款相符的条件下，凭规定的单据：一是向第三者（受益人）或其指定人付款，或承兑并支付受益人出具的汇票；二是授权另一家银行付款，或承兑并支付该汇票；三是授权另一家银行议付。

（二十八）信用证打包贷款担保

信用证打包贷款是指银行对信用证项下的出口商因为生产进料、加工、包装运输的资金需要而发放的专项贷款。是一种短期的国际贸易项下融资，出口商需提供正本信用证作为依据，还款直接来源是出口收汇款。

（二十九）工程机械抵押贷款担保

工程机械抵押贷款主要是对法人和自然人提供信贷资金以满足其购买工程机械需求。目前一般仅对指定品牌的挖掘机、装载机、压路机、推土机、吊车等提供信贷支持。

（三十）湍水头扶贫基金会模式

山西省吕梁市临县湍水头等三个村在经济学家茅于轼先生的帮助下成立了具有扶贫与信贷双重功能的基金会。其成立十几年，发展很快，已经具有 110 万元的信贷规模。基金会以扶贫为前提，以小额为特征，以信用建设为平台，以风险防范机制为基础，以支持"三农"为主方向，以信贷运作为主方式的小额农贷模式，对贫困山区极具借鉴价值。

（三十一）广发"民营 100"服务方案

银行向创业企业提供买卖方信贷专项服务、股东个人授信额度、个人创业贷款、公私联合贷款以及结算、汇兑、代收代付、信息咨询等全方位的金融服务；成长阶段服务方案为设计一揽子融资及服务解决方案、提供厂商银授信、动产质押、回购型国内保理业务、流动资金循环贷款、买卖双方协议付息票据贴现、银行承兑汇票、保函、国内外信用证、进出口贸易融资业务以及专业担保公司连带责任保证贷款；发展阶段服务方案为建立并完善资金和销售结算网络、统一综合授信、网上银行服务、委托理财贷款、现金理财、债市理财、企业兼并与重组财务顾问等业务。

（三十二）东方典当融资宝

有融资需求的各类企业可充分利用企业本身或者其经营者、投资者合法拥有财产（或财产权利）以抵押或质押的方式，获得专业化、阶梯式、阶段性的特色理财的短期融资服务。旨在扶持本地有志于自主创业但缺乏自有资金的人士（主要是下岗人员以及希望自我创业的社会青年群体），通过他们将自有合法财产或在有关法规许可下将他人合法财产进行质（抵）押的形式，从而为其提供创业所急需的开业资金、运转资金、经营资金的一种创新的快速直接融资特色业务。运用一卡通将银行信用卡式的借贷融资理念引入服务之中，其"随时、随地、随客"的融资特点使企业遇上融资需求时，可持一卡通在限额内随时筹得融资款额。利息按天计算，不取款、不收费；借款不仅可以延长期限，还可以部分还款，可以追加借款资金。

巨灾救助的长远之计

背景说明

本文是 2008 年 10 月 26 日在西南财经大学中国金融研究中心举办的中国金融论坛"巨灾后的金融支持讨论会"上的发言提纲。汶川大地震提醒我们，必须尽快建立巨灾保险体系，巨灾的救助不能长期停留在政府救济和社会捐助的层面，国家需要建立巨灾风险基金，在巨灾风险证券化和再保险等方面作出制度安排。

据联合国统计，20 世纪全世界 54 次严重自然灾害中，有 8 次发生在中国，其中地震、洪水、台风造成的损失最为严重。20 世纪发生在我国的六级以上的破坏性较严重的地震 650 多次，造成 59 万人死亡、1000 余万间房屋损毁，数亿人受伤，直接经济损失高达数千亿元。1976 年的唐山大地震和不久前的汶川大地震损失尤为惨烈。2001~2005 年，全国每年都有 3.3 亿~4.9 亿人口遭受自然灾害，倒塌房屋 92 万~190 万间，直接经济损失 1602 亿~1942 亿元。

汶川大地震以来，我国政府和金融管理部门先后下发多个文件，如《汶川地震灾后恢复重建条例》、《国务院关于支持汶川地震灾后恢复重建政策措施的意见》、《关于全力做好地震灾区金融服务工作的紧急通知》等，前不久中国人民银行、银监会、证监会、保监会又联合发布了《关于汶川地震灾后重建金融支持和服务措施的意见》等，鼓励金融机构加大对灾区信贷投放，对灾区实施倾斜和优惠的信贷政策，加大对灾区金融机构的支持力度，增加对灾区的再贷款、再贴现额度；2008年增加200亿元再贷款（再贴现）额度；对灾区金融机构执行倾斜的存款准备金政策，允许提前支取特种存款；适当降低支农再贷款利率；充分发挥资本市场、保险市场功能，引导各类资金支持灾后重建工作。

这些政策、措施，无疑都是正确的。但是，从根本上说，我国更需要建立巨灾保险体系。通过保险和再保险、强制性附加保险等来解决。把商业保险与国家强制性保险结合起来。如投保人只要购买了财产险、个人意外伤害险保单，就必须购买巨灾保险；即使基本保单包括了巨灾风险责任也可以强制附加巨灾保险；通过保险公司代理，然后保险公司向国家巨灾保险基金交保费。

1951年，中央人民政府作出《关于实行国家机关、国营企业、合作社财产强制保险及旅客强制保险的决定》，到1959年却全面停办国内保险业务。1980～1995年保险事业恢复发展，国家从金融制度上保证了对巨灾保险的制度供给。保险公司的财产保险、机动车辆保险、船舶保险、货物运输保险的责任范围，均包含了洪水、地震等巨灾风险，同时，居民家庭财产保险、农业生产安全的保障范围中也包括了各类巨灾风险。但在1995年后，却从控制和防范保险公司经营风险的角度出发，停办了地震等一些巨灾保险业务，保险企业提供的各类企业和家庭财产保险中均将地震风险列为除外责任。改革以来对巨灾保险的试点再次流产。

巨灾风险的保险制度肯定是需要的。这样，首先需要严谨的法律体系支持，以立法的形式，依靠民营保险公司，通过商业手段，建立起巨灾保险制度。巨灾的救助，不能长期停留在政府救济和社会捐助的层面。其次，巨灾保险产品的开发、设计和评估，力量需要加强。最后，国家需要在巨灾风险基金、再保险、巨灾风险证券化等方面作出制度安排。通过设立巨灾保险基金，以政府的保险基金为载体，发行巨灾风险债券，将巨灾风险转移至资本市场，在更大范围内分散风险。这些，是巨灾金融支持的长远之计。

小微金融服务需要金融制度创新的支持

背景说明

本文是 2011 年 11 月 26 日在太原召开的由金融时报社和全国地方金融论坛办公室主办、晋商银行承办的"诚信助推小微企业金融服务论坛"上的演讲提纲。文章回忆了晋商的小贷历史、晋商的金融文化，提出了小微企业金融服务需要宏观金融制度创新的支持等看法。

一、晋商的银行是从小微企业金融服务起家的

山西商人在南北朝就融资放贷（《北齐书》卷 22《李元忠传》）。唐朝《会昌解颐录·牛生》记载晋阳常存款于柜坊，河东人牛生借用。武则天的太平公主就开店铺。宋金汾阳东龙观墓葬壁画货币兑换，据此 1196 年之前已有钱庄。

明朝当铺、钱庄发展。清代又有印局、账局、票号。业务逐渐走向综合。晋商的票号、账局、钱庄、印局、当铺是中国土生土长的早期商业银行。他们通过金融工具、金融业务、金融技术、金融制度创新，支持了工商业的发展。

晋商的商业习惯与契约，包括金融活动与企业管理，建立在信义基础上。合作股份制、两权分离制、总经理聘任制、职员身股制、正本副本制、伙计保荐制等都是以信义为基础。以关公崇拜，组织行会。行有行规，会有会规，号有号规。当时的信用贷货、信用贷款形成的债权债务，

182

就依靠商会与金融企业的"过标"（镖局、标期、标利）来实现。"过标"第一天银两、第二天制钱、第三天订卯，结清到期债务。"过标"如"过年"，亦如"过关"，是企业兴衰存亡的关键时刻，哪一家不能清偿到期债务而"顶标"，则立即破产。

历史上晋商的银行为工商业提供各种金融服务，融资是主要业务，大到数百万两，小到一两三钱白银或制钱数百到一千文（闻喜）不等。小额贷款是主要的。新中国成立前始终如此。

改革开放中，1993 年茅于轼在临县龙水头村创办了具有扶贫和信贷双重功能的小额信贷组织——民办扶贫基金会，很受农民欢迎。2005 年平遥产生了两个小额贷款公司。

历史上晋商的银行有小贷的传统。

小额信贷与大额贷款比较，成本高，风险大。为什么晋商有小贷的传统？这与晋商金融文化有关。

二、晋商银行传承发展了票号的金融文化

晋商的金融文化，内容很丰富。晋商精神：重商立业的人生观，诚信义利的价值观，艰苦奋斗的创业精神，同舟共济的协调思想。其核心是：诚信为本，义利相济，尚中贵和。

"诚者，天之道也；诚之者，人之道也"（《中庸》）。"诚，五常之本，百行之源也"（周敦颐语，见《通书》）。晋商认为义利相通相济，必须见利思义，先义后利，以义制利。只要讲义，就有朋友，就好做生意，不能唯利是图。

晋商认为和气生财，处理各种关系，尚中贵和。在历史上晋商的银行中，东家与掌柜、掌柜与伙计、伙计与客户、掌柜与官员、企业与同行都讲和为贵，善待相遇。

票号的人本管理，亦即经营人。认为"天时不如地利，地利不如人和"。经营票号，票号成败一切决定于人。"票号练习生由总号年资深者训育"，训育科目除技术方面外，在道德方面，为"重信义，除虚伪，节情欲，敦品行，贵忠诚，鄙利己，奉博爱，薄嫉恨，喜辛苦，戒奢华，他如恒心、通达、守分、和婉、正直、宽大、刚勇、贤明。皆为一贯之教训"。陈其田《山西票庄考略》："财东信任总经理的人格，以全盘的生意委托他，给他绝对自由，而不过问。总经理对于分号经理，也是如此。政

府和社会对票庄的信任，是信任他们个人的信用。票庄经理所以能拉拢公款，因为他们与官僚个人的关系。放款不收抵押，盖重个人的信用。汇款的汇费，存放款项的利息，都是因人而异。所以山西票庄不论从哪一方面观察，都是因人而存在，因人而发达，因人而没落。这种人本主义是山西票庄的一大特色。"[1]

晋商货通天下、汇通天下，凭的是"仁义礼智信信中取利，温良恭俭让让中求财"。票号的金融文化，用当年票号的话就是：用人，"以懂得信义为宗旨"；考核，"以结利疲帐定功过"；市场，"以自立切究明策略"。

晋商银行针对小和微小企业，开发了信义贷等产品，设置了小企业金融服务部和微小企业金融服务部。"信义贷"之所以敢无抵押、无担保放款，实际是以商户的现金流为基础的信义贷款。截至 2011 年 10 月底，累计为小和小微企业贷款 20 多亿元，尚无逾期和不良贷款。另有"易融通"、"农金通"产品，都是针对不同的客户群，包括正在开发的手机银行业务。

很多现代商业银行唯利是图，其根源在近代以来，文化界、舆论界一直崇尚西方，百年来，银行业两次引进欧美银行理论与制度，一次引进前苏联银行理论与制度，否定中国的传统文化。岂不知西方经济学已经忘记了他们的老祖宗亚当·斯密的《两论》中的《道德情操论》，只留下《国富论》，人成为唯一的"经济人"。但是近年中国文化被西方人重视，他们看到了中国文化的价值观。美国波士顿大学教授彼得·伯杰提出了"两型现代化"的理论。[2] 他认为，今天的世界上已经出现了两种类型的现代化，除西方的现代化之外，亚洲社会也已经发展出新的、具有特殊性格的现代化。儒家伦理是东亚社会现代化的重要源头。美国著名社会学家赫尔曼·卡恩解释"东亚经济奇迹"时提出，主要是源于"儒家伦理"的奉献精神、道德精神、诚信精神、敬业精神、秩序精神、纪律精神等。甚至认为当代社会所面临的公平性及组织与效率问题上，儒家文化要比"新教伦理"强得多。

---

① 陈其田：《山西票庄考略》，商务印书馆，1937 年版。
② 王方圆：《回归中国商人的道德坐标》，《中国商人》2009 年 3 月 13 日。

三、小微企业金融服务需要宏观金融制度创新的支持

一个理性社会的形成，需要思想家和政府的引导，需要公共知识分子和社会媒体向大众传播。金融文化是建设社会主义和谐社会的重要内容，也是经济改革建设稳健金融体系的重要方面。人无信而不立，商无信而不赢，政无信而不威。中国经济的高速发展仍需要不断的金融创新的支撑。这不仅需要商业银行的微观金融创新，还需要政府与金融监管部门的宏观金融调控制度的创新。一是地方政府不可无视区域经济发展的金融抓手；二是金融监管部门需要宏观金融调控制度创新。

小额信贷是指向低收入群体和微型企业提供的额度较小的持续信贷服务，其基本特征是额度较小、无担保、无抵押、服务于贫困人口。我国自1993 年试办小额信贷以来，经历了从国际捐助、政府补贴到商业化运作的过程。截至 2010 年底小额贷款公司 2614 家，2011 年上半年增至 3366家，增加 28%。现在小贷公司有异化为银行的趋势。用 3 ~ 4 倍于基准利率放贷，但不贷"三农"。晋商银行的小贷是方向，并不能替代小贷公司离开本职的空缺。这需要金融监管的制度创新来解决。监管不必过多操心银行微观业务技术，需要宏观调控制度创新的提升。

金融市场

企业融资方式选择

背景说明

本文是与杨崇春合作主编的《城市金融》一书的一章，中国城市经济社会出版社 1990 年出版。文章综合讨论企业融资的方式及其选择。杨崇春时任太原市市长，后任国家税务总局局长。

企业的资金是企业的血液，这是人所共知的道理。但是，企业经营者经常为资金问题困惑苦恼。就是城市管理人员，尤其是市长和企业主管，也常常为企业筹措资金伤脑筋，本文我们想先就企业融资集中介绍一下，然后就各种融资方式的利弊进行比较，以便为筹资者选择最有效的筹资方式提供参考。

一、企业融资方式

我国有一个传统的信条："无债一身轻"。20 世纪 70 年代初，我们甚至还为"我国是世界上唯一既无外债又无内债的国家"而自豪。在几千年的中国封建社会中，一直是自然经济，男耕女织，万事不求人，以告贷为耻。而当代西方国家却以"借别人的钱发财"为荣。欧美国家的企业，大多自有资金很少，平均为 20% 左右，80% 靠借入资金进行经营。日本企业自有资金比重比较高，也只有 50% 左右，一半依靠外来资金。这是商品经济高度发达的必然现象，是强烈的市场观念和浓厚的金融意识的正常反应。可见企业融资是当代企业经营中的重大问题。研究企业融资，将会有助于城市管理人员和企业管理人员比较轻松地解决那些头痛的问题。

根据我国社会主义初级阶段有计划商品经济条件下的具体情况，可供企业融资选择的方式有如下几种：

（一）银行信贷

银行信贷是企业融通资金的主渠道。企业可以从银行取得流动资金贷款，解决企业在生产和商品流通周转过程中资金不足的困难；经过可行性研究，银行还可以为企业提供扩大再生产所需要的固定资金贷款。工商银行、农业银行、中国银行、建设银行和城乡信用合作社，都可以提供信贷给企业。

（二）发行股票

发行股票，是股份企业筹集自有资金的方式。按照现行制度规定，集体所有制企业可以发行股票筹集资金，全民所有制企业组成的横向经济联合的企业集团，包括由全民企业、集体企业混合组成的企业集团，也可以发行股票筹集资金。

由于股票所筹资金是不退还的，握有企业股票就是据有企业的所有权，所以这种筹款方式被用来筹集企业自有资金。

（三）发行债券

发行债券，是企业筹集追加资本的融资方式，按现行制度规定，全民所有制企业可以用发行企业债券的形式筹集资金，集体所有制企业和私人一般不能以此方式筹集资金。这一规定似乎限制过多，这是当前宏观控制的需要，在新旧体制交替时期的一种行政调控措施。未来实行以间接调控为主的宏观经济凋节办法之后，企业发行债券主要取决于企业的需要，它是企业筹集资金的常用形式。企业是否发行债券，发行何种债券，如何发行，要根据企业的具体情况和市场变化，具体分析，作出选择。不讲融资成本的随意发行，对企业未必会带来好处。

（四）信用交易

信用交易是商品交易中，购买人向出售人赊购原材料、物料或备件，即财务中的应付账款，它是一种自发的资金占用。应付账款能够占用的数量取决于两个条件：一是平均每天进货的金额；二是平均每笔赊购商品可能占用资金的天数。扩大进货金额与延长信用期限，都会产生额外资金占用。但是最重要的还是信用期限。信用期限的长短，一是看商品经济性质，周转快的商品，如食品，信用限期短；周转慢的商品，如首饰，信用限期长。二是看卖主财力的强弱，财力强的信用限期长，财力弱的信用期限短。三是看买方资信，买方资信好则信用期限可以较长，资信差则信用期限短。一家企业每天应付账款减应收账款的差额为正值，即信用净额，表明在信用交易中占用别人的资金数量。

（五）商业本票与汇票融资

商业本票与汇票统称商业票据，它是典型的商业信用引起的。所谓商业信用，是商品经济下，企业之间相互以商品形式授受的信用。在购货单位需要购进原材料，因资金短缺无法购进，而销货单位也不急需资金时，双方协商达成赊购合同，开具商业票据。如果由购货单位出票，写明金额、还款日期（一般 1 年以内，多数为 3~6 个月）、付款人和收款人，并签名盖章送达销货单位，到期凭以收款，这张票据叫商业本票（或称商业期票）。也可以由收款人（销货单位）主动出票，送付款人（购货单位）签名盖章，承认到期兑付，由收款人收执，这样的票据叫商业汇票，如果收款人（销货单位）对付款人（购货单位）的资信不了解，不愿意授受商业本票或汇票，可以要求对方到对方的开户银行办理承兑手续，即由开户银行审核盖章，表示到期如付款人不能付款，由承兑银行支付。经银行承兑的商业票据叫银行承兑票据，这对于异地商品的赊售赊购是有好处的，可以保证收款人按时收到货款。这种商业本票和汇票融资，表面看来似乎是融物，实际也是融资。

（六）票据贴现

票据贴现，是指握有未到期票据（包括商业本票、商业汇票、银行承兑汇票和短期债券等）的人，如果急需现款，但因票据不到期，不能向付款人收款，便可以持手中未到期票据到银行申请贴现。即把未到期的票据交给银行，银行按票面金额扣除从贴现日到票据到期日的利息付给现款，这就是贴现。

（七）卖方信贷和买方信贷

卖方信贷和买方信贷，原是出口信贷的两种形式，也用于国内市场融资。它是把银行信贷与输出商品相结合的一种融资方式，是将本地、本国商品打向外地、外国市场，扶植商品输出，扩大销售，发展本地本国生产的一种方式。卖方信贷，是指甲地企业需购进乙地某企业的设备或商品，但没有资金，为支持这项商品交易，乙地企业的开户银行便可为乙地企业提供相应贷款，帮助乙地企业以赊售方式向甲地企业提供商品，当然甲地企业没有资金也可以购进商品。如果乙地企业开户银行不是贷款给乙地企业，而是直接贷款给甲地企业，让甲地企业在取得资金后以现款方式购进乙地企业的商品，叫买方信贷。这种融资方式今后随着市场机制的完善会得到一定的发展，目前使用尚不普遍。

（八）金融租赁

金融租赁，是金融机构在企业急需先进大型设备而没有资金的情况下，帮助企业引进大型先进设备的一种形式，也是大型设备生产企业推销自己产品的一种可资利用的形式。如某企业需进行设备更新或扩大生产规模，需要某项设备，但没有资金，可以向银行或租赁公司申请办理租赁，由银行或金融租赁公司出资，购买承租人需要的设备，以出租的方式，提供承租人使用，双方签订租赁合同，承租企业分期向出租人交付租赁费用，至租赁期满，全部付清租费和产权转移费后，租赁公司就将产权转归承租人所有。有些单位的大型设备自用有余，也可以委托金融租赁公司代为寻找承租人，以充分利用设备，获取收益。同时，有些大型设备生产单位为了推销产品也可以与金融租赁公司合作办理租赁。这种金融租赁，是企业无须筹资购买设备就可以使用设备的可取方式。

（九）补偿贸易

补偿贸易，是有资源而无资金和设备、技术的地区或企业，为了扩大生产规模，引进资金技术开发本地资源的一种形式。就是在赊售的基础上，有资源的地区或企业与有资金、有技术、有设备的地区企业经过协商，达成一种协议，由资金不足的地区或单位引进资金和设备，共同开发本地资源。这种办法可以用在国际之间，也可以用在国内。具体做法是：外国商人（或国内发达地区）先期向我国企业（或国内不发达地区）提供机器设备、技术和劳务，办起企业后，在正式投产有了产品后，以企业生产的产品或其他产品来偿付对方的货款和劳务费用。引进设备的企业对引进的机器设备拥有所有权和使用权。如果以该企业购进的设备投产后所生产的产品来归还对方货款，叫回购型补偿贸易。如果不是用该设备生产的产品支付，而是用间接的产品来偿付，叫互购型补偿贸易。如果是用引进设备所生产的一部分直接产品，另用其他别的产品或部分货币，叫混合型的补偿贸易。这种融资与融物相结合的办法，对不发达地区的经济开发是有重要意义的。

（十）加工装配

加工装配包括来料加工和装配业务两种。来料加工，是由外地、外国厂商提供原料，辅料、包括物件，必要时也可以提供设备，由当地企业按照对方要求的质量、规格、式样和商标进行加工，收取工缴费。装配业务，是由外地、外国厂商提供装配线、零部件和元件器件，由本地装配成品，交给对方，逐年由所得的工缴费偿还装配线价款。这种来料加工和装配业务，是利用外地、外国资金、原材料、技术、设备，来发展本地工业生产，提高技术水平，扩大劳动就业，增加外汇收入的一种有效形式。是我国资金短缺、工业基础落后的情况下，利用劳动力优势发展外向型经济的重要途径。

（十一）合资经营

合资经营，是本地、本国与外围、外国厂商联合兴办工业、农业、建筑业、运输业、旅游业和服务性企业的一种方法，在合资经营中，一般是由外地、外国投资人提供成套设备、专利技术，并培训人员，本地主要是提供地皮、厂房、动力、辅助设施、原材料、劳动力等，双方投入的股份按国家法律，经双方协商决定，这一办法，是融资和融通技术、物资相结合，只要有好的投资环境，就会有更多的外地、外国厂家来投资。

（十二）国际信贷

国际信贷，是指在国际金融市场上筹措资金。如向国际金融机构借款、向外国政府借款、向外国银行借款、在国际金融市场上发行债券等，从国外取得资金。

二、企业融资方式的选择

在高度集中的计划经济中，企业资金的供给，是由财政和银行两家包下的。长期资金由财政部门拨付，短期资金由银行借款生成，基本上是一种资金供给制，企业无所谓融资方式的选择。在有计划的商品经济中，企业成了独立商品生产者或经营者，资金自筹，盈亏自负。多种多样的筹资方式已经出现。这多种形式和方法的筹资，因其方式不同，计算利率和报酬也不一样，对企业来说，会付出不同的代价。因而企业对筹资方式必须研究，仔细地进行筹资成本的测算，以便用最低的代价获得资金，从而实现以最少的支出，获得最大的经济收益。

构成融资成本的因素比较多，如市场利息率的高低，筹资的有关费用，借款期限长短，企业资信高低等，通过综合分析，选择最合适的筹资形式和融资工具。

同时也需要看到，每一种筹资工具和筹资形式，也不是简单地在任何情况下都可以使用，它有自己的优点和缺点，分析和认识每种筹资方式和筹资工具的利弊，根据筹资时的具体情况，灵活选择运用，才是科学的筹资方式。

（一）企业完全依靠自有资金的利弊

企业在经营中或扩大生产规模时，全部依靠自己的资金，不借用外来资金，其好处是：①自力更生，自给自足，稳妥可靠，可以避免东奔西借、依赖别人的麻烦。②自有资本充裕，表明企业实力强，有利于提高企业的信誉。③依靠自有资金经营，无付利息的负担，因而利润优惠。④今后要扩大生产或经营规模，因过去没有发行证券，要发行证券比较容易。若已发行过证券，再次发行就比较麻烦。涉及自由资本与借入资本之比例，要受有关管理部门的干预。

企业运用自己的盈余积累资金从事基本建设扩大生产规模，也有一定缺点，主要是：①何时扩大生产规模及时投产适应市场？需要选择机会，完全依靠企业本身的盈余积累从事扩大再生产，往往缓不济急，坐失良机。②如果为了扩大再生产，大量提取积累，势必减少股金分红，可能引起股东不满，即便是国有企业，也不能长期不交或少交利润。③如果大量盈余积累不尽快用于投资，不可避免会发生不当处置，甚至引起挥霍浪费。

（二）企业利用借入资金的利弊

企业在生产经营活动中，已如上述，不可能全部运用自有资金，因为完全利用自有资金也未必最经济、效益最好，借入外来资金则是经常的，甚至是大量的。然而必须看到，运用借入资金，也是有利有弊的，其好处是：①增加资金来源，扩充资本，有利于加强竞争力，提高利润。②随时运用各种筹资形式，有利于适时配合各种业务的发展需要。③利用借入资金，不涉及企业的控股权，从而不影响企业决策班子，有利于企业的稳定经营。④借入资金的运用，虽然要支付一定的利息，但是获取利润一般要超过利息负担，还是有利的，如遇借入资金的运用是在通货膨胀中，那么因物价上涨，货币贬值，从而使债券负担无形中减少，又获一重利益。

但是，利用借入资金进行生产经营活动，也有一定的缺陷：①既是借入资金，必然有归还期限，必须按时偿还，自然要给企业调度资金增加一定的困难。②若足借入资金以后，不能按计划正常经营，发生亏损，而债券又不能不按时偿还，此时一般人又不借给，只得高利举借，或低价拍卖产品及其他货物，以维持信用，从而会使企业陷入困境。

所以，企业运用借入资金，必须审时度势，充分调查市场动态，分析自己的营业计划，把利润放在可靠的基础上，再根据金融市场银根松紧，抓住银根松动，利率下跌的有利时机借入外来资金，同时还要考虑企业已经负债的情况、市场物价、法律规定等，决定自己的资金借贷策略。

（三）信用交易的利弊

信用交易是一种非正式的筹资方法，本属交易习惯。如果一个企业从银行不能获得资金，但获得信用交易还是可能的，因为与这家企业经常往来的其他企业还是可以与之交易的，卖方在了解买方经营和业务状况后，认为赊售给这个企业可以收回货款，那么信用交易就发生了。这种融资方法方便简易，这是它的好处。

但是，信用交易名义上不计利息，似乎是免费授信，但事实上会因此而提高商品价格，以高于现金交易价格赊售，而利息也就在其中了。这种信用交易，往往要使筹资人，即受信人负担较高的融资成本。

（四）使用商业票据的利弊

企业使用商业票据融通资金，一般有以下好处：①比其他筹资方式可以获得更多的低价资金，以解决企业流动资金不足的困难。②使用商业票据可以使资金不足的企业减少向银行申请贷款的麻烦，手续简便。③使用商业票据可以使资金不足的企业通过承兑票据在流通转让中扩大影响和知名度，对提供资金者来说，也扩大了他的影响，是一种无形的广告。有利双方在企业界的声誉。④使用商业票据对提供信用者说，不仅推销了自己的产品，加速了资金的周转，同时，赊售商品价格一般高于现金交易，从中也得到了好处，并未影响资金占用。即使急需现款，也可以到银行办理贴现，或者转让第三人，有利于企业的经营活动。

商业票据也有一定的缺陷：①使用商业票据融通现金，可借资金数量要受到一定的制约，一是受到提供信用者商品资金数量的制约，最多不会超过该销售商品的价格总额；二是受到商品销售方向的制约，受信人和授信人只有在商品品种供需一致的情况下，才能提供。②使用商业票据融通资金，如果资金不足者处于经营不景气，有破产的危险，这种商业票据融通资金就绝难进行。

（五）债券集资的利弊

用发行债券的方法，来筹集资金，通常有以下好处：①企业用发行债券的方法筹集资金，不仅数量多，而且期限长，可以用于企业的长期资金占用，如用于固定资产投资，扩大生产规模，一般说，大额长期资金从银行借到是比较困难的。②债券利率固定，利息支出又可以列入成本计划，企业在财务预算上比较简便。③用债券所筹资金，企业可以自由支配，不像银行贷款要审查贷款用途、项目、条件等，限制较少。④用债券集资，可以动员各方面的闲置资金，因为债券的流动性较强，可随时到证券市场出售，所以不论长期闲置资金或短期闲置资金，不论大额资金或小额货币，也不论是单位的闲置资金或个人的货币积蓄，都可以动员起来。⑤债券利息的支付是计入成本的，从而避免了所得税，比股票集资合算，因股票筹资的红利是在税后利润中支付的，债券筹资比股票筹资有利于企业的资金积累。⑥企业用债券筹集，企业与持券人员是一种借贷关系，股票筹资后，持股票者是企业的股东，涉及控股权问题。所以，企业债券筹资比股票筹资省去了控股权的麻烦。

但是，企业债券筹资也有许多弊端：

①发行债券筹资比银行借款手续麻烦。②发行债券筹资，影响大，涉及面宽，必须恪守信用，保证履约，按期还本付息。不如银行借款灵活。③发行债券是企业对外界的一种承诺，若负债期间汇价变动，利率波动，都可能给企业带来风险。

（六）股票筹资的利弊

企业通过发行股票来筹集资金的优点是：①股票一般不退还，无到期还本付息的顾虑。②只要企业经营战略正确，经济效益好，而且有发展前途，用发行股票来增加自有资金，扩大固定资产投资的来源是比较容易的。③在企业经营状况不佳，没有或很少盈利时，可以不分红，无支付红利负担，便于平衡企业收支，减轻扭亏增盈过程中的压力。

缺点是：①企业发行新股票筹资，会改变原有股东股权分配比例，发生控股权转移的问题，以致原有股东的盈利发生变化，遭到原有股东的反对。②由于股东增加，新股东参加企业管理，致使企业的管理权过于分散，不利于企业的管理。

（七）利用外资的利弊

利用内资和利用外资比较，利用外资的好处是：①在国内建设资金不足时，利用外资是利用别国资金，加速本国经济发展的重要途径。②利用外资一般与引进国外先进技术和设备相联系，有利于本国的技术进步。

③利用外资的形式较多，可以根据实际情况，有选择地使用，在不同条件下选择不同的筹资方式。

利用外资的弊病是：①利用外国资金往往与一定的进口项目相联系，资金的利弊、商品的价格和保险条件等往往交织在一起，不易了解真实利率的高低和货价的贵贱，弄不好会吃亏上当。②各种资金使用的情况不同，利率不同，附带条件也不同，弄不好往往影响到国家的安全和主权问题。③由于国际市场瞬息万变，在信息不灵和经验不足条件下比较被动，且容易受国际市场波动的冲击，从而影响国内市场的稳定。

总之企业融资方式多种多样，各种融资方式各有利弊，在实际工作中要结合具体情况核算融资成本，选取最佳融资方式，以减少利息及费用支出，从而降低产品成本，提高企业的盈利水平。

我国社会主义金融市场展望

背景说明

本文原载《城市经济研究》1987 年第 4 期。当时改革开放刚刚起步不久，金融市场正在研究讨论中。文章就中国金融市场包括票据市场、证券市场、外汇市场等的发展趋势谈了个人看法。

一、我国金融市场的发展趋势

我国社会主义金融市场的开拓建立，正在呈现一个良好的势态，通过改革金融体制，必将建立一个以银行信用为主体，多种渠道、多种方式、多种信用工具聚集租融通资金的信用体系，逐步形成以中心城市为依托的不同层次的金融中心和适合我国国情的金融市场。

适合我国国情的金融市场，必将是大笼子、全方位；开放式、经营型；有计划、多功能的社会主义金融市场。

（一）大笼子、全方位

社会主义公有制和有计划的商品经济，决定了我国社会主义金融市场必须有一个大笼子。这个大笼子，不是过去的层层指令性指标控制，捆住小鸟翅膀不能飞的笼子，而是放开、搞活，让金融业这只金鸟既可以飞起来，发挥它的威力，又不致盲目地飞得无法实行宏观控制，即要建立能调控自如的金融市场。要达到这一目的，就必须坚持金融市场的社会主义所有制，坚持金融市场为社会主义生产和流通服务的方向，坚持金融市场服从国家计划的原则。所谓社会主义金融市场要有一个大笼子，也不是指在国家银行的大门上挂一块金融市场的牌子，而是要在金融体制改革的基础上，建立一个以国家银行为主体的、多元的、多层次的金融机构系统汇成的统一的社会主义金融市场体系。它将以商业信用为基础形成一个多形式、多渠道的信用体系，包括以银行承兑汇票、债券为主要形式的多种信用工具，以拆借、承兑、贴现及有价证券买卖的金融行为系统和以法定存款准备金制度、公开市场业务、再贴现、计划平衡为主要手段的调控系统，由此构成全方位的社会主义金融市场。

（二）开放式，经营型

市场是没有界限的。开放式的社会主义金融市场与高度集中计划体制下的条块分割、纵向分配的资金调拨制度不同，它将打破地区、部门和所有制性质与组织形式的限制，在更大范围允许资金横向流动、互通有无，并形成一个按照市场供求规律自由运行的网络化系统，同时，它也将按照市场原则进行运转。达到货币资金商品化，价格浮动化，决策自主化，目标利润化，真正实行企业化经营。

（三）有计划、多功能

社会主义金融市场的完善，并不意味着放弃计划，它是变单一的指令性计划为主为灵活的指导性计划为主的指导性计划与指令性计划相结合的调控系统，它将经济手段与计划管理统一在一起，通过中央银行的货币政策实施于多功能的金融市场，调节货币供应，保证通货的稳定，聚集调度生产资金，引导资金流向，合理配置资金和资源，促进经济发展，使社会主义金融市场成为搞活微观经济的启动器和实现宏观经济目标的调节器。

为了比较具体地探讨金融市场发展的趋势，下面就多种金融市场的现状和未来进行简单的分析。

二、拆借市场

我国社会主义的金融同业拆借市场，是1983年以来出现的新事物。1983年后半年国家规定由银行统管全国国营企业流动资金，银行对资金管理实行计划控制，按系统、按地区分配信贷资金指标。由于企业在资金使用上的季节性、临时性变化，资金的计划分配和企业实际需要经常发生差异。一些地区资金严重不足，另一些地区资金运用有余。为了保证企业必要的流动资金供应，出现了在不同地区或不同银行间的资金调剂，充分利用计划执行中空间差、时间差、行际差形成的间歇资金，满足企业商品生产和流通对资金的需要，受到企业的欢迎。三年来，银行同业资金拆借活动发展很快，目前，上海、沈阳、太原、重庆、武汉、西安等城市都出现了不同规模的拆借市场。1986年上半年仅沈阳、广州、武汉、重庆、常州五个城市各银行横向拆借资金累计125亿元，有力地支持了商品生产的发展和商品流通的扩大。我国社会主义拆借市场之所以呈现出旺盛的生命力，一是因为它打破了条条块块的限制，实行了资金的横向融通，适应了企业横向经济联合的需要，是有计划商品经济正常发展的反映。二是因为它加速了信贷资金的周转速度，搞活了社会资金，使资金经常处于运动状态，有利于国家控制信贷规模，稳定货币。三是因为它可以减少专业银行的超额储备，增加营运资金和更多的盈利，又保证了专业银行的资产流动性，保持灵活的清偿力，有利于推动专业银行企业化的进程。

我国社会主义的拆借市场应具备以下特征：

第一，拆借市场的参与者是银行与非银行的金融机构。这一特点，避免了脱离银行的信贷活动，有利于人民银行对金融市场的管理。因为如果允许资金拆借市场吸收少数工商企业参加，由于拆借市场利息率一般都比较低，必将给非金融企业从事信贷活动留下空子，如个别企业从银行拆入资金，然后再转借其他企业，以致造成资助投机或逃避金融管理。

第二，拆借市场交易的对象是短期资金。一般拆借期限为1～3天，或一周左右。个别可延长到半个月至一个月。目前的拆借市场期限除少数为3天以内外，一般多在20天以上，今后随着信贷计划管理体制的改革和专业银行企业化的发展，必将逐步向短期为主发展，并按日计息，进一步加快资金周转速度。

第三，拆借市场以票据交换所为中心，以本地拆借为主。近两年金融机构在结算制度改革中，逐步建立了由人民银行牵头组织的同城票据交换所。由于票据交换所办理各银行及非银行金融机构之间的资金汇入汇出、收入付出的票据交换，进行轧差清算，因而随时可以掌握各行头寸的变动，可为同业拆借提供较为准确的信息。所以，拆借中心设置在这里是最适宜的。

建立以中心城市为依托，包括周围县城及乡镇，联结票据交换的资金拆借市场是一种比较理想的模式。人民银行通过办理各行间的票据清算，掌握资金活动的信息，积极组织短期资金拆借活动，搞活各银行及非银行金融机构的资金，使资金总量不变，资金周转加快，资金利用率提高，一元钱就可以发挥几元钱的作用。

三、商业票据贴现市场

　　商业票据贴现市场是建立在商业信用基础之上的。我国社会主义贴现市场是近年金融体制改革中出现的新事物。在过去的 30 多年中，我们为了保持信用活动一律集中于国家银行，曾发布过许多严格限制商业信用的禁令，基层银行为限制商业信用进行了大量宣传，并年年组织清理企业间的相互拖欠。但事与愿违，30 多年的努力，并没有使商业信用终止。中共十一届三中全会以来，人们开始思考社会主义社会有没有存在商业信用的经济基础，结论是肯定的。社会主义商品经济就是商业信用的经济基础。但是挂账的商业信用，不利于企业经济核算，因为企业相互拖欠没有书面凭证，甲欠乙，乙欠丙，连锁反应。既影响债权人资金周转，应得利息不能得到补偿，又使债务人无偿占用别人资金，掩盖了企业经营中的问题。1980 年开始，在上海进行了商业信用票据化，商业票据承兑贴现的试点工作。实践证明，商业票据承兑贴现有利于企业加强经营管理，销货单位可以准时收到货款，购货单位可以从容安排付款；有利于解决工商之间季节性产销矛盾，改进批零关系，促进商品下摆，改善市场供应；有利于使商业信用规范化，并转化为银行信用，从而引导和管理商业信用。1985 年人民银行总行下达了《商业汇票承兑、贴现试行办法》，并组织推广，已经收到了理想的效果。1986 年上半年仅工商银行上海市分行办理票据贴现 2.3 亿元，向中央银行办理再贴现 4000 万元，对搞活商品生产和流通，发挥了积极的作用。

　　随着经济体制改革的深入，企业独立经营的发展，票据贴现市场将得到进一步发展，其发展趋势，势必在以下几个方面展开：

　　第一，在商业信用票据化发展的同时，必将出现银行信用票据化。因为票据款式具体明确，经济责任清楚，企业经济利益可受国家《票据法》的保护。作为企业性质的专业银行的信用活动，实行票据化，也是势在必行。

　　第二，在专业银行全面开办票据贴现业务的同时，中央银行必将开办票据再贴现业务。因为票据承兑贴现已经开办，并显示出它的好处，中央银行办理再贴现不仅是形势所迫，也是中央银行唾手可得的宏观调节工具，并且贴现与再贴现业务的开办，将使微观调节和宏观调节有机地结合起来。

第三，在商业信用、银行信用票据化和贴现、再贴现业务发展的同时，金融机构之间、银行与企业之间、企业与企业之间的资金往来，将以票据为主，由此，票据贴现、再贴现和票据抵押贷款将成为资金借贷的主要形式。而挂账信用将得到很好的解决。

第四，在信用活动票据化和票据贴现、再贴现发展的同时，票据的流通转让不可避免，票据的二级市场必将出现。因为只有票据的发行，没有票据的流通转让，票据就失去了生命力，发行就无法持续下来。票据的初级市场和二级市场是相辅相成的。

四、证券市场

我国社会主义的证券市场是随着近几年国民经济管理决策权力结构改革的发展而出现的。由高度集中的经济决策权力结构转变为国家、地方，企业多层次经济决策权力结构后，社会集资迅速发展，从而社会集资的工具——债券、股票应运而生，尤其在乡镇企业、城市集体企业发展中得到了广泛的运用，这是证券发行市场形成的第一个原因。随着对外开放、对内搞活方针的贯彻，在摒弃了"既无内债又无外债"的封建理财思想之后，停止了20余年的国家信用又发展起来，发行国库券是国家利用信用形式筹集社会主义建设资金的一种形式。继1981年发行国库券之后，1985年几个专业银行又发行了金融债券，以吸收社会游资，补充企业资金的需要。于是社会主义的股票、企业债券、国家债券，金融债券的发行市场开始出现。证券发行市场出现之后，由于没有证券交易所，而持有证券的人又有转让证券而急需现款的要求，引起了证券的非公开市场交易，为疏导证券的正常活动，打击黑市投机，不少地区的金融机构开始承办了证券的转让与代买代卖业务。这样社会主义证券市场就突破了30多年的禁区，在社会主义有计划商品经济中发挥着它的积极作用。1980～1985年底，共发行国库券227亿元，1985年全年发行金融债券5亿元，1981年开始部分地区发行企业债券和股票，估计1985年全年发行近百亿元，成为社会经济发展的重要力量。不过目前宏观调节机制不健全、价格体系尚未理顺、资金管理体系的改革尚未完成，工商企业还未成为真正独立的商品生产者等障碍因素，仍制约着它的发展和壮大。但是，可以肯定，随着经济体制改革的深入、金融法规的完善，社会集资债券化、证券发行规范化、证券转让市场化是不可阻挡的。社会主义证券市场必将随之日臻完善。

（一）社会集资证券化

众所周知，发展社会生产力需要巨额资金，在私有制的资本主义社会里，要集中大量的资金，就必须资本证券化。资本证券化是集中社会资金于生产事业的一种手段，私人资本以证券来代表，需要资金的企业或政府机构，以发行证券形式，集中社会资金。持有证券的个人或团体就成为投资者。在以公有制为基础的我国社会主义制度下，承认兼顾国家、集体、个人三者的利益，企业是独立的商品生产者，存在多种经济成分，那么社会集资也只能证券化。

在社会主义制度下社会集资证券化，自然要出现企业股票私人持有，这是否会改变社会主义企业的公有制性质呢？我们认为这种担心是多余的。社会集资证券化与其说是所有制问题，不如说是管理问题。马克思在分析资本主义股份公司时，一方面承认它的私有性质，同时也认为股份制应是私人和私人企业的对立面。他说："股份制度它是在资本主义体系本身的基础上对资本主义的私人产业的扬弃；它越是扩大，越是渗入生产部门，它就越会消灭私人产业。"[1] "在股份制度内，已经存在着社会生产资料借以表现为个人财产的旧形式的对立面。"[2] 在私人股份企业中，不是每个股票持有人都可以支配企业，而是权力集中在企业家手中，企业家对生产经营成果负完全的责任，他必须掌握企业的管理权和资本的运用权力。股票持有者，假手于企业家，让出他们的资金的使用权和经营权，处于企业所有者地位，实际只是收取经营利益。社会主义公有制下，劳动人民是企业的主人，是企业的所有者，但他们管理企业也只能通过集体智慧，经过厂长（经理）之手来实现。社会主义的企业实行股份制，不论股权属于谁，国有企业、集体企业或个人都不会改变公有制为私有制，不是国有企业共有，就是国有企业和集体企业共有，或是国有企业、集体企业与个人共有。即使股票全部由个人持有，该企业仍是集体性质，中外合资企业也是国家资本主义企业。所以，社会集资证券化不会否定社会主义所有制。

与上述问题相联系的另一个问题是社会集资证券化后，个人凭着股票

---

①② 《马克思恩格斯全集》，人民出版社 1973 年版。

和债券取得货币收入，这是不是凭着货币资金所有权进行剥削？马克思在分析"单个的货币所有者或商品所有者要蛹化为资本家"时，认为：第一，必须掌握有最低限额的价值额，否则，这些货币就不能变成资本并取得剩余价值；第二，他本身不参加劳动，但生活要比工人好得多，否则他只是一个"小业主"；第三，他必须将所获剩余价值再转化为资本，使他的转化为资本的货币不断地增值。以此来观察资本主义社会，持有少量股票的股东并不是资本家。当今美国每五个人中就有一人或通过持有私人证券或通过共同市场基金的形式直接握有公司股票。难道说美国人口的1/5是资本家？美国人口的3/4在股票市场中享受到越来越多的利益，难道说美国有3/4的人有剥削行为？在我国社会主义制度下：第一，购买证券的个人是劳动人民，都是个人用于消费部分的货币收入，数量都不会太大；第二，他们都是劳动者；第三，他们不是以证券所获得的收入维持生活的人。以获股息、利息再行增值并以此为业者也不会成为主流，即使出现以此为生的人，国家也可以通过行政、法律等办法进行控制和调整。绝不会成为大量的经常的现象。

相反，社会集资证券化，可以把职工个人利益与企业利益结合起来，使职工关心企业经营，真正成为企业的主人，提高企业的经营管理水平；可以聚零为整，集中社会闲散资金，挖掘社会资金潜力，扩大生产建设规模，可以变私人消费资金为国家建设资金，保证我国四化建设的需要，可以变短期资金为长期资金，保证国家重点工程项目建设的需要。

（二）证券发行规范化

目前，社会集资的形式很多，证券发行人，发行条件，发行数量，发行方法等都不统一，除部分通过银行或其他金融机构代为发行外，还有一些企业自己发行，其中相当部分是在企业内部发行，以致采用高利息、高股息，转移企业利润，减少了国家利税收入，不利于国家对消费基金的控制。随着股份制和企业集团发展，证券发行必须实行规范化：

1. 证券种类

一是人大常委会核准的政府债券；二是国家批准的金融债券；三是国家指定机构批准的企业债券（公司债券）；四是企业股票。

2. 证券发行将由专业银行或其他金融机构统一代为经理

发行单位必须向金融机构提供经营计划、财务状况、可行性研究、资金用途等有关资料。审批机构根据国家对信贷规模控制需要作出发行多少，如何发行的决定。而且对于股票、债券的格式也要统一规定，以保护投资者的利益。

（三）证券转让市场化

证券既经发行，就必须允许转让、流通，否则证券发行将受到限制，证券市场就发展不起来。原因在于发行市场与交易市场是互相促进，相辅相成的关系，必须实行证券转让市场化，建立证券二级市场，在证券交易所的条件还不能一下具备之前，可以先在银行或其他金融机构中办理代买代卖业务，经过试点再有计划有步骤地建立证券交易所。我国社会主义证券交易方式要受有计划商品经济规律的制约，应以现货交易为主要形式，通过严格的法律来防止欺诈行为和操行霸市，保护投资者的利益。证券交易市场可以先从资信较高的国库券和金融债券开始，少数经营好、财务制度健全的企业债券和股票也可以上市，其他证券可以先作为场外交易对象，由持股人提出售价，信托公司代为挂牌，代为销售。

五、外汇市场

有计划商品经济的发展，不仅要求人民币资金市场，也要求外汇资金市场。从宏观控制角度看，国家用下达用汇指标办法控制外汇使用，挫伤了地方、部门和企业的创汇积极性，助长了地方争抢用汇，降低了外汇使用的经济效益。从微观角度来看，现行外汇额度调剂办法造成了大量外汇沉淀。有些创汇单位有时要求把多余的外汇调剂出售，以换得所缺的人民币资金；而有些单位经国家批准可以进口原材料、零配件，有人民币资金，而所需外汇国家无法安排，急需相互调剂。今后随着对外开放，各地拥有外汇和需要外汇的企业将越来越多，如果不开放外汇市场，调剂企业间、地区间的外汇资金，并借外汇市场机制调节外汇供求，不仅难于合理调剂、筹集和分配外汇资金，就是外汇黑市也无法控制。建立外汇市场，可以把分散的外汇资金集中使用，避免沉淀，以发挥更大的作用；建立外汇市场，按照市场价格调剂外汇，会使创汇企业得到较多好处，有利于鼓励它们多创汇，会使进口企业因筹集外汇成本较高而控制进口，从而奖出限入，平衡国际收支，增加国家外汇储备；建立外汇市场，使外汇价格自由浮动，比较真实地反映人民币与外币的比价，有利于正确评价企业生产经营效果，促进技术进步，提高经济效益。

但是，外汇市场完全开放的条件是不成熟的，由于国外商品市场和国内商品市场上的价格比较悬殊，外汇市场完全开放后，会给少数个人或团体利用外汇套购紧缺商品，炒买炒卖外汇从中牟取利润提供条件，从而引起外汇供应紧张，价格上升，冲击正常的外汇市场。因而实行有限制的开放还是必须的。如实行进口许可证等管理措施仍是必要的。

六、金融市场的管理

健全的、活而不乱的金融市场有利于搞活企业，有利于控制宏观经济，促进国民经济协调发展。但是，混乱的、死滞的金融市场则会使投机猖獗，生产紊乱，经济倒退。因而金融市场的管理不论在资本主义社会还是社会主义社会都是一个极其重要的问题。

我国社会主义金融市场的管理必须坚持以下几个原则：

（一）间接融资为主，直接融资为辅

我国银行机构遍及城乡，有着丰富的间接融资经验。经济体制改革之后，地方的钱，企业的钱，城乡居民个人的钱都多了，成为银行吸收存款的有利条件和基础，通过银行动员资金和分配资金仍然是解决企业资金问题的主要渠道。为了保证银行在金融市场中占据主导地位，需要加快金融机构多样化和企业化的步骤。国家通过中央银行货币政策，通过金融机构实现对金融市场的控制。

（二）松开捆绑基层银行的绳子，管严信用规模的笼子

专业银行和其他金融机构的企业化，就是要使它们成为独立的经济实体，中央银行不应管得太死，要改变指标切块办法，让专业银行独立经营，一笔款项该不该贷、贷给谁、用什么方式贷等都应由专业银行自己做主。中央银行作为金融市场的管理者，则要集中精力管住信用规模这个大笼子，使之所形成的社会总需求能与社会总供给相平衡。

（三）放开市场资金价格，灵活调节资金供求

金融市场上资金的价格决定，主要依靠市场供求决定。逐步改变官定利率。在市场资金求大于供时，各方面为了筹集更多的资金，会竞相抬高利率，这样，银行吸收存款就会遇到困难，将被迫提高存款利率。银行存款利息的上升，又会使国库券、金融债券、公司债券与股票利息上升，造成这两种利息的轮番上涨，从而导致社会金融投资成本升高，给国民经济投资带来有害的影响。因此，中央银行既要放开金融市场利率，利用市场供求规律决定利率水平，又要把市场利率控制在一个适度的水平，以为社

会主义投资提供一个好的资金环境。

（四）健全金融法规，依法管理

社会主义金融市场的管理要有健全的法规，如银行法、票据法、公司法、证券交易法、破产法等，使金融市场的管理有法可依，以法管理。

提高全民证券意识的一本好书

——评张建海、王一开的《证券金融》

背景说明

本文是为张建海、王一开合著的《证券金融》（山西经济出版社1991年出版）一书写的评论，原载《山西财经大学学报》1991年第3期。张建海曾任中国人民银行山西省分行办公室副主任、山西证券公司副总经理，1995年起任长城证券有限责任公司总裁助理。王一开曾任人民银行山西省分行办公室主任，后任中国银行山西省分行行长。

经济体制改革12年来，市场机制已被引入我国经济生活中，从而使我国的企业金融发生了巨大的变化，财政资金的拨改贷，银行资金供给制改为"择优扶植"，企业不能够再躺在财政银行身上过日子，不得不采取向社会融通资金的各种办法，于是多种金融方式，多种金融工具应运而生，其中企业发行的股票、债券在我国经济生活中成为人们十分关注的问题。

深圳股市价格的狂涨和下跌，上海证券交易所的开张与交易，给短缺长期资金的企业以新的启示，也给货币收入在消费之后有剩余的单位与个人以新的投资领域。在我国有计划商品经济中，金融证券的发展已成必然之势，而全民金融意识和金融知识还比较落后，而且相应的法律规范还有待明确，在此亟待解决全民证券意识和证券知识的时刻，由山西省人民银行张建海、王一开同志编著的《证券金融》一书已由山西经济出版社出版，这无疑是一项重要贡献。

张建海、王一开的《证券金融》一书的独创之处，首先是它将证券金融与我国改革开放后的国民经济运行结合起来，沿着经济—金融—证券的脉络，界定了证券金融在经济中的地位和作用。它从分析国民经济的循环开始，引申出金融产生的机理及其对保持宏观经济正常运转与均衡发展所具有的功能；进而对金融加以分类，引申出证券金融的概念，分析其对经济发展的独特意义，并在微观角度上把证券金融与政府、企业、家庭、银行部门的经济活动结合起来，分析其内在关系，从而有利于人们理解金融与证券，科学合理地参与金融交易活动。

《证券金融》还依据证券金融运动的一般规律，对证券金融的各种矛盾、运动，在业务上给予了科学条理的归并和阐述，对证券集资、证券投资、证券发行、证券流通、证券管理等具体业务知识做了全面介绍。如企业为了扩大利润而进行社会集资应当如何决策？企业取得投资途径有哪些渠道？企业应如何选择筹资方式？发行证券的种类、期限、利率、价格及发行方法、发行对象如何确定等。作者在阐述中既讲业务原理，又讲业务操作技术，既讲国外情况，又讲我国现实生活中的证券金融活动，并且相互交融映证，自然和谐，从而拓宽和加深了证券金融的知识广度和深度。

《证券金融》还从历史的角度，概括了证券金融发展历史，不仅给读者以历史知识，更重要的是使读者透过历史轨迹，看到了商品经济与证券金融的关系，看到了在我国发展证券市场的必要性和必然性。

《证券金融》一书最大的特色在于理论与业务的结合，历史与现实的结合。作者在每个章节都贯穿了自己的学术观点，对发展我国证券市场，完善我国证券金融业务都提出了具有重要参考价值的分析和意见，不失为一本融学术性、理论性和业务性于一体的专著。对于有志研究和从事证券投资的读者，的确是一本可读性很强的好书。

论开拓和完善我国金融市场的必要性

背景说明

　　本文原载《中国社会主义金融理论》一书，中国金融出版社1993年9月出版。文章从理论上就商品生产、横向经济联系、资金效益、银行商业化、对外开放和国民经济的宏观调控等多角度讨论了金融市场的必要性。

一、金融市场是商品经济的范畴

　　众所周知，金融市场在资本主义社会得到了充分的发展，成为国民经济的观象台和经济的发动机，这是肯定的。但是，金融市场并不是资本主义社会特有的经济现象，二者没有直接的因果关系，它并不是资本主义的专利，而是商品经济的一般要求，是商品经济的范畴，只要有商品经济，就必然有市场关系。商品市场、劳务市场和金融市场，是支撑商品经济大厦的支柱，没有商品市场、劳务市场和金融市场，也就谈不上商品经济。金融市场是商品经济的产物。商品经济与金融市场有着直接的因果关系，二者之间有着极其密切的天然联系。

　　考察社会经济的发展，从交换的角度看，最初是物物交换时代。自从货币出现以后，商品交换就要通过货币作媒介，商品生产者之间的联系通过货币来完成。随着社会分工的发展，生产技术的提高，交换的扩大，简单商品经济为社会化大生产所代替，此时的货币已不仅仅是交换的媒介，它大量地通过各种信用形式，聚集社会资本，并且把单个的商品生产者粘合在一起，通过资本的转移，服务于生产要素的合理配置，使信用关系与市场关系交织在一起，渗透到社会再生产的各个环节和国民经济的各个领域。在这个时期，资本主义国家开始出现了发达的金融市场，就是在半殖民地半封建的旧中国，上海、天津、汉口甚至内地的一些中等城市也都有各种不同规模的金融交易市场。当代世界，金融市场与经济发展和人民生活有着密切的联系。美国前国务卿罗杰斯在1986年的中美金融市场讨论会上说："在今天的美国，金融市场是我们民族生活整体的一个部分。"美国人口的3/4在股票市场中享受着越来越多的利益。从世界看，一个全球性的金融市场已经诞生了。美国人认为这个全球性的金融市场的存在，能减弱世界的紧张局势，并能和平地沟通全球的资金和资源。由此可见，随着商品生产和交换由低级到高级，由简单到复杂的发展，金融交易迅速地发展，以至成为整个商品生产和交换的监护人，没有金融交易，商品经济就失去了车轮。

我国社会主义经济，20世纪50~70年代末，实行高度集中的中央计划经济，物资的流动主要是通过国家的调拨，劳动力的分配全部是靠行政调动，资金的供给大部分是由财政拨款，货币基本被压缩在与个人的经济往来中，信用基本限定在银行的短期信贷领域，并且是根据国家的物资分配计划来确定信贷计划，称之为"钱随物走"，"钱物结合"。商品市场、劳务市场、金融市场基本上是半关闭状态，社会化的大生产受到了限制。虽然在50年代末和60年代初也曾提出发展商品生产和商品交换，但始终发展不起来，其教训之一就在于否定了社会主义的统一市场，否定了市场规律的作用。在一个由上而下的指令性计划管理的封闭环境里，发展商品经济只能是一句空话。

进入80年代以来，市场问题被提到我们面前。一个包括商品市场、劳务市场、金融市场以及技术市场、信息市场在内的社会主义统一市场正在形成。社会主义金融市场的必然性正是由商品经济的客观性决定的。在社会主义市场经济制度下，货币要转化为资金，它要求流动，也要求增值，并且要求在流动中增值。货币资金的这一特性，决定了货币资金的所有权与使用权的分离，使货币资金有了它独立的运动形式，因而其使用权的让渡以采用商品经济的一般形式——商品买卖形式来实现。自然，作为资金商品的交易场所——金融市场的存在就成为社会主义商品经济的必然要求。

那么，金融市场在社会主义统一市场中居于怎样的地位，金融市场与商品市场和劳务市场是什么样的关系？我认为，商品市场是基础，劳务市场是条件，金融市场是主导。商品市场之所以是基础，是因为没有消费品市场和生产资料市场，就不可能是商品经济，只能是产品经济或半产品经济，产品的分配不是通过买卖而只能是国家调拨。实践证明，不搞市场经济在社会主义阶段是很难促进经济发展的。承认市场经济，承认物质利益，就要承认商品市场，没有商品市场、劳务市场和金融市场，技术市场、信息市场什么都谈不上，劳务市场之所以是条件，是因为没有劳务市场，人才和劳动力的流动不通过市场机制就只能通过国家调动。如果生产是商品生产，是企业自主经营，而生产商品的职工却由国家分配和调整，企业干部的任命、劳动力的聘用和辞退由政府部门决定，这怎么能要求企业自负盈亏、独立经营呢？因此，劳务市场是企业成为独立的商品生产者的重要条件。金融市场之所以是主导，首先是因为金融市场可以引导商品生产要素的配置。在商品经济条件下，各种生产要素都要表现为资金，而资金的价格水平即利息率，又引导着资金的流向，它会使各种生产要素得到最优配置，促进整个商品生产的发展，促进社会主义生产关系的巩固和完善，这是别的市场所不能替代的。其次是因为金融市场可以强化商品生产者的独立经营，不依赖财政拨款，而通过金融市场的间接融资或直接融资筹集资金，这样取得的资金，其经营过程必须盈利，否则就会破产，而且经营好就可筹得资金，经营不好就无法筹得资金，所以金融市场可强化企业经济核算，独立经营，积极经营。同时，金融市场又可以衔接宏观经济调节和微观经济调节，在微观经济中制约企业经济行为，校正、约束企业经济活动；在客观上使国家的宏观调节具体转化为企业、个人的商品生产和经济活动，使社会主义经济真正成为社会主义市场经济。

二、开拓金融市场是经济改革的必然要求

进行经济改革，必然要求相应的金融改革。我国传统的经济模式是在新中国成立初期和第一个五年计划期间对资本主义工商业的社会主义改造和开展大规模经济建设过程中逐步建立起来的，这种经济模式，在当时确实起过积极的作用。它把当时国家有限的人力、物力和财力集中起来，保证国家重点工程建设，使国民经济迅速得到了发展，改变了旧社会遗留下来的不合理的经济结构和布局，建立了我国独立的比较完整的工业体系，

使国家摆脱了贫穷落后的面貌。但是后来在"左"倾错误影响下,否定商品经济,否定价值规律,结果逐步形成了一种高度集中的僵化的经济模式,阻碍了社会化大生产的发展。中共十二大明确提出了有系统地进行经济体制改革的任务,1984年10月又做出了《关于经济体制改革的决定》,中共十四大进一步明确建立社会主义市场经济体制。改革经济体制,建设具有中国特色的社会主义,这是我国自社会主义改造完成以后社会经济生活中出现的一场极其广泛深刻的伟大变革,是社会主义制度的自我完善和发展。随着经济体制改革的深入发展,扩大了自主权的企业,为发展生产正呼唤着资金,繁荣活跃商品市场正在向金融市场招手。运用市场机制进行宏观调控,变直接控制为间接控制,变实物控制为价值控制,正等待着金融市场的完善。有计划、有步骤、有秩序的经济体制改革迫切要求开拓和建立金融市场。

三、独立的商品生产者与金融市场

使企业变成真正独立的商品生产者需要金融市场。现行经济体制的弊端是企业缺乏活力。经济改革的中心环节就是要增强企业的活力。社会主义企业的活力,就是社会主义商品生产者的活力,是企业提高经济效益的能力。企业之所以缺乏活力,主要是由于政企不分,企业没有经营自主权。要使企业有充分的活力,必须让企业成为真正的商品生产者,赋予企业经营自主权,赋予自负盈亏的责任,置企业于商品经济的竞争中,改变资金供给制和盈利上交国家、亏损国家拨补的管理体制。要赋予企业自主经营权,就必须相应赋予企业自主经营的各种权力,尤其是选择生产要素的自主权,如生产资料的购进,劳动力的任用,资金的筹集等,给企业造成一个自由选择生产要素的外部环境——商品市场、劳务市场、金融市场、技术市场。其中金融市场的意义在于:企业可以根据经营的需要,以方便形式和条件,从市场借入所需的资金,并用于自己决定的投资方向。显然,资金的筹集既然方便、灵活,就会促进商品、技术和劳务市场的进一步发展。同时,商品经济必然有竞争,竞争的前提是资金的各部门间的自由转移。如果没有金融市场,企业不能自由筹集资金并决定自己的投资方向,就会妨碍竞争,就只能坐吃"大锅饭",从而也谈就不上发展商品经济和增强企业的活力。

四、横向经济联合与金融市场

发展横向经济联合需要金融市场。发展社会主义商品经济需要开放，需要打破长期存在的条块分割，让商品生产者自找"对象"、自主摆布自己的生产要素，决定对其他商品生产者的联营或投资，进行横向经济联系。近几年行政机关和企业主管部门还经营权于企业，出现了生机勃勃的横向经济联系，如联营公司、企业集团等。但是，它们都遇到了资金纵向分配和条块分割管理的束缚。当资金紧张时，各专业银行和地区都限制资金外流，成为商品、劳务和技术横向联系的障碍。金融市场的存在必将为资金的横向流动提供条件，它有利于地区之间、企业之间和部门之间的经济协作和技术协作，促进横向经济联系的发展。而且，金融市场融资工具多，方式灵活，又可以把企业、个人之间的直接融资活动和金融机构作为中介人的间接融资结合起来，形成不同类型、不同层次的资金网络和金融中心。这是按照商品经济规律，利用市场机制，发展商品生产和交换的必不可少的客观条件。

五、融资效益与金融市场

提高融资的广泛性和有效性需要金融市场。在我国旧有金融体制下，融资形式太少，主要是银行信用，不仅不利于聚集资金，而且也不能满足投资人和筹资人的需要，更好地引导资金流向，提高资金使用效益。如银行存款，是国家、企业和个人对银行进行的金融投资，这种信用形式的好处，一是简单方便，二是随时可以变成现金，流动性强，三是风险小，收入稳定；缺点是收益低，数量有限，不能满足筹资者和投资者的需要。有些投资者欲将自己的资金投向虽然风险大但收益高，或者风险也不太大而收益较高的部门，而银行只有存款这一种信用形式就无法满足这种需要。由于银行信用收益低，不能充分动员社会各方面的货币和货币资金，自然不利于满足筹资人的大量资金需求。在此情况下，货币或资金多余的个人和单位，就可能将这部分货币或资金投向消费或者盲目扩大本企业的低效益的项目，即使经过银行动员，被迫存入银行，也是一种存款货币，随时都可能转化为消费，不能直接转化为社会效益高的投资。如果增加融资工具（如国库券、公债券、企业股票和债券），利用商业信用、国家信用以及消费信用等，允许企业直接筹资，就可能满足不同投资人的需要，扩大资金融通数量，提高资金的使用效率，引导资金流向。同时，金融市场通过各种金融资产收益率的差别并向投资人提供企生产、财务、经济效益、技术力量水平、管理水平等有关信息，引导他们的投资方向；资金供求双方（投资人和筹资人）见面，条件严格，利率浮动，可制约资金使用，提高经济效益。所以在社会主义制度下开拓和建立、健全金融市场就可以避免在单一银行信用条件下的资金流动速度迟缓的弊端，引导资金由利润率低的地方流向利润率高的地方，调整产业结构，提高社会经济效益。

六、专业银行商业化与金融市场

实现专业银行商业化需要金融市场。长期以来，在金融领域中形式上是人民银行"一统天下"，实际上只是财政部门的出纳机构，不具有"真正的银行"的各种功能。改革中虽然由人民银行分出了农业银行、工商银行、中国银行等专业银行，但是，还没有成为真正的金融企业。专业银行内无动力、外无压力，信贷资金周转缓慢，贷款效益不高。要把银行办成真正的银行，必须实行专业银行商业化。然而，专业银行的商业化没有金融市场的外部环境是难以顺利发展的。这是因为，专业银行商业化，最基本的是要自主经营，自负盈亏。众所周知，银行的利润就是存放利差减费用的余额。为了盈利，银行必须尽力组织存款，并在保证其清偿能力的前提下将自己的超额储备尽力放贷出去。为安全起见，它必须将其一部分资产保持较大流动性。这样，同业之间发生资金横向联系，即同业间的拆借，就成为必不可少的条件，这就是拆借市场的必然出现和金融中心必然形成的原因。只有这样，才能扩大对人民银行地方分支行和金融中心的向心力，才能改变专业银行下级行听命于上级行的指令性计划，专业银行总行听命于人民银行总行的指令性指标；改变年年争指标，月月报追加，有钱放款，无钱停贷，贷款到期企业愿还则收，不还则等的消极局面。进一步说，要使专业银行成为自主经营的银行，也需要将专业银行置于金融市场环境之中，在市场利率的推动下，使它按照企业经营的一般原则进行经济活动，以保持并发展自己。没有金融市场环境和市场利率推动，专业银行一律按官定利率存款，就没有竞争，自然也就谈不上活力。同时，专业银行商业化，银行对企业的资金供应就不能是供给制，就得置银行和企业于金融交易市场，通过资金的市场供求关系进行选择与竞争。比如金融市场利率提高，企业就会增加存款，减少贷款；市场利率降低，企业则减少存款，增加贷款。这种竞争，会降低资金成本，提高资金的使用效果。可见，开拓和建立金融市场是专业银行商业化的客观要求。

七、对外开放与金融市场

对外经济开放需要金融市场。现在，对外开放已成为我国的国策，也是社会发展无法阻挡的趋势。随着对外经济联系的加强，利用外资来发展我国社会主义经济是加快我国"四化"建设的战略措施。在国际金融市场上筹集外汇资金，近几年发生了一些变化。由于西方12个主要国家的金融市场改革有利于债券发行（如美国、德国、法国先后取消了向外国人征收证券利息预扣税，日本准许外国人在日本发行债券等），再加上近年国际性债务危机，贷款收回困难较大，人们感到，通过银行贷款提供资金，不如债券灵活，造成了国际资本市场债券化趋势。据估计，1984年国际金融市场上发行的债券达到1115亿美元，是1981年的2倍，1985年上升为1600多亿美元，几乎等于1981年的3倍。利用国际债券，为国内建设筹集资金将是今后我国利用外资的重要途径。开拓和建立国内市场，特别是有计划开放外汇调剂市场，将有利于同国际金融市场的交往，从而有效地引导外资和技术流入我国。

八、宏观调控与金融市场

改善中央银行的宏观经济调控需要金融市场。要在宏观上保证社会总供应与总需求的基本平衡，保证物价稳定、经济增长和国际收支平衡，中央银行必须运用手中握有的货币政策工具对形成市场购买力的货币供应量根据市场供求状况进行调整。有时需要抽紧银根，减少货币供应；有时需

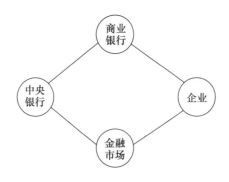

图1　中央银行货币政策传导路线

要放松银根，扩大货币供应。在存在发达金融市场的国家里，中央银行货币政策传导的路线有两条：一是中央银行—商业银行—企业；二是中央银行—金融市场—企业。

调节货币供应的渠道是双向的，在需要抽紧银根时，它既可以减少对商业银行再贴现和贷款，又可以在金融市场上出售有价证券，从市场上抽回货币；在需放松银根时，既可以增加对商业银行的再贴现和贷款，还可以在金融市场买进有价证券，向市场注入货币。商业银行遇到中央银行实行紧缩政策时，由于它有一定数量的证券投资，它可以通过金融市场卖出自己手中的有价证券，调整自己的头寸，不致因中央银行减少贷款和贴现使支付能力发生困难，这样，即使商业银行缩小了资金运用规模，又不致因紧抽银根造成商业银行支付能力不足，以致引起信用危机。在有发达金融市场的国家里，商业银行对中央银行货币政策的反馈机制的弹性，保证了中央银行宏观调节传导的通畅，既达到货币政策的已定目标，又不致出现市场的过大波动。但是，在没有发达金融市场的国家里，如在我国单一银行信用制度下，中央银行货币政策的传导线路只有一条，即中央银行—专业银行—企业，紧缩银根就得减少对专业银行贷款，放松银根就要对专业银行扩大放款。而专业银行将贷款一经放给企业，就失去了调整贷款的主动权，如遇中央银行紧缩贷款，商业银行的放款不能收回，存款要提，又没有其他筹资的途径，将走投无路，不仅会引起经济生活动荡，中央银行货币政策也不能如愿以偿。特别在我们现行体制下，货币政策的作用，通过专业银行传导企业，而作为传导中介的专业银行传导阻抗值很高，结果使中央银行的政策措施在传导中时间拖长或变形，以致对企业作用达不到预期的效果。从含有金融市场的宏观调控和没有发达金融市场的宏观调控的比较可以看到，显然金融市场能够改善宏观调节的传导，减少政策措施的某些副作用，有效地促进宏观经济调节，保证国民经济的协调、稳定地发展。

总而言之，开拓和建立、健全社会主义金融市场的根本问题，在于按照市场原则组织资金供求，彻底废止僵化模式下建立起来的按行政方法进行资金分配的办法，诸如通过行政机构分配基本建设投资，不偿付本息，不讲可行性研究，不搞技术经济论证，禁止企业之间发生资金转移，禁止银行之间的横向资金联系等不利于经济发展的弊端，保证物价稳定，促进经济稳定发展。

论我国金融市场的发展条件与趋势

背景说明

　　本文原载《中国社会主义金融理论》一书，中国金融出版社 1993 年 9 月出版。文章讨论了完善和发展我国金融市场的基本条件，发达的金融市场将成为中央银行实施宏观调控的机制，中央银行可以用自己手中握有的货币政策工具，调节货币供求，稳定通货，引导资金流向，合理配置资金和资源，成为宏观经济的调节器。

　　一般来说，一个发达而健全的金融市场，从金融机制运行本身来观察，主要有以下标志：①金融机构多元化；②金融工具多样化；③资本证券化；④信用票据化；⑤金融资产流动化；⑥货币资金商品化；⑦利率市场化；⑧宏观调控间接化。根据以上标志来判断，可以认为，目前我国的社会主义金融市场，是正在开拓发育中的幼稚的市场，还不是一个健全的金融市场。既然这样，我们就必须积极地培育、完善和发展它，这就不能不研究完善和发展我国金融市场的条件及趋势，并且积极地为金融市场的完善和发展创造条件，以便尽快建成我国社会主义的金融市场。

一、完善和发展我国金融市场的基本条件

　　我认为，完善和发展我国金融市场的基本条件是：

（一）国家宏观经济调控以间接调控为主

　　新中国成立后 30 多年中，我国国民经济的宏观调控一直是直接调控，

即通过高度集中统一的自上而下的计划指标和行政管理来实现。经济体制改革在宏观调控方面，其目标是实现以直接调控为主转变为以间接调控为主的间接和直接相结合的调控，以实物调控为主转变为以价值调控为主的价值与实物相结合的调控，以行政调控为主转变为以经济调控为主的经济与行政相结合的调控。间接调控、价值调控和经济调控，就是运用货币工具通过市场机制，以利率为动力，引导企业和社会公众的经济行为。如国家通过中央银行的货币政策，紧缩或扩张货币供应，必然引起金融机构的反应，作出相应的行动，而金融机构的行动又必然造成第二个冲击波，影响企业和社会公众的经济行为，作出扩大投资、扩大生产或收缩规模的决策，从而形成经济快速增长或抑制商情过盛、经济过热，抑制通货膨胀，以实现国民经济的稳定发展。因此，宏观经济间接调控的经济管理体制是金融市场发展的前提条件。

（二）企业真正成为独立的商品生产者

我国金融市场开放之后，国家将放松对企业资金融通的直接控制，融资方式、数量和条件由企业自主决定。如果企业不是真正的独立的商品生产者，企业利润大部分缴给财政和企业主管部门，对融资成败不承担经济责任，这种内无利益冲动、外无风险压力的状况必然导致任意上项目，搞扩建，不讲投资效益甚至转移利润或企业资金用于个人消费的分配，再向市场取得资金以补充流动资金不足，或用高利息、高股息、高分红发行证券，导致"投资饥渴症"继续发展，消费基金继续膨胀，国民收入超分配将无法抑制。只有企业真正成为独立的商品生产者，切实对融资成败承担风险，才能有真正的金融市场，并保证金融市场真正服务于社会主义生产的发展和商品流通的扩大。

（三）价格体系基本合理

金融市场上资金的导向是以利息为动力的，利息率的高低依存于利润率。我国多年来对商品价格体系很少调整，价格背离价值较远，各种商品的比价很不合理。由于商品价格是国家统一规定，致使企业利润不能反映企业的经营成果，企业利润也不能反映市场供求状况，在价格体系尚未理顺的情况下，证券市场上股票、债券价格难以反映社会投资的合理趋势，很可能导致资金和资源的不合理配置，使金融市场失去引导投资的功能。所以，不断完善价格体系是发展金融市场的必然要求。

（四）金融机构多样化、企业化

金融市场与商品市场一样，需要不同企业的竞争，不可设想几家垂直的专业银行可以搞活金融市场。目前由于金融机构少，造成金融资产结构极不协调，银行金融资产占了绝对优势，其他非银行的金融机构业务很少，使金融市场难以活跃。金融市场要求多种金融机构以独立自主的资金经营企业身份介入金融交易，改变几家专业银行条条控制的格局，扩大资金在地区间、行业间的横向融通，实现金融机构的多样化、企业化。为此，除国家银行外，要有计划地稳妥地逐步鼓励地区、部门举办区域性、行业性金融机构，同时要扩大专业银行基层行的权力，使其成为独立的从事资金经营的经济实体。

（五）多种信用工具的流通

金融市场是资金交易的场所，资金使用权的交易是通过各种信用工具的流通、转让实现的。长期以来，由于信用形式单一，信用工具太少，金融市场被压缩为冷冷清清的单一的银行借贷，这是无法搞活市场、搞活企业的。健全金融市场关键要扩大信用形式及信用工具，并允许各种信用工具的流通转让，否则就难以称之为健全的金融市场。没有金融商品或金融商品很少的市场是不可想象的。

（六）市场利率的形式

金融市场的存在，要求资金在市场上按照供求规律自由寻找主顾，资金的所有者可以根据获利水平决定投放。也就是说，金融市场如同其他市场一样要受价值规律的支配，资金的价格应按市场供求自由浮动。这样，一是可以自发地调节资金的市场供求；二是可以引导资金的流向。目前我国利率一般都是由国家规定，资金供应由国家计划控制，利率不能控制市场供求随行就市。只有形成市场利息率，才能使金融市场真正反映资金供求状况，并且引导资金流向，调节和控制资金供应的规模和结构。

（七）银行信贷具有较高的弹性

在某一时期内，国民经济中总供应是一定的，为了保证总需求与总供应相适应，需要通过控制信贷总规模来控制总需求。金融市场开放以后，有多少资金通过银行分配，有多少资金通过市场筹措，不取决于银行，而取决于投资者和筹资者的意愿。也就是，信用总规模应包括直接金融和间接金融两部分，为了不使信用总规模过大，那么金融市场直接融资多了，间接融资的银行信贷就得相应压缩。如果银行信贷没有一定弹性，就会出现信用膨胀。银行信用有没有较高的弹性，决定于国家对资金的管理体制。目前企业流动资金由银行包下来的办法，使银行信贷易伸难缩，这也是阻碍健全金融市场的因素。因而改革企业资金管理体制，强化国家宏观经济调节手段，使国家能够运用自如地操纵手中的各种调节工具，调控金融市场，保证信用和货币供应的合理规模，就成为健全金融市场的重要条件之一。

（八）健全的金融法规

健全的金融市场，必须有相应的金融法规，如票据法、公司法、银行法、证券交易法等，使金融市场的资金交易有一定的行为规范，以保护投资人的正当权益。否则，不仅投资人将裹足不前，也会使金融市场呈现混乱，宏观控制难于实现，微观搞活也将发生困难。

（九）银行职工业务水平和技术力量的提高

发达健全的金融市场，包括各种方式的融资业务，这就要求银行职工对各种业务，如承兑、贴现、再贴现、抵押、再抵押、票据交换、拆借、企业信用度鉴定和证券评估、证券发行和转让以及现货交易、期货交易、信用交易、期权交易等，都应样样娴熟，并且能为投资人选定证券，选择投资形式，为筹资人充当参谋。目前金融系统的职工对金融市场的融资业务知识甚少，不经多方面的培训提高，猛然全面开放，恐难适应。同时我们的信息系统和电子计算机设备也需相应的加强，方能适应新的形势。

二、我国金融市场的发展趋势

我国社会主义金融市场的发展，正在呈现一个良好的态势。正在进行的经济体制改革和社会主义市场经济的发展，是建立发达、完备、高效的金融市场的必要条件和基础。

这个市场，是建立在社会主义公有制和社会主义市场经济基础上的，随着金融体制改革的深入，一个以国家银行为主体的多元化、多层次的金融机构系统，一个以商业票据、银行票据、股票、债券为主要形式的多种信用工具与拆借和票据承兑、贴现、背书转让、证券交易等的金融行为系统，一个以法定存款准备金、公开市场业务、再贴现和计划平衡等为主要手段的宏观金融调控系统，将构成一个有计划、开放式、全方位、多功能的社会主义金融市场。

这个市场，将打破高度集中统一的计划经济下的条块分割的资金调拨制度，打破所有制性质和组织形式的限制，在更大范围内引导资金横向流通，实现资金商品化、价格（利率）浮动化、决策自主比、目标利润化的企业化经营。

这个市场，将成为中央银行实施宏观调控的机制，中央银行可以用自己手中握有的货币政策工具，调节货币供求，稳定通货，引导资金流向，合理配置资金和资源，成为宏观经济的调节器。

从近期看，国家专业银行要加快内部经营机制的改革步伐，建立经营责任制，扩大基层行的经营自主权，自主地介入金融市场。随着银行法的制定，各类金融企业业务范围的划定，金融中介机构要初步形成有序的竞争。在短期资金市场上，非规范的拆借活动将逐步得到纠正，拆款活动将逐步实则短期化、经常化、票据化和规范化。随着新的银行结算制度的推广，票据市场会得到较快发展，汇票、支票、本票被广泛应用，逐步改变银行信用贷款和商业票据贴现的比例关系。不规范的证券将越来越少，有组织的证券交易所交易会有一定的发展。整个金融市场的业务活动和有序运行将呈现越来越好的形势。

从长期看，国家的信贷计划和货币供给计划会自觉地通过货币政策影响市场利率，通过市场利率实现国家生产和流通的计划。作为金融市场主体的国家专业银行会真正成为银行企业，各金融机构之间形成正常有序的业务交叉和竞争，并充分发挥金融中介的作用。全国将出现若干大的金融中心和系统的金融网络，这些金融中心是以几个大的经济区为框架，依经济联系、商品交易和交通电信及资金流向而形成，以大城市向周围中小城市、中小城市向周围村镇辐射，呈现一个多层次的金融市场网络，实现城乡金融一体化，从而金融、金融市场在经济社会发展中的地位将发生更大变化，成为国民经济中的重要产业部门，成为社会经济发展的重要支柱。

完善和发展我国金融市场
若干理论问题的探讨

背景说明

本文写于 1993 年 9 月，讨论中国证券市场发展问题。针对银行业能不能经营证券业提出了自己的看法，认为应当不断完善适合我国国情的证券市场管理制度，经过试点，完善制度和法规，银行业和证券业可以交叉经营。

一、证券市场发展的主要障碍

我国证券市场经过了 1985～1988 年的可喜发展后，一度放慢速度，出现了国债发行市场畸形发展和股票市场踌躇不前的局面。我认为，股票市场发展的主要障碍，是人们对股票和股票市场的认识问题。

传统观念认为，股票是私人资本的象征，握有股票的人，就是食利者，就是剥削别人劳动的剥削者。似乎股票与剥削就是一回事，发行股票和发展股票市场就是发展资本主义。

对股票和股票市场的认识应从股份制谈起。股份制不是一种意识形态，而是社会化大生产中的一种企业组织方式。马克思说"利润要按照投资的大小来分配是理所当然的事情，就像马尔克的权利要按照份地的大小来分配，或者矿业的利润要按照股份的大小来分配一样。因此，相等的利润率，在其充分发展的情况下本来是资本主义生产的最后结果之一，而这里在其最简单的形式上却表明是资本的历史出发点之一，甚至是马尔克公社直接生出来的幼枝，而马尔克公社又是原始共产主义直接生出的幼枝。"① 他又说，股份公司在这里"直接取得了社会资本（即那些直接联合起来的个人资本）的形式，而与私人资本相对立，并且它的企业也表现为社会企业，而与私人企业相对立。"② "是资本再转化为生产者财产所必需的过渡点，不过这种财产不再是各个互相分离的生产者的私有财产，而是联结起来的生产者的财产，即直接的社会财产。"③ "股份制度——它是在资本主义体系本身的基础上对资本主义的私人产业的扬弃；它越是扩大，越是侵入新的生产部门，它就越会消灭私人财产④。"在资本主义社会中，股份制尚且如此，更何况在社会主义制度下有国家控股公司参与呢？

在我国社会主义市场经济体制下，实行股份制有利于我国国有制企业体制的改革，有利于国有资产的管理。发展股份制企业，需要相应发展股票市场。我认为，当前对股份制和股票市场的发展必须解决好以下问题：

（1）加强国有资产管理局和国家投资公司的工作，使企业的国家股份有人操心，建立健全企业资产评估机构，保证国家资产不被侵蚀。

（2）尽快取消企业股制度，企业是一个生产经营单位，本身不是也不能是资产所有者。已试行企业股的资本来源，无非来自减税让利或企业留剩，是国有资产的一部分，是"化大公为小公"，不利于企业的经营管理，如留利公平与否等。

（3）股份制必须贯彻破产法，如果国家仍给濒临死亡的企业不断输血，其股价只上涨，不下跌，那就失去了股份制和股票市场的作用了。

（4）国家控股不一定都要51%以上的股权，对关系国计民生的可以控股，普通企业可以不控投，即使要控股也可以规定非国家股不得超过20%，那么国家控股部分就可以下降到21%，分散股权，分散风险。

（5）证券交易中介机构，要分开自营商和证券商，不得互兼，否则不利于保护投资人利益。

（6）严格上市公司的分红、派息比例，对个人证券收入所得要征收所得税。

---

①②③④ 《马克思恩格斯全集》，人民出版社1973年版。

二、银行能否经营证券业务问题

在我国，对专业银行能否从事证券业务问题存在着不同的见解。我认为，我国银行能否从事证券业务，实际上是社会主义的银企关系问题，对此主要有两种意见：一种意见认为，银行从事证券投资，弊多利少，应当严禁银行从事证券投资业务，证券投资业务主要应由从事长期信用业务的投资公司等非银行金融机构进行。他们认为，银行经营证券业务的主要弊端是：第一，专业银行若参加证券交易，风险过于集中，不符合银行经营的风险分散原则。第二，银行代理发行有价证券，属于资产形式转移，即由信贷转为投资，其资金来源是货币性负债——货币发行和吸收的社会存款，银行若从事证券业务，在证券发行规模扩大时，势必伴随着货币性信用扩张，从而增加市场的货币供应量，而导致通货膨胀。第三，银行从事证券业务，既搞信贷又搞投资，集间接金融与直接金融于一身，一旦出现信用风险，势必互相牵扯，扩大信用危机的势头。第四，银行从事证券业务，会影响银行信贷业务的正常进行，从而影响企业正常生产经营所需资金的供应。坚持这种观点的同志，援引西方国家的历史经验教训，说20世纪初，各主要资本主义国家相继步入垄断阶段，同时迎来了证券业的蓬勃发展。在证券业发展中，银行资本积极介入了证券业。德国的银行在强制私人企业采取股份公司形式，并增加资本，发行证券过程中，通过垄断证券发行，获得创业利润；美国的银行通过创办持股公司，购买企业30%～40%的股票，控制操纵企业业务经营；日本的银行通过投资，吸收消化企业发行的证券，加固对企业的支配；有的国家还通过控制证券交易所，左右证券行市，低价收进，高价卖出，出现了银行的"交易所化"等。结果造成证券投机盛行，加速了经济危机的爆发，1929年的世界性经济危机，终于诱发了证券市场的崩溃。危机过后，痛定思痛，人们对证券交易中的垄断、操纵、欺诈、投机行为提出了严厉的批评。美国参议院银行通货委员会的结论是：银行过度参与证券交易，损害了银行和证券市场的稳定性和健全性，于是产生了1933年的《银行法》，规定商业银行不准经营证券业务，以前经营证券业务的商业银行，或者退出证券领域，或者改为专门的投资银行。日本完全承袭了美国的做法，确定了银行业与证券业的分离。我国经济正在进入起飞时期，应吸取历史的经验教训，以法律形式规定专业银行不得经营证券业务，证券业务由非银行金融机构经营。

另一种意见认为，我国专业银行经营证券业务，不仅有一定的好处，而且也有国际经验可以作证。其好处主要是：第一，专业银行自成系统，机构多、面广，从事证券经营，信息灵、成本低。第二，专业银行代理企业和国家财政发行证券已经有了几年的历史，有的银行还办理了证券交易，积累了一定的经验。第三，专业银行作为国家银行，信誉高，对证券有无限担保能力，专业银行经营证券有较强的吸引力。从历史发展的角度看，在资本主义自由竞争到垄断的初期，银行大量地参与证券的发行和交易。在早期的信用扩张阶段，银行以大量的钞票发行以致信用扩张，为工业发展提供了大量的资金，又通过购买企业证券，促进了股份企业的发展，同时在企业合作的浪潮中，又参与了垄断财团和银团，出现了银行与企业相互渗透的种种方式，如银行购买企业股票，以股东身份控制企业，发行推销有价证券，参与创业活动；而企业也购买金融企业的股票，或设立自己的银行、投资公司等金融机构，还有人事结合，互兼董事等。虽然在资本主义危机中，银行业的证券垄断和投机给经济危机火上浇油，在1929年经济大危机以后，美国、日本等先后以法律形式规定限制银行经营证券，但在第二次世界大战以后，特别是进入70年代以后，美国和日本银行对证券业的渗透则一天天扩大。原来的规定已经显示出画地为牢，死守一隅，有窒息银行经营活力的弊端，不仅银行业而且证券业也普遍显现出收益下降。近几年美国银行和证券业都在创造新的金融工具，设法打入对方的业务领域，绕过法律，扩大自己的业务。其策略，一是积极参与法律上界限划不清的"两可领域"业务；二是通过持股公司等形式间接攻入证券领域，前者如私募证券的咨询和代理，后者是让自己的持股公司或投资公司从事证券业务。与此同时，专门从事证券业务的投资公司，也积极向银行业务靠拢。纵观资本主义发展历史，银行业和企业的关系一直是相互促进、相互制约的，其间证券业务就是相互联结的纽带，人为地割裂是不可能的。事实上，在近年我国的改革中，已经出现了一批银行与企业相互渗透的财团，如吉林市的松江财团、西安市的银企联合体、广州市的万定电器集团等，都有专业银行参与董事，或持有股份，参加分工。因而，问题是如何进行管理，而不是禁止银行从事证券业务。

这两种意见都是有一定道理的。第一种意见，即主张银行业和证券业分离，不仅有历史经验，也有现实问题。但是还必须看到，30年代西方国家限制银行从事证券业的做法主要是在美国；而在英国，原则上不限制银行从事证券业务，在传统习惯上形成了银行业与证券业的自然分工；德国则实行混业制，法律上允许银行既可以办理存、放、汇业务，也可以办理证券承销、转让、投资等业务。西方国家的证券业与银行业有分业制和混业制两种模式，不能只看到美国模式而不看到德国模式。同时，还必须明确，目前世界各国证券市场的总趋势是资金融通证券化、证券形式多样化、证券交易现代化和证券市场国际化，证券制度正处于一个变革的时代，银行业与证券业的分工与交叉就成为这个变化的焦点，二者相互竞争、渗透、融合是不可避免的。但是，第二种意见即全面放开，银行和非银行金融机构一起卷入证券市场，亦显过急。当然，这种银行业和证券业混合的体制，也有一定好处，需从理论上加以肯定。一是相互兼营可以增加金融机构的服务功能，顾客可以在同一金融机构获得多种服务，如存款、贷款、代理证券发行、买卖以及信息和咨询服务；二是相互兼营可以降低金融业的经营成本，提高经营效益。银行以一套人马、一套设备对企业进行全程服务，节省调研费用，降低经营成本，而且在发生业务变动时，信贷业务收入与证券业务收入可以互朴，稳定其经营收益；三是相互兼营可以提高竞争能力和适应能力，因其能对客户提供全面服务，在客户中提高威信，便于同行业竞争，无论从国内看还是从国际看，都是有利的。另外，我国是以公有制为主的多种经济成分并存所有制结构，金融业中的国家专业银行已成为金融体系的主导力量，为了国家宏观调控的需要，不可对国家专业银行限制过多，而让非中央直属的投资公司等非银行金融机构垄断证券市场。因而，我们认为经过试点，在总结经验的基础上，不断完善适合我国国情的证券市场管理制度可能是比较合适的选择。

三、证券的价格问题

目前，我国证券市场的价格基本处于无序状态。证券价格高低，从理论上讲是决定于市场利率和证券本身能给持有人带来的收入，同时也决定于国家经济金融政策、证券供求状况等因素。但是目前我国证券发行价格，主要依据银行同期储蓄存款利率上浮一定比例来制订。由于证券价格制订的简单化，所以在证券交易市场上反映微弱，倒是国家储蓄存款利率的调整会迅速冲击证券交易市场。如 1988 年 9 月以前，人们对证券市场看好，抢购债券，因为它的利率高于储蓄存款的实际利率，1988 年 9 月以后，国家调高存贷款利率，实行保值储蓄，人们转而涌向保值储蓄。1990年国家下调存贷款利率和储蓄利率，证券市场再度出现热潮。同时，证券价格浮动幅度缺少约束，人们抢购证券时价格直线上浮，各地相互攀比，为证券投机提供了方便，影响了金融和社会秩序。另外由于交易网点少，偏僻地区信息不灵，农村居民金融意识差，各地证券价格悬殊较大，也为"票贩子"和证券"倒爷"提供了投机的条件。

国家金融市场管理当局必须尽快解决证券价格按银行储蓄利率决定的办法，建立按市场利率和证券供求决定价格的价格决定机制。通过全国范围内的证券报价系统．运用现代化手段．使各地金融市场及时掌握价格信息，并对价格走向进行预测和引导，以促进地区经济的稳定发展，建立有序的证券交易市场。

四、市场资金流向的引导问题

自从我国允许资金横向融通以来，特别是实行"沿海战略"以来，我国金融市场的资金流动呈现"一江春水向东流"的趋势，即农村资金向城市流，不发达地区向发达地区流，西北和中部地区向东南沿海地区流。其结果使农业资金和农村资金投入减少，贫困地区更加落后，地区差别和城市差别扩大，如此下去，必然造成新的城乡矛盾，发达地区和落后地区的矛盾，造成新的社会问题。同时会对国家产业政策的实施和产业结构的调整带来更大的阻力。

究其原因，主要在于"沿海战略"理论的失当。"沿海战略"理论的依据是"梯度"理论，即所谓80年代发展沿海地区，90年代发展中部地区，2000年前后发展西部地区。为此目标，给沿海地区以政策倾斜，如外商投资管理和税款征收等方面给予优惠，致使沿海投资收益远远高于中西部地区投资收益，资金的趋利性决定了只能是从利润率低的地方流向利润率高的地方，自然"一江春水向东流"就成为不可阻挡之势。但是，国家产业政策顺序是农业、能源工业、原材料工业，限制加工工业，沿海地区由于缺乏资源，只能发展加工工业，沿海倾斜政策和产业政策相背离，造成产业结构调整的更大困难。

解决这一矛盾的办法，必须改变沿海倾斜政策为产业倾斜政策，才能把农村资金留在农村，才能发展能源工业、原材料工业和限制加工工业，使我国资金的流向与产业政策目标相一致，并逐步减少地区差别和城乡差别，保持社会经济的长期稳定发展。

五、国内金融市场与国际金融市场是否打通问题

随着国内金融市场的发展和外汇调剂市场的开放，我国一些金融机构在国际金融市场上发行外币证券，国内"三资"企业在市场上发行 B 种股票，国内金融市场与国际金融市场的关系问题被自然地提了出来。

多年来，我国国内金融市场与国际金融市场基本是不通的，现在也仍然是不通的。这有利于保证我国国内金融市场和整个国民经济不受或少受国际经济动荡的干扰，保证我国通货稳定和经济发展。随着改革开放，对外经济金融往来扩大，国外资本大量引入，以及我国在国外投资的增加，国内金融市场与国际金融市场打通就不可避免。

从长期讲，国内与国际金融市场的打通不是打通不打通的问题，而仅仅是时间问题，这是当代经济发展的必然趋势。但是目前要不要打通？能不能打通，打通两类市场要具备哪些条件？必须认真研究。就目前来说，还不可能立即打通。因为：第一，国内价格体系，包括资金价格在内，尚未完成改革，各类商品价格扭曲暂时还不可能一下子解决，企业利润率就不能真正引导企业投资方向。第二，国内金融市场尚未建立起一套完备的管理制度，经不起较大的冲击。第三，国家宏观经济调控尚未建立起以间接调控为主的宏观调控体系，调控手段、传导机制尚不能运用自如，高效传导。第四，国家的外汇储备基础力量有限。第五，我国对外贸易收入在国民收入中的比重较低。因而，我认为在中国打通国内金融市场与国际金融市场的联系还不到水到渠成的时候，过早地沟通二者的联系，很可能不利于我国经济的稳定发展。

六、证券等级评估问题

证券等级评估，是涉及证券发行和交易的重要问题，目前，我国有价证券发展均缺乏权威的科学的证券等级评定，已经影响到证券市场的发展和国有资产的安全。完善证券市场必须解决评估机构、评估标准和评估方法等问题。

（一）证券评估机构

证券评估机构，可以是政府官方设立，也可以是以民间股份制形式设立。不论由谁设立的证券评估机构，都必须坚持三条原则：第一，公益性

原则，证券级别评估要为社会投资者服务，以服务为宗旨，虽然在评估时要向被评估人收取大约证券发行额万分之二左右的手续费，但这是进行评级工作必要的开支。因而证券评估机构服务态度要好，准确公正，树立自己的信誉。第二，中立性原则，即评级要公开、客观、不偏不倚，在行政和业务上要超脱，与证券发行人、投资人、经营人和管理者都不能有利害关系，保持自主的立场。第三，专门性原则，保持公益和中立性，不能凭主观愿望，还要有一批专门人才，掌握大量的经济信息、金融经济知识和一套丰富的评审经验，因而必须专门化。

（二）证券评级范围

证券评级主要是评企业债券。由于股票不是债权凭证，而是所有权凭证，掌握股票就是股份企业的股东，其收入高低取决于企业经营，不涉及债券偿还问题，所以一般证券评级不评股。如果要弄清股票质量好坏，可以用历年股票派息水平，即股票收益来考察，作出其级别判断。在我国债券评级中，对于国家债券无须进行评定，评级主要是企业债券和地方政府债券。而且企业债券的评级也不能作出强制性规定，要求发行者必须到评级机构去评级是不对的，评级要发行者自己提出。一般说，没有评级机构评级的债券，其发行是比较困难的。

（三）证券评级方法

证券评级的方法，是具体操作中的问题，如企业信用等级应考虑哪几个因素，选用哪些财务指标，如何分析综合得出结论等。西方国家企业的信用等级，各国选取的标准虽然基本相似，但具体计算的方法也不尽相同。我国的企业信用，由于企业的组织形式和管理体制与西方国家有较大差别，因而在评级时不可以照搬西方办法，需要在总结我国信用评估经验基础上形成我们自己的做法。根据各地经验，我认为应考虑以下因素，并分别按其相关度，确定各因素权数，计算得分，综合总分数确定等级。

1. 企业概貌及其实力

主要包括企业性质；企业所有制形式及隶属关系；企业产品与劳务质量；企业正常的购销条件；企业是否能经常保证按时支付贷款和偿还银行贷款等。

2. 行业（企业）特点及潜力

主要包括行业（企业）产品需求趋势；企业产品需求受经济影响的程度；企业产品价格是否可以随成本升降而变动；企业技术改造与产品供

求有何影响等。

3. 企业领导班子及成功能力

主要包括企业领导班子构成；企业领导人在企业界的声誉；企业领导人与职工的关系；企业领导人的经验与判断力；企业领导人的道德信誉；领导班子受外界的影响等。

4. 企业财务状况与盈利能力

主要包括企业资产负债情况；企业固定资产折旧情况及保险情况；库存物资及商品情况；应收账款情况；无形资产情况；负债情况；流动比率；获利能力如何等。

加快股票市场规范化国际化建设的思考

背景说明

本文是 1995 年 1 月 13 日在"第二届海峡两岸证券暨期货法制研讨会"上的发言稿,原载《财贸经济》1995 年第 9 期。文章就 A 股、B 股、H 股、N 股、同股、同权同利、个人投资、机构投资、外来投资;场内交易、场外交易、国外交易、股市需求、股市供给、股市均衡等关系问题进行了分析并提出了相应的建议。

股票市场作为改革开放的一项巨大成果,股票的发行于 1980 年始见于抚顺,股票交易于 1986 年,始见于沈阳。至今,中国大陆的股市已经走过了 15 个年头。股票市场的发展,改变了中国投资的旧有格局,广泛地动员国内外的资金投入了中国的经济建设,使中国的经济增长速度在世界上遥遥领先。引起了世界各国企业家的关注,据美国一家咨询机构对世界 1000 家跨国企业投资去向的调查,前十名排队,中国大陆为第一名。在当代国际金融证券化大趋势下,加快中国股票市场规范化国际化建设,为广泛吸纳国内外资金投入中国经济建设,促进中国经济持续、稳定发展是至关重要的。刚刚过去的 1994 年的中国股票市场的曲折,正在告诉人们加快规范化、国际化建设的必要性和紧迫性。需要引起我们的重视。

市场本是没有边界的。证券市场同样不能人为地分割和设围,任何分割和设围都无益于真正市场的形成。1993 年下半年至今的中国股票市场的低迷,在国外上市的出师不利,我认为反映了一个问题,这就是中国股票的中国特色太多，国际惯例性的规范太少。人为的分割和设围影响了股票市场的发展。作为中国经济改革开放的一项重要产物，由于人为分割太多，曾几何时又成了改革开放的对象。也不奇怪，经验总是从实践中来的。15 年的股市实践，集中到一点，就是加快规范化、国际化的建设，逐步把国内市场与国际市场打通，把握机遇，广泛地利用国内外资金，才能保持中国经济长期稳定增长。

股票市场的规范化、国际化建设，是一项系统工程。目前亟待研究解决问题并处理好以下几个问题。

一、A 股、B 股、H 股、N 股

目前，中国大陆股票种类之多是世界各国少有的，仅国际惯用的普通股来说，就分 A 股、B 股、H 股、N 股，又有国家股、法人股、职工股、个人股等。不仅外国人弄不明白，就是连多数中国人也弄不清楚。并且对不同种类的股票规定了不同的发行、转让办法，各有各的发行渠道和流通方式，相互割裂，由此便产生了不同的价格和利得，这不能不使投资者望而生畏，踌躇却步。

如上海 B 股市场，以 1992 年 2 月上海电真空 B 股在上交所挂牌上市为标志，至今已近三年。"B 股自创始之日起，就一直被笼罩在不景气的阴影中，虽然大多数股票能够在一级市场上顺利发行，但成交量相对清淡。"[①] 由于狭小的市场和品种，导致流动性较差，加上深沪两地交易手续、管理办法的差异、外汇的风险等，愿意进入大陆投资的外国资金自然受到影响。这不是由于大陆经济问题而使外国投资者却步，而完全是一个技术问题。

如某外国投资者以每股 4 元人民币购入某 B 股 1 万股，共人民币 4 万元。若一周前美元与人民币汇价为 1∶7.75，该投资者投入了 5161 美元，一段时间后仍按每股 4 元人民币出售，其时外汇价格变为 1 美元等于 8 元人民币，此投资人只能收到 5000 美元。股价不变，因汇价变动而使该投资人损失 161 美元。另外上交所 B 股以美元计价结算，深交所 B 股以港元计算，港元与美元的比价变化也会给两地股市带来麻烦。

继 B 股之后，我们又在中国香港发行 H 股，在纽约发行 N 股。青岛

---

① 温天：《谈上海 B 股市场》，《致富》1994 年创刊号。

啤酒、上海石化等1993年下半年在港上市的6种H股发行很好，到1994年的洛阳玻璃等几种H股就不理想，超额认购率很低。在美国纽约上市的N股，1992年10月上市的金杯汽车、1993年上市的上海石化、中国轮胎等都很好，然而进入1994年的中国发电N股却形势不好。造成N股发行不利的原因是多方面的，既有认识问题，也有技术问题。就认识说，即使有控股权问题，也不是什么大不了的问题。外资股份企业在中国土地上经营要依大陆的法律进行活动，也要依法纳税，不要怕它们会垄断某些行业，利用进出口可以打破垄断。因此，我认为没有必要搞得太复杂。在大陆人民币还不能成为自由兑换货币之前，短期保留B种股票还是必要的，但我们应当积极创造条件，打通A股与B股。合并A股、B股，应当成为我们的方向。

二、同股、同权、同利

由于我们的股票种类过多，而且被分割为不同条块，进行不同的管理引出了同股不同权、同股不同利、一股多价，违反了股票的原则，甚至使一些股票变成了不能转让的永久债券。这主要表现在个人股、职工股、法人股、国家股之间。某市一大型商业企业由国有企业改为股份企业，规定有国家股、职工股、个人股三种，其股票发行价，国家股每股售价1元，由旧有资产折计；职工股每股售价1元，以示鼓励，定量分配；个人股每股售2.5元。同时规定国家股、职工股不上市、不转让，个人股1年后可以出售转让。当有内部人士问公司负责人为什么这样规定时，他说"我的钱1元是一股，股民们的钱2.5元才一股，我已经赚了。"可见他是原国有企业的代表，不是新股份企业的经理。没有对股东负责的态度，这样的股票能买吗？此股票说的是1年后上市，至今已经几年了，还压在个人手中，没有上市的机会。

现在个人股在市场上炒得很热，国家股和法人股却不能流通转让，就国家股来说，不流通不转让，股价升降与公司经营脱节，国家股如何保值、升降？能不能在一定的限度内实现国家股的转让，需要研究解决。至于法人股理应与个人一样上市，否则不利于企业提高经营管理水平。目前国家股、法人股占了股票发行总量的大约70%～80%的比重，国家股、法人股不上市，个人股炒得再高，股民心中也不踏实，总担心国家股、法人股与个人股在不平等条件下运行。发行时，国家股多为平价发行，而个人股则为溢价发行，同股不同价，又设有抽签认购证等预先投入的成本，同股不同钱。国家股、法人股与个人股迟早应走向平等，真正实现同股、同权、同利。这是今后的发展的方向。这种发展越快，越有利于保持股市的强劲之势，否则股市低迷不振是不可阻挡的。

三、个人投资、机构投资、外来投资

大陆股市的投资者，可以分个人投资、国内机构投资和国外来的投资。在大陆股票一级市场上，这三类都比较活跃，但在二级市场上主要是个人投资，机构投资者寥寥无几。在发展国家的股票市场上，机构投资是股市的重要支柱，目前大陆正好缺少这一支柱。机构投资主要包括共同基金、退休基金、福利基金、信托基金、投资基金、保险基金等。个人投资主要依靠个人储蓄，资金来源有限，此其一；个人投资者多数对股市的认识、股市的分析水平较低，此其二；机构投资者则不仅资力雄厚，甚至可以借入资金用于投资，而且可以有专人操作，有强有力的市场分析能力此其三。机构投资者的培育这几年没有引起重视。大陆的共同投资基金吵了多少年，发展仍很慢，国外的中国投资基金，也因前述原因而处于观望状态。大力发展投资基金，包括境内和境外的机构投资者，会有利于扩大中国的股市需求，不断集聚国内外资金用于大陆的经济建设和发展。这就需要早立法，快动手，加快投资队伍结构的优化。

四、场内交易、场外交易、国外交易

目前，中国股票的集中交易市场有两处，上市的公司仅仅数百家，而股份公司已达数千家，大多数是不上市的"内部股票"。这些不上市的股票不说进不了上海、深圳证交所大门，就是在当地的柜台上也多数不能交易。

企业集资用了股票发行，而投资者购买之后又不能出来，谁还敢再购买呢？股票集资是世界通行的方法，而股票能否上市交易，一是看企业形象，二是看想投资的人手中有无资金。目前除部分国有企业盈利能力差以外，多数集资企业经营状况还是好的，社会公认对于集资入股的积极性还比较高，而且个人金融资产中存款和现金比重很高，也有能力认购股票，现在的问题是证券管理部门对上市公司的审查标准问题。管理部门按理讲只审查上市企业的合法性，而不必审查和保证其股票上市后有无认购人，

将股票好坏的鉴定让给社会。如果能这样，将那些不准上市的股票放开在场外市场上交易，大大可以搞活社会资金与资源的配置。如果可以这样，就要取消定向招股和社会招股的界限，只要是股份公司，就可以公开招股，就可以上市，即使不能在上海、深圳证交所集中市场交易（场内交易），也可以在各地证券公司的柜台上进行交易（场外交易）。另外，还需要打破现在的法人股市场和个人股市场分割的格局，允许在同一市场上交易。对股份企业有力量到境外市场上市者，积极予以支持。场内交易、场外交易、境外交易同时活跃之日，也就是我国经济大发展之时。

五、股市需求、股市供给、股市均衡

中国股市近三年来供求失衡的严重性是需要重视的。1992 年 8 月深圳股市风波中外瞩目，百万人通宵达旦排队抢购概率极低的股票认购抽签表，而到 1994 年，上海、深圳两交易所的上市股价跌至发行价以下的 1/2。上证指数时而高达 1500 多点，时而低到 300 点以下。这不能不说是供求失衡。股市的需求、股市的供给、股市的均衡是股票市场管理中必须重视的问题。

要解决股市供求矛盾，保证宏观经济的稳定高速发展，需要注意的问题是：①不可以用简单的行政方法抑止供给，否则无异于断绝了企业的供血；否定股票市场的积极意义。②不可以人为地设计抬高股市，刺激需求的任何操作方案，扩大股市供求在当前主要应放宽基金投资的审批，增加机构投资，开放对外交易，改变股票的存款单化或债券化，有流才能动，有动才能流。疏通流通渠道，就可以增加股市需求。③积极发动境内企业上市和吸引外资入境投资。④规范股份企业信息传递，做到正确传递及时传递，让投资者可以准确了解企业经营与财务状况。⑤培训证券分析师，向社会提供证券投资的咨询服务。⑥严格查处内幕交易，保证股市的公开、公平、公正。

六、经济分析、金融分析、证券分析

证券买卖，不同于挎着菜篮子上街买鸡蛋买菜。经过几波几折，大陆股民已经开始认识到不是买进任何股票就可以赚钱，意识到了股市分析的重要性。在发达国家的证券市场，都有一大批学历很高的证券分析专家，拿着极高的薪水为证券市场服务。这些分析师，有的专门研究整个经济形

势，有的专门研究工业生产，有的专门研究证券投资，有的专门研究共同基金管理，有的专门充当投资顾问，他们熟知经济形势和经济动态，熟知金融状况和资金供求，也熟练地掌握了证券分析方法，为证券市场的不同对象提供不同服务。目前我国证券市场尚缺少这类专家，需要积极培育，不仅需要高等学校重视这些人才的培育，也要科技研究机构重视这方面的研究，向社会提供证券分析的理论与方法。

总之，大陆证券市场的完善与发展，一定要少一些"特色"，多一些"共性"，走规范化、国际化的路子，这才是真正的出路。

发展店头市场是当前完善
证券市场的要务

背景说明

　　本文原载《学术论丛》1995年第2期。《山西发展导报》1995年3月25日以《缓解中西部地区资金东南流的有效举措——大力发展店头市场》摘要刊登了本文的主要观点。文章认为交易所集中交易和分散在各地的店头交易是两种相互补充、相互联结的交易形式，店头交易可以称为交易所交易的"预科"，使暂时不符合上市条件的公司股票也能够进行交易，为交易所开辟了"预备市场"。

　　在证券交易中，集中在交易所的集中交易和分散在各地的店头交易是两种相互补充、相互联结的交易形式，而且交易所的集中交易是在分散的店头交易的基础上发展起来的，有人称店头交易是交易所交易的"预科"。然而，在我国证券市场发展中，深圳、上海两个交易所的交易活动为国人注目，而店头交易却没有得到相应的重视和发展。截至1994年2月，全国各省股份企业大约已发展到9500多家，而能在上海、深圳两个交易所上市的公司仅有177家，不足2%，到1994年9月上市公司增加至275家，仍不到3%。就股份有限公司看，截至1994年2月为3027家，上市公司也仅5.8%。大量的股票不能进入交易所交易，也不能进入店头市场交易，而只能压在持股人的"箱底"。二级市场的不活跃将极大地抑制公众购买股票的积极性，这对于中国股票发行市场的发展无疑是极为不利的，对于资金严重匮乏的中西部地区更是突出的问题。我认为，加快店头市场的发展，是解决这一困难的重要出路。

一、正确认识店头市场

店头交易市场也称柜台交易市场，或称场外交易市场（Over – The – Counter），简称为 OTC 市场，相对场内交易而言，它是指在证券交易所之外进行的各种证券交易活动，是一种场外交易。在金融发展史上，先有柜台交易，后来才有交易所交易。但是，交易所出现以后，并未能代替店头交易，形成了证券交易市场的交易所交易和店头交易两种交易并存的局面。店头交易与交易所交易的主要区别，一在参与者，前者允许投资人直接进入场所交易，后者则不允许投资者进入，而由交易所会员（购有席位的证券公司）代理；二在价格形成，前者主要是协议成交，后者则为集中竞价；三在上市与上柜的条件，前者为上柜，条件比较低，而后者为公开上市，条件比较高。所以，有许多上市公司在上市之前是先在柜台上交易的。

由于现代科学技术的发展所引起的金融创新，西方发达国家的现代店头交易市场较传统的店头交易市场发生了较大的变化，这就是它们大部分改变了一对一报价、谈判、成交，而更多的是利用电脑，"统一报价、分散成交、集中清算"。日本的 JASDAQ 系统市场和美国的 NASDAQ 系统市场是典型的现代店头交易，它们在价格形成上，除了协议成交外，也采用电脑集中撮合成交方式。其好处就在于可以使投资人比较方便地了解对方的交易信息，导致成交机会的增加，而且保留了原有的投资人可以直接进入场所参与股票买卖，是否由经纪人代替可以由投资人自己选择，交易灵活，成本较低，保证了公正、公平、公开的原则。店头交易市场完全是在国家证券管理的法规指导下合法进行的交易，与"黑市"交易根本不同，是证券交易市场的一种必不可少的形式。

可见，店头交易市场的功能有四：一是有利于增加股票的流动性，促进股票发行市场的发展，从而扩大了资本市场；二是可以使暂时不符合上市条件的公司股票也能够进行交易，为交易所开辟了"预备市场"；三是可以为高风险投资的股份公司的股票提供交易场地；四是有利于抑制股票的"地下交易"。

二、中西部地区要重视店头市场

店头交易市场的发展，是完善和发展我国证券市场的重要内容。而这一点对于中西部省区，就更重要了。

这几年，中西部地区普遍感到头痛的一个问题就是资金东南流。资金外流已经严重地影响了中西部地区经济的发展。应该记得，深圳、上海证券交易所刚推出几只股票时，由于供求矛盾过大，不得不采用发售股票前先发售认购抽签表，霎时间，全国100多万人齐集深圳通宵达旦排队抢购认购表。由于内地没有或很少有股票发行，投资者多挟巨资南下，以期获利。之后，炒股票、炒房地产、炒期货又热闹起来，又有不少人和企业将资金大量汇入沿海省区。与此同时，为了适应股民要求，中西部地区都把证券公司的营业重心移往上海、深圳两地，转移大量资金于南方，1994年上海交易所日交易量高达160亿元之巨，深圳交易所也达到了70多亿元的记录。大量资金沉淀在沪、深两地，形成了两个地区的金融中心地位，中西部各省区只好对货币资金隔山兴叹。据统计，到1994年秋季，中西部地区的山西、陕西、内蒙古、宁夏、青海、甘肃、新疆7省区有股份公司843家，股东资金100多亿元，而股份有限公司为143家，上市公司仅16家。国家在近几年内不可能在中西部地区开设证券交易所，而上市公司到上海、深圳两地交易使资金南流，若再迟迟不开放店头交易市场，不仅已发行而不能上市的股票会因不能转让而压抑持股人的金融意识，而且更会严重影响新股票的发行。改变自我封闭的办法，就是要加快建设中西部地区店头交易市场，积极推进店头市场发展，这不仅有利于培育社会公众的市场意识、投资意识，而且还可以吸引已聚集的沿海资金回流，增加中西部地区建设资金的来源。同时，店头交易市场作为交易所公开市场的"预科"，可以把更多的内地企业推向上海、深圳或国外上市，促进股份制企业的培育和成熟，同时吸引省外、国外资金进入中西部地区，这也是一项具有战略意义的行动。

三、操作性建议

发展店头交易市场需要解决若干具体问题。我建议认真抓好以下几项工作：

（一）上柜标准

股票上柜交易必须有一定要求，其标准可以参照上市公司要求的各个条件，按低于上市股票的标准掌握，以柜台交易作为上市交易的准备。

（二）上柜审查

同股票上市一样，股票上柜也需经过申请、论证、批准程序。由于目前我国股份制企业很不规范，贸然一哄上市，不利于保护投资人利益。可以在规范股份公司的同时，逐步上柜。先对当地股份公司进行一次调查，一定资本额以上的、盈利达到一定水平的、财务管理达到一定要求的、股东结构达到一定标准的股份公司可以批准在柜台交易，达不到条件的公司进行整顿改造，积极完善其管理，然后分批分期上柜。

（三）交易方式

交易方式，第一步，先以议价成交方式进行，一律现货交易，不搞信用交易和期货交易。第二步，通过电脑进行自动撮合，按价格优先、时间优先、数量优先的原则成交。

（四）交割方式

交割方式与股票保管有关，为了方便投资人，为了安全和快捷，最好实行股票的集中保管。议价成交者由买卖双方按议定的期限、方式自行完成交割。由柜台电脑交易系统撮合成交者，则按预收款券，账簿划拨，满收满付，在成交后的下一个营业日完成交割。

《外汇业务 369 问》序

背景说明

　　本文是应中国银行太原市分行行长白树屏同志的要求，为其
《外汇业务 369 问》一书所写的序言，中国金融出版社 1996 年 8
月出版。该书是一部业务技术性很强的工具书。

　　许多事例表明，贸易，特别是对外贸易，对于一个国家的繁荣是至关
重要的。在西方经济思想史中有一个重商主义，于是史学家便将与其思想
相符的时代称为重商主义时代。它泛指 1500～1750 年间，伴随美洲新大
陆的发现，世界市场的扩大，贸易及贸易争夺战在各国经济发展中的作用
越来越明显。哪个国家控制了海上霸权，便控制了海外贸易的权利，从而
也就成为经济上的霸主。这一变革经历了西班牙、葡萄牙，而后荷兰，再
后是英国的霸主地位而得到证明。在中国，山西商人的崛起，使其在明清
两朝 500 余年间称雄华夏，富甲天下。这些中外例证都说明了贸易在经济
发展中的巨大的作用，它是推动经济发展的驱动力。乍看起来，这仿佛是
难以理解的事情。但仔细思考，对其理解并不困难。商品经济从其产生之
初，便和交换紧密地联结在一起，它以交换和分工作为其坐标系上的纵轴
和横轴，以其无与伦比的渗透力，不断地推动市场范围的扩大，由"日
中而市"之集，发展为"辐射四方"之市；由国内市场，发展为国际市
场；由有形市场，发展为有形、无形相结合的市场。市场范围的扩大，必
然引起贸易的扩大。这些都浅显地说明了一个道理：市场经济是天然的开
放型经济。

　　我国改革开放以来，将对外开放作为基本国策，实行对外开放政策。在对外贸易、对外工程承包与劳务合作、对外技术交流、引进外资、扩大直接投资、发展国际旅游业等方面取得了显著的成效。中共十四大又进一步明确指出：我国经济体制改革的目标就是要建立社会主义市场经济体制。这就要求我国的经济发展必须以国际经济为背景，参与国际分工，扩大对外经济、贸易和金融活动的规模和范围。加之"复关"的影响，国内市场与国际市场的接轨，既给我们带来了新的发展机遇，也带来了新的挑战。同时又在国际贸易的发展，国际交往的不断扩大中，涌现出了许多陌生的术语，汇率、外汇市场、期货、期权、远期外汇、贴水、升水、掉期、套期、保理、按金、福费廷等应接不暇，它同人们外汇知识的贫乏形成鲜明对比。当前掌握外汇知识驰骋于国际商务活动的人才紧缺，广泛普及外汇知识已成为当前一个非常重要而又现实的问题。

　　再进一步说，市场经济的发展还带来另一个明显的变化，那便是经济的金融化。它是指随着商品经济的发展，金融活动必将会以无形的触角伸向经济生活的各个角落。从"大财政、小银行"到"大银行、小财政"，从流动资金贷款到固定资产贷款，从商品交易到以证券交易为主的金融交易，由普通储蓄存款到 CD（大额定期）存单，银行及其他金融机构起着越来越重要的作用。人们谈论的问题，大到西方股市动荡和通货膨胀，小到企业的资金筹措和个人投资选择，无不涉及金融问题。特别是对企业家来说，金融知识、金融素质和要求则更重要，银企关系更普遍。如果说工业化时期企业经营管理的重点在于产品的生产，在供大于求的市场环境下，企业的经营管理重点在市场销售的话，那么在现代，企业经营管理的重点则已转向资产经营。难怪有人惊呼，现代情况下，不具有金融素质的企业家，不是一个合格的企业家。这就要求企业工作者不仅要精通企业的普通管理，还要了解资金的筹措；既要重视长期资金的收益，又要重视现金、账款往来等营运资金的效益；既要追求工业产品的收益、商业利润，还要追求应该获得的金融利润。所以，企业家必须拥有必要的金融知识。

　　总之，经济的国际化和开放性，要求人们掌握基本的外贸与外汇知识。经济的金融化，要求人们掌握基本的金融和银行知识。对这方面知识，理论界已经有人给予了介绍，但却多侧重理论的分析，而从企业需要的角度上介绍开放经济中的外汇及其知识的普及性的有操作性的读物还比较少，中国银行太原市分行行长白树屏等同志编写的《外汇业务 369 问》

一书，恰恰弥补了这方面的缺憾。这本书从工作的实践出发，融理论性与操作性于一体，有助于企业界朋友们对这方面问题的了解，因此，我愿将此书推荐给大家，我相信它一定能够给大家带来帮助。

《商业银行财务管理》序

背景说明

本文是应李小萍同志要求，为其《商业银行财务管理》一书所写的序言，中国财政经济出版社 2000 年 6 月出版。李小萍现为山西财经大学财政金融学院教授。

理财是一个非常广泛而又现实的经济问题。它对商业银行成为极富活力、勇于开拓进取的金融企业，起着举足轻重的作用。在世界经济一体化发展已演变为金融一体化的今天，结合我国正在进行的经济体制改革、金融体制改革和商业银行制度建设，我国企业财务管理、商业银行管理的研究也呈现出生机勃勃的景象。种类繁多的经济学著作相继出版发行。但就目前来看，关于商业银行财务管理方面的书籍尚少。为适应我国市场经济迅速发展的客观需要和在不久的将来加入世界贸易组织的需要，山西财经大学的几位优秀中青年学者撰写了《商业银行财务管理》一书。我本着认真负责的精神审阅了书稿，认为该书有以下几个特点：

第一，科学性和普及性。本书以社会主义市场经济理论为指导，以《商业银行法》和金融企业财务制度为依据，结合我国实际借鉴西方财务理论和经验，组成了一个完整的商业银行财务管理理论和方法体系，内容广泛、重点突出。读者在掌握本书内容后，能进一步把这些原则和方法推广到商业银行管理的实践中去。

第二，实用性和可操作性。财务管理是一门实用性很强的科学。本书作者紧紧抓住商业银行货币经营的特点，把理论阐述和财务分析方法建立在可靠的实证分析基础上，便于实际运用和操作。

第三，先进性和超前性。本书吸收了发达国家商业银行经营中的先进经验，较好地处理了继承与改革、借鉴与创新、理论与实务、现实与超前等关系，在学术性和实用性两方面均达到较高水平。而且阐述上深入浅出、通俗易懂，便于管理人员阅读和运用，有利于把我国银行办成真正的银行。

本书适用于商业银行管理人员和其他金融企业管理人员学习和参考，也可作为大专院校金融专业参考用书，故十分高兴地为本书作序推荐。

信用合作

试论信用合作社改革的理论依据

背景说明

　　本文与杨伍龙合作完成，原载《信用合作》1986 年第 6 期。
信用合作要同生产合作、供销合作一样，成为独立的经济实体。
信用合作社是社员的经济实体，不应当是国有银行的下属，需要
修订我国的"信用合作条例"，建立健全信用合作法制。在经营
原则上，应当区别业务活动中社员与非社员界限，优先服务社
员，才能真正体现信用社的民主性、群众性、灵活性原则，使信
用社成为健全的合作金融实体。

　　谈到信用合作社，人们往往极易联想什么是信用，这一点是正确的，
但另一点也是同等重要的，即合作制是怎样演进的，信用合作制度又是怎
样演进的。从历史的分析中，将会对我们今天的信用合作社的改革以有益
的启示。

一、商品货币带来竞争，竞争导致合作

　　从社会经济发展的角度来看，社会生产力发展，产生社会分工。社会
分工，带来了商品货币。商品货币的发展产生了合作。因而，合作制是商
品货币经济发展的产物。

　　长期以来有一种说法，银行是舶来品，信用合作是西方经济渗透的结
果，本文则实在不敢苟同。银行是不是舶来品，这里不准备涉及；至于信
用合作，我们不仅不认为它是西方经济渗透的结果，而且也不认为它是哪

249

一种社会制度的产物。从经济结构来看，生产发展—分工—合作，是必然的趋势；从经济发展过程来看，商品—竞争—合作，也是必然的趋势。

自从商品货币产生以后，商品生产者要实现自己商品的价值，并在经济上占有利的地位，必须尽可能使自己的商品所包含的劳动时间低于社会必要劳动时间，至少要等于社会必要劳动时间，否则其价值得不到补偿，生产也不能继续进行。故商品生产者之间的优胜劣汰，就是不可避免的。要生存，求发展，就有竞争。

不只是行业之争，更有强弱之争，竞争的最明显特征是强弱之争，一方是拥有巨额社会财富的生产组织者，另一方是相对贫困的生产经营者。强者对弱者的威胁，使弱者不得不实行联合对抗，否则，小生产很难在大企业的威胁下生存。

小生产者或弱者联合对抗大企业或强者的最普通形式是互助合作，组成经济实体。用合作制的优势，与强者对抗，以求自己的生存和发展。产生这种合作形式的，不只是在资本主义社会，早在小生产占统治地位的封建社会，就已经存在了。这种合作，包括生产的合作，原料供应和销售的合作以及信用的合作。

早在我国封建社会，民间就已经出现了信用互助合作形式，一般称为合会。发起人叫做会主。会主邀请自己的亲戚朋友参加，被邀请者叫会脚。会主、会脚们按商定的方法交纳会款和决定使用。如约定按月、按季或按年举会一次，每次按规定交纳会款，由一人使用，轮流进行，借以互助，按商定的顺序使用，称为轮会，按抽签方式使用，称为摇会，等等。这种古老的信用合作，有以下特征：共同出资，轮流使用；民主合议，共同负责；以互助为宗旨，不以盈利为目的。

在自给自足的生产方式下，由于商品货币不发达，就决定了竞争的范围不大。自然，合作形式也就很简单；但它毕竟是合作经济的雏形。到了资本主义社会，随着社会生产力的发展，大企业垄断组织占统治地位，中小企业的存在仍是成千上万。在一定程度上，小企业是社会生产正常进行的必要条件。小企业由于规模原因进行合作，是众所周知的。同时，不发达行业进行合作，也是很普遍的，如农业生产合作、手工业合作。在现代化大生产条件下，金融组织已经不以盈利为唯一目的；在兼顾盈利条件下，又要左右整个国民经济生活，调节国民经济。大银行由于：①资金有限，不能满足全社会的资金需要；②大企业的盈利高，经营稳定，风险小；③投资于大企业，就等于在一定程度上控制了国民经济。所以，一般喜欢贷款给大企业；而小企业往往很难得到大银行的支持，这就不得不建立自己的信用合作。相互支持，共同发展。

二、商品经济完善着信用合作制

为什么资本主义信用合作会得到全面发展？第一，在封建社会，虽然已存在商品货币，但还不是商品货币经济，社会生产仍然是自给自足的自然经济。由于这个时期，资本还没有支配生产，因而，借款者借款，多数是用于生活，不是当作资本来运用，所以，雏形阶段的信用合作组织，不可能吸收很多的存款，从而很难得到发展。在资本主义社会，信用合作社的借款，主要是用于生产，这不仅加强了自身的竞争能力，也充裕了信用合作社的资金来源。第二，在封建社会，市场只是一个交换概念。在资本主义社会，市场经济占主导地位，市场竞争成为经济生活与社会制度的主体。小企业若不组织起来，既没有生产力量，也没有市场力量；信用合作表面上只是资金合作，实际上是市场合作，共同联合起来占领一块市场，来应对巨型企业、垄断公司的威胁。第三，封建社会时期，资金供求、商品供求尚没有发展到制约整个社会的地步，在人们的印象中，"金银珠玉，饥不可食，寒不可衣。然天下趋之者，上之尚也"。在资本主义社会，资金规模决定一个企业的生存和发展，商品供销决定一个企业的存亡；弱小企业合作，是它们最理想的合作。第四，在封建社会，信用合作多数还表现为自然的、简单的或临时的合作；而在资本主义社会，由于商品生产者对银行的依赖性增强，信用合作逐渐趋向金融化，不仅有单个信用合作组织，而且还有全国联社，甚至走出国界，进行跨国的业务活动。所以资本主义时期的信用合作，一般具有以下特征：①社员入社资金不限，但只有一票投票权；②先分红、后积累，有一定公积金；③以服务社员为目标，不以盈利为中心，贷款利率内外有别；④共同负责，民主管理；⑤体系健全，接受国家金融管理。

可以说，商品经济完善着信用合作制。

三、发展商品经济要求有更完善的信用合作

社会主义社会是商品经济，因而商品经济的一般规律仍然发挥作用。竞争与合作必然会存在。作为合作经济一种形式的信用合作，是不能人为

地取消的。新中国成立后 40 多年来正反两方面的经验教训表明，把信用合作社作为生产合作社的附属机构，使信用社成了生产单位的钱柜子，或者把信用社归入银行，成为银行的基层机构，都会使信用社失去应有的性质，应有的积极作用不能得到发挥。这不能不说是与经济规律相悖的。信用合作要同生产合作、供销合作一样，成为独立的经济实体。

在信用合作的发展历史中，我们可以得知，在生产力不发达时，信用合作主要为社员生活服务，公积金也很少，发展速度缓慢。随着商品经济的发展，弱者联合对抗强者的增加，信用合作为社员服务的方向，就由为生活服务逐渐转到为生产服务上。这种服务方向的转变，是以生产力发展水平的提高为前提的。随着这种转变，信用合作社规模扩大，成立联社等相应的组织管理形式也得到发展。在社会主义商品经济制度下，信用社组织管理形式也要适应这一转变，不断进行改革提高，使之与其借以存在的经济基础相适应。那么信用合作资金的动员和运用的生产性、计划性也就相应要求得到体现。

农业在我国国民经济中占有重要地位，它是国民经济的基础。据 1983 年统计，在农村全部存款余额小，信用社吸收的占 65%；它将存款的 70% 转存在农业银行，相当于农业银行的全部存款的 1.4 倍。可见，信用社在国民经济中的地位是不可低估的，是我国金融体制中不可忽视的一个经济因素。

我国经济体制改革，正面临着关键时刻，为了实现宏观控制、微观搞活，国务院要求银行对国民经济发展起抑扬作用。所以，在一定程度上讲，宏观控制有赖于中央银行的作用。我国中央银行每季公布的信贷收支规模没把信用社包括进去，而是将其划分出来，特立另册。这就很难准确地了解我国金融市场的全面情况，更不能反映农村金融的真实情况，不利于中央银行进行正确决策。对于农业银行和信用社，由于它们的经济性质不同，各有自己的特点，在经济发展已经高度专业化、协作化的情况下，信用合作社的发展，迫切需要自己的管理体系。

四、信用合作社是独立的合作经济

长期以来，对于信用社的性质问题，缺乏统一的正确认识。在很长时期，曾经认为信用合作社既是农村的集体金融组织，又是农业银行的基层机构。这个提法，无论是在逻辑上还是在内容上，都令人难以接受，近两年不再这样说了，但事实上仍归于农业银行领导和管理。针对信用社的体制改革，有人说它应当是股份制，也有人说它应是民间借贷机构。我们认为，这些说法都不妥当。信用合作组织是一种独立的经济实体。

（一）信用社不同于银行

信用合作社作为一个从事金融业务的经济实体，与作为金融业务实体的银行，同是金融性企业；特别是农村信用社与农业银行同搞农村金融，都要执行国家的金融政策，但是它们是有区别的。信用社的宗旨是互助合作，不是盈利，通过信用社业务，进行社员互助，解决社员生产、生活的资金困难。银行则是国家金融企业，动员、分配资金，调节生产、流通，为国家提供积累。可见，信用社活动关系社员利益，银行活动关系国家利益。信用合作社是一种与银行既有联系又有区别的合作经济。

（二）信用社不同于股份企业

从表面看，信用合作组织是由全体社员共同出资经营，社员持有该信用社的股权；股份企业也是由参加者共同出资经营，资金入股，成员共有。但两者有着原则性的不同。第一，经营目标不同。股份企业的经营以盈利为目标，企业的全部活动以利润为中心；信用合作社不以盈利为目标，以服务社员，满足社员资金需要为中心。贷款是先内后外，内外有别。第二，管理权限不同。股份企业的管理，通过股票进行，在众多的股东中，各自的地位由其入股的股金决定；信用合作社不存在这个问题，规定入社资金起点，多入不限，不论入股多少，投票权只有一票，权力、意志相同，不存在控股权。第三，管理形式不同。股份公司的管理是经理负责制，信用社则坚持民主性、群众性原则。第四，入股退股方式不同。股份公司入股要受企业控股权限制，不是任何人都可以入股的，入股后一般不退股，若要抽走资金，只能在证券市场上出售股票；信用社的组织是门户开放，鼓励入社，入股自愿，退股自由。第五，盈利分配不同，股份公司的盈余分配，以资本多少为转移，先积累，后分红；信用社在利益分配上，兼顾社员个人利益和信用社利益，低利使用贷款，按社员要求分配利润，先分红，后积累。

（三）信用合作不同于民间借贷

信用合作社作为独立的合作金融组织，与民间借贷有着本质的区别。第一，信用合作社是一种经济联合体，是弱者对抗强者的联合，是生产力水平低下时，合力制胜的集体。民间借贷是民间的个别经营者或消费者之间的临时融资。虽然也是资金上的支援，但不集体联合。第二，信用社是一个由小到大，由简单而复杂，由临时到长期，由低级到高级的合作经济，是随着商品经济的发展而不断自我完善的。民间借贷在不同社会都存在，在自然经济社会甚至比在商品经济制度更广泛，因为它是为社会生活而融资。第三，信用社的信用活动是有组织有领导的法人组织，民间借贷则是个人之间的金融交易，是无组织无领导的金钱活动。

总之，信用合作是一种独立的合作经济，是别的信用组织无法代替的。它不同于国家银行，不同于股份公司，也不同于民间借贷。只有弄清它的性质，才有利于讨论它们的职能作用及其体制改革问题。

五、顺应事物客观性质，健全我国合作金融体系

目前，我国信用合作社已经发展到了相当水平，到 1983 年末，全国共有信用合作社 5.6 万个，分社 3.2 万个，脱产职工 32 万人，信用代办站 28.1 万个，不脱产代办员 33.6 万人。信用社吸收各种存款 487 亿元，1983 年累计发放贷款 317 亿元。在一些经济发达、信用业务搞得比较好的地方，信用社的资金基本上能够满足当地农、工、商的贷款需要。这说明信用社已对农村金融产生了重大影响，形象地说，它已经成了一个肢体健全的人，而不再是农业银行抱在怀里的婴儿。既然这样，就应当按照客观事物的要求，健全信用管理体制。

就性质来看，作为国营金融企业的农业银行，来领导作为合作经济的信用合作社，事实上是否定了信用合作的经济性质，降低了信用社的积极性。

就服务对象来看，信用社资金在全国信贷资金总额中占很大的比重。独立建立信用社的组织体系，使社员关心自己的组织，监督其更好地为社员服务，从而促进生产合作、供销合作的发展，促进农村经济和城市集体、个体经济的发展，也是很必要的。

从合作经济的总体看，目前我国手工业合作和供销合作，都有从基层到全国的联合社，有代表其利益的组织机构。在国际上，联合国有世界合作联盟。我国信用合作力量如此巨大，但没有全国联合机构，不能参加国际合作活动。在我国已经实行对外开放之后，仍把信用合作关在银行"后院"，只能有碍于我国合作经济的发展，影响整个国民经济的前进。

成立信用合作社的省联社、全国联社，积极参加世界联合活动，是一项紧迫的任务。

从信用合作社的业务活动看，社会主义经济是有计划的商品经济，信用合作必须坚持有计划的业务活动，故信用社业务应纳入中国人民银行的信贷计划和现金计划。独立的信用合作体系的建立，有助于更好地发挥信用社的积极作用。

为健全我国信用合作体系，急需修订我国的信用合作条例，建立健全信用合作法制。在组织原则上，增加社员，还可以吸收小企业作为社员；在经营原则上，区别业务活动中社员与非社员界限，优先服务社员，才能真正体现信用社的民主性、群众性、灵活性原则，使信用社成为健全的合作金融实体。

关于民间借贷的几个问题

背景说明

　　本文原载《信用合作》1990 年第 1 期。文章旨在从理论与实际方面探讨中国民间借贷问题，在回顾民间借贷历史的基础上，对民间借贷与高利贷的区别做了概括，并总结了民间借贷的具体形式，进而对民间借贷存在的问题和解决的办法提出了看法。

　　民间借贷在我国有着悠久的历史，它的经济基础是小农经济，是作为小生产者对高利贷者作斗争的产物而存在的。在不同历史时期和不同的经济环境中，民间借贷会有多种不同的活动形式，有时候甚至和高利贷不易区分，而被误认为是高利贷。它作为农村金融市场客观存在的一种资金融通渠道，必须正确地对其加以组织和引导。因而，正确认识民间借贷，在政策上正确区分民间借贷与高利贷，在发展农村商品经济中有着重要的意义。

一、民间借贷的曲折历史

　　民间借贷在历史上早已存在。如何认识和对待民间借贷，如何评价它在社会主义经济中的地位和作用，新中国成立 40 年来曾发生过多次的反复。

　　1949 年前后，由于通货膨胀，物价不稳定，民间借贷多为借实物而很少借贷货币资金。1950 年 5 月以后，物价稳定，生产恢复，农民随着土地改革的胜利，生产积极性很高，产生了对资金的需要，但是人民银行还没有能够普遍深入农村，信用社尚未普遍建立，于是民间自由借贷发展很快，并由实物借贷转向货币借贷。为了恢复和发展生产，政府号召农民互助互济，自由借贷，保障债权，有借有还。1951 年上半年，在一些地区的民间借贷额超过国家银行农贷额的几倍至十几倍，有力地促进了生产的发展。到下半年，人民银行确定了全国统一的政策，即借贷自由，有借有还，利率面议，不加干涉。对各种民间借贷形式如个人借贷、合会、信用合作一律鼓励，但在此时高利贷确实有所活动。同年 9 月，人民银行认为，自由借贷正逐渐开展，高利贷也跟着普遍地发生，因而提出了对自由借贷利用、限制和取代的方针，随后又提出对自由借贷和高利贷确定一个利率界限。经过一番争论，中央人民政府在一份文件中指出：私人借贷利率一般不应超过月息 3 分，即便超过，只要是双方自愿，无其他非法情形，亦不宜干涉。同时强调要用国家银行的农贷和发展信用合作社来解决这一问题。这一问题不是用行政命令可以解决的，即便使用了行政命令，效果也不会大，因为它可以搞"黑市"借贷。

1953 年以后，土地改革的胜利和互助合作运动的开展，推动了农村生产的进一步发展，农民的购买力提高，市场上曾出现粮食投机。在批判资本主义自发倾向时，涉及了批判合作化的保守思想和"四大自由"（包括借贷自由）。1954 年人民银行召开了反对高利贷的座谈会，认为社会主义信贷阵地越加强，与高利贷的斗争越激烈。会议决定以信用社的贷款利率作为社会利率的合法标准，超过信用社贷款利率则认为是高利贷，予以打击。随着 1955 年的农业合作化高潮，农业生产以高级农业合作社为单位组织，个人借贷转入低潮，当时认为这是"消灭了高利贷"。事实上民间借贷是不可消灭的。1957 年末有人惊呼"高利贷复活了"。"大跃进"和三年自然灾害，使国民经济遇到严重困难，农村民间自由借贷又出现了高潮，这本来是随着纠正"一平二调"共产风和调整时期的包产到户、自留地、家庭副业和集市贸易的开放，农村商品经济发展的正常现象，但由于"左"倾思想，阶级斗争的弦越绷越紧，发展到 1963 年开始的农村"四清"运动和 1966 年开始的"文化大革命"，把民间借贷完全与高利贷混为一谈，严重高估了高利贷活动，认为农村阶级斗争是长期、复杂的，高利贷活动是时起时伏的，是金融战线上两条道路斗争的具体表现。1964 年初规定，月息定在 1 分 5 厘以上的私人借贷，无论借款多少，时间长短，债主的阶级成分如何，都属于非法的削剥行为，都应当予以取缔，要像打击投机倒把一样给予制裁，使民间借贷和高利贷一样声名狼藉。

事实上，民间借贷作为一种正常的经济现象，不是行政命令可以消灭的。就在阶级斗争"天天讲，月月讲"的 60 年代，在取缔高利贷活动的斗争中，很多农村却出现了一种强制性的民间借贷——生产队强制性地向农民借款。为了 1980 年"实现农业机械化"，各个县都大办"五小工业"，生产大队大购农业机械，没有资金，只得层层摊派，最后派到社员头上，出现了大队向社员扣款集资，甚至冻结、转移社员在信用社存款进行集资，严重违反了"信用"的本意。

中共十一届三中全会以后，经济理论和经济政策的拨乱反正，恢复了民间借贷的地位，民间借贷随着农村商品经济的发展得到了前所未有的发展，民间借贷的用途由以生活为主转向了以生产经营为主，推动了自然经济向商品经济的转化，出现了多形式、多层次的民间借贷活动，由自发的低级的互助活动向有组织的合作信用的方向发展。

二、民间借贷与高利贷的区别

正确区分民间借贷与高利贷，是正确贯彻农村金融政策的前提条件。

高利贷是建立在小生产基础上的一种原始的生息资本活动，其典型的特征是：①借贷利率高；②借贷款项的非生产性运用，即借款人借款用途是为了生活需要，不得不高利告贷；③借款对象多数是小农和小手工业者，由于生产、生活的不稳定性而引起乞贷；④还本付息是小生产者的全部剩余劳动，甚至还有一部分必要劳动，因为利率太高；⑤贷款人放款的主要目的是为了盈利，为了发财，不惜乘人之危，高利盘剥。

民间借贷虽然也是建立于小生产基础之上，但是它和高利贷却有本质区别：①民间借贷是在平等互利的基础上进行的。②利息率弹性很大，有的无息，有的等于市场利率，有的高于市场利率。有时利率很高，高出市场利率很多，甚至几倍，这种情况往往是借款人用款所获得的利润很高，借款人分割一部分利润给贷者以后，自己仍然留有很大利益，而不是自己的全部剩余劳动或部分必要劳动。③借款人借款一般是用于生产和经营活动的周转资金，用于生活消费的也有，但比重越来越小。④借款人不仅有小农、小手工业者，还有规模较小的生产经营单位。⑤放贷人提供资金一般是出于互助，借贷双方是小生产者或生产经营单位之间的同舟共济，也是在商品经济活动中的正常的拆款。⑥授信人和受信人不是固定的，有时授信人可能变成受信人，受信人有时可能变成授信人，不像高利贷者是职业的生息资本出借者。

鉴于上述区别，高利贷是一种剥削性的资本生息活动，必须予以反对和打击，它与社会主义经济是水火不相容的，它不是社会主义农村金融市场的合法参与者，而是打击对象。但是民间借贷不仅在封建社会有它存在的积极意义，在新民主主义革命时期发挥过积极作用，在社会主义经济中仍然有它存在的必要性，它是社会主义信用的必要补充，在农村社会主义金融市场上享有合法的地位。

三、民间借贷的形式

目前农村金融市场中的民间借贷形式比较多，其主要形式，或者说运用较广泛的有：

（一）亲友之间的直接融资

这种形式一般多因购买生产资料、种子、化肥或修房、婚嫁、看病对资金的需要，其特点是额度小，时间短，无附加条件，无利息和其他报酬。这是中国历史上的一种传统的融资习惯，但它在总融资中所占的比重很少，而且将随着农村商品经济的发展而逐渐减少。

（二）钱中

钱中亦称银背，是融资中充当借者与贷者的中间人。一般发生在流通领域，如商业专业户，在经营活动中，根据市场需求，组织购进商品所需要的周转资金。中间人本身并无资金，但他有很强的信誉，也就是借出人和借入人都相信他，而他从中收取双方一定的佣金。

（三）以资带劳

欲进工厂当工人的农民，必须接受工厂规定，交付一定数额的资金，方可吸收一个劳动力，属借款性质，使用若干年，不付利息，或付以微息。农民为了进厂当工人，就牺牲银行存款利息而报名付款进厂。一般是500～1000元资金带一个劳动力，经济条件好的地区新办企业或生产市场紧俏商品的，企业一般规定的金额要高一些。

（四）以劳带资

发动本厂职工对本厂扩建项目进行投资，按高于同期限储蓄存款利率计息，有的规定一个劳动力交款若干，有的不规定款数，但数额大的发奖，有的用利息加分红予以刺激，以此解决企业投资资金和流动资金。

（五）发行非正规的股票或债券

近年，农村调整产业结构，第二产业和第三产业发展迅速，资金需求量大增，在国家信贷资金不能满足的情况下，各地办的乡镇企业和村办企业，就采取发动群众集资办企业，根据群众要求，采取不同的方式发行股票或债券，发卖给一定范围的农户。但大多不够规范，股票保息保值，可以退还，债券保息分红，形式不一。

（六）合会

会是中国古老的民间资金互助形式，组织方式较多，名称各异，据浙江温州地区调查，有轮会、摇会、标会、干会、押会、转会、卖会、楼梯会、排会等。它们的基本做法是一人出面邀会，多人参加，合成一会，每人以同等金额定期交纳会金，轮流使用，互通有无，利益均等。但由于具体用钱的方法和次序不同派生出以上各种名称或会别。目前这些会的发展趋势是：①无息向有息发展；②从短期向长期发展；③从小额向大额发展；④从互助为目的向吃利差发展。温州地区乐清县柳市镇，1986年万元以上的标会有100多个，全市80%以上的户参加了会。尤其是温州地区的抬会，以超高额利息吸引会员，吸引资金，走向了不利于农村金融市场稳定的边缘。

（七）互助储金会

政府拨给农村的救济款或其他收入，以及农民通过其他渠道筹集的资金，集中起来成立储金会，有的叫扶贫基金会，对农民或村办企业提供贷款。

（八）合作基金会

以乡或村为单位成立，资金来自原来公社、大队的部分资产，将原来的社员往来转为存款或借款，以此为基础，办理对村民的存款和放款。

（九）乡镇农经服务公司兼营存放款

乡镇的农村经济服务公司结合购销活动办理存款和贷款。

（十）私人金融业

私人金融业目前有钱庄、当铺、金融社、融资社、信用社等，有的是地方政府批准的，但多数是未经批准的不合法机构，有的是集体旗号，实际是私人资本。这种金融机构多属合伙性质。

四、民间借贷存在的问题及对策

目前，农村民间借贷市场发展迅速，对农村商品经济的发展起了一定的促进作用。但是，也存在一些问题，迫切需要引导和管理，使其健康发展，这些问题是：

（一）缺乏组织管理

目前全国民间借贷市场，多属无形市场，没有管理和领导机构，有不少借贷活动不是双方直接洽谈交易的，而是通过中介入进行，由于中介人不是依法成立的机构，也不是经过批准的经纪人，所以借贷的风险较大。中介人有三种：一是农村的所谓能人，他们知道谁家资金多余，谁家生产经营资金不足，然后从中串联，形成交易，从中收取5%～10%的手续费。二是专门从事资金买卖的货币经营者，他们从多资金的户中低利借入，再放给资金短缺户，从中取得利差，一般是1%～5%。三是亲朋好友做中介，他们既不收手续费，也不得利差，凭借贷双方自愿酬偿。上述三种人均非法律承认，所以借贷双方既无协议，也无合同，用"一手钱，当面清"的交易方式进行，一旦发生经济纠纷，因无正当手续而求告无门，容易造成意外的案件发生。

（二）投资者盲目性大，偿还没有保障

当前民间借贷市场，出借者多是从事农业的劳动积累，借入者多是商品经营者或生产者，由于借入者缺乏市场信息，经营盲目性大，如1985年北方"康石尔鸭"是畅销货，一枚蛋2元钱，有的经营者到市场借入资金大批买进，结果由于市场供大于求，一枚只卖5角钱，收不回原投资，造成拖债、逃债，个别的人还自杀身亡。

（三）资金价格偏高，影响银行信用社吸收存款

民间借贷市场的资金价格，一般利率为月息5厘。个别项目盈利高，资金需要量大的更高，高于银行定期储蓄存款的8～9倍，一些大额存款户，把钱投入市场，而不到银行或信用社存款。

（四）个别私人金融机构唯利是图，操行霸市

在借贷市场最活跃的地方，由于银行信用社力量跟不上，出现了一些以盈利为目的的"会"或私人钱庄，高利引诱，操行霸市，已超过了正常民间借贷的范围，成为高利贷者或金融投机商，影响了农村金融市场的正常活动。

上述问题的存在也是不足奇怪的。建立在小生产基础上的民间借贷，会随着农村商品经济的发展，不断发生变化。在商品经济发达的地区，民间个人之间的自由借贷逐渐向有组织的借贷发展，渐渐由口头信用向现代

信用发展，已经出现的那些合作基金会、金融社、钱庄等正是这种随着商品经济发展而发展的高级形式的民间借贷。今后还将会不断出现新的发展形式。当前，必须通过金融管理和调控对民间借贷加以引导。一是对于已经发展成为私人金融机构的，必须按有关政策，进行管理，不许操行霸市，扰乱金融市场。二是对证券融资不规范的民间借贷，需引导它们向正规股票、债券发展，帮助它们制订股份企业章程，按照股份企业进行经营；属于低级的合作性质的企业，按合作经济原则办事。三是加强对银背、中间人管理，与其听任自由活动，不如经过认真审核，发给合法经纪人执照，规定法律责任，课收税款。四是积极发展证券市场，加强证券市场管理，严格证券发行的审批手续。五是对于真正以资金互助为目的的民间借贷应当加以保护，更好地发挥它在社会主义金融市场中的补充作用。

政府、银行、信用合作联手改革的探索

背景说明

　　本文与秦援晋合作完成，部分内容刊载于《湖南农村金融职工大学学报》1991 年第 4 期。文章认为需要营造一个不可逆的向农村和农业注入资金的"输血管工程"，同时使实体性信用社具备符合合作金融性质要求的、健全的内在经营与管理机制，依据市场原则在地区和全国范围内建立起信用社的"自我循环系统"。

　　关于信用社改革的讨论，几年来时急时缓，呼声激烈之时，往往就是信用社领导体制上矛盾纠结难解、内部经营管理上机制不全、效益低下之日。自然而然地，人们的眼光集中在以下两个中心问题上：第一，信用社领导与组织体制如何完善或变革？讨论的中心话题是怎样看待改革 10 余年来形成的行社关系；第二，实体性信用社（即基层信用社，为了用词一致，本文皆用实体性信用社）如何完善内在的经营与管理机制，以提高经济效益？我们认为以上两种中心问题的确是改革的重要问题，但并非全部关键。由于在思维方法上多少带有习惯性和封闭性，所以别的一些关键就往往被忽略或掩盖。为行文方便，在此我们先发表对已成众矢之的的那两个中心问题的意见。

　　关于第一个中心问题，我们认为，无论是现行的行社关系，还是设计别的领导体制，都只是一种形式。其主要目的是把政府支持和帮助信用社的资金畅达到其标的——农村与农业的发展上去。这就是说，10 多年来建立和恢复起来的行社关系，只是政府营造向农村和农业注入资金的"输血管工程"的一种尝试，在以前也存在过别的隶属关系，但终因不能满足当时现实的要求，而逐步被淘汰了。目前的行社关系是否尽如人意？其功过是非可以评价，自然也应容许设计别的模式。

关于第二个中心问题，我们认为，在集中注意力于内部机制健全问题时不应忽视以下两个关键：一是外部良好的环境对内在机制的制约力；二是实体性信用社之间的有机联络。具体地说，就是在全国范围内如何形成信用社的"自我循环系统"和在一定区域内形成"开放型的自我循环系统"。

根据以上认识，可以看出信用社体制的改革已扭曲为归谁领导的隶属争论之嫌。这样，无论从哪一方的立场出发，其结论都会有或多或少的偏颇。为防止这种倾向，我们认为：政府、银行（人民银行与农业银行）、信用合作三方应联手进行信用社改革。

其目的有三：①营造一个不可逆性的向农村和农业注入资金的"输血管工程"；②使实体性信用社具备符合合作金融性质要求的健全的内在经营与管理机制；③依据市场原则在地区和全国范围内建立起信用社的"自我循环系统"。本文的宗旨即在探索政府、银行、信用合作三方如何联手改革，以达到上述三个目的的理论与实践问题。

一、政府与信用合作

（一）信用合作与政府在体制与财力上的关系

信用合作起于经济上弱小者的联合，政府有义务支持和帮助合作经济。近代以来，随着资本主义的发展，经济上之强弱差别很大，弱小者如不联合，就有被强食的危险。所以合作在近代形成一种蓬勃的运动。信用合作发源于德国，后入远东，大盛其势。现以德、日为例，说明信用合作与政府在体制与财力上的关系。

信用合作体制先是自发奠基，后由政府引导；信用合作之取得财力支助，先从地方政府，后从中央政府。德国雷发巽氏首倡信用合作社，又自设中央农业合作银行，并作为各实体社的首脑。其职能是指导业务、调剂资金。又因雷氏本人身任地方行政官，也从地方金库中拨出部分资金，资助各社。同时为业务之便，雷氏之合作体制又与私营的德莱斯登银行挂靠。至此信用合作体制处在自发奠基阶段。在德国，除雷发巽氏信用合作之外，还有哈斯系和许尔志系。为使这三大合作系统联合起来，形成全国的信用合作统一系统，1895年普鲁士邦政府拨出公债500万马克成立普鲁士中央合作银行，其业务不限于本邦，而以全国合作组织为对象；因为德莱斯登银行在"大危机"中停业，雷氏合作银行运筹艰难，雷氏自愿全面接受普鲁士中央合作银行之协助。这样，成立名副其实的中央合作银行的时机已经成熟，于是由德意志中央政府和普鲁士邦政府各出资4250万马克，合作社及其他方面出资1511万克，于1932年10月将普鲁士邦中央合作银行改组为德意志中央合作银行。这时全德信用合作的真正首脑始告形成。自合作运动发端至此行年已逾一个世纪。由此可见真正完善的信用合作并非一朝一夕所形成的。第二次世界大战结束时，德意志中央合作银行恰好在东柏林苏军占领区内，业务实际上已告结束；战后恢复时期，农村各业，尤其是农业急需依靠信用合作，但当时的信用合作却陷于群龙无首、无所适从的境地。有鉴于此，于1949年5月11日联邦德国政府重组德意志合作银行，取消原"中央"二字，并明确规定了其任务，相袭至今，无大更改。

日本是受欧洲先例感召而创设自身合作体系的典型国家。日本政府于1890年公布产业组织法，1923年由政府出资1550万日元，相当于创设基金的半数，组建产业组合中央金库。后因渔业及森林合作社先后参加进中央金库而改组为农林中央金库。为了利于民间融资和方便政府资金注入，中央金库又分为两大系统：一是以中央金库为主，负责中短期信用和各种专项资金的民间资金系统；二是特设农林渔业金融公库，负责长期信用和开发性资金的政府资金系统。

日本的合作社系统组织体制是三级资金制。由于日本的产业合作与信用合作联系密切，故三级中的最基层一级：综合性农业合作社是以产业实体为中心的；次一级为县级农业信用联合社；最上层是农林中央金库。

以上所述德、日两国的信用合作实际上是两种类型中的典型，德国是由自发到政府引导形成信用合作体制的典型，其体制完善历时较久；日本是由号召而制度化形成较完善体制的典型，其自发的成分弱，而政府干预成分强，故其形成全国系统的历时较短。这一段简略回顾，似可得出以下两个结论：第一，世界各国的合作金融体制虽在大轮廓方面有些概莫能外的地方，但其关节细目则差异甚殊，因此，我们讨论中国的信用合作体制不可简单地效法世界通例，而要立足现实。第二，体制的完善是渐进的，不能一蹴而就，因此，我们在讨论中设计的各种理想模式尽可推之高远，束之眼前，但必须从现实出发，找出循序渐进的步骤来。

（二）政府为什么乐意支持和帮助信用合作

政府支持和帮助信用合作，各国皆然。尽管受财力物力等因素限制，程度有别，但是各国政府均乐意支助信用合作。这是为什么？此问题看似简单，如果挖掘透彻，对许多急迫的现实问题会有豁然开朗之效。

政府支持信用合作是为达到其更深层目的的手段，这个更深层的目的就是农村经济和农业的发展。

政府之所以选中信用合作为手段，是因为信用合作起自民间，起自农民，而上达于政府，天然具有作为农民与政府之间桥梁的特征，且又直接经营货币信贷业务，政府如果想从国库中拨出支农资金下达到全国各地的农村与分散的农户，这中间最方便的传递渠道，非信用合作莫属。所以各国政府对信用合作体制无不精心培植，其目的不外乎是为了营造畅达的支农"输血管工程"。

政府之所以特别重视支持农业，是因为近代以来工农业发展的不均衡。先是以剥夺农业的方式促进工业的进步，发展了的工业对农业提出了更高要求，又是现有农业所不能胜任的，故救治农业的衰敝成为政府的中心议题之一。自30年代大危机以来，西方各国莫不注重农业投入，而在完善信用合作体系、营造"输血管工程"方面用力尤勤。前苏联与我国等社会主义国家开始是以农业积累来发展工业，实现国家工业化，终究还是以发展起来的工业来补助农业。可以说"以工补农"是当今世界的怪现象。

（三）我国为营造支农"输血管工程"种种努力的述评

我国目前的主流信用合作是50年代政府号召、行政组织、农民自愿的产物。在50年代，信用合作工作的方针政策归党的各级农村工作部门统一领导，具体工作由各级政府的"农口"统一布置，信用社的业务受银行指导，行社资金往来按经济原则办理，分别核算，在机构上不存在隶属关系。这是我国信用合作发展的第一阶段，也是第一种体制。"大跃进"时期，信用社下放归人民公社管理，以后再下放给大队，造成对信用社资金的严重平调，管理和业务均呈混乱状态。这是第二个阶段，也是第二种体制。1962年国务院决定收回公社与大队对信用社的管理权，仍由人民银行领导。按照人民银行的意见，"有关信用社的方针政策，由农村工作部领导；有关信用社的信贷计划、资金运用、投放和回笼计划的确定，由财贸办公室领导；各级人民银行按照党的有关指示，对信用社的日常业务经营、财务管理和干部培训、教育工作进行具体指导"。这样政府与银行双轨领导模式始告形成。这是第三个阶段，也是第三种体制。"文革"期间，信用社再次下放归公社、大队管理，业已恢复的组织遭到破坏，业务停顿。这是第四个阶段，但却是第二种体制的重复。1979 年国务院在恢复农业银行的通知中重申"农村信用社是集体金融组织，又是农业银行的基层机构"，从而明确了行社机构上的行政隶属关系，并规定各级党政部门不再存在对信用社的领导关系。1984 年以后，关于信用社独立经营的呼声日高，所谓"基层机构"的提法渐稀，而变"领导"为"指导"成为热门话题，更有主张行社完全脱钩、自成体系的议论。这种情形延续至今。这是第五个阶段，是第三种体制的发展。

以上关于体制演变的回顾，看似纷纭，扑朔迷离，形式上表现为隶属问题和领导权之争，其实质不过是政府在进行各种尝试，以图营造支农"输血管理工程"，使政府支农资金能够畅达到标的上，同时使信用社具有经营动力和效益。这二者是合二而一的，而实体性信用社营运不善的体制，或实体社高效营运而"输血管工程"不通的体制都是不可想象的。

当前讨论行社关系，都会和这些老问题挂起钩来。由于思维的习惯性，人们很容易把这场有助于建立良好体制的讨论引入领导权之争的歧途。其后果只能是使改革徒具形式，而无助于实质的变革，不过是以新瓶装旧酒，为改革之最终完成多添一些缛节。为此笔者着力强调：应当超领导权之争的环套，考虑政府、银行、信用合作三方联手改革。按照从现实出发的原则，目前我们讨论行社关系的基本点应落在营造畅达而不可逆的"输血管工程"上。

二、银行与信用合作

（一）合作金融与商业金融

各国政府之支助农业，莫不依赖金融体系，其方法是以信用合作体系为框架营造"输血管工程"，已如上述。因为信用合作或合作金融既是政府输血工程的主体，又是总体金融体系的有机组成部分，这样的金融体系中就产生了合作金融与商业金融的关系。具体到机构上就是合作金融上下组织与中央银行以及各种商业性银行的关系问题。显然，中央银行对这两种金融不能一视同仁。

首先，合作金融的中央机构被赋予特殊的任务，例如，原联邦德国政府规定的德意志合作银行的八项任务，主要是：存置各区合作银行闲置资金的94%；对区合作银行作短期贷款；发行4～10年期债券以吸收民间及合作社资金；增强区级合作组织之基金等。这是商业银行所不能涉足的领域。

其次，合作金融组织主要体现人力的结合，而不注重体现资本的结合，所以凡按规定的最低数目出资者即为社员，无论出资多少，每个社员只有一票权利。股份制商业银行则与此不同，它以体现纯粹的资本联合为特征。

最后，合作金融组织资金流向受到社员意志（通过社员代表大会）的支配，自然而然地会流到社员所在的经济弱小部门（产业、地区、阶层等），故其看重宏观效益，或称重视资金之社会性。商业银行则受最高利润原理支配，其资金流向受产业间和地区间的利润率高低的支配，故其看重微观效益，或称重视资金之盈利性。

此外，业务上的差别较多，决定它们之间这些差别的根本原因是它们性质上的不同。

中央银行列这两种金融采取了区别对待的政策，对合作金融主要是：①代管国库对合作金融中央机构的拨款，监督其在系统内的使用与管理；②制定保护合作金融的有关法规；③疏通信用合作系统的资金自我循环渠道，在系统内坚持市场原则的前提下，对外宾实行保护性竞争，以期不被商业金融吞没。

（二）对三种模式的认识和评价

明确了合作金融的地位、性质、任务及其基本原则，就有利于我们对现已提出的三种体制模式进行剖析了。

1. 将信用社划归地方政府领导

这种模式在信用合作运动之初确实存在过，如德国的雷发巽他本人身任地方官，其信用合作组织受到地方财力支援。领导者兼任，似乎有受地方政府领导之嫌。我国的情况，如上所述，有两次将信用社下放给地方（公社和大队），其结果是业务与管理双重混乱，几乎致信用合作于死地。其弊病可归纳如下：

（1）这个模式使合作金融与总体金融体系割裂开来。金融是以货币和资金为经营对象。资金与货币的流动都不应在地区受到阻扼，信用社归地方政府领导，等于把现存系统化整为零，这样资金流动在地区间受阻情形是可想而知的。至于在全国形成信用合作资金自我循环系统，在这种体制下根本谈不上了。

（2）这种模式使信用社成为地方政府的金库，其业务与管理必然大受行政力量的干预。

（3）有人以为信用社归地方政府领导，可以将本地闲散资金集中起来用于本地，免其流走，其存贷款活动和受益人是本地农民，这就是说，这个模式可以藏富于民，藏富于社，藏富于本地政府。其实这种想法也未必乐观，行政干预金融为我们留下的教训非止一次，信用社本身也已两次受挫，历史教训当深思之。另外，国家对经济的宏观调控，主要仰赖资金的流动，如今将资金凝固于一地，就国家宏观政策和总体利益（姑且不论微观效益）看，这种抑制的确不可取。

正是由于有这些缺陷，世界各国早已将这种体制废弃不用（只在组建信用合作之初短期使用过它），我国两次采用，虽每次都为时甚短，但也造成了灾难性后果。

2. 信用社自成系统

上有中央机构，中有系统管理，下有自主经营，直接受人民银行总行或人民银行各级机构领导。这个模式在各个历史时期有过时高时低的呼声。如果能够实现这个模式，我国的合作金融体制将会与世界多数国家的体制一致起来。但必须指出，这个模式不是政府一道命令就能建立起来的。它需要相当长时期的演进，才能臻于完善，其原因主要是要尊重实体性信用社的独立性和自愿性。像前面已经指出的，德国实际的合作首脑普鲁士中央合作银行成立已40年后，雷氏的合作社才开始完全加入其组织，如果不尊重这个自愿性，信用合作即使统为一系，也无助于信用社本身的经营管理，更无助于政府以支农为目的"输血管工程"。这里我们泛泛谈一下这个世界通例的优点：

（1）有利于政府依靠金融营造支农"输血管工程"。

（2）这个模式的中层机构一般是管理型的协会或联合会，联合会的职能是上传下达；情报信息的收集和支农资金分拨是其主要任务。联合会所提供的资料可使政府支农资金在下达时就明确化。可以稳、准、适量地畅达到标的上。

（3）便于中央银行统筹安排，对合作金融实行不同于商业金融的特殊政策。

但是也应清醒地看到，我国的国情对实施这种体制有特殊的困难，即使勉强实施，也会大大走样。这些特殊困难可罗列如下：

（1）我国的金融体制尚未摆脱按行政体制分层设立、条条贯彻到底的弱点，在"大气候"尚未有实质性改革的情况下，即使设立信用合作之中央机构，也不会形成中央机构—联合会（协会）—实体性信用社的简单关系，必然是依照行政体制，上下环节众多，机构叠床架屋，使最基层的实体性信用社有不胜其沉重之感。而且有同志预测过：信用社自治系统，第一个举动就是增加管理层。这要增加几万人的编制，这些人员须从基层信用社抽调。业务第一线的人员尚且不够，真正能够熟练从业的人员更是紧缺，再抽到各上层管理部门，会更加影响业务发展，头愈重而脚愈轻。更进一步说，我国版图广大，此种客观情况也不容实行三级制，若像法国那样实行四级制，甚至五级制，也恐鞭长莫及，无助于实体性信用社的发展。总之，在我国金融体制与世界各国体制保持较大差异的情况下，又面对版图广大、地区经济发展严重不平衡的客观现实，希求信用合作体制一马当先，与世界通例趋同，那是很难实现的。

（2）我国的信用社遍及各个乡村，如果由人民银行的各级机构管理，将会增加人民银行的职能部门（处、股、室）。为管理之便，甚至得在乡一级设立代办机构。这就是说，信用社自成系统，除使自身机构累赘不说，还会造成系统外管理机构的膨胀。况且人民银行是以宏观管理为职能，信用社是以直接经营信贷业务为职能。这两个职能非同类化的机构，如何进行业务的指导和改进，结果只能是以下的两种选择：不是人民银行将信用社管死，就是让其放任自流，完全违背合作性质而与专业银行摆开完全竞争的架势。

（3）我国信用社并非股权和社员身份明确的信用社，故其内在约束力——社员代表大会不能尽其职能。这可以说是我国信用社的先天弱点。这些年信用社所以能够将其主要资金用于农业，几乎全靠与农业银行的明确分工，这是个支配其业务方向的重要外力。如果令其自成体系，内、外约束力一齐失去，恐怕实体性信用社立时会成为十几位现有职工的信用社，其撇下农业，掉头追求高利润经营将成为必然趋势。此时合作性质已丢弃净尽。

3. 由农业银行代人行对信用社的管理和领导

这个体制在历史上确实发生过若干扭曲。自 50 年代以来，行政领导金融已是根深蒂固的意识，所以信用社的领导权几次都归到政府"农口"。而人民银行只是辅助地给信用社以指导，人民银行不敢痛痛快快地恳求对信用社的领导权。那时农业银行的上层领导机关并不是人民银行，而是政府的"农口"，这就是说，信用社与农业银行同为"农口"的"兄弟"。由于农业银行有机构、人员上的优势，"农口"就委托农业银行管理信用社，这是这一体制的历史渊源。可以看出，这一体制在当时的形态是不合理的，但当时行政领导金融的大环境就不合理。这个"错中错"还起到了一点抵消负效应的作用。因为它避免了将信用社长期划归地方政府（公社、大队）领导的悲剧。中共十一届三中全会以后，农业银行的身份被规定为国务院直属局，由人民银行代管，并明确信用社为农业银行的基层机构，实行独立核算，这是这一体制的新阶段。这一体制确实焕发了信用社的生机，但它是以伤害信用社合作性质为前提的。这个生机只是独立核算带来的表层效应，更深的矛盾在酝酿。后来终于改变了基层机构的说法，仅提"代人民银行行使管理和领导职能"。

由这个简史可以看到，行社关系是经受了考验、不断改正扭曲的和不合理的方面而联手走过来的，其前景看好，但应不断深化改革才是。

这个体制的优点简列如下：

（1）由农业银行代行管理职能，中央银行可不必另设机构，使其专注于宏观大局，减其烦劳。

（2）农业银行与信用社同是在农村活动的金融力量，它们如能携手，结成伙伴关系，尊重各自权益，对谁都好；如果变成完全竞争关系，双方都会忽视各自的既定目标，而且合作金融组织不可能与专业银行建立起完全竞争关系，因为职能毕竟不同。再说，农业银行可以及时发现信用社管理上的漏洞，在业务上指导信用社。

（3）更重要的是，行社联手可以使它们之间维持一个基本的业务分工，适当交叉。如果没有基本分工的约束，我国之股权和社员身份不明确的信用社就会将其积累于农民的资金，不能自愿地足额地用到经济弱的农户身上。

但这并不是说目前这种体制已尽善尽美，行社关系没有任何扭曲，只是说目前的上策是维持现有体制的相对稳定性，不必急于效仿他国体制。

（三）改革行社关系

1. 行社磨擦

就信用社一面说，其怨言在于：

（1）农业银行给信用社下达指令。它的转存款任务，按照规定转存款应依据各地情况，信用社之转存比例，信用社本身应有较自主的决定权。

（2）转存款利率与支持信用社贷款利率核定不尽合理，使信用社吃亏。

（3）信用社存贷款规模受到人为限制，多存可以多贷原则不能兑现。按说信用社实行独立经营，存款是主要的资金来源，它在存款增加的基础上扩大贷款规模，在不依赖银行支持的情况下扩大贷款不会引起信用膨胀和货币增发。

（4）信用社保值储蓄面过宽，而且不能像专业银行一样，将保值的费用从上缴财政利润中冲减，存款成本过高，甚至存贷利率倒挂，使信用社经营举步维艰。

（5）信用社存款准备金缴存比例过大，对备用金要求的比例也比较大，这也有害于信用社经营。

（6）强令信用社购买特种存款存单和国家重点建设债券，这等于抽调积累于农业的资金去搞城市工业基本建设，不仅伤害了信用社的合作性质，而且有悖于政府支农的总战略。

（7）对信用社的税种过多，有些地方多达十几种，税收过重，大大增加了信用社的经营成本。

（8）农业银行有强令信用社发放贷款，或将由农行承担的政策性贷款转嫁给信用社发放之嫌。

（9）行社业务范围强行划分，适当交叉的原则往往受到阻碍。

（10）信用社的业务经营、干部升迁、职工招聘、职工待遇、工资评定、奖金核定等大都由农业银行确定，本来就不怎么健全的所有者（社员以及社员代表大会）更无发言的余地。

（11）行社财产、物资所有权划分不清，相互无偿占用，双方对财产的使用调度均感困难。

（12）农业银行有时平调信用社资金和人员，无偿使用。

农业银行方面也有怨言，主要是：

（1）人民银行给我们的信贷计划是行社相联下达的，我的存款任务是以上年基数核定出来的，上年基数中含转存款因素，我要完成当年任务，当然不能放弃转存款一项，而且收购资金缺口过大，多年来对信用社转存资金已形成依赖性。

（2）在行社不分家的情况下，仿佛所有的农村优惠的政策性贷款都摊在农业银行头上，如果行社真正分家，信用社必须独立承担一大部分，现在信用社负担一部分政策性贷款是理所应当，谈不上转嫁。

（3）行社管理上确实有些不能截然划分的地方，如行社联营、行社同院的地方，其安全保卫必须两家合搞才有力量，不能各行其是，这些方面就谈不上平调信用社人员问题。

（4）人民银行虽然名为由农行代管信用社，但人民银行的许多政策触须是直接延到信用社的，如缴存准备金比例、购买特种存款单和重点建设债券等，就不是农业银行做的主。这些不合理干预因素（将信用社视为一般的专业银行机构）也为农业银行的代管增加了困难。

（5）信用社在地区间发展很不平衡，不发达地区的信用社长期依靠农业银行扶持。

（6）由于各种原因，信用社存款成本过高，沉淀资金比重过大，经营机制运行不良，管理混乱，如果出了漏子，还得农业银行为它"擦屁股"。

兼听则明。通过听取以上两方面的怨言，可以看出，所谓行社的磨擦，并不是正面磨擦，往往只是"擦边"，它们各有苦衷，虽然互相抱怨，但也共同抱怨第二者。即便是行社"脱钩"也只不过清除了上述那些"擦边"的部分，而磨擦的实质并没有解决。因为造成这些不合理方面的原因不全在农业银行身上，也不全在信用社身上，而是广泛地存在于金融体系和政府与金融的关系上。在金融上，实际上存在着三个不合理层面：①政府与金融的关系不顺；②管理金融（人民银行）与实务金融（各专业银行、信用社等）关系不顺；③商业性金融（专业银行）与合作金融（信用社）关系不顺。所以政府、银行（人民银行、农业银行）、信用社应当联手改革，方能收到满意效果。

2. 近期联手改革的内容

（1）人民银行应当逐渐改变行社资金内在联络的做法，排除转存款因素为农业银行规定组织资金计划。在目前金融体制下，中央银行对农业

273

银行的存贷规模可以采取指令性指标，但对信用社则应正视其合作性质，实行软约束计划，只要信用社独立依靠存款来扩大放款，而不是依靠向银行借款来扩大放款，就不必担心信用膨胀和货币发行扩大问题。这就是说，要从最上层做起，使行社资金与业务联手（即依据市场原则互相协作），而不是联体（即把信用社视为农业银行基层机构，不重视其资金与业务的自主权）。行社联手而不是完全联体，应该被视为改革当前行社关系的一条原则。

（2）中央银行对信用社缴存准备金率和备月金率要合理核定。建立准备金的目的之一是为应付支付困难，可信用社准备金率又曾高达30%，严重滞阻着信用社的资金运用。当国家采取紧缩信用的货币政策时，信用社支付发生困难，银行资金也高度紧张，准备金根本不能提取，起不到保证支付的作用，在平时它不过成为中央银行权柄的象征而已。按说我国农村信用发达程度较低，信用社派生存款能力较小，再加上它受到合作性质的制约，缴存准备金的比率应大大低于专业银行才是。对于城乡派生存款能力的测算，人民银行应当细致地做工作。

（3）农业银行的省级分行在转手下达信贷计划时，也应在行社资金分开的前提下，适当统筹安排。过去的习惯做法是名为统筹安排，实则计划一体下达，资金一体使用。这就模糊了专业金融资金与合作金融资金的界限，为下级的行社资金争讼埋下了隐患。

（4）农业银行要改变过去的向信用社下达指令性转存款指标的做法，转存多少应由信用社自己决定。目前的过渡方法，可考虑采用暂时将指令性转存指标改为软约束指标，即农业银行可以就转存问题向信用社提出愿望额度，劝说实现之，以使行社共渡难关。在不发达地区或本地资金紧张的地区可以实现零转存，这样可以把得自于本地的资金全额地运用于本地产业的发展。

（5）行、社作为金融企业，它们是平等的，且信用社主要服务于低利润产业，有受政府中央银行、专业银行保护的特权，所以在行社资金来往上应坚持市场原则。在信用社资金有余而银行紧缺，或信用社资金临时短绌而银行资金有余的情况下，行社间的借用利率，应按照当时的拆借市场供求关系合理商定。总之，既要体现各自是利益主体，又要体现出彼荣我荣、彼衰我衰的伙伴关系。

（6）人民银行委托农业银行代管信用社的代管范围和深度应明确化，

必要时应制定详细的代管法规予以约束。农业银行对信用社执行信贷政策、利率政策、货币政策和国家非常时期的金融措施，有权代行监督检查，对信用社业务经营与管理有指导和责其改正的义务。但是应该严格掌握这个界限，不要越权干预其正常的合乎规定的业务。如有必要，人民银行、农业银行、信用社三家可会同协议一个《代管禁忌事项》，三方互相监督，联袂执行。

（7）信用社在软约束计划的范围内坚持多存可以多贷原则。这样做不会引致信用膨胀和增发货币，原因已如上述。在超过软约束计划的规模后，信用社如欲继续扩大信贷规模，可报请农业银行或人民银行备案，由人民银行、农业银行会同审查新增规模是否确系本地经济发展的需要，审查信用社准备金与备用金情况，审查新增贷款的风险情况，在必要时可以加以劝说和制止。

（8）行社业务与分工要合理化。我们已经说过，行社放款范围的划分是个重要的外力，可以使我国具有很多弱点的信用社为经济弱者服务，发挥其合作金融的天赋功能。但这种界限的划分不宜泾渭分明。因为农村高利润产业很多也是合作经济搞起来的，从业人员即是原来的农民社员。所以我们主张在贷款划分上适当交叉，协同配合，共同为农村经济服务。

（9）信用社内部要加速健全经营管理机制的步伐。为调动积极性，可完善和实行社主任聘任制，基层社承包经营制，对于职工也要权责利结合（这些制度目前可由社员代表大会、县联社、农行三方会同商定）。为加速资金营运，信用社要想方设法降低存款成本，并尽快摆脱沉淀资金过大这个沉重包袱；同时还要按照合作性质的要求，调整信贷结构，使宏观效益和微观效益密切结合起来。

（10）政府（部分地与人民银行有关）要减少以至取消对信用社的不合理"摊派"，以降低信用社经营成本，使其能轻装上阵。如强制购买特种存款单、债券以及过重的税收等。应时刻牢记其合作金融性质，不要视同专业银行。

以上关于近期联手改革的十项措施，每一条都不是孤立的，在实施中，各部门应当联合动作，遥相呼应。每一措施都应用适其时，用适其处；各部门对联动措施应有积极态度，充满信心，期在必成。

（四）营造"输血管工程"

我们说过健全的信用合作体系应当有三个标志：①实体性信用社具备

又是中央银行的卫星，其运转受农村经济与总体经济的现实关系支配。在外力不发生重大变化的情况下，它们的引力平衡具有相对的稳定性。这个体系可以形象地称为"农村金融天体"。

这样的体制为什么有利于政府支农资金的注入、落实与循环呢？

在旧体制（即现有体制）下，过去几年，我国政府每年都要增加上百亿元支农信贷资金灌注到农村，但是资金一进入行社联体即变为"隐流"，混为一体，与正常贷款共同下达，行社串流，无法单独考察核算；尤其是下达到最后一级（基层所社）已经串流得厉害，使账面资金流向与实际资金流向完全脱节。

有了新的体制，在上层，支农信贷资金主要由信用社系统灌注下去，农行只是一个辅助性渠道，虽然在省分行一级还是一体流动，但已各有脉络。这样可以变"隐流"为"显流"。其中信用社承担全部的支农资金的短期投放和部分的中长期投放，农行渠道则承担个别信用社无力承担的大型项目。中心支行一级是支农资金的分野点。过了这个分野点，其主流进入县联社，县联社再采取特殊措施管理这部分资金的投放、收回与效益评价。

以上描述的支农资金显性流动就是资金在"输血管工程"中的运行过程。所以说，行社关系由完全联体转换为上层联体下层联手是营造"输血管工程"的关键。这个骨架一旦建立起来，其他诸如管理、营运核算问题就容易解决了。

2. 政府政策意图与政策措施明确化

我国每年的支农信贷资金量不是自上而下按各地需要统计上来的，而往往是上层游说权衡的结果，所以政府的政策意图一开始就比较模糊。另外，这些支农资金通过行社联体下达，采取什么样的管理措施以别于正常信贷？应以怎样的比例流动？主要流向是哪里？这些问题都没有事前的周密考虑。在信用合作体制完善的国家，联合会或协会会很好地办理这些事。这部分支农资金使用效益如何，也没有事后的严格评价。我们认为，为改变这种状况必须发挥中层的作用。就是说信用合作系统的中间层次应对本地所需支农资金（是哪一些项目、用途，一项需要多少数目）在事前统计上来，中间层的农行机构可对信用社做具体的业务技术指导。这些预测资料汇总到农行总行属下的信用社首脑机关，由他们报请人行和政府参考，在贯彻支农信贷资金时，应以信用社为主渠道，使其流到既定的项目和用途上去。

3. 农业银行代管功能法规化

在以上所述体制的各个层次，几乎都会出现农业银行代管问题。在总、分行一级，三种功能同一载体，其代管是显而易见的；在县一级，农业银行对县联社同样有宏观政策上的代管权和业务上的监督权。为了使代管严格限制在规定的权力范围内，以免发生侵权行为，人民银行、农业银行、信用社三家应尽快会同协商，制定详细的"代管法规"，对于那些特别容易发生侵权的部位，应制定对应的"代管禁忌事项"。

4. 完善信用社的内在经营管理机制

5. 建立起全国的信用社自我循环系统

由于4、5这两个问题相对独立，下面我们做专题论述。

三、内在经营管理机制的完善

关于完善内部经营管理体制的大前提，有三种意见：第一种激烈的观点主张，应尽快明确信用社的社员身份和非社员身份，由真正的社员选出社员代表大会，令其行使对信用社的管理监督职能，贷款实行社员与非社员内外有别的政策。具备了这个条件，内部机制的完善问题将迎刃而解。我们认为，新中国成立后的信用合作就是集体与合作的两栖形态的经济，信用社股金零星、众多分散，再隔三四十年，社员身份已不可能明确地恢复，这是客观现实，我们主张不能置这个现实于不顾。第二种意见认为，既然社员身份已不可找回，不如将现有基层社由现有职工承包不来（向谁承包？向社员代表大会、县联社抑或农业银行？这个问题没有解决），自负盈亏，自主经营，搞完全的商品经济与其他在农村活动的金融机构拉开完全竞争的架势。我们认为这种主张完全违背了合作经济的初衷，严重损害了原有社员和全体农民的利益，因为由于几十年的牢固联系，农民（无论社员还是非社员）都已将信用社视为自己生产费用的主要信贷来源，完全的商业化，必然使信用社资金流入高利润产业和地区，直接受害者恰恰是当年的有功之臣。况且向谁承包？向社员代表大会、县联社还是农业银行？这个问题也无法解决。所以这种主张之所以不可取是显而易见的。第三种意见也是大多数人的意见，认为应当从信用社的现实出发，寻求完善内部经营管理机制的方法。本文就是根据这第三种意见作如下思考的。

前面已经谈过，信用社改革的关键是营造向农村和农业的"输血管工程"，而完善信用社内在经营管理机制是营造"输血管工程"的重要组成部分。这就是要使信用社资金和国家支农资金真正全部注入农村和农业，建立一个自动、快速、充分的实体信用社资金良性周转的机制，避免资金的"跑、冒、滴、漏"，避免通过行社的"虹吸管"将资金由农业导向城市，由农业导向非农业。依据这一指导思想，信用社内在经营管理机制的完善需在以下三个方面加强：

（一）"三性"加"两性"

金融企业的经营原则，通常认为坚持"三性"，即安全性、流动性和盈利性。即金融企业在经营过程中，由于资金来源大部分来自客户存款，利润来自存放利差，因此在经营中首要的问题是安全，放款要按期如数收回，保证客户随时提存。为此，要保持资产的必要的流动性，以利安全。但不盈利本身无法生存下去，这是不安全的极限，故安全、流动、盈利通常被认为是三条经营原则。但是，我们认为这是很不够的，必须再加"二性"，一是社会性，二是分散性。即既要盈利又不能唯利是图，必须服从国家的方针政策和企业及社会的需要；资产运用要注意分散，不可将资金投放在一个企业，以分散风险。这"二性"对于合作金融尤为重要。合作金融相对商业金融来讲，其特殊之处首先在于它的互助合作性质，其次在于有国家输血传导功能，这决定了它必须突出社会性原则；另外，信用社资金少，规模小，更忌资产集中使用，必须突出分散性原则。我国信用社贷款沉淀比重大，其重要原因之一，就在于贷款集中于个别乡镇企业，一旦受信者倒闭，授信者立即受挫。

需要指出，按合作金融的原理，信用社本不该讲盈利性，应以互助合作为宗旨，不以盈利为目标。但我国的信用合作社事实上已成为独立的集体金融企业，从50年代的"社会主义是天堂，合作化是桥梁"开始，已经把合作金融与社会主义集体——全民经济连在了一起，不讲盈利性是不现实的。故全面强调信用社的"五性"是我国信用社经营机制完善的首要问题。

（二）构造"止回阀"

在中央银行委托农业银行代管信用社体制下，自然在两行一社之间形成了资产通道。既然是通道，必然会呈现出"连通器"或"虹吸管"的特征。要保证国家支农资金是注入农村而不是从农村抽走，就必须在这一

通道上设置若干"止回阀",而且这些"止回阀"还必须具备三个特性:
①自动止回,避免行政性人为调拨,以保证资金自动注入农村;②压力充足,避免人为驱动,以保证资金快速流动;③闭锁严密,避免闭锁不全,以保证支农资金充分运用。

设置安装这样的"止回"机制,可以从两个方向着手:

1. 政策和法律上保证

中央银行对支农资金的安排,管理制度以及农行与信用社资金管理,要政策明确,区别对待,制度健全。如规定不准向信用社分配购买重点建设债务任务,在资金利率上予以优惠等。

2. 管理体制防"串"

保证支农资金和农村资金真正用于农村和农业,按现在的经验教训,关键在于防止资金"串流",其"串流"关键在两点:一是中央和省两级在分配资金时,凡支助信用社资金,必须投入信用合作渠道;凡支农发展资金,必须投入农行政策性业务,防止支持信用社资金和农行政策性业务资金与农行商业性业务资金相混淆。二是县联社以下实体信用社各种贷款业务中将低利政策性贷款(如支农贷款)与高利率的商业性业务混淆,因而要划清界限,分别立账,分别渠道,防止"串户"。

(三)近期对策

目前,向农村和农业注入资金的"止回阀"不仅不灵,甚至有时常常开启。资金可以在农与非农之间来回流动,其来回流动的方向和数量,决定于农业银行各级行的领导和人民银行的业务主管。为了保证农业投入,搞活信用社经营机制,在近期内主要应当采取以下措施:

1. 改善外部环境

外部环境是制约内部经营机制完善的重要因素。目前信用社内部经营机制不能正常发挥,主要是1988年9月开办保值储蓄、存贷利率倒挂和1989年开始对贷款实行押票管理、不能多存多贷产生的后遗症。前面提出的近期联手改革10项措施多属解除外部环境问题,已有叙述,恕此不赘。

2. 搞好内部管理,增加社内积累

近年来,信用社业务量不断增加,自身积累则呈下降趋势,据烟台、青岛市的统计,两市每年存款以20%以上的速度、贷款以10%左右的速度增长,而积累则每年以10%左右的速度下降。积累的下降直接削弱了信用社自有资金能力，弱化了信用社自主经营、自担风险的能力。这种局面主要由以下原因引起：税收增加；人员机构扩大过快，购建房屋动用了社积累；借用公积金和专用基金，建营业楼等。为消除这种现象，增加内部积累，必须加强社内财务管理，真正做到勤俭办社，勤俭办业务。

3. 充分开启动力机制

动力机制说到底是利益机制。信用社的利益有三个层次：一是信用社职工与社员利益的统一体；二是信用社作为职工联合劳动的集体与每个职工个人经济利益的统一体；三是信用社微观利益与社会利益的统一体。如果社员（通过社员代表大会）能对信用社实行有力的管理，必能推动信用社的运行，并对其资金投向指出明确方向。要发挥每个职工的积极创造性，除思想政治工作外，主要是把职工利益与劳动奉献和信用社、社员整体利益结合起来。要使微观利益和社会利益同时达到满意状态，就必须在满足合作性质要求的前提下，加强管理，积极创利。以微观侵吞社会利益，或因照顾社会利益而使微观利益大受损失，都是不可取的，都不能真正开启动力机制。

4. 优化存款结构，降低存款成本

存款成本越来越大，是挂在信用社脚上的一具镣铐，使其举步维艰。尤其是实行保值储蓄以来，专业银行可以从减少上交财政利润得到变形弥补。信用社没有弥补来源，只好减少盈利，再加上其他原因，以致使信用社出现大面积亏损。在利率倒挂的情况下，多组织资金就意味着多承担亏损，存款是经营资金的主要来源，削弱存款等于削弱自身经营实力。面对这种情况，最明智的选择是优化存款结构以降低存款成本，即尽量多地吸收成本低的存款资金。其方法可以多种多样，例如：积极开办定活两便、零存整取的低成本储蓄；将存贷联合，按照"存一贷二"、"存一贷三"的原则，组织农户生成基金存款，这也有利于农民积累资金，增强农业实力；按"以存定贷"的方式把存款任务落实到企业等。

5. 活化资金，强化资金安全营运机制

信用社不仅脚上套了存款成本过高的镣铐，背上还有呆滞贷款这个包袱。1984年以来，总体信贷政策时紧时松，信用社本身约束机制不健全，缺乏应变能力，造成了相当多的呆滞贷款。全国信用社总的情况是：呆滞贷款在非正常贷款中占40%；呆滞货款中有相当大量是资不抵债和关停企业贷款。活化这部分沉淀资金是信用社当前的一大难题。我们认为，一边是活化，一边要加强安全营运机制建设，除认真推行贷款规范化管理外，还应设立各种警戒指标。在非正常贷款达到某种比例、非正常贷款中出现何种恶性结构、总体资金周转低于何种速度时，警戒器即发出风险信号。没有这样的经过科学设计计算的警戒指标，仅靠活化旧贷、以规范化程序发放新贷，恐怕很难使安全营运机制顺利动作。

6. 优化新增贷款结构和总体贷款结构

信用社的贷款结构是否合理，有两个标准来检验：一是贷款结构是否体现合作性质，真正满足了社员和全体农民对信贷的需求；二是这种贷款结构是高效性贷款结构，还是迟滞性贷款结构。一般说来高效性贷款结构中，短期贷款比例大、非正常贷款比重小；反之则是迟滞性活动。为不给信用社的"包袱"加码，新增贷款必须注重微观效益与宏观效益的结合，不可偏一面废一面。在活化旧贷取得一定成效后，要注意分析总体信贷结构，有意识地引导其符合合作性质的要求，符合宏观、微观效益协调统一的要求。

四、信用社自我循环系统的建立

合作经济的使命在于帮助所有经济弱者。信用社虽在本地筹集资金，但如果以为所筹资金只能全部用于本地农民，那是很狭隘的观念。固然信用社资金在宽松时可以市场原则调剂给农业银行，但也可以调剂给别的信用社。如现有县联社的功能之一，就是调剂各实体社头寸。应当指出，现在的县联社其资金调剂范围是很小的，仅限于一县，这样的小范围调剂远不能适应我国版图广大的情况。

（一）资金有余的产生

假如我们现在考察的是某省的情况，资金有余的产生大致有以下原因：

（1）此地存款源泉丰厚，而贷款要求相对疲软。

（2）此地贷款投放具有集中投放的特点，平时注意累积存款，以便集中使用，就产生了时间差，在大量投放前，资金呈宽松状况。

（3）此地政府注重扶持农业，将工业利润的一部分返还给农业，其返还途径依靠信用合作系统，目前通过财政、各农村产业主管部门、山西省信用社等可返还一部分，但渠道是个突出问题，通过主管部门返还没有利息约束，效益可想而知；通过信用社，又因它没有基层机构而管理困难；如果能够使省级信用社组织的功能健全，地方政府就可以通过信用合作系统将支农资金顺畅地灌注下去。由于地方政府的支农资金注入，也可以使本地信用社资金出现较为宽松的情况。

（4）中央政府的支农款项在未集中使用前，也是导致此地资金宽松现象的一个因素。

（二）资金的地区间调剂

一地（如一省或地区、县）对于资金有余应采取什么态度，或者使资金以静止形态保留在本地，或者是调剂到外埠，促进农业和合作事业的共同发展？如果滞留资金于本地或只允许资金在本地低效益循环，我们称为封闭型自我循环系统。如果在满足本地需要的基础上，或利用资金的时间差，允许和鼓励资金通过信用合作系统流入外埠，我们称为开放型自我循环系统。

如果全国各地都坚持开放型的资金循环系统，那么全国的信用合作系统就会形成全国性资金循环网络。这里要解决的问题是：信用合作系统的资金地区间调剂应坚持什么样的原则？

前面已经说过，一地农行与信用社间可以互相调剂资金，坚持的是市场原则，借款利率应按当时的拆借市场利率协商决定。信用社之间的资金调剂当然也应尊重各自的主体利益，但也应考虑合作金融的特殊性。合作经济的使命在于弱者的共向富强，所以它们之间的资金借用所采取的价格不应高于当时的拆借市场利率。这就是说在信用合作系统要建立起内部资金市场，其同身份者（合作金融）在此实行优惠价格，如果是专业银行或其他金融机构来商借，就须采用拆借市场利率。

内部资金市场是否能运行，最先要解决的难题是：既然当时存在有较高的市场利率，资金有余的信用社为什么把资金以低价在内部市场拆出？这就需要在信用社之间建立起连锁关系，彼此给予最惠社待遇。这里信用合作的中层机构起着重要作用，一方面他可以为资金紧缺社提供哪些社资金有余的信息；另一方面，它可以从中劝说、协调，使内部资金市场上的那些难办的拆借生意得以成功。

信用合作系统的内部资金市场不是人格信义所能维持的市场，必须制定有关的管理法规。

（三）全国的自我循环系统

各地建立起开放型循环系统是全国系统赖以形成的基础。资金的运行应当无地区阻碍，无产业阻碍，无社会阶段阻碍，全国系统的建立正好有助于资金的良好运行。

全国自我循环系统的交流中心是合作机构的中央首脑部门（如总行的信用合作部）。它们依据掌握的各地资料可以判断资金的地区分布情况，可以随时知道资金流向情况，也可以知道各地资金头寸的松紧，以便平衡全国的头寸。在必要时可以行使某些手段（如劝说性调剂地区间资金或利用自己手上掌握的资金追加头寸特紧的地区），使头寸紧张的地区与相对宽松地区得到交流。

以上所论的政府信贷支农"输血管工程"，信用社健全的内在机制和全国信用合作自我循环系统，都是信用社改革的中远程目标。只有眼前的现实问题得以很好解决，中远程目标才有实现的基础。我们的思维方法是：胸怀理想，着眼现实。本文就是依据这种方法提出了联手政革的建议和远程目标的设想，并期以效益。

信用社管理体制改革的
理论反思与发展方向

背景说明

本文与杨联苗合作完成，是 1990 年 7 月 12～16 日中国农村
金融学会合作金融研究会、农村金融体制与农业银行企业化研究
会联合在庐山召开的理论研讨会上的发言稿，被收入《农业银
行企业化与合作金融研究论文集》，曾在《信用合作》1990 年
第 9 期公开发表，后被徐万友、于作友主编的《信用合作研究
文选》一书收录，吉林人民出版社 1991 年 5 月出版。

我国信用合作社经过十年改革，虽然在业务上有了很大发展，但是信
用社的管理体制却至今没有找到适合我国国情的模式，信用社与农业银行
的关系至今没有理顺，而且矛盾显得越来越突出，一些信用社的经营亏损
已使其陷入了困境，这不能不使我们对信用社改革的理论进行反思，并在
此基础上寻找新的思路，以便使农村信用合作社能够加快改革步伐，真正
在发展农村经济中发挥更大的作用。

一、十年改革的思路

信用社在十年改革中的基本思路是比较模糊的，这可以从改革发展的
各个阶段中看得出来。

第一阶段：1979～1981 年。这个阶段，基本是按照农村信用社既是
农村集体金融组织，又是农业银行的基层机构的模式来进行改革的。虽然

1980年8月中央在讨论银行工作时提出了把信用社下放给公社办不对，搞成"官办"也不对，都不是把信用社办成集体金融组织，信用社要在银行领导下，实行独立核算，自负盈亏，在业务上办得灵活一些，不要受银行一套规定约束，起到民间借贷作用。但由于这一思路引起了信用社职工思想混乱，很快就规定信用社改革"三不变"，集体所有制性质不变，作为农业银行的基层机构不变，职工政治和经济待遇与银行职工一样不变。结果只是搞了一些扩大网点建设，扩大经营自主权等方面的小改革，管理体制基本没有多大变化。

第二阶段：1982～1983年。这个阶段改革的基本思路是信用社应当坚持合作金融组织的性质，提出恢复信用社"三性"（组织上的群众性，管理上的民主性，业务经营上的灵活性），虽然突破了信用社是农业银行基层机构的格局，但仍然强调农业银行要加强对信用社的领导和管理。具体改革内容包括行社业务分工，强调独立经营、独立核算、自负盈亏，贷款业务可以与银行有所区别，新增信用社职工不转非农户口，不吃商品粮，不拿固定工资等。但实际仍然停留在扩大业务经营权方面，体制改革上还是没有突破性进展。而且对集体金融与合作金融性质是什么关系不明确，基本上是将二者划等号，认为合作经济就是集体经济的别名。因而只是在"既是农村集体金融组织，又是农业银行的基层机构"的基础上删去了后半句逻辑上的矛盾，取消了信用社是农业银行基层机构的提法。

第三阶段：1984年至今。这一阶段改革的基本方向是恢复合作金融的"三性"，实行浮动利率，实现自主经营，独立核算，自负盈亏，建立县联社，并要农业银行加强对信用社的领导。这些改革措施，虽然有利于信用社搞活业务，扩大经营自主权，但是在信用社扩大自主权尚未取得多大成效时，就遇上了紧缩政策，紧缩中的主要政策措施是行政约束，信用社刚刚得到一些有限的自主权，很快又丢失了。

时至今日，信用合作社"三性"非但不能恢复，农业银行对信用社的制约反而更紧，行社矛盾进一步加剧，其中突出的问题表现为：①信用社向农行交存存款准备金、备付金、转存款，合计约占到信用社吸收存款的50%左右，信用社除留有一部分业务周转金外，能够用于贷放营运的资金达不到存款总额的50%，而且存款利率和放款利率的差额不能抵补费用开支，很多信用社亏损，无法正常经营；②农业银行限制信用社参加省辖联行和全国联行，通过代转代划，结算资金在途时间过长，限制了信用社业务的发展；③有的农业银行将呆滞贷款转给了信用社，使信用社背上了沉重的包袱；④有的"平调"信用社资产增加了信用社负担；⑤有的抽调信用社业务骨干补充农业银行队伍；⑥信用社的县联社没有自主权，有名无实；等等。这一切，使农村信用合作社处于十分艰难的境地。

二、改革的理论反思

信用社十年改革，十年徘徊，失误之处，在于缺乏科学理论的正确指导。

（一）信用社改革目标前后提法不一

改革开始，是把信用社办成集体金融组织和农业银行基层机构，中期又把信用社改革目标定为办成集体金融组织，恢复"三性"，最后改为恢复合作金融性质。这里，有几个问题要从理论上讨论清楚：

1. 集体金融组织不能够成为国有金融企业的基层机构

中国农业银行虽然执行部分政策性业务，但基本上是国有金融企业，在我国体现为全民所有制企业，它的全部资产的所有权归全体劳动人民。信用社作为集体金融企业归劳动者集体所有，其资产是这部分劳动成员的。前者与后者虽然都是社会主义公有制企业，但公有化程度不同，不能将低级公有制企业作为高级公有制企业的基层机构。如果低级公有制企业成为高级公有制企业的基层机构，必然在资产和负债上发生彼此占有，等于否定了集体所有制的存在，势必造成一部分劳动者对另一部分劳动者财产的侵占，这是不符合社会主义初级阶段基本理论的。

2. 国有企业不应当成为集体企业或合作企业的领导者和管理者

企业是实行独立经济核算的经济实体，要以实现利润为其经营目标。任何企业，不论其公有化程度有多高都要追求自身的经济利益，否则就不是真正的企业。作为国有金融企业的农业银行和作为集体金融或合作金融的信用社都有各自的经营利益，如果由国有企业来领导和管理集体所有制的信用社，势必造成有利于银行不利于信用社的领导与管理，这在国家经济管理中自然会失之公允，势必影响信用社的经营活动。目前农业银行和信用社的矛盾已经证实了这一事实。

3. 集体金融与合作金融在理论上不能划等号

信用社十年改革目标，时而要信用社成为集体金融组织，时而要信用社成为合作金融组织，在我国集体经济与合作经济有时确实难以区分清楚，因为我国合作经济和集体经济均受制于国家行政权力，多有变化，其合作经济与国际上通用的合作原则差异较多，但细致地考察，我们还是会发现它们有许多差别。集体经济组织与合作经济组织在所有制的水平、经营原则和管理方法等方面都可以区分开来。从所有权上看，如我国农业生产集体经济组织，是全体农户将自己的土地和主要生产资料交集体统一管理使用，并不分红，而以劳动的数量和质量获得收入；而信用社和供销社则只是农村部分农户以货币资金入股，并按入股金额参与分红。前者公有水平较高，后者公有水平较低。在经营原则上，集体经济是以盈利为目标，收入归集体所有，按劳分配；合作经济则是自愿入社，自我服务，利权平等，以服务社员为目标，利润主要用于积累，红利受到严格限制，并按股金分配。总的来看，集体经济是我国社会主义公有制经济的一种初级形式，而合作经济则是在资本主义生产关系萌芽时期就开始发生，在资本主义社会和社会主义社会中存在小生产经济成分时，弱者对抗强者的联合，是商品经济发展中小生产者参加竞争的一种组织形式。按照国际通用的原则是自愿结合，自我服务，民主管理，权利平等，广泛合作，按利用合作社的业务的量来进行分配。这是合作原则的精髓。信用合作社不能既是集体经济，又是合作经济。

（二）信用社"三性"恢复实践的失败原因在于其性质的非合作金融

十年改革的内容基本上是围绕恢复信用社组织上的群众性，管理上的民主性和经营上的灵活性开展的。经过几年的发展，信用社已经不成其为合作金融了，尽管账面上还有社员股金和积累，但社员不知自己为社员，亦不知自己有多少股金，社与社员的关系已淡化到毫无联系。信用社可用资金中股金和积累仅占微弱的比例，利润来源主要不是依靠原有股金，而是存款和积累。信用社的机构设置、人事、业务决策都是由政府和农业银行作出的。信用社负责人和职工的政治经济待遇，与社员、社员代表无关，也是由政府和国家银行决定的。这一切说明，信用社只是名义上的合作金融，事实上是以集体金融为主参混有国有金融某些成分的混合体。这里找不见社员，看不见社员的管理和监督，看到的是像银行一样的经营管理。所不同的只是有账面上的股金和积累。那么，也就是说，我国农村信用社已经超越了合作金融的基本组织原则和相应的业务水平，而成为低于国家银行的集体金融企业。既然信用社已经不是合作金融性质，要恢复合作金融的"三性"显然是不可能的，它的经济基础，它的业务对象，它的"官办"体制，使它无法再恢复合作金融性质。

从信用社的职能看，它已由资金互助、服务社员转变为从事经营性业务，50 年代到 60 年代，我国信用社虽然已经接受政府干预，但基本上还是资金互助组织，以解决社员生产和生活中发生的资金困难为主要服务对象。现在信用社的基本职能则主要是服务于农村商品经济发展，大量放款用于支持个体户、专业户和乡镇企业发展商品经济，其主要客户基本上是个体企业、合伙企业和乡镇企业，而小农生产和生活资金的需求只占很小的份额。信用社的职能正在逐渐由服务于小农生产和生活转向服务于农村商品经济。而这部分服务农村商品经济发展的职能，正是它与农业银行职能相同之处，从而也是银行和信用社经济利益发生矛盾的客观原因。由于全国各地农村经济发展水平悬殊较大，信用社职能的这种转变在不同经济发展水平的地区也有较大差别，形成职能转变的不同层次：有的经济条件较差的地区，还基本上保留着为农户生产和生活困难提供资金互助的职能，有的地区则是为农户从事合伙、合作性生产和经营提供优惠信贷；而在经济发达地区主要是为农户、合伙企业和乡镇企业提供信贷服务和其他信用服务。这种不同层次的职能也可以理解为一头是接近资金互助型，另一头是接近金融经营型。而且前一头越来越小，后一头越来越大，从而也反映出信用社职能发展的渐进性。

从信用社在农村金融体系的地位看，由于它的性质和职能的变化，其在农村金融中的地位，事实上成了农业银行的基层机构或附属机构，而不是本来意义上的合作金融组织。

总之，信用社的性质、职能和地位变化，是我们在简单恢复"三性"的奋斗中失败的主要原因。

三、改革的发展方向

信用社现在的性质、职能和地位，决定了它不可回归合作金融，必须从现有的实际情况出发，寻求理顺农业银行和信用社关系的办法，发挥信用社服务农村商品经济发展的积极作用，对现有信用合作社的改革，区别不同情况，采取以下四种形式将是可行的。

（一）合并

在沿海经济开放地区和经济发达地区已经建立了地方发展银行的地方，现有信用合作社可以与农业银行合并，清退社员股金，归属农业银行，取消现在的信用社的招牌，不必成立合作银行。也可以考虑将现有信用社与地方发展银行合并，作为一个地区性银行，接受人民银行的监督管理。这样有利于减少行社磨擦，提高宏观经济调控的效应。

（二）脱钩

在经济发达地区，已在农村商品经济发展中担负重要任务，力量又比较强的信用社，可以与农业银行彻底脱钩，建立独立的股份合作银行体系。将基层乡镇信用社改为合作银行办事处，作为股份合作银行的基层单位，自主经营、独立核算、自负盈亏。其任务是吸收农村存款，对农村农工商联合体和各种集体经济提供信贷，办理结算和其他银行业务。在县一级可以将县联社改为县合作银行，由各基层办事处入股，认交一定股份基金。县合作银行的任务是：经营金融业务，吸收各乡合作银行办事处存款，贷款给基层办事处，直接从事存放汇和结算业务，支持县地方经济的发展，组织、领导和指导基层办事处的业务工作。在省一级，建立省股份合作银行，由县合作银行入股参加组成，负责全省合作银行的组织、领导和指导、协调工作；吸收县合作银行存款，贷款给县合作银行；在力量许可时可以直接贷款支持省内涉及较大范围的经济开发项目，服务地方经济发展；同时负责全省合作银行系统职工教育和业务培训。省、县、乡各级合作银行都要向当地人民银行交存存款准备金，接受管理和监督。在全国不设合作银行机构，可由各省股份合作银行自由参加组成一个比较松散的中国合作银行协会，搞一些必要的横向联系与交流，不作为一级银行机构，不搞具体银行业务。信用社改组合作银行以后，对原有的社员股金可以一律清退，也可以不清退，由各地视具体情况决定。新的合作银行体系的建立，可以解除农业银行和信用社的业务矛盾，解除一个国有企业领导众多集体企业的弊端；同时合作银行直接向中央银行交存准备金，接受监督管理，也有利于宏观调控和中央银行货币政策的贯彻执行。

（三）回归

在经济落后地区，信用社的职能不是以服务农村商品经济发展为主，而是仍停留在农户的资金互助水平，以服务农户生产和生活困难为主。对这样的信用合作社，应当与农业银行脱钩，回归合作金融本来面目，完全按合作金融的原则改组。

（四）重建

在采用上述合并、脱钩两种改革方式的地区，如果当地农民和合作经济组织有要求，可以按照信用合作的基本原则重组新的信用合作社。也可以在现有合作生产和经营组织中设立信用合作部兼搞信用合作业务，或者不重组信用合作社和信用合作部，由农村合作基金会等民间信用组织替代，以填补原有信用社改组合作银行或合并农业银行后产生的为农户服务的空缺。但是不论采用哪种合作信用形式，都必须接受人民银行的管理和监督，不得违反国家关于农村金融市场管理的有关规定，确保国家金融市场的稳定和经济的发展。

农村信用合作社管理体制改革的探讨

背景说明

本文原载《财金贸易》1991 年第 4 期，被政协山西省委员会、山西省财贸办公室陈德贵主编的《资金问题与对策研究》一书收录，中国金融出版社 1991 年 5 月出版。文章就农村信用合作社的重要性、现行体制弊端、向农业注血管道、建立信用社开放型自我循环系统、建立新体制等问题做出说明。

一、农村信用社的重要性

山西省农村信用合作社（以下简称信用社）在山西农村金融中的地位十分重要。按 1990 年 6 月末统计，全省农村信用社吸收存款 772518 万元，发放贷款 584758 万元，分别占农业银行和信用社存款总额 1156184 万元和贷款总额 1250725 万元的 66.82% 和 46.75%，半分农村金融天下。共产党在山西组织领导的信用社自 1945 年开始到现在长达 45 年。它扎根农村，与占山西人口 78.34% 的农民休戚相关，信用社办得如何，直接关系山西农村经济，关系人民群众的生活，关系国家能源基地的建设和发展。

信用社作为合作金融组织，是完全服务当地群众的生产和生活的，其前途命运与地方经济发展关系甚密。目前农村生产力水平较低，商品经济不发达。党和国家把农业放在整个经济工作的首位，下大力气要把农业搞上去。多年的实践证明根本途径有三条：一靠政策；二靠科学；三靠投入。巨大的农业投入，钱从哪里来，从中国的实际情况看，国家不可能也没有能力全部承担农业的投入，政府的投资每年有增加，但更多的投资要依靠信用、信贷的力量，我们无论在战争年代还是在新中国成立初期和经济困难时期，信用社始终是我们解决农村资金的主要依靠对象，在今后实现农业现代化过程中，首先应该考虑如何有效地筹集和运用好农村本身形成的资金。基于以上看法，从农村信用社固有的职能和特点看，它能够担当筹集、供应、融通农村资金的主力军，它的触角之广、之深是任何其他金融组织无法比拟和代替的。从有利发展和促进农村经济这个大局出发，重新塑造信用社机制是一个长远的战略选择，如果仍维持现行的体制和办法，没有适合向农村经济倾斜的输血管道，继续处在当前行社矛盾加剧、信用社亏损严重、农村资金外流的情况下，农业问题很难在资金投入上走出去。因此，我们不能不研究一下信用社体制改革的问题。

二、信用社现行体制的弊病

现行信用社体制在新中国成立后的 30 多年里基本与中国农村经济发展相适应。在前 8 年里，农村信用社与农村生产合作社（初级社后称为高级社）、供销合作社三种合作经济组织的发展水平是平行的，它们虽然都有一定的行政撮合色彩，但基本还是合作经济组织，社员、股金、分配、组织原则和内部管理等大体上坚持了通常的合作原则。50 年代后期到 60 年代初信用社下放公社管理、区领导时，生产和供销、信用都在同一公社内受政社合一体制指挥，这种违反经济规律，生产、流通与信用的同左同右，根本无须区别其信用社管理本身的利弊得失。60 年代到 80 年代初的 18 年里，信用社又被收归银行管理，这段时间里，虽然行社之间存在一定矛盾，但由于社员家庭是消费单位，农业生产集中在生产队和公社进行，供销社向国营商业靠拢，信用社基本功能是从事存放收付，为生产队与生产和生活服务，很少有经营性活动，信用社在我国农村 30 多年集体经济发展中，由合作经济走进了集体金融的行列。在农村商品经济不发达时，信用社业务也极为简单，信用社的性质、管理体制不存在什么突出矛盾与争论。

必须肯定在这 30 年中，人民银行、农业银行对信用社的建立和建设作出了巨大贡献，它以国家银行的身份，支持合作金融业务由小变大，由弱变强，培养了信用合作干部，带出了一批懂政策懂业务的信用合作业务骨干，为我国农业经济发展做出了巨大贡献。

改革开放以来，农村经济发生了巨大变化。农业生产活动由生产队组织管理退回到以农民家庭承包经营，农户家庭不仅是消费单位，也是生产单位。由于农民始终没有吃国家的"大锅饭"，家庭联产承包后焕发了青春，而且新的农户自愿组成的合作体（包括农业生产合作、专业生产合作、商业合作以及私人企业、合伙企业、乡镇企业）迅速发展，大大推动了农村商品经济的发展。这些新变化，客观上要求原来的供销社和信用社与之相适应，而这个适应过程和转轨过程并不能一蹴而就。供销合作社恢复"三性"困难重重，职工铁饭碗不能打破——退回去当农民，管理体制上实际与国营商业几乎无多大差别。信用合作社也同样，改革不配套，"三性"难恢复，实际上仍是农业银行的基层机构。农业银行实行企业化经营，信用社在农村商品经济发展后带来的经营性业务扩大，使行社之间利益上的矛盾越来越多，工作中的磨擦越来越加剧，再加上农村合作金融体制改革举棋不定，使农村的生产、流通、信用之间经济处于错位和不协调，使农业生产和农村经济发展遇到了资金问题的困扰，从而暴露了现行农业银行——信用社管理体制的严重弊端。

现行农业银行——信用社体制将信用社与国家农业银行串联一体，成了转移农业和农村部门储蓄于非农业和城市投资的"虹吸管"。据1990年6月末统计，山西省农村信用社存款772518万元，其中33.66%的存款260020万元按转存款和准备金上交农业银行，这部分存款占农业银行全部存款的40.50%。而同期农业银行贷款中返回农户、集体农业和信用社的贷款仅有85383万元，占其从信用社获得资金的32.84%。那么农业银行将抽来的信用社资金投向哪里呢？统计表明，投向工业、商业收购农副产品、工业企业技术改造、乡镇企业贷款等，以解决工商业发展的贷款需求。农副产品贷款本质上带有一定的国家物资储备性质，应由专款补充，农业银行在无法获得这些相应资金来源情况下，只好用信用社资金去补充，从而使现行农业银行——信用社体制形成一种"虹吸管"，成为从农业抽血向工商业注血的自动机制。

现行农业银行——信用社体制形成的"虹吸管"，以三种名目吸导信用社资金：高于法定存款准备金率的准备金和备付金、存款、特种存款，并且是呈单方面流动，只能导吸信用社资金于农业银行。①农业贷款利率低于工商业贷款利率。资金的运动规律是由利润率低的地方流向利润高的地方，资金的趋利性决定了贷款人对高利率的工商业贷款积极性高于低利的农业贷款。②正在推行的专业银行企业化管理和银行内部的层层利润指标，不能不使放款银行考虑利润。③由于农业银行是信用社的领导和管理者，农业银行为了自身的经济效益，便利用信用社吸收资金，甚至给规定指令性的转存款指标。这样，现行农业银行——信用社体制，就成为一个单向导流的"抽血管"，只能让农业银行吸导信用社资金，而不能让信用社吸导农行资金。

现行农业银行——信用社体制很难使地方政府支援农业的资金注入农业。山西省每年从地方财政收入中拨付的支农资金无法直接进入农业，需通过农业银行代理，提高了农业资金使用成本。农业银行代表财政将资金输入农业之后，跟着就变成了农业企业、农户或乡镇企业在信用社的存款，这些存款中的一部分又被农业银行以准备金、备付金、转存款等名目通过"虹吸管"导入国家银行，被贷往工商企业，使地方财政支农资金的漏损率很高，大大降低了地方政府支援农业资金的效用和支农的积极性，无法形成地方政府投资农业的良性循环机制。

信用社作为合作金融组织，在其所服务的地区内，应当有一种平衡本地区内部储蓄与投资的机制，即将本地区内的储蓄转化为本地区内的投资。因为合作金融的目的是自我服务，以自己的资金用于自己的事业。但是现行农业银行——信用社体制，使本地区内的储蓄不能全部用于本地区的投资，服务于本地区农业和农村经济，而进入了国家金融流量，流向了非农企业或外地企业。这样，现行体制就破坏了合作经济自我服务、自我发展的宗旨，改变了信用社的性质，违反了合作经济的规律。

现行农业银行——信用社体制使信用社在性质上和经营管理上减弱了合作经济、集体经济所固有的特征和优势，有向国有经济、国家管理模式靠拢和趋同的基因或引力。在实践中，农业银行对信用社的管理，尽管考虑到它的特征，但总会不自觉地把管理国家银行的一套制度、办法用于管理信用社，而信用社也愿意享受国家银行应有的待遇，套用国家银行的办法规范自己的行为，成了国家银行执行宏观管理的工具。因而，它同农村经济的粘合程度越来松，与农民的关系越来越疏远，社员对信用社的关心程度、兴衰亏盈并不十分关注。由于信用社不能提供和满足农村多层次、多样化的资金、咨询、信息服务，近几年在农村自发产生了大量的互助基金会、金融服务站、私人钱庄、高利贷等个人金融组织，本身就是对信用社敲响了警钟。

现行农业银行——信用社体制损害了国家宏观经济管理的有效性。从中国的宏观经济管理体制实际情况看，人民银行作为中央银行行使金融宏观调控和管理职能是自己的天职。同时国家专业银行也非同国外的商业银行一样，事实上国家专业银行不仅要有这一职能，而且必须要强化这一职能，只有专业银行配合中央银行共同行使各自的宏观管理职能，才会更有效地调控国民经济。这样，农业银行在执行或行使宏观调控职能中自然把信用社作为其基层组织，作为宏观调控的对象。加之农业银行企业化，让一个国营金融企业去管理一个集体金融企业，使信用社的自主性、合作性受到牵制，甚至把信用社的贷款规模纳入国家计划控制范围，不得突破。现行体制实质上也损害了国家银行宏观调控和管理的有效性。

信用社没有自己的全国联行结算系统，不能参加异地联行结算，而目前乡镇企业迅速发展，对于县外、省外日益扩大的结算业务，信用社只好委托农业银行代办。农业银行受自己资金来源限制和盈利冲动，往往压汇压票，一笔结算业务有时竟长达 3~5 个月，给企业造成很大的资金压力，严重影响了信用社信誉，影响了信用社业务发展，也影响了农村商品经济的发展壮大。

现行农业银行——信用社体制，使农业银行与信用社的关系很微妙，既有相互利益矛盾、磨擦和扯皮，又有相互共同利益而合作套取财政利润。前者表现为农行为了自身的盈利，给信用社规定转存款任务；代理联行结算时拖延划转占用信用社资金；有的平调信用社资产，有的抽调信用社干部；大部分县联社没有自主权，有名无实，使信用社存款利息与放款利息差额不能抵补费用开支，亏损增加，难以经营。后者则表现为农业银行与信用社搞联营，合着办公，农业银行将一些业务利润"藏富于社"，肥行社职工，以国家金融机构和资产为小单位牟取利益。

多少年来，信用社业务量几乎占农村金融全部业务量的一半，全国有 6 万多个独立核算的机构，33 万多个不独立核算网点，正式职工 40 多万人，不脱产社干 30 多万人。仅正式职工就超过了农业银行职工总数。但是它们的教育、业务培训提高却没有自己的正式管理机构和学校，也不能不影响到信用社的发展。

三、在山西建立向农业注血通道的急迫性及可行性

山西是国家能源重化工基地，山西能源生产状况事关国家整个国民经

济大局。到 1988 年，山西煤炭产量占全国煤炭总产量的 25.4%，其中乡镇煤矿总产量占全省煤产量的 40%，高于国家统配矿产量。1988 年晋煤外运量达 1.7 亿吨，占全国产煤省外运量的 78.8%，支援国内 26 个省、市、自治区，并出口日本、朝鲜、东南亚、欧洲等地。向省外输电 1988 年为 51.24 亿千瓦时，为全国电力输出最多的省。占全省煤产量 40% 的乡镇矿大部分是在信用社开户。乡镇煤矿职工都是农民，其他国营煤矿也有很大一部分是农民合同工人，家在农村。为了保证国家能源生产，一要解决好煤矿工人及其家属的生产生活问题，就不能不重视改善信用社对农户和农业的服务水平；二要抓好矿区生活服务，诸如菜、肉、禽、蛋等；三要保证为乡镇煤矿开户的信用社的结算系统的畅通。因而改善信用社管理体制，提高信用社为农业、为农民、为乡镇企业的服务质量，直接或间接地关系着山西能源重化工基地建设的后劲。

山西人口 78% 是农民，由于人口增加，工业占地，人均耕地已由 1949 年的 4.99 亩下降到 1983 年的 1.9 亩，全省耕地减少的速度正以每年 20 万亩的速度发展，而且是好地和水地。森林覆盖率低，年产木材不及煤矿年耗坑木的 1/6，同时由于山西是重型产业结构，尤其是煤炭、化工生产严重破坏着山西的生态环境和水资源。在山西全省，几乎县县、乡乡有煤矿。挖煤挖断了地下水源，井泉枯，使十年九旱的山西旱情更加严重。以泉水为例，全省 0.5 立方米/秒以上的泉水流量已由 50 年代的 30 亿立方米下降到目前的 20 亿立方米。太原的晋祠泉水 50 年代为 2.0 立方米/秒，1988 年 0.21 立方米/秒。因而地下水成为大部分县、市人民生产、生活用水主要来源，并且工业、农业争夺地下水。全省电机井 77 万眼，平均每平方公里 1 眼机井。煤矿集中采区，出现了 7145 平方公里的地下水漏斗区。太原地下水漏斗面积达 289 平方公里。大同市个别矿区居民被迫饮用矿井水，有些新建的矿山因缺水不能投产。由于发电耗煤、化工生产、工业排放化学气体，空气中悬浮微粒、二氧化硫和大气降尘日益严重，太原市降尘年平均为 60.785 吨/平方公里。全省 1985 年排放废气 136 万吨，其中二氧化硫 47.44 万吨、氮化物 18.1 万吨、烟尘 40.66 万吨、工业粉尘 53.47 万吨。原有河水排污增加，汾河、桑干河、滹沱河等 6 条主要河流成为"毒河"，人畜中毒时有发生。以此水灌溉田地，土地变质，粮食蔬菜的情况如何自然可想而知。而且农业人口不断补充煤矿劳动力，粮食和农副产品供应压力越来越大。因而，山西不能不将发展农、林、牧、副、渔作为地区的长期战略，以便更好地同能源重化工基地建设配套和服务。

国家为了解决能源重化工基地建设造成的上述问题，每年给山西出省煤炭 2 元/吨补贴。山西省政府每年向农业投资 1.3 亿元，但资金下放到农村后，又有一部分被现行农业银行——信用社体制抽吸而去，不能在省内实现自我循环，严重降低了这部分来之不易的补贴资金的效益。这个问题不解决，也将制约国家能源基地的建设。

可以说，山西能源重化工基地所形成的经济结构的特殊性、山西能源基地建设给山西农业造成的特殊性、山西地方政府为保证能源重化工基地建设而对农业采取的战略及其特殊政策，迫切要求建立一个以服务农村经济为主要任务的开放式的自我循环的农村合作金融体系。这个体系的基本特征应当是：可以切断非农业和非农村从农村抽血的"虹吸管道"；可以建成当地政府向农业和农村注血的畅通而不漏损的管道；可以加速地区内储蓄向地区内投资的转换、地区外与国外储蓄向地区投资转换的机制，建立既有利于中央银行宏观调控，又有利于国家财政收入增加和地方资金高效运转的系统。

率先在山西改革信用社管理体制，建立开放型自我循环的合作金融系统是可能的。第一，山西省的信用合作在抗战以前就曾有过一定发展，并在部分县形成了在山西省银行管理下的县总银号—县合作总社—村合作社体系，合作金融历史较长。第二，三四十年代，在共产党领导的晋察冀、晋冀鲁豫抗日根据地和后来的解放区信用社曾有过较大的发展。新中国成立以后，发展更快，曾出现过一批全国的信用社先进典型，形成了一支有一定业务能力的信用社干部和业务人员。第三，组织管理方面，中国人民银行山西省分行和农业银行山西省分行的信用社领导、管理机构历来都很健全，有一定的经验，在全国走在前列。第四，自 1984 年以来，信用社体制改革的试点在全省 18 个县进行，受到广大社员和信用社干部、地方政府的拥护。第五，1985 年 1 月山西省又创办了我国第一家《信用合作》杂志，发行 5 万多份，信用合作理论研究工作走在前列。第六，山西又以信用社历年积累为主，与农业银行共同建设了一个可以容纳 1000～1500 名学员的干部学校，可以为全省以至全国兄弟省市培训信用社干部。

现在看来，切断从农业和农村抽血的"虹吸管"，防止农业资金和农村资金向城市和发达地区流动，并建立一个向农业和农村注血的良性循环的信用合作系统，在山西已经具备了条件。如果这个系统建成，山西的信用合作事业将会更快发展，对支援农业，支援能源重化工基地建设必将发挥更大的作用。

四、建立开放型自我循环的信用合作系统的设想

设计山西新的信用合作系统的原则：①解除现行信用社体制的前述弊端；②解决山西地方政府支农资金的渠道；③建立适应农村商品经济发展，在国家金融政策的指导下，农村资金自我积累、自我循环、自我服务并与外埠经济往来的资金流通渠道；④健全中央银行对合作金融调控管理机制。

按照这样的原则，新的合作金融体系宜将现有全省农村信用社与农业银行彻底脱钩，在省一级设立省信用合作协会（以下简称省信协），是全省信用合作社的指导、协调、服务机构，又是山西省支农资金的管理机构，在县一级建立县信用合作社联合社（以下简称县联社），可以设立自己的营业部，并负责管理各乡信用合作社和基金合作金融组织，如农村合作基金会、金融服务社等。

新体制实行三级管理二级核算，省信协不是经营性机构，而是事业单位；县联社带有经营和管理两个职能，独立核算；信用社为独立核算自主经营的基层单位，社以下分社和站不独立核算。

省信协的职责是：①对县联社进行政策、业务、技术指导和协调、服务；②组织管理实施省政府支农资金的合理正确使用，支援农业，实现能源基地建设对农业和农业生态的补偿；③接受人民银行对合作金融系统的业务领导、管理、协调和稽核，并组织实施；④根据《银行法》制定信用社具体业务制度、办法；⑤办理系统内联行结算；⑥负责对全省信用合作社干部职工的业务培训和教育；⑦办理省政府和人民银行交办的其他委托事项。

省信协禁止事项：①不得直接经营存贷业务，不与企业和个人发生业务关系；②不以盈利为目的，而以贯彻信用合作原则和扶植农业与农村经济为宗旨；③不向地方政府办理贷款与透支。

县联社的职责是：①接受省信协指导和县人民银行领导、监督，贯彻执行国家金融政策；②接受省信协分配的支农资金，按照专款专用的原则，办理发放和回收；③建立营业部，可以直接从事存、贷、贴、汇业务及其批准的其他金融业务；④领导、管理乡信用社；⑤指导其他合作金融机构业务，并配合人民银行对其管理，引导民间借贷；⑥负责信用社干部

提名、选举、考核和管理；⑦吸收各信用社存款准备金，集中向县人民银行送交；⑧依法向县财政按时交纳税款；⑨负责向人民银行、统计部门等有关单位报送全县信用合作的业务统计报表；⑩按照上级信协的规定监督检查信贷投放方向及资产结构，保证服务农户和农村经济方向的实现；⑪有偿调剂信用社资金余缺。

县联社禁止业务：①不得从事直接投资和证券投资业务；②不得平调基层社资产从事业务活动。

农村信用社职责：①吸收农户存款和乡镇企业、其他合作经济实体的存款，对他们办理贷款，并保证资产结构的政策倾斜；②办理地方政府支农资金的投放和回收；③为客户办理转账结算和其他规定的信用服务；④管理信用分社和信用站；⑤按规定向县联社交存存款准备金；⑥按规定通过县联社向财政交纳税款。

新体制资金流向和业务运行可以用图 1 表示。

五、新体制建立和运行中的若干问题

信用社和农业银行脱钩以后，首先遇到的问题是业务范围的划分和交叉。原则上信用社负责农户、其他生产合作体和乡镇企业的短期资金，农业银行负责农村工商企业、大型乡镇企业和农业开发等大型项目融资业务，在储蓄存款等方面可以交叉。

信用社与农业银行脱钩以后，将从农业银行撤走准备金、备付金和转存款，会使农业银行资金来源减少。按 1990 年 6 月底测算，山西省农业银行大约减少资金来源 2.6 亿元，但同时贷款项目也将减少 2.3 亿元，相差 0.3 亿元。其资金不足部分可以由人民银行从信用社上交存款准备金、备用金后增加的资金中对其提供周转贷款。不过农业银行由于近年贷款沉淀较多，暂时资金供求矛盾较大，今后加强贷款可行性研究，提高信贷质量，可以很快改变农行信贷收支差额，实现平衡。

新体制实施以后，省信协实质上是省地方农业金库，不以盈利为目标。县联社和信用社独立核算，为集体金融企业。作为金融企业，不能不考虑盈利，这样就有可能在贷款上向工商业倾斜而忽视对农业和农户贷款，因而必须建立内部监督系统，通过资产结构管理和考核，保证资金向农业倾斜。由此造成的亏损应当通过财政政策进行调节。其具体办法可以是对农业贷款等政策性业务减税或亏损补贴，或者通过省地方农业金库资

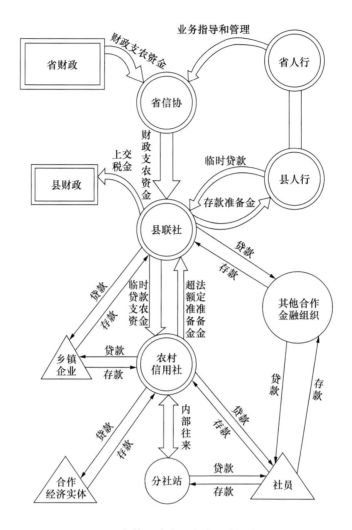

图1　新体制资金流向和业务运行

金予以补充。对于违反资产结构规定实行罚款，由财政税务部门监督执行，由省信协与省财政协商下达具体管理办法。

中央银行对新体制的信用合作系统的关系，由原来的委托农业银行代管，改为直接管理。由于省信协不直接办理经营性业务，不交准备金，也不办理存贷款及其他资金往来，信用社系统的资金融通，包括再贷款、再贴现均通过县人行与联社的往来实现。中央银行的宏观调控及货币政策手段的实施，在县联社这个环节实现。至于信贷计划管理亦通过此环节实施。地方农业金库资金不列入国家信贷计划，单独核算，贷后收回，周转使用。其农业金库资金计划由省信协安排，县联社办理具体业务。

  有人担心从农业银行系统独立出来的信用社会变成地方银行,影响国家宏观经济调控,以致这一改革成果会成为今后的改革对象。我们认为,独立后的信用合作系统不仅不会为地方政府作为"诸侯经济"的金融后盾,反而是中央银行更好地调节信用合作系统的极好机制,有利于建立高效的金融宏观调控体系。

当铺不能掐死而要规范

背景说明

本文是1999年6月18日应全国当铺座谈会的邀请而写的会议发言提纲。当铺是市场经济的需要，不能把当铺视同古代高利贷，不应当取缔，而应当规范。市场经济是当铺存在的土壤和条件，对当铺宜疏不宜堵，只能引导、规范，让其在市场经济中发挥积极作用。

一、当铺是不是社会主义市场经济的需要

社会主义本质特征决定了社会主义市场经济是国有经济为主导的多种所有制经济成分并存的经济。既然有多种经济形式并存，必然有多种信用形式并存，多种融资工具并存。

社会主义商品货币的存在，社会主义市场经济的存在，是当代当铺存在的土壤。社会主义市场经济中的个体经济、私营经济、小集体经济的大量存在，需要相应的信用形式为之服务，这是当代当铺存在的阳光和水分。任何人想用任何行政的力量来割除它都是不可能的。即使割除了还会再长出来，如同割韭菜，割了一茬又生一茬。因为它有根，有土壤等生存条件。

当铺是社会主义市场经济下，个体、私营和小集体经济受欢迎的信用形式的补充。

二、当铺是不是高利贷信用

旧中国当铺是典型的高利贷信用，由其资金的非生产性运用和高利率特征所决定。

当代当铺的贷者、借者和借贷资金的用途与利息来源均发生了变化。借者多为生产经营者，资金主要用于生产和经营活动。

高利贷的典型特征之一是高利率，但高利率未必都是"高利贷"。当借者的借款用于高利润的生产和经营，贷者仅拿走了借者高利润的一部分，而不是拿走了借者的全部剩余价值甚至必要劳动，那么，利率再高也不能视其为高利贷性质。

三、当铺该不该用行政方法取缔

当铺既然是社会主义市场经济的需要，就不必用行政方法取缔。在国家还无规范当铺行为的立法之前，当铺不规范行为是正常的。要抓紧调查研究，制定规范办法，尽快立法，规范其组织、管理、业务范围、业务方式、业务手续，包括其拍卖商品活动等。

四、规范当铺需要确定若干原则

当铺服务对象有个人、个体经济、私营经济、小集体企业。

当铺经营业务：只能从事小额抵押贷款，不能从事存款业务，不得办理转账结算，不得从事投资银行业务，其资金来源主要为自有资金和向同业拆借。

同时，还应当规范，如质物限制；质物评估方法；抵押贷款比例和利率限制；当物处理。

合作经济

合作社是弱者对抗强者的联合

背景说明

2000 年 8 月，山西省供销合作经济学会第二届代表大会在太原南宫召开，作者作为中国供销合作经济学会副会长应邀参加了会议，本文是在此会议上的演讲稿，原载《山西供销合作报》2000 年 8 月 5 日。文章对山西合作经济的发展历史做了回顾，根据合作社理论与现实，提出把合作社企业与合作社本身区分开来，供销合作社的企业一定要盈利。200 多年来合作社原则也在不断发展，当前我们的合作经济，需要理论的研究与创新。办成任何一件大事，一要有理论，二要有舆论，供销合作社改革与发展需要理论与舆论的研究、宣传与普及。

我很高兴参加这次大会，因为山西省供销合作经济学会第二届代表大会召开，标志着山西供销合作经济理论研究队伍在新的形势下进入一个新的发展阶段，标志着在今后山西的供销合作经济研究将跃上一个新的台阶。借此我代表中国供销合作经济学会对山西供销合作经济学会第二届代表大会的召开表示热烈的祝贺！

最近，全国供销总社白立忱主任讲过这样一段话：现在我们这个星球比过去任何时候都繁荣，经济全球化，贸易便捷化，沟通信息化，使世界生产力水平空前提高，但是，发展不平衡，贫富差距，南北差距呈扩大趋势，越是在这种情况下，越需要发展合作社，合作社是什么？我认为合作社是弱者对抗强者的联合。在经济发展中，股份制这种经济组织制度是一种很好的制度，它是市场经济发展的一种很好的组织形式。但是，它是资本对人的控制，而合作社不是这样，合作社基本属于人对资本的控制。搞合作社的人不是以钱赚钱，不是把它变成资本，资本化，而是通过合作社把这些钱变成为自己服务的工具。这一点是合作制与股份制度很大的差别。只要我们中国有弱势群体的存在那么就有合作社的社会基础。因为在市场中，弱者对抗强者必须联合，面对大市场一般小生产者怎么办？必须联合。只要有弱势群体的存在，就有合作社的社会基础；只要有市场经济的存在就有合作社的体制基础；只要坚持以人为本，实现社会均衡发展，坚持新的发展观，就有合作社的制度基础。

中国合作社的发展，这些年很艰难，无论供销合作社还是信用合作社都很艰难。这是因为我们缺乏在市场经济条件下发展合作社的经验，因此我们不仅要借鉴国外合作社的成功经验，更重要的是要根据我们的国情研究适合我国国情的中国合作社制度，这是我们供销合作经济学会主要研究的方向。

我们山西对合作社的发展做出过巨大贡献。根据我的了解，在山西合作社的发展史上曾出现过三次高潮。

第一次高潮是在 20 世纪三四十年代。30 年代前期，山西政府有两个渠道组织发展了山西省的合作社。一个是根据南京政府的要求，由省政府指导发展的合作社，曾经建立起产销合作社、消费合作社。1933～1935年搞了二三十个合作社，办得还可以，但是发展得很慢。另一个是渠道是山西省政府下属的太原经济建设委员会指导下的合作社，1933～1935 年 9月搞了几百个合作社。当时在太原经济建设委员会指导下发展的合作社主要是信用合作社，与招商代办县银号相结合。一个县办一个县银号。这样通过省银行的钞票借给县银号作为县银号的资本，县银号再"发酵"发行自己的钞票，这些钞票再借给村信用合作社，村信用合作社再发行自己的钞票。阎锡山把它称之为"发酵"，像发面一样越发越大，为启动 30年代农村经济作出了巨大贡献。30 年代后期到 40 年代，我们革命根据地在中国共产党领导下，发展了大量合作社，包括运输合作社、信用合作社、生产合作社和消费合作社，这是第一次高潮。

第二次高潮是 1945～1958 年"大跃进"前，这一时期合作是我们党为了使中国的经济迅速发展起来，为了改造小生产，推出了合作社合作化的形式，建立供销合作社和手工业合作社，在这一高潮中，对国家经济发展合作经济做出了巨大贡献。

第三次合作社发展的高潮是在改革开放以后，在供销合作社、信用合作社提出恢复集体所有制性质的同时，专业合作社迅速崛起，这是一个新的动向。在供销社和信用社还没有找到怎样恢复路子的情况下，专业合作社迅速崛起，使得当前中国的合作经济组织出现了体制上、机制上的多种形式。那么怎样认识看待这些问题：比如说，供销社从 1982 年提出恢复集体所有制性质后，经过了恢复"三性"，又搞了承包制，以后又抓大放小，都始终没有找到一个怎样解决供销合作社更好发展的路子来。信用合作社也是改来改去，到去年信用社干脆放弃了原来的思路。供销社现在还正在探索着怎样走自己的路子，而且各个地方发展也不是很平衡。上海、江苏、四川就搞得相当好，大西南地区差一点。在山西这几年我们的供销社得到了迅速的发展，现在还在探索发展的新路子。

那么中国的合作经济到底如何办？我们要借鉴外国的经验，更重要的是要根据我们的国情。国际合作社联盟主席讲：合作社要探索新路子，合作社原则怎样坚持？把合作社企业与合作社本身区分开来。过去讲不以盈利为目标不合适，供销社的企业要盈利，这是我们过去对合作社原则理解的问题。最近几年美国在合作制形式上也创造了一些新形式，这种新的形式以资本为纽带，进行新的探索。现在对于合作社路子我认为要有新的看法，就是说不要把合作社原则认为是永恒不变的东西。合作社的原则 200年来也是在不断改进和发展。因此当前合作经济理论的研究迫切要求理论上的创新。没有理论上创新，没有理论上发展，任何事都办不成。我认为办成一个事，一要有理论，二要大搞舆论，只有"两论"才能把一个事情办成功。这几年山西的供销合作社发展得很好，与两方面有关，还需要继续发展。

中国合作经济理论与组织体系研究

背景说明

　　本文是中华全国供销合作总社"九五"重点课题"中国合作经济理论与组织体系研究"的成果，完成于 2001 年 2 月。课题组成员有山西财经大学教授阎应福、金融学硕士研究生康蕾、周炯、张金辉、卢青、洪源等。文章对 1949 年以来供销合作社的基本经验进行了总结，对改革开放以来的"恢复三性"、合作社承包、"买、分、送"等提出了不同看法，认为合作制不同于股份制，原有的即新中国成立后组建的供销合作、信用合作、手工业合作社与改革开放后新成立的合作社需要区别对待，采用不同的发展策略，"双轨"发展；主张中国合作社走混合生长的路子，融生产合作、流通合作、资金合作、消费合作、运输合作、医疗卫生合作于一体，重构中国合作组织体系。课题研究得到了供销合作总社、山西省联社及忻州、临汾、侯马、运城、长治等联社和交城信用社等单位的大力支持。

引　言

　　17 世纪开始的工业革命，奠定了现代社会发展的基础，使工业生产出现了巨大的发展，但也带来了劳动力失业增加，生活水平下降。为了克服饥饿和贫困，1844 年在英国格兰曼彻斯特附近的罗虚代尔镇上，28 名纺织工人聚在一起成立了一个合作团体，开了一家商店，制定了几项经营原则，被称为"罗虚代尔消费合作社"，它的原则，后来成了世界合作社运动的基础。这粒种子，后来传播到了欧洲，也传播到了亚洲、非洲、美洲、大洋洲。中国的合作社运动开始于 20 世纪 20 年代，曾出现信用合作、生产合作、消费合作、运输合作，但真正大规模发展是在新中国成立以后。目前，中国的供销合作社是最大的合作经济组织，有 1.8 亿户社员，28000 多个基层社，近 100 万个经营服务点。其中生活资料经营额为 1113 亿元人民币，农副产品收购额 663 亿元，加工制造业产值 950 亿元，出口额为 23 亿美元。但是，面对日益发展的经济全球化和市场自由化的压力，世界合作社开始探索新的发展方向和确立新的特征，1995 年国际合作联盟在英格兰的曼彻斯特召开会议，对合作社原则进行了修订。明确了合作社定义，创立了新的合作社原则。被称为合作社发展的第二次浪潮。目前，中国正在跨越 WTO 的门槛，中国合作社不仅面临着国内大的国有的企业、股份制企业及公司的竞争压力，而且还有跨国公司的强大竞争对手。中国合作社面对这样不断变化的环境，如何回应国际合作社运动的第二次浪潮呢？国际合作联盟主席罗伯托·罗德里格斯博士说："在新浪潮流经的河岸两侧，一边是市场，一边是人们的幸福"，"市场所在的一侧河岸要求的是竞争力，也就是说，合作社必须是有能力的企业，要追求盈利和实际的财政结果，这些在不久前似乎还被视为叛道离经的行为。然而问题的关键是，我们应该将这种盈利看作是一种手段，而不是目的。它是合作社为了社员的幸福，向社员提供服务的工具，也是向合作社经营的事业提供服务的工具"。罗伯特·罗德里格斯提出，在这第二次浪潮中，世界人口中绝大多数还没有享受到经济全球化、市场自由化的成果，结构性失业就使这个世界产生了更多的失业者和就业不稳定者，而且社会的不平等正愈演愈烈，社会差别正在增加，令人深恶痛绝的贫困正在让人痛心地侵蚀着公民权、伦理和道德等价值观念。我们要摆脱这种局面，只有一条路可走，将社会组织起来，合作社系统，就是这个组织起来的社会的左膀右臂。可以说，合作事业是前途光明的事业。

上述这些，就是我们这个课题研究希望探究的问题，即中国如何理解和把握国际合作联盟关于合作社新原则，如何在合作社第二次浪潮中整合中国合作社，如何重构中国合作社体系，以适应第二次浪潮并应对 WTO

新环境，这就是本研究报告要回答的基本问题。

第一部分　中国合作经济的理论研究

一、新中国成立 50 年中国合作社发展的基本经验

众所周知，中国的各类合作社基本上都是在新中国成立以后才迅速发展和逐渐壮大起来的。回顾中国合作社事业所走过的路程，的确是几经折腾，几度兴衰，逐步发展起来的。就是在改革开放以后，中国的合作社也是在曲折而又坎坷的道路上蹒跚而行。目前中国的各类合作社大都在不同程度上面临着十分严重的困难，但我们绝不能由此而否认它发展壮大的总趋势及其在我国国民经济中的重要作用。为了正确对待和解决当前我国合作社所普遍面临的严重困难，我们很有必要吸取 50 年来中国合作社改革与发展的经验和教训。

50 年来中国合作社改革与发展的基本经验是什么呢？概括地来说，那就是：从我国的基本国情出发，政府重视，坚持以合作制为基础，内部机制多元化，严格按合作社原则办社。

当然，50 年来中国合作社改革与发展的经验和教训很多，上述结论只是就根本点而言。只要我们粗略回顾一下中国合作社所走过的路程，就会清楚地得出这样的结论。

新中国成立初期，我国供销合作社、农村信用合作社和手工业合作社，基本上都经历了蓬勃发展的初期阶段。究其原因，主要是能够从我国生产力发展水平的实际出发，目的明确，政府重视，并制定了《合作社法（草案)》和《合作社章程》，基本上能够按照合作社的草拟法规和章程办事，坚持了合作社的基本原则。

自 1956 年社会主义改造基本完成以后，特别是 1958 年以后，直至中共十一届三中全会召开之前，这一时期中国的合作社则先后进入了一个曲折的甚至遭受挫折的历史阶段。合作社的社会效益和经济效益明显下降。主要原因就是受"一大二公"思想的影响，脱离中国国情，违背合作社的基本原则，盲目改变合作社的合作经济性质，甚至曾一度取消合作社。

如供销合作社就曾在这 20 年中经历了取消—恢复—再取消—再恢复的曲折发展阶段，农村信用社也曾在这一时期受到严重的挫折，隶属关系几经折腾，一而再地将信用社下放到社队，实行所谓"贫下中农管理"，导致了管理上和财务上的严重混乱，业务甚至处于停滞状态。同样，手工业合作社事业也遭受了"转厂过渡"等一系列严重的挫折和损失。所有这些，都为我国国民经济的发展造成了严重的危害。这些沉痛的教训告诉我们，经济发展需要有正确的理论指导。

改革开放以来，通过拨乱反正，清除"左"的影响，中国合作社本应进入一个全面发展的新时期，但是，由于理论上的若干误区，使合作社改革步履艰难。

（一）恢复"三性"问题

改革开放 20 年来，人们一直在努力恢复供销合作社和信用合作社的"三性"效果如何？到目前基本没有多大变化，实践与人们的愿望距离仍然很远。

合作社需要"三性"，没有"三性"就不再是合作社，要求合作社具有"三性"是正确的，合乎逻辑的。但是，在中国的农村供销合作社和信用合作社中，经过了 1958 年的"升格"，"文革"极"左"路线的影响，合作社的性质已经发生了本质的变化——由社员合作制变成了政府管理下徒具合作社名义的国营企业。何以为证？几十年来，合作社实际上是职工调配制、干部任命制、业务计划制、财务核算上报制，与合作社社员的关系越来越远，久而久之，社员忘记了合作社是自己的，合作社忘记了自己是社员的，基层社职工吃了供应粮，户口非农化，时至今日，再让他们返回去，恢复"三性"，由社员民主选举合作社管理成员，实际上已经不再可能。另外，合作社不再是社员和合作社管理者的利益共同体，他们之间的利益关系是矛盾的，让已经吃了多年供应粮的非农产职工返回去当农民，同样是不可能的。所以，在目前的农村供销合作社和信用合作社中提倡和恢复"三性"的探讨，实际上是理论上的一大误区，也是目前拓展改革思路的主要障碍。

（二）承包制问题

国有企业改革曾经有推行承包制的阶段，我们不谈承包制对国有企业是否合适、正确，合作社照搬国有企业的承包制，实践证明是失败的。有一位农业银行的职工说，"供销合作社搞承包，包亏了供销合作社，也包亏了农业银行。"如农业银行华北地区某县支行80%的贷款给了供销社，10%给了县属企业和乡镇企业，10%给了农产，过去一直是全省先进单位，供销合作社承包后，该县支行的效益一年比一年差，出现了巨额亏损，几年后变成了全省最落后的支行。因为供销合作社承包过程中出现了许多不正常现象，以个人为主的承包不仅包资不包债，而且是赶走了职工，养活了联社，养肥了承包者，农民形容供销合作社实行承包制的结果是"一块牌子一座楼，里面蹲着几个猴"。供销合作社的发展之路越来越窄。某省农行系统190亿元贷款，由于供销合作社承包亏损了30亿元。这种包资不包债的承包制损失了社员的股金，悬空了银行贷款，也使供销合作社大伤元气。农业银行不少人认为贷款给供销合作社本身就是"行业风险"。

（三）"买、分、送"与"股份合作"

中共十五大以来，中央对国有企业实行"抓大放小"的改革，不少地方的供销合作社忘记自己是农民的组织，跟着国有企业跑，也"抓大放小"。有的地方是出卖合作社和合作社的企业，有的地方提出"全部卖，卖不了就分，分不了就送。"把合作社和合作社的企业白白送给了别人。有的地方在"合作制"的招牌下，把合作社变成了股份合作制。

股份合作制是股份制和合作制的混合体，是劳动合作与资本合作的结合，而合作社本质上是劳动者的合作。把合作社改为股份合作制，实际上是改变了合作社的性质，这也是合作社改革的一个误区。

令人欣喜的是，就在原有的老合作社面临困境的时候，一批新兴的合作经济在中国的改革大地上蓬勃发展起来。以供销合作社为依托的农村专业合作社、城镇消费合作社，以及城市住宅合作社等新型合作社和城乡的各类新型合作经济组织如雨后春笋一样迅速地成长了，它们为原有合作社经济注入了新的生命力并获得了不同程度的发展。

改革开放20年中国合作社改革与发展的经验，同党和国家一再强调要坚持合作经济方向，将合作社真正办成劳动群众的合作经济组织，并充分肯定合作经济的地位和作用等均有着密切的关系。事实上，这也正是我国合作社改革的根本经验之所在。

二、合作制不同于股份制和服务合作制

近20年来，随着合作社的改革与发展，实践中涉及了一些合作经济

基础理论方面的问题被重新提了出来，从而引起了理论界的关注，学术气氛活跃。尤其关于合作经济概念及其相关范畴的讨论曾出现一些不同的见解。这种争论一方面促进了理论研究的深入。因此，关于合作经济及相关范畴的问题，这里仍有必要谈谈我们自己的看法。

（一）合作社、合作经济

合作社是人们自愿联合，通过共同所有和民主管理的企业来满足共同的经济和社会需求的自治组织。这种自治组织是市场经济条件下弱者面对强者为了自身利益而自愿入股联合而组建的具有法人地位的经营企业；同时，又是按照合作社原则而组成的群众性社团组织。只有这种企业性和社团性同时存在，才能称得上通常所说的合作社。并非任何一种合作或联合企业都可随便称作合作社。因为合作社有着自己的组织原则和章程，办社宗旨和目的，社员依据章程有着自己的权利和义务。它具有自有、自治、自享的不同于其他经济组织的具体特征。当然，合作社自其诞生以来，在不同时期，不同国家或同一国家的不同历史时期有着一定的差异，但国际合作社联盟所宣称的合作社的基本特征都是被世人所公认或遵行的。所以在合作社概念上，值得注意的是不能将合作社的真正内涵同扭曲了的合作社混为一谈。探讨合作社的改革并不包括对合作社基本原则和基本特征的否定，更不能将所有的经济合作组织混同于典型的合作经济组织——合作社。

合作经济，是指体现合作社经济特征的社会经济结构中的一种特定经济形式，它体现着合作社经济内部成员间的经济关系。也就是说，它是以合作社经济为典型特征的社会经济成分。合作经济主要就是指合作社经济，当然也包括我国社会主义改造时期小商小贩组织起来的合作商店和农民组织起来的农业互助组织及改革开放以来农民基本按合作社原则组织起来的各种联合体，如专业合作社等。这里值得注意的是：能把合作经济的外延无限扩大从而混同于各种经济联合方式，不能把合营、合伙、合股、合资视为合作经济。合作社、合作经济和经济合作三者在概念上是有严格区别的，合作社是具有特定特征的经济组织和社团。合作经济是体现合作社经济特征的经济关系和社会经济成分。而经济合作则是具有经济联合方式的统称。

（二）合作制、股份制、股份合作制

在我国经济体制改革过程中，有人认为合作制是小生产方式的产物，是落后的或传统过时的经济形式，因而主张对供销合作社进行股份制和股份合作制的改造。这种认识在理论上是极其错误的，在实践中也是有害的。合作制、股份合作制是经济工作者必须把握的基本内涵，否则会造成误国误民的后果。

合作制是当今世界许多国家所采用的一种企业制度。它是以劳动者的劳动、技术、资本联合所形成的企业组织形式和财产制度。它也是市场竞争中弱势人群通过自愿合作以维护自身利益，实行自我保护，推进社会进步的制度。应该说它是人类进步的文明成果，是现代社会经济中一种先进的制度。因为，在农民和小手工业生产者建立的合作社中，以联合生产和联合经营代替了小生产，这是一种生产方式的变革，是进步而不是落后。另外，从其性质上来看，合作制实现了劳动者的自愿联合劳动，实现了劳动者的共有共享，实现了劳动与生产资料的直接结合；从其原则上来看，合作制遵循"自愿、互利、民主、平等"的原则；从其功能上来看，合作制是劳动者的联合，它以为社员服务为宗旨，既增强了分散劳动者（弱者）抗御自然风险和市场风险的能力，同时也满足了社会需求。需要特别指出的是，坚持和发展合作制不是我们的主观意志，而是由合作制在市场经济发展中历史的地位决定的。它的存在和发展有着坚实的基础和客观必然性。在市场经济发展过程中，由于经济发展不平衡性的规律，决定了弱势生产和经营者存在。他们要生存要发展，必然联合。当代发达资本主义国家都有很发达的合作经济，政府都很重视，认为它是兼顾公平和效益的最好的经济组织形式。目前我国处于社会主义初级阶段，要把千家万户的农民和千变万化的市场联结起来，必然要发展合作社经济。而且在市场经济条件下，农业是弱势产业，农村劳动者在市场竞争中要摆脱落后，必然要走合作制道路。此外，从社会主义基本制度的本质要求来看，合作制同社会主义有着天然的联系，从实现社会主义生产目的的角度来看，合作制是防止两极分化和使劳动群众走向共同富裕的最佳形式。

股份制和合作制虽然都是社会化大生产和市场经济发展的产物，但它们的性质、特征和功能却不同，而且各有所长，因而它们的存在空间和发挥作用的范围是不同的。合作制突出优势则在于它适宜在劳动农民小生产广泛存在的国家存在和发展，这是因为合作制可能解决社会化大生产与劳动者小生产之间以及市场竞争与劳动者小生产劣势之间的矛盾。合作制通过合作与联合的方式，适应社会化大生产和市场竞争的要求，在保护小生产者利益的同时，促进生产力的发展。股份制的显著优势在于它具有聚集资本的功能，它可以通过发行股票方式来解决社会化大生产与资本分散个人占有的矛盾。股份合作制是集体经济改革的产物。它是合作社与股份制混合体，其内涵、性质及特征至今尚未形成共识，法律上也未作出界定。从我国现有股份制投资主体、产权关系、股东地位、企业宗旨、收益分配和公共积累等方面来看，股份合作制适宜于合作社投资办企业。但决不能将合作社改造为股份合作制企业，因为那是对社员的侵权。

总之，合作制、股份制和股份合作制三者之间存在着质的差别，它们各自有着自己的存在空间、适宜领域和作用方式。决不能以一种形式去改造或代替另一种形式（见表1）。

表1 合作制、股份制和股份合作制的关系

项目	合作制	股份制	股份合作制
投资主体	社员的劳动合作	社会投资	成员投资社会投资
产权关系	社员共同所有	社会个人股、法人股、国家股、外定股	社员股、职工股、社会个人股、企业股
股东地位	民主管理一人一票	股权平等，一股一票，资本决定	人权为主兼顾股权
收益分配	按劳分配	按资分配	劳资兼顾
公共积累	不可分割	可分割制	可分与不可分结合
企业宗旨	服务社员	利润最大化	服务、利润、兼顾

三、合作经济组织也是自助和公平的社团

合作经济是劳动群众为发展生产和经营而自愿联合起来组成的一种自助组织。在我国计划经济时期，合作社曾为组织社员共同劳动，帮助社员购入生产资料和生活资料以及销售产品、解决资金困难等作出过重要贡献。然而，近几十年来，随着市场经济体制的逐步建立和不断完善，多种农产品价格的逐步放开，许多以前由合作社统一购销的产品纷纷进入了市场，参与到了市场竞争当中去。面对外部大经济环境的改变，合作经济组织未能理顺机制，调整管理方向，改变经营方式，使得经营缺乏活力，合作社的职能和作用不仅没有加强，反而被弱化了。许多干部职工为农服务观念淡薄，经营困难。在这次对一些供销社的调研当中我们发现，部分供

销社干部职工中主要存在着以下一些思想误区：一些人认为合作社是计划经济的产物，它的经营机制和经营方式已难以适应当前市场经济的要求，因此，合作经济已经过时了，合作社没有继续存在的条件和必要了。他们在合作社承包制，股份制，像国企一样"抓大放小"受阻以后，不知所措。

以上这些错误观念、做法以及困惑，究其原因只有一条，他们均没能深刻认识合作经济的性质，从而难以正确定位合作经济的职能。因此，在当前各种思想观念混乱，合作社经营困难重重，面临重大改革的情况下，深入研究了解合作经济的性质，明确合作社的职能，是非常有必要的。诚如刘少奇同志在写给毛泽东同志的一封信中说的："我认为必须把合作社的性质弄清楚，然后才能说明合作社的作用，才能放手帮助合作社的发展。"

我们认为合作社的存在，首先是由市场经济决定的。在市场经济条件下，由于经济发展的不平衡性，弱者为了对抗强者必须联合，于是小生产者以自愿、公平为原则，互助合作为宗旨的社会经济组织形式，而非计划经济的产物，在我国当前大力发展市场经济的条件下，它作为兼顾公平与效率的最好形式不仅不会消亡，反而有着更广阔的发展前景。

中国最早的合作社是 1918 年创立的北京大学消费合作社，之后，由中国共产党创办的安源路矿工人消费合作社，以及在抗日战争、解放战争时期各根据地、解放区建立的各种合作社也都是在市场经济环境中建立的，由此可见，在我国实行计划经济之前，合作事业就已在中国这片广阔的土地上生根、发芽，不同形式、不同层次的合作社业已广泛建立起来，那种认为合作社是计划经济的产物，不适宜在当今市场经济环境中存在的认识是不符合历史事实的。恰恰相反，市场经济越发展，个体生产者的生产被纳入社会化大生产之中的要求就越强烈，这就对合作社提出了更多更新的要求。因此，在社会主义市场经济条件下，合作社不仅不能消失，反而应大大加强，充分发挥其职能，有力地将小生产者组织起来，帮助他们降低生产成本、交易成本和资金融通成本，共同进入市场，增强市场竞争力和抵御市场风险的能力。对此，列宁曾强调指出："实行新经济政策，发展商品流通，合作制就更为重要了。"我们必须从整体上认识发展市场经济和完善合作制的一致性：市场经济的发展为组建和完善合作社提供了内在的利益推动力，而合作制又为市场经济的发展提供了一种有利益的组织形式，从而推动着市场经济向广度和深度发展。两者的关系是互相促进的。

在从思想上认识了合作经济存在的必要性之后，更重要的是要探讨合作制作为一种特殊的经济关系和组织而存在于不同社会条件下所具有的特殊性质。

我们认为合作社是经济组织又是社团。合作社自从诞生的那天起，它就是一个经济组织，具有企业性质，它是由劳动者共同出资，共同所有，共同管理的经营某一种业务的企业，或生产活动、或贩卖活动、或资金融通等，都和一定的生产经营活动有关，是独立的企业法人，它具有现代企业所具有的基本特征：有一定的自有资金，从事一定的生产经营活动，进行独立的经济核算能以自己的名义享受和承担社会权利和义务。但是，合作社同时又是社团，它具有社会管理、思想、文化教育功能，有自己特有的价值观，诚如国际合作联盟关于合作社宣言中讲的"合作社的基本价值是自助、民主、平等、公平和团结。合作社社员信奉诚实、公开、社会责任和关心他人的道德价值观"，按照合作社原则，主要为社员、代表、经理、雇员提供教育和培训，要关心社区，合作社有一种特殊的责任，保证促进所在地区经济的、社会的和文化的发展，它们有责任保护所在地区的环境，推动所在地区的持续发展，因此，它意识到合作社有向青年人和精神及舆论领袖，如政治家、公务员、新闻媒体和教育者宣传关于合作社性质和益处的特殊责任，它们根据它对社员和社会承担的责任，对它们的经营和利润有特殊的不同于一般企业的使用办法，即公共积累的不可分割性。如果把社会经济组织分成三类：一是国有企业；二是社会募股的公司；三是合作社，那么，国有企业最公平，但效率一般较差，公司效率最好，但不公平，而合作社论公平不如国有企业，但比公司好，论效率不如公司，但比国有企业好。它是这三类经济组织中能兼顾公平和效率的最好的组织形式。可以说，在政治上它实践着消灭剥削，共同富裕，在精神上追求平等和民主，促进公平和社会进步。合作社是人类文明进步的成果，所以列宁称它为"文明的合作社制度"。合作社的公共性、社会性、整体性、协调性的发挥，正是它的强大的凝聚力和向心力所在。1997年春作者访问意大利一家服务合作社问到合作社社员工资待遇和劳动积极性与公司有什么不同时，那家合作社负责人回答，我们的工资略低于公司，但是他没有被解雇和失业的后顾之忧，虽然收入低一些，但积极性很高。所以，合作社的社团性无论如何不可以忽视。近十几年合作社的日子不好过，在一定程度上是我们忽视了它的社团性，对社员服务跟不上，背离了合作原则，异化了它的性质，陷入误区造成的。

四、服务、指导和教育是合作社联社的主要职能

性质决定职能，职能体现性质。合作社的性质决定了合作社的职能必须兼顾它的企业性和社团性两个方面。

作为独立法人的基层合作社，必须重视服务社员，若忘记了有社员的强大后盾，而仅当作一个企业，在市场竞争中是难以胜过大公司的。服务社员、组织社员才能有力量。所以基层合作社要贴近社员、组织社员生产、服务社员协调流动、沟通市场信息、普及科技。按照江泽民同志的要求，"积极引导农民进入市场，把千家万户的农民与千变万化的市场紧密的联系起来，推动农业产业化"，"希望供销合作社自觉履行这一历史重任"，"真正成为农村综合性的服务中心"。

有人讲为农业、农村、农民服务是合作社的最基本职能。这个提法是不确切的。严格讲是有害的。合作社是由社员组成的，合作社为社员服务是天经地义的。如果合作社把社员与非社员混为一谈，那就不合适了。因为社员有资金投入，又有劳动投入，合作社自然是社员的家。非社员若完全享有社员的服务，自然社员就会感到合作社不是自己的家。凝聚力和向心力当然要减弱，这也是近几十年我们的合作社不受社员欢迎的原因之一。如果合作社严格区分社员、非社员，合作社首先服务社员，合作社的凝聚力就会大大提高。合作在服务社员的同时，适当服务非社员也是符合合作社的价值和原则的。

这里我们想重点谈一下合作社联社的职能问题。我们认为，合作社的联社不同于政府主管部门，联合社的主要职能是服务、指导和教育。

（一）服务职能

合作社联社为基层合作社服务，也是为社员服务。

1. 生产服务

通过生产合作社为社员生产提供（良种、化肥、农药、农膜等）生产资料，组织开展统一机耕、排灌、植保、收割等生产活动，走集约化、规模化生产的道路，加速农村的农业产业化进程；通过组织林业生产合作社、畜牧业生产合作社及渔业生产合作社等专业合作社，帮助农民大力发

展多种经营，繁荣乡镇的经济；通过信用合作社将社员的闲散资金积少成多，续短为长，为社员提供发展生产所急需的资金，解决社员的资金困难。

2. 流通服务

在市场经济环境中，农民的消费、生产以及交换都被越来越广泛地卷入市场关系之中，这就要求合作社把处于竞争劣势的社员联合起来，筹集股金，建立自己的商业组织，去采购日用消费品和生产资料，并提供加工、仓储、运输、技术等综合服务，搞好农副产品收购，并把产成品推向市场，以减少中间剥削，最大限度地维护社员的利益。供销社应想社员之所想，大力开展多种经营，把农村千千万万的分散的独立小生产者，通过商业关系与工业联系起来，与城市联系起来。

3. 信息服务

联社要利用其掌握的先进的技术手段获得最新信息，并发挥其人才优势，对信息进行分析，加工之后及时将有用信息传递给基层社和广大社员，以指导其生产及销售活动，帮助他们了解市场行情、市场动态，进行市场分析和预测，以便他们做出科学、正确的决策。

4. 技术服务

联社通过举办培训班或常设机构等形式，组织基层社负责人、职工及社员学习科技文化知识，向他们传授科学种田、科学养殖的技术。在提高其文化水平的同时，教给他们致富的本领，并选派有技术、有经验的专业人员和干部深入田间地头，随时帮助基层社和社员解决生产中遇到的技术问题。

5. 生活服务

通过兴办消费合作社，以代购代销的方式按成本价向社员提供价廉物美的生活用品，以减轻社员的生活负担，方便社员的日常生活。

(二) 指导职能

合作社经济是国家经济组织体系的一个重要组成部分，必须把党和政府的有关方针、政策体现在其日常经营活动中，引导基层社和社员自觉按照国家产业政策组织生产和经营，开拓农村市场。

联合社是合作社与政府之间的桥梁，对于政府管理社会经济各方面的方针、政策，联合社及时向合作社传达，沟通合作社与政府之间的联系，同时与世界合作联盟密切联系，介绍国际合作的经验，指导中国各级合作社的改革和发展。

（三）教育职能

教育是合作社的一项非常重要的职能，"合作社是通过经济活动的教育运动，或者也可以说是通过教育运动的经济活动"。它教育的对象主要是广大合作社干部、职工和广大社员群众。其教育的内容非常广泛，包括思想教育、文化知识教育、技术教育和合作社职工的业务教育等。

思想教育主要是对社员进行集体主义、爱国主义、社会主义教育及合作意识的教育。其中合作教育为最主要的内容，它以合作意识引导和教育社员和农民，使农民意识到在市场经济条件下，供销社是农产进入市场的最佳选择，是农民走向共同富裕的一种最佳组织形式。只有合作制发展了，农民才会受益，应使农民充分了解合作社的好处，积极参与到合作社经营管理活动中去，与合作社同发展共命运。

列宁曾经说过，在农村进行文化工作的经济目的，就是合作化。合作社应帮助农民识字，扫除文盲，通过农村广播、电视、科技站等活动，使农民学习到科技文化知识，掌握发家致富的技能，只有这样才能提高农民的素质，促进农村生产力的发展。

合作社不仅应对社员进行教育，还应对合作社的干部、职工进行教育，培养职工全心全意为社员服务的高度的奉献精神，使他们懂得经营管理之道，成为有高度责任心和合作意识的合格的合作社管理人才。

至于服务与效益的关系，实际上是合作社的双重机制的作用问题。以供销合作社来说，它作为群众性的合作经济组织，其办社宗旨和目的就是为社员服务，而且必须为社员服务；同时，它又是经营企业，在市场竞争条件下又必须讲求经济效益，这是服务的手段。服务与效益是密切相连、互为条件和相辅相成的。服务好了，效益才上得去。效益好了，服务水平也会提高。所以，供销合作社，既要讲服务，也要讲效益。

五、中国合作必须走双轨发展的道路

我国城乡合作社在中国共产党领导下，在国家政策扶持下，依靠劳动者的艰苦努力，基本上不要国家财政支出。从无到有，从小到大，至今已成为我国经济的重要组成部分，巩固和壮大了社会主义经济基础。几十年来，它不仅生产出大量的人民生活必需品，提供着各种社会服务，而且为我国城乡，尤其是农村提供了大量的建设资金，就业机会，使劳动者生活水平不断提高。然而，随着我国经济体制改革和社会主义市场经济体制的确立，合作社在自身发展过程中出现了一些新的情况和问题，特别面对加入 WTO，经济全球化和经济处于自由化市场的激烈竞争，迫切需要对合作社的持续发展战略，根据目前中国合作的情况和中国国情，我们认为中国合作社必须采取双轨发展的道路。

（一）合作社双轨发展的理论构想

从时间上划分两种合作社。以中共十一届三中全会为界限，一是原有的合作社即在新中国成立后组建的供销合作社、信用合作社、手工业合作社等。二是规范的合作社，尤其是改革开放后新成立的合作社。对这两种不同的合作社应采取不同的发展策略，即"双轨"发展。

第一条轨是对原有的合作社可以区别情况，采取按办好集体企业的办法来进一步巩固和发展。对原有的供销合作社、信用合作社和手工业合作社已经从 50 年代中后期到 70 年代中期，变成了集体经济性质的企业的。现在应该在进一步理顺各方面产权关系的基础上，确认其应属于集体经济性质的就让它们作为集体经济归合作社所有，作为各级合作社或联社的社有企业存在和发展。各类合作社的社有企业应坚持其合作社的办社宗旨和特色，以确保社有资产的保值增值为原则，采取多种形式办成真正的市场竞争主体和法人实体。不要在规范的合作社和真正的企业之间徘徊。

第二条轨是对改革开放后成立的合作社和将来再建的合作社，以及改革开放前就有的，可以规范的合作社，依照国际通行的合作社原则来规范发展。新组建的合作社由于不受计划经济体制的束缚，受行政干预少，是全新的新生事物，应尽可能完全按照国际合作联盟的原则办事，形成中国合作经济的增长点。

（二）合作社双轨发展的依据

我国合作社的发展变化受政治影响较严重，改革开放前是随着政治大气候的变化而变化的。原有的合作社由最初成立的具有较规范的合作经济组织，经过 1958 年"大跃进"的"升格"和"文革"极"左"路线的影响，其性质已发生了重要的变化，由社员合作制变成了政府管理下的徒具合作社虚名的"二国有"或"小全民"企业。针对我国合作社特殊的发展历程和改革中出现的一些问题，合作社必须实行双轨发展。

1. 合作社实行双轨发展是由不同所有权决定的

回顾合作社的发展变化历程，其资产所有权已变为集体所有，几乎没有个人所有的成分。有人将这种形式称为三个"板块式的集体"，这也是我国目前所谓的"大集体"形式。

（1）合作社资产归原有合作社集体所有。早在"大跃进"时期，合作化高潮刚过，就在全国范围内刮起转厂过渡风。大批合作社过渡为国营工厂，一批合作社则转为联社经营的合作工厂，采用了全民所有制的管理办法。以后虽做了一些调整，但到"文革"时期，在极"左"思潮的冲击下，再次重复追求"一大二公"的错误。一方面重复出现"穷"过渡，没有过渡的，也全盘用管理国营企业的办法，完全丧失了合作经济的性质。这时把社员的股金当作"资本主义尾巴"来割，统统退掉，以后新进职工也都不缴纳股金。这样，就造成了企业的生产资料全部归集体所有，不与成员直接相连。

（2）联社的资产属联社及所属合作社集体所有。联社资产的来源主要有三个渠道：一是基层企业和下级联社上缴的合作事业基金。这是手工业合作化时期建立的一项制度，据1989年不完全统计，轻工系统各级联社共有合作基金112亿元。二是在统负盈亏时期，基层企业上缴的利润。三是联社直接经营项目所得利润。可见，联社的资产大部分来自于基层企业职工创造的利润，理应属联社及其所属合作社集体所有，不是联社自身或某社所有，应属联社及所辖范围的各个基层企业与职工共有。

（3）改革开放后新组建的合作社是由不同投资主体出资组成的合作经济组织。社员股金占很大比率，是按"入社自愿、退社自由"的原则建立起来的，合作社资产理当归社员所有。

从以上三个方面可以看出，老合作社及新组建的合作社的资产所有权是不同的。不少原有合作社已经失去合作经济的性质。若通过改变资产所有权归属直接把原有的合作社改造为真正意义上的合作经济组织，是十分困难的。因此，目前应针对不同所有制形式，采取相应的经营和管理措施"两条腿走路"，来促进合作社健康发展。

2. 合作社实行双轨发展是由我国生产力不平衡的现实决定的

由于我国社会生产力水平在各地区的发展很不平衡，差距十分明显，因而合作社所处的发展阶段也是不同的，各地合作社有其自己特定的经营、管理方式，不可能存在统一的模式。

3. 合作社实行双轨发展是合作社"三性"不能恢复的必然选择

改革开放20年，人们一直努力恢复供销合作社和信用合作社"三性"，即组织上的群众性，管理上的民主性，经营上的灵活性，但到目前基本上没有多大变化，实践与人们的愿望距离仍然很远。几十年来，合作社实行的是职工调配制、干部任命制、业务计划制、财务核算上报制。这些显然是国有企业的做法，远远背离了合作社经济运行原则。尽管合作社账面上还有社员股金和积累，但社员不知自己为社员，亦不知自己有多少股金，不少合作社与社员的关系已淡化到毫无关系，社员忘记合作社是自己的，合作社也忘记了自己是社员的。合作社的机构设置、人事、业务决策都是由政府作出的。合作社负责人和职工的政治、经济待遇与"社员"或社员"代表"无关，也是由政府决定的，他们吃的是供应粮、户口非农化，时至今日，再让他们返回去，恢复"三性"，让社员民主选举合作社管理人员，实际上已经不再可能。另外，中共不少合作社不再是社员和合作社管理者的利益共同体，他们之间的利益关系是矛盾的，让吃了多年供应粮的非农产职工返回去当农民，也是不可能的。这一切说明，合作社只是名义的合作经济组织。既然有些合作社已不具有合作经济的性质，要恢复合作社的"三性"显然是不可能的。所以，在农村供销合作社和信用合作社曾提倡和恢复"三性"的探讨，实际是理论上的一个误区，也是目前拓展改革思路的主要障碍。我们应根据它的经济基础和"官办"体制的现实，用办好集体企业的办法来巩固发展那些合作社，用规范合作社的办法来提高和发展新合作社。

4. 合作社实行双轨发展是走出改革误区的有效措施

当前，合作社社有资产流失严重，主要是由于合作社：在改革实践中走入误区，如承包制，"卖、分、送"等一些不合理的做法。承包制固然有积极的一面，但现实却证明合作社照搬国有企业的承包制是失败的。在现实生活中，承包制合同执行不严，刚性系数低，承包者是包盈不包亏，给合作社造成了很大损失。正如一位农行职员所说，"供销社搞承包，包亏了供销社，也包亏了农行"，某省农行系统 190 亿元贷款，由于供销社承包亏损了 30 亿元，这种包资不包债的承包损失了社员股金，悬空了银行贷款，也使供销社大伤元气。另外，中共十五大以来，不少地方的供销社和手工业合作社采用中央对国有企业实行"抓大放小"的改革措施，有的地方出卖合作社和合作社企业，有的地方提出"全部卖、卖不了就分，分不了就送"。把合作社和合作社企业白白送给了别人，给合作社造成很大损失，合作社双轨发展能充分调动广大劳动者的积极性与参与意识，能有效地防止社有资产流失，使合作社得以巩固和壮大。

（三）合作社双轨发展的具体运作措施

目前，合作社整体状况不好，亏损面比较大但合作社的发展潜力是巨大的。我们建议一方面按自主经营，自负盈亏的要求，巩固原有的合作社，另一方面按国际通行的合作制原则，大力兴办各种类型的新合作社，共同促进我国合作事业的发展。

1. 依照自主经营、自负盈亏的要求，搞活原有的合作性

理顺社企之间产权关系。建立出资人制度和有限责任制度。按照社企职能分开、所有权与经营权分开的原则，明确社企双方的债权、债务关系，省市县三级联合社为三级社有企业的出资人，应享有出资人权益，并负有有限责任，对社有企业依照出资关系进行监管，确保社有资产保值增值，但不干预企业具体经营活动。社有企业依法自主经营，自负盈亏，并承担保证社有资产保值增值和保证出资人权益的责任和义务。

规范社有企业改制工作，社有企业是各级合作社的主体，其改革成效直接关系到扭亏增盈目标的实现，关系到合作社职能的发挥。深化社有企业改革，核心是转换企业经营机制，彻底打破计划经济体制下所形成的经营模式，尽快建立起适应社会主义市场经济发展要求的自主经营、自负盈亏、自我发展、自我约束的经营机制，要大胆探索合作社集体所有的多种实现形式，按照建立现代企业制度的要求，落实资产经营责任制，明晰产权，搞好产权置换和机制转换，坚决防止和杜绝"一股就灵"、"一卖了之"的错误观念和做法。对于规模大、经济实力较强、经济效益较好的企业，主要改为理事会控股的有限责任公司或股份有限公司；对于经济包袱重、经济效益差的中小企业，可以采取改组、联合、兼并、股份合作制形式，加快开放搞活的步伐；对于经济包袱重、资不抵债无发展前途的企业，可参照国有企业改革的做法，报请当地政府纳入计划，统筹安排依法破产。

实行企业化管理的合作社要以市场为导向，以效益为中心，以资产为纽带，大力开拓市场，积极培育发展新的经济增长点。

首先，要加强内部的联合与合作，走集团化经营之路。在市场经济大潮中，大船抗风浪，要以社属企业为龙头，以基层社为基础，走资产一体化、经营一体化的路子，形成联合与合作的大优势。在组织结构上，通过兼并、合并、重组等形式，形成集团规模，增强竞争力。实行集团化连锁

经营，由集团龙头公司向基层社和部、店统一配送商品，提高规模经济效益。

其次，搞好社有资产的管理、开发，提高资产使用效益。要增强资产营运意识，积极参与和进行资产经营。要在清产核算、科学论证的基础上，对闲置和使用效益低的资产，诸如仓库、厂房、营业设施等，进行有效开发，兴办市场，或改造、租赁，或委托经营、联合开发，也可通过兼并、收购和重组等多种手段，促进社有资产的合理流动和保值增值，从而盘活存量资产。

最后，要加大科技投入力度。一要加大对社办工业的技术改造。二要加强对有关科技人员的吸纳工作。三要与大专院校、科研单位开展合作，充分发挥科技在搞好社办企业中的作用，走"科技兴社"的路子。

2. 依照国际通行的合作制原则，大力发展各类新合作社

坚持合作社原则，规范发展各类新合作社。1995 年 9 月国际合作联盟在曼彻斯特举行的"国际合作联盟 100 周年代表大会"上，通过了《关于合作社特征的宣言》，宣言指出，合作社就是人们自愿联合通过共同所有和民主管理的企业来满足共同的经济和社会需求的自治组织。合作社的基本价值是自助、民主、平等、公平和团结。合作社社员信奉诚实、公开、社会责任和关心他人的道德价值观。合作社的原则，一是自愿和开放的社员；二是社员民主管理；三是社员经济参与；四是自主和自立；五是教育、培训和信息；六是合作社间的合作；七是关心社区。国际合作联盟认为，合作社形式多种多样，不是单一的固定模式，满足的需要五花八门，可以在不同的社会里繁荣昌盛。"合作社原则是合作社运动生命的血脉"。中国的合作社必须按此原则才能得到发展。

（1）要发展多种形式的合作社，除生产合作、供销合作、信用合作之外，其他各种劳务也可以通过合作的形式来进行。这个领域很广泛，如消费、住宅运输、修理、家务劳动、医疗、文化教育等都可组成不同的合作社。服务行业门类繁多，组成合作社的形式也应多样化，在组织形式和名称上不必强求划一，以尽可能地满足服务对象的要求为原则。

（2）在农村要以供销社为依托，大力发展专业合作社。供销社立足农村，服务农业，积累了丰富经验，形成了一支庞大的队伍，不仅具有点多、面广、腿长的特点，而且具备相当的设施和稳定的购销渠道，一头连着农产，一头连接市场，处于为农民服务的第一线。在推动农业产业化的进程

中，供销社具有不可替代的地位和作用。因此，以供销社为依托发展专业合作社，有着得天独厚的优势。

专业合作社是加速农村经济发展的一条有效途径。专业合作社架起了农民走向市场的桥梁，加快了农业产业化的进程，为发展农业经济培养了一批懂科学、会管理的技术人才，同时，也为基层供销社改革与发展闯出了一条新路子。

专业合作社要在发展中不断完善、提高。要不断增强专业合作社的实力。要真正与农民结成利益共同体，本着利益均沾、风险共担原则来与农民结成经济利益共同体。要在增强服务功能上下功夫，走"优势互补、联合服务、共同发展"的路子，增强有关部门的参与意识和社会行为，走联合服务的路子。农产品深加工，要走科技进行之路，向专业化、科技化要效益。要充分发挥联合与合作优势，齐心协力共同搞好农产品系列开发。

3. 政府要为合作社创造宽松的发展环境

从实践中看，合作社组建起来是比较容易的，但要真正办好它并让它发展壮大，面临的困难却是很大的。为此，必须千方百计为合作社争取一个好的发展环境。

（1）要有法律上的保护。我国政府应尽快制定合作社法，使合作社的合法地位和相应的权益受到国家法律保护。使国家对合作社的支持具有明确性和强制性，使合作社的合法地位和相应的权益受列保护，为合作社的发展创造必要的内部条件。

（2）要有税收上的优惠。由于合作社不仅是一个经济组织，而且也是一个"关心社区"，将不同文化宗教和政治信仰的人联合在一起，帮助人们依靠自己的力量摆脱贫困的社会团体，因而政府应采用减税、低税或免税的政策来支持和提倡合作社的发展。

（3）要有财政上的资助。国家财政上的支持是合作社进一步发展的重要条件，各国发展历史表明，在工业化的进程中，农业积累为国家工业化做了一定贡献，而在工业发达以后，国家以手工业和城市的财政收入反哺农村，农业和农民也是必要的，合乎情理的。合作社运动主要是在"三农"之中进行，因而政府应在赠款、补贴、贷款、担保、投资、订货合同、转让土地及建筑物等方面给予合作社帮助以支持其发展。

（4）要有教育和技术上的帮助，为了推动农业现代化，政府应在教育科技，尤其在信息方面加大对合作社支持的力度，以促进合作社和农业产业化的发展。

第二部分 中国合作社的组织体系研究

一、 合作社的混合生长研究

中国的合作经济组织，就目前说来有两大部分，一部分是 50 年代初期发展起来的供销合作社、信用合作社、手工业合作社三大组织系统，机构健全，规模大，人数多，历史长，有套传统的管理办法。另一部分是中共十一届三中全会以来产生的一批专业合作社、消费合作社以及生产合作、运输合作、服务合作等合作经济组织，这些新出现的合作社多数已经取得了合法身份，也有一些还未取得合法身份，或半公开半地下地生存着，有的公开存在但还没有走向规范运行，有的合作社被列为非法经营组织而被取缔。这其中有些还没有取得合法身份的合作社组织似乎很有生命力，就像割韭菜，割了一茬又长一茬，看来这些组织的存在似乎有它生存的土壤和条件。这种现象不能不引起合作经济理论工作者和合作事业的组织者以及关心者的重视。

合作社是市场竞争条件下弱者对抗强者的联合。从合作事业诞生以来的 200 年的发展历史中，我们发现合作社在许多国家的发展，几乎都是在市场经济制度建立后，市场竞争加剧的条件下，个体生产者或经营者为了生存和发展自发组织起来的。作为合作社的社员，他们既需要生产资料又需要生产技术，既需要销售信息，又需要销售市场和条件，既需要资金，又需要原料。因而生产合作、供销合作、运输合作、信用合作以及信息服务等合作往往是混合生长的。就农村而言，把农民需要的生产合作、供销合作、信用合作完全割裂开来，建立各自独立、互不相关的几个体系，是自 50 年代后期以来中国合作社发展中存在的一个失误。另外由于合作事业被"升级"和"割资本主义尾巴"，合作事业受到压抑和冷落，合作社发展的条件、环境至今尚未引起有关方面的真正重视。试问世界各国的合作事业，哪里还强调信用合作、生产合作、流通合作的分设分离？事实上，我国的几大合作社相互割裂是不利于合作事业发展的。

因此，在考虑各类合作社的组织体系和管理体制的改革时，对真正按合作制原则新组建的合作社，应在逐步规范的基础上，允许其从事社员的存款和贷款业务，融合合作生产、合作流通、合作融资于一社之中，混合生长和发展。当然，新合作社从事存、贷款业务应限制在本社范围之内，不得办理社外业务，即只准办理社员存、贷款业务，不得办理非社员存、贷款业务。在这里适度放开金融业务，既不会扰乱金融市场，一般也不会造成较大的金融风险。

（一）混合生长的可能性与可行性

1. 从合作经济的产生和发展来看，商品货币带来竞争，竞争必然导致合作

在市场经济中，由于经济发展的不平衡性，社会生产经营者有强有弱，一方是拥有巨额社会财富的生产者经营者，另一方是相对贫困的小生产者小经营者。在市场竞争中，弱者要生存和发展，就必须联合，而小生产者或弱者联合对抗大生产者或强者的最普通的形式就是组成合作经济实体。由于合作组织的基础是个体的生产和经营，既需要资金又需要生产技术，既需要生产资料又需要销售信息、销售市场和条件，因而也就客观地要求生产合作、供销合作、信用合作，运输合作以及信息服务等的混合生长。

2. 借鉴外国合作经济发展的经验，业务混合生长的综合性是合作经济繁荣的重要因素之一

日本的农村合作社——农业协同组合，从根本上来说，就是通过购销、信贷、农产品加工、农村工业，为农民提供共同利用设施等方面的业务活动来为农业生产的产前、产后服务的综合性合作经济组织，农业协同组合还通过它在保险、卫生保健、教育和文体等方面的业务活动来为农民生活服务。由于农业协同组合的服务范围包括了从生产到流通，从生老病死到婚丧嫁娶的凡是与农民的农业经营和生活福利有关的各个方面，从而可以说它不仅是农业合作社，而且是农村合作社。

"二战"后的50年多来，日本的农业协同组合有了很大的发展。不仅百分之百的农产都参加了这个组织，而且农业协同组合的公共积累也达到了相当可观的程度。它不仅与农产在生产上和生活上息息相关，而且它的系统和组织网络在农村经济生活中也具有举足轻重的地位。

分析日本农协的情况，正是集生产合作、供销合作、信用合作、消费

合作等业务于一体使农协得到了长足的发展，也使它与农产的关系更为密切了。

同时，农协是以多数农产为中心建立起来的全国性合作组织，它有一套严密的组织系统，使得各合作部门能井井有条地行使其职能，保证农协事业的正常发展。

韩国农业的发展也离不开农协。如农民发展农业生产所需资金 60%以上靠农协提供贷款；农业生产资料如化肥、农药、农业机械、种子、种苗大部分由农协供应农民的商品生产主要是在农协指导下进行的农产品的销售，如粮食、水果、蔬菜及其他经济作物，农民均主要依赖或委托农协遍及全国的农副产品销售中心走向消费者；政府的农业政策不少是通过农协来实施：如化肥的专营，政府全权委托给农协，政府管理的粮食的贩卖相当一部分是通过农协渠道；农协还通过在农村建立文化、培训设施和开展保险业务，为推广和普及农业科学技术、改善农村生活环境、安定农民生活作出了重大贡献。

印度的瓦尔纳合作集团则是一个以合作社制糖工厂为基础逐步发展起来的集工业、贸易、开发、文教、金融、福利为一体的综合性合作社大型集团公司，在印度的制糖行业有很高的声誉，是瓦尔纳地区社会和经济发展的中坚，也是印度合作社发展的楷模。

英国议会于 1852 年通过了关于合作社的法律后，合作社运动便走上了法制化的道路。1873 年更名的"英国批发联合会"不仅密切了各合作社之间的经济联系，而且设有银行部，使合作社得以融通资金，发展生产事业，实现生产与消费的结合，形成具有较强实力的经济共同体。

通过以上四例可以看出，合作社业务的混合生长是可行的，而且对于整个合作经济的发展和壮大都是大有裨益的。综观世界合作社的发展状况，合作社的功能向综合性发展已成为一个必然的趋势。合作社的综合性活动，综合性经营和综合性组织使得合作社的经营领域不断拓宽，组织体系更加完善，生存和发展的能力也日趋增强，从而在发展农村经济、农业产业，提高农民地位，推进农业现代化等方面发挥着举足轻重的作用。另外，由于激烈的市场竞争，使各个合作社要在竞争中生存和发展就必须相互联合，以加强在竞争中的地位。合作社之间有小规模经营同一品种的合作社组成联合社；有经营活动各环节相互衔接合作社组成联合社；等等。这种外部的联系和外部业务的混合生长使合作社的规模不断壮大，从而使其更有优势参加全国的国际性合作组织活动。

可以说，国外合作经济的发展情况已经证明业务生长无论是内部一体化还是外部混合联合都为合作经济的发展注入了生机。那么，中国借鉴外国经验发展本国的合作经济自然也是无可厚非的。

3. 中国合作经济的发展历程中也有过混合生长的历史

每一种经济形态的产生和发展都与其所处的历史背景和经济环境有着密切的联系。在中国合作经济的发展历史上，也曾有过业务混合生长的辉煌。至于业务混合生长的思想，则不仅仅局限于合作社业务的发展上，尤其是将金融资本与产业资本混合生长，也并不是近几年才涌现的观点。

早在 20 世纪一二十年代，阎锡山就提出了产业与银行业混合生长的观点并将其付诸实践。30 年代，山西省银行业务的重心就是与铁路、垦业、盐业三银号一起支持山西地方工业的发展，并与工商资本密切结合，混合生长。当时，阎锡山把山西经济发展的资本投入和管理分为三大类，即山西人民公营事业董事会，营业公社和直属省府的企业。无论哪类省属公营事业，均有金融机构在其中服务，而且将工业、商业、运输业、金融业、科研机构混为一体，由督理委员会统一协调指挥，采用现代托拉斯和康采恩式的经营管理方式。

抗日战争时期，陕甘宁边区综合性的合作社得到了迅速发展。延安南区合作社，就是从一个小小的消费合作社，逐步发展到 8 个分社，18 个经营单位，由专营消费品发展到办理运输（运盐）、信用和各种与生产等相关的多项业务的综合体，照顾到人民经济生活的各个方面，最受群众欢迎。1939 年，中共中央财政经济部颁发的《各抗日根据地合作暂行条例示范（草案）》，对合作社的业务种类规定为消费、生产、信用、运输以及其他包括保险、劳动、耕牛和生产工具的协作互助等。其中对消费合作社，除了经营其本身业务以外，强调指出：于必要与可能时应附设信用、生产、运输等各部门。这些规定反映了敌后根据地的具体情况和人民群众的实际需要。各边区采取积极引导，由少到多，由简到繁，使综合性为主的各项合作事业获得了广泛的发展。

解放战争时期，1949 年 1 月召开的华北供销合作会议根据当时经济发展状况明确指出：为方便社员和业务经营的需要，供销合作社组织社员之生产合作社，并将开设工厂，实行农产品加工或制造社员生活必需品。同时，为谋社员之便利，得兼营信用、仓库、保险、医药等业务；本着自愿互利和等价交换的原则，在社员中间组织互助小组、生产小组、运输小组等。可见，在当时，合作社业务的混合生长也是受到保护和支持的。

新中国成立后，全国合作社工作者第一届代表会议于 1950 年召开。会上讨论了合作社走向正轨的问题。确定，当时主要办三类合作社，即在工人和城市劳动人民中办消费合作社；在农民中办供销合作社；在城市和乡村独立的小手业者和家庭手工业者中办手工业生产合作社。此外，如信用合作、运输合作等不必办专门的合作社，供销合作社和消费合作社可兼办信用和运输业务。

此后，随着全国对农业、手工业资本主义工商业的社会主义改造，对供销合作社和手工业合作社的几次升级，一方面使合作经济的各项本来应互相联系、共同发展的业务被人为地割裂开来，另一方面也使合作社的机构、性质变来变去，同农民关系疏远了，群众基础削弱了。这对整个供销合作社事业乃至整个农村经济的发展带来了无法估量的影响。

回顾我国合作事业走过的道路，可以很明显地看出，其业务的经营范围是与当时的经济发展水平和经济体制相一致的。在我国未实现社会主义改造之前，计划经济所占的比重较小，合作社基本上是遵循价值规律和经济规律兴办和发展的，那么，业务的混业生长在当时也得到了充分的发展。我国完成了社会主义改造之后，计划经济占据了主导地位，合作事业也被纳入了公有制和计划经济的轨道，业务的割裂正是当时经济体制的产物。可以这样说，我国的经济发展经历了市场—计划—市场的过程，与其相适应，合作社业务在历史上也走过了混合生长—分离发展的道路。今天，我国开始逐步建立起社会主义市场经济体制，客观上既要求合作社业务的混合生长，同时也为其发展提供了可能。

4. 中国农村经济发展和合作社业务发展的现状，要求合作社业务的混合生长

改革开放以来，中国的农村经济发生了巨大的变化。农业生产活动由生产队组织管理退回到以农民家庭承包经营为主，农户家庭不仅是消费单位，也是生产单位。面临激烈的市场竞争，单个农产是很难生存发展的，因而就必然会自发地组成各种形式的合作组织，如前面已经分析过的集生产合作、供销合作、信用合作、消费合作等于一体的综合性合作组织更能适应小生产者和农民的需要，更好地促进我国农村经济的发展。

谈到业务的混合生长，其实质也就是强调信用合作与其他合作形式结

合的混合生长。因为金融与经济发展有密切的关系，而合作经济的发展同样离不开合作金融的支持与推动。而我国现阶段，合作社系统的资金融通问题则已涉及其自身的生死存亡。

当前，困扰供销社生产经营的一个突出问题就是资金问题，规模小得可怜的股金不足以成为供销社起步的动力，而获得银行的贷款又必须与其他行业站在共同的起跑线上，无疑增加了融资的难度。可以说，不建立和健全一个完善的输血机制，供销合作系统的发展就很难有所起色。

同时，农民小额贷款的主要来源本应是农村信用合作社，而我国的信用合作社的职能却由资金互助、服务社员转变为从事经营性业务。在50年代到60年代里，我国信用社虽然已经接受政府干预，但基本上还是资金互助组织，以解决社员生产和生活中发生的资金困难为主要服务对象。现在信用社的基本职能则主要是服务于农村商品经济发展，大量放款用于支持个体户、专业户和乡镇企业发展商品经济，其主要客户基本上是个体企业、合伙企业和乡镇企业，而小农生产和生活资金的需求只占很小的份额。信用社的职能正在逐步由服务于小农生产和生活转向服务于农村商品经济。但是，信用合作社作为合作金融组织，在其所服务的地区内，应当有一种平衡本地区内部储蓄与投资的机制，即将本地区内的储蓄转化为本地区内的投资。因为合作金融的目的就是自我服务，以自己的资金用于自己的事业。那么，信用社目前的资金运作状况显然已破坏了合作经济自我服务、自我发展的宗旨，违反了合作经济的规律。

可见，目前在我国合作经济领域存在着这样一对突出的矛盾。一方面，家庭联产承包责任制的农业生产经营方式要求获得大量小额贷款，单个农产的小额贷款需求也逐日增多，简言之，农村生产、供销、消费等领域都对资金有大量需求；另一方面，信用合作社的资金供给却偏向了非农企业和非农经济，根本不能提供和满足农村多层次、多样化的资金、咨询和信息服务。这种需求与供给的不对称必然会限制农村经济的健康发展。而近年在农村自发产生的大量互助基金会、金融服务站、私人钱庄、高利贷等个人金融组织，可以说正是这一矛盾的产物。对这类民间金融组织不能简单的取缔，要认识这是市场经济发展不平衡的必然产物。我们只能引导它们走向合作金融的道路，简单的取缔只能是割韭菜，割了一茬，还会再长一茬。所以，从合作体系内部来讲，集生产合作、供销合作、消费合作、运输合作、信用合作以及多种服务方式于一体是适应农村经济发展需要的。

(二) 混合生长的主要方式和途径

混合生长的路子如何走，我们认为可视各地区的不同情况，采用不同的方式：

1. 现有合作社的外部联合

目前，中国的三大合作社组织——供销合作社、手工业生产合作社和信用合作社：互不联系，无一不是处在举步维艰的困难境地，如果完全按合作社原则重新安排各合作社的发展模式，极有可能制造出"四不像"的经济组织，既解决不了现有合作经济中存在和发展的问题，又会无形中增加新的问题，事与愿违，达不到预期的效果。因而，可以考虑各合作社的联手，即信用合作社改变资金投向，以信贷资金支持本地区合作经济的发展；供销合作社、手工业生产合作社以供销合同方式组织产销联合体，以资本为纽带，相互投资，建立不同类型的联合企业，发挥整体优势。各合作社建立资源共享机制，如建立联合咨询服务机构，各合作组织共同所有、共同享有科技、信息、金融、保险、社会保障、教育培训等咨询服务和支持系统，以保证合作事业的顺利发展。

2. 新建综合性合作社，允许其业务的混合生长

在中国当前的经济发展水平下，既然原有的已无法恢复"三性"，办成真正的合作社，那么，自然应按合作制原则组建新的合作社。在新成立的综合性合作社内部允许其从事社员的存款和贷款业务，融生产合作、供销合作、信用合作于一社之中，混合生长和发展。

有人说这样做会冲击信用合作社的发展，产生新的金融风险，不利于金融秩序的稳定。但是，市场经济就是要在竞争中求生存、求发展，对已经改变了合作社性质的原有信用合作社过多的政府呵护，是无法使其提高其服务质量的。况且，我们现在正在不断地将国有企业、国有银行推向市场，农村金融或早或晚总会引进竞争机制，按市场范式推动整个农村经济的发展。

当然，为了稳妥起见，在现阶段，可以让新组建的综合性合作社将其存贷款业务限制在本社范围内，不得办理社外业务，即只准办理社员的存贷款业务，不得办理非社员存、贷款业务。待中央银行的金融监管的手段达到一定水平时，再考虑对综合性合作社信用业务的适当放松，让其本着先内后外的原则，在满足了社员的需求后资金仍有剩余的情况下，加入市

场竞争的行列，拓展其业务范围。当然，市场竞争的结果必然带来优胜劣汰，现有的信用合作社可能因经营不善在某些地方退出市场，但这是市场经济发展的必然趋势，我们不应该因噎废食，否定综合性合作社的信用业务，总之，只要有健全的法律体系和金融监管体系，就不会扰乱金融市场，造成金融风险。

至于综合性合作社的组织机构，可参考本农协的经验。可以在合作社下分设生产部、供销部、信用部和服务教育部等平级的部门。各部门有其自身的职责，独立完成工作任务。要在合作社的统一领导下协调配合，使内部借贷、供应、生产、销售等环节顺畅运作，才能更好地向外拓展。

3. 经济发达地区，资信高的供销社，内设资金部

当前可以考虑在经济发达地区经营好、资信度高的供销社、手工业合作社内部设立资金部。设立这样的资金部类似于大型企业集团下属的财务公司。由于在经济发达地区，供销合作社和手工业生产合作社可以以当地经济为依托，按照建立现代企业制度的原则进行改革、改组和改造，以迅速转换经营机制，加入当地市场竞争的行列。但同时必须注意对这些资金部业务范围的严格限制。要满足经济发达地区合作社业务发展的需求，以保持金融市场和金融秩序的稳定。

二、中国合作社的组织体系

（一）中国合作社组织体系

合作社既然是经济社会结构中的重要形式，政府为了经济的发展、社会的进步和稳定，必须把合作社事业列入议事日程，如何建立健全中国合作社的组织体系，是办好合作事业的根本保证。

中国合作经济组织原有的农村供销合作社系统、农村信用合作社系统、城镇手工业合作社系统（二轻系统）、城镇合作商店等应该联合起来，建立统一的联合组织。改革开放以来，新发展起来的城市信用社，已改造成了地方性的股份制的商业银行，与合作社经济没有联系。而近几年城市发展起来的消费合作社和农村的专业合作社、合作基金会以及新产生的服务合作社、住宅合作社、工艺合作社、养老合作社、医疗合作社等，都需要有统一的指导，多方位的服务。这些新成长起来的合作社没有自己的联合社，群龙无首，直接影响着中国合作社事业的发展。

因此，建议尽快研究组织中国统一的合作社联合社体系。引导基层各

类合作社加入联合社。健全中国合作社组织体系，服务、引导和规范我国的合作社事业。

中国合作社体系可以有以下几种选择：

第一种选择：

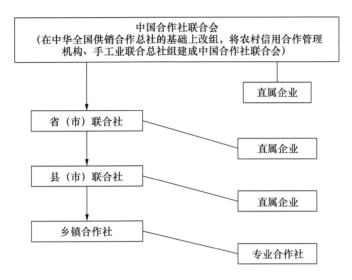

第二种选择：

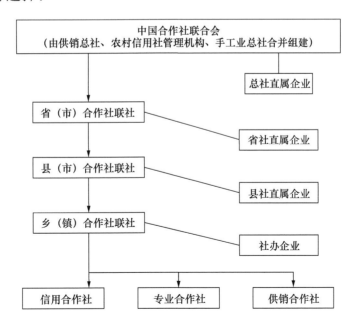

第三种选择：

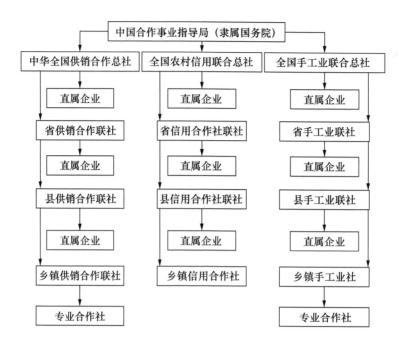

上述第一种选择比较现实，因为目前供销社规模最大，全国 580 万职工，组织体系最完善，中央、省、县、乡层层机构健全，且有 50 年的发展历史，管理水平较高，以它为主，将农村信用合作社、城镇手工业合作社并入其中是较适宜的。第二种选择，从长远讲比较理想，但目前操作困难。第三种选择操作上比较容易，但长远讲不便管理。这几种思路可以研究讨论。

（二）合作社与政府的关系

合作社各级联合社与政府的关系应相对独立。因为联合社是作为独立法人合作社的联合体，不是政府办事机构，所以处理二者之间的关系时，第一，政府可将合作社联社列作事业编制，不作政府编制。第二，合作社联社的经费来源：一是联社直属企业税后利润；二是下级上缴的会费或管理费；三是政府拨款。中国合作社主要是农村合作经济组织，它在 50～70 年代为国家工业化做出了很大贡献。在国家发展到财政收入以工商企业收入为主要来源的今天，用工商企业税收收入反哺农村也是非常必要的、合理的，政府每年从财政收入中拨付一定的合作事业费，这也是政府职能决定的必须承担的社会责任。第三，合作社必须执行政府的方针政策，在政府宏观经济管理的总框架下，独立地从事自己的合作经济活动。

（三）合作社事业需要先发展后规范

合作事业的发展，在中国具有先天不足的特点。虽然在 20 世纪 20 年代已经起步，但是由于军阀混战，日本入侵，国内革命战争等原因，发展极缓慢。新中国成立后，合作事业进入黄金时代，但未过几年便受到了"大跃进"和"共产风"的摧残。刘少奇同志努力了多年的合作社法也始终未能出台。因此，合作社理论、合作社原则、合作社组织体系再重组的补课是十分必要的。在这样的历史背景下，中国合作社事业应该先发展后规范。不要对新的合作社形成评头论足，如对农民自发组织的农村合作基金会应予以正确引导，不要当作高利贷组织予以取缔。不能以为合作基金会抢了农业银行和信用社的饭碗而耿耿于怀，这正是市场竞争。要认真研究为什么合作基金会贷款利息高还有那么多客户。高利贷肯定是高利率，但高利率却不一定是高利贷，要看贷款用途和贷款利息来源才能决定它的性质。

总之，中国合作事业需要理论，需要舆论，需要发展，发展才是硬道理。

另外，关于我国合作社的章程和立法工作必须加快进行。目前经济发达国家的合作社，几乎无一例外地都有自己国家合作社的章程和法律。新中国成立初期，曾由薄一波同志主持起草了《合作社法（草案）》和《合作社章程》。刘少奇同志还曾对《合作社法（草案）》作过重要修改，这个草案虽未经过立法程序形成正式法律，但反映了当时就曾注重规范合作社的标准。今天，要使规模日益庞大的合作社经济走上规范的道路，必须用法律和章程来规范。而且社会主义市场经济从一定意义上讲，就是法制经济。因此，我国合作社的立法工作和章程制定必须加快进行，以便及早颁布施行。如果在理论上不能尽快地从中国合作社的实际出发，对合作经济混合生长及组织体系问题通过讨论达成共识，则会直接影响中国合作事业的发展。

第三部分 供销社与信用社的改革与发展研究

一、供销合作社的改革与发展

中国的合作经济主要在农村，其中主要是供销合作社和信用合作社两大合作社系统。这里我们先就供销合作社的改革进行讨论。

（一）"三农"需要合作社

当前，中国的农业与农村经济发展较快，农产品和农业生产资料的供应相对充裕。但亿万农民在走向市场的过程中，却遇到了人才、技术、信息、工具、资金等方面的种种困难，迫切需要有力的组织和正确的引导。而作为农民的合作经济组织，供销合作社如何才能适应这种新的形势，以促进农业产业化和农村经济的发展，就成为一个突出问题。

1. 农业、农村、农民需要合作社

从农业产业化和农村经济综合发展的趋势来看，中国亿万农民迫切需要有力的组织和正确的引导。一个显而易见的问题，就是千家万户的农民如何与千变万化的国内外市场相衔接，这不是政府行为所能包揽得了的事情。在我国传统农业向现代化农业转变的过程中，市场竞争日趋激烈，广大农村地区的农民还处在以一家一户为生产单位的小规模分散经营阶段，他们生产技术落后，市场信息不灵，产品竞争力不强，生产、加工和销售相脱节，造成了农民的实际收入低下。因此，他们迫切需要自己的经济合作组织和正确的引导。相反一些经济发达的农村地区，包括供销合作社为农服务成绩显著的地区，各种类型的农民合作经济组织则迅速发展起来，尤其是以供销合作社为依托的专业合作社则如星火燎原，这又从另一个角度反映了广大农民的实际需要。当然，合作经济具有多种实现形式，随着农业专业生产的发展，必将自发地涌现出一些新的联合体。不过，亿万农民在生产中碰到的人力、资金、技术、工具等方面的困难，必然会对各种生产要素的合理流动和组合提出要求，而供销合作社具有这种为农服务的无可比拟的显著优势。

2. 合作社为"三农"服务的优势

众所周知，农业产业化程度的提高和农村经济的发展，必须依据国内外市场的变化趋势，对当地农业的支柱产业和主导产品实行科学布局、专业化生产、一体化经营、企业化管理、社会化服务。建立产供销、贸工农、经科教有机结合的统一经营体制。而这种引导农民由传统农业向现代农业的转变，进而实现农村经济的全面发展，供销合作社则具有得天独厚的优势。目前，我国的供销合作社和系统具有遍布全国并连通城乡的经营服务网络。拥有 32 个省级联合社、2300 多个县（市）级联合社和 28373 个基层社。现有农民社员 1.8 亿人。县以上的社有企业 3 万多个，各种经营服务网点 70 万个。兴建各类市场 2600 多个，拥有商品生产基地 2.2 万个，各类专业合作社 14500 多个，社办工业企业 13600 多家，而且全系统拥有进出口经营权的流通企业 130 多家，并同 30 多个国家和地区建立了合资、合作企业 1200 多个。尤其是在为农服务方面，还拥有各类科技服务站、庄稼医院 8 万多个，科技服务队伍 20 多万人……这种本来就是农民的合作经济的中国供销合作社，显然在中国农业和农村经济发展中，具有无与伦比的优势。它们不仅有服务"三农"的 50 多年的光荣历史和经验教训，而且在参与农业现代产业化经营和引导农民进入市场方面已进行了大量的探索，积累了许多经验，取得了一定的成绩。但是，我们也应该看到，目前供销合作社同时也存在一些较为突出的问题，这些问题主要是经营机制不活，为农服务功能不强，人员负担和债务包袱沉重，亏损不断增加，难以适应农业和农村新形势的要求，必须深化改革。

（二）供销社改革与发展的当务之急

1. 二十年改革的显著成效及存在的主要问题

中共十一届三中全会以来，供销合作社的体制改革，实际上就是随着农村经济改革而展开的。大体经历了两个时期，即 1982～1991 年为一个时期，1992～2000 年为又一时期。前一时期主要经历了四个阶段。第一阶段是 1982～1983 年，主要是恢复"三性"，清理社员股金，改善供销社同农社员的关系，恢复供销社的合作经济组织性质。基本上完成了全部清股。第二阶段是 1984～1985 年，主要是变"官办"为民办，实行"五个突破"的改革。这一阶段通过吸收农民股金和资金，拓宽经营范围和服务领域，实行人事制度和分配制度的改革以及突破作价上的某些限制之后，效果十分明显，使供销社的活力明显地得到了增强。第三阶段是 1986～1987 年，主要是为了增强供销社的综合实力和综合服务功能，强调抓好"六个发展"。即发展商品生产系列化服务、横向经济联合、农副产品加工、多种经营方式、农村商业网点和教育科技事业。这一阶段的效果也较为显著，为增强供销社的综合功能奠定了一定基础。第四阶段是1988～1991年，主要是深化改革、进一步完善农村商品生产服务体系、改革经营体制和管理制度。明确地将供销社推向市场并参与竞争。这样一来，一方面使供销社获得了新中国成立以来的第二次发展高峰，另一方面，各种各样的问题也随之暴露了出来。问题的原因既有新旧体制交替过程中供销社率先改革所受到的外部环境因素的制约，又有供销社自身改革措施不配套的因素和贯彻合作社原则不彻底的原因。后一时期的改革，是从1992年至今。这一时期起初是在邓小平同志南方谈话精神和中共十四大关于建立社会主义市场经济体制理论的指导下，供销社围绕"三个有利于"原则，进行大胆的探索和创新，在深化改革中，创出了一些新路，也获得了不少经验。尤其是在我国整个经济体制改革步伐加快之时，供销合作社适应市场经济的整体改革方案尚未形成，以致造成国家各项经济改革政策不断出台的时候，供销社还处于探索前进，单个突破的改革探索阶段，此时又缺乏立法保护和统一的保障措施。结果从1992年起出现了大面积的政策亏损、经营亏损和其他亏损。直至1995年中央"五号"文件下达，才为供销社的改革指明了方向。尤其是1997年以来，供销社在中共十五大精神指引下，进行了大量的探索，取得了一定的成绩。存在问题的范围得以缩小，但却较为突出。为此，1999年中共"五号"文件明确地指出了供销合作社要围绕真正办成农民合作经济组织的目标，坚持合作经济方向，着力解决当前供销合作社存在的几个突出问题。这个文件抓住了关键，针对性很强。事实上，当前供销合作社存在的突出问题就是经营机制不活，为社员服务功能不强，人员及债务包袱沉重，亏损不断增加，难以适应农村经济发展和农业产业化的要求。

2. 供销社改革的当务之急和首要环节

当前，供销合作社改革与发展需要解决的问题很多，但是，必须分出轻重缓急。我们认为，目前严重制约供销合作社发展的最关键、最紧迫的问题，就是效益下降，亏损增加。因此，当务之急是围绕扭亏增盈，建立一套不再发生亏损的经营机制和管理制度。先生存，后发展。简言之，有如下几点值得注意：

（1）扭亏增盈须先清产核资，做到产权明晰。供销合作社要扭亏增盈，必须首先做到产权明晰，家底清楚。为此，就必须首先通过清产核资，对供销社错综复杂的产权归属予以认定。以调动社员和其他产权受益者的积极性。

（2）扭亏增盈要按盈亏状况，划分不同类型。扭亏增盈必须根据清产核资的结果，将各直属企业和基层社的盈亏状况，依据一定标准划归不同类型。即：一类为总资产与总负债相抵之后，有一定的净资产，经营状况较好，为农服务能力较强的直属企业或基层社。二类为总资产与总负债基本持平，尚能维持生存并有一定潜力的直属企业或基层社。三类为严重资不抵债，包袱沉重，没有什么潜力，难以转制的企业或基层社。通过这样的划分，以便区别对待。

（3）进行产权制度改革和资产重组。通过产权制度改革和资产重组，对供销社现有企业进行规范的合作制、股份合作制有限责任公司和股份有限公司的改造，并通过兼并、联合等方式来改变供销社效益下滑、亏损增加的局面。必须注意的是，应使资产向效益高、服务功能强、有发展前景的企业和基层社集中。

（4）对扭亏实在无望的资不抵债者依法实行破产。对于上述提到的严重资不抵债的三类企业或基层社，我们认为，不应轻易决定让其破产，也不能彻底拒绝破产。正确的途径应该是尽全力想方设法为其寻找新的经济增长点，或者通过联合、兼并的方式使其得以生存。在这个前提下，对那些极少数资不抵债、实在扭亏无望的企业或基层社，与其让它增加亏损不如让它依法破产。这里需要注意的是，对于一个全县区供销社整体扭亏无望的资不抵债者，不应考虑全部破产，而应设法保留几个或破产后新设几个供销社网点。一个县里的极个别基层社破产实际上无妨大局。因为我们最终还是按经济区域布点。总之，破产要慎重，亏损不能再增加。

（5）高度重视并采取有力措施。当前，供销合作社应该将扭亏增盈工作提高至压倒一切的地位上来抓，因为严重的亏损不仅削弱了供销社的为社员服务功能，而且直接威胁着供销社的生存与发展。如果亏损得不到有效的遏制，就会失去社员的信任，就必然会在市场经济的大潮中被淘汰。因此，对于这一关系供销社生死存亡的大问题，必须引起高度的重视。当然，扭亏增盈是一项系统工程，必须多管齐下，综合治理。应把完善经营机制、建立健全各项规章制度和强化内部管理作为扭亏增盈的一项根本措施来抓。

（三）供销社的经营管理

研究合作社的经营原则与管理，对于合作社的改革与发展有着十分重要的意义。目前，合作社的发展遇到重重困难，迫切需要一剂良药。要治病就要找病根，对症下药。目前合作社患病的最明显症状是亏损严重，病根何在？任何一个经济组织的亏损都与其经营管理有着密切的关系，合作社自然也不例外。

1. 目前合作社经营管理中存在的问题

综观全国合作社经营管理现状，普遍存在以下五个问题：

（1）历史包袱沉重，人员素质不高，效率低下。这主要是由于一方面合作社成立早，经过 50 多年发展，不少原有职工相继离退休；在计划经济时期，合作社成了"二国企"，没有经营自主权，政府将大量人员安置到合作社，造成机构臃肿，人浮于事，导致目前合作社中离退休人员比重大，负担加重。加之多年来忽视了合作社教育和社员文化知识水平的提高，造成合作社人员素质不高，不能适应市场经济及合作社发展的要求，致使合作社的劳动效率很低。

（2）经营机制僵化，缺乏应有的活力。一是合作社经营动力不足。合作社作为社员的合作经济组织。合作社经营的最根本目的是为社服务，这是合作社经营机制的基础。但由于多年来国家对合作社的发展缺少应有的重视，历史上又曾多次将合作社划归国有，使农民社员的地位一再被削弱，虽然后来几次试图恢复合作社的合作性质，但终不尽人意。社员的权利在合作社经营中没有得到完全落实，农民对合作社缺乏热情。合作社失去农民的支持自然缺乏动力。简单地说就是合作社与社员的关系没有理顺。

（3）合作社决策机制运转不畅。中国合作社是一个自下而上逐级联合的组织系统，各级联合社都有自己的所属企业。社属企业是各级联合社的经营实体，是组织农业产业化经营，引导农民进入市场的载体，也是发挥联合优势，提高参与市场竞争能力，增强为社员服务功能的依托。联社理事会是所属企业集体财产的所有权代表和管理者，拥有对企业主要负责人的聘任和解聘权、对企业重大经营和投资关系的审批权、对企业经营管理的监督检查权以及财产的受益权。同时也要帮助和扶持所属企业的发展，为其排忧解难。但社属企业应该是独立的法人，实行自主经营，自负盈亏，自我发展，自我约束。

目前，有一些地方的联社只强化实体，淡化群体，把精力主要放在直属企业上，忽视对下级社的服务，甚至与下级社争业务，争利润；而另一些地方只强调群体，不支持实体，或是过度地干预实体的经营活动。由于联社与下属企业关系不协调，不能相互配合，导致合作社的决策机制难以顺畅运行，最终削弱了合作社的实力。这是社企关系不顺。

（4）合作社的发展机制不能正常运转。合作社的发展机制，即企业人、财、物三者协调运行不断扩大规模的组合方式，它包括一系列处理人的关系、组织体系的关系和财务管理等内容，是企业实现高效、合理、正常运转的重要保证。目前合作社经营管理中的人、财、物协调问题与具体的管理制度密切相关，不解决这三项基本制度，合作社的许多经营活动很难理顺。

（5）合作社的约束机制不健全，缺乏必要的监督。这主要是由于合作社管理体系不健全，监察工作很难实施。同时也由于政府过多干预合作社的经营管理，政出多门，有关管理部门乱收费，乱罚款，乱摊派，乱赞助，乱集资的现象严重，而合作社又缺乏相应法律的保护，加上合作社亏损严重，银行贷款不能归还，导致合作社与银行的关系紧张，银行将合作社作为"风险行业"不敢提供贷款，合作社资金周转困难。

2. 供销社经营管理必须解决的问题

（1）自主经营。合作社自主经营，是指合作社有独立的经营决策权，独立的人事安排权，不受政府等外部环境的过度干预，让合作社根据自己的发展需要，决定人员安置，选择适合自己的经营模式与策略，提高效率，避免经营中的"一刀切"。

对于社属企业而言，自主经营还有一层含义，即社企分开，社属企业不受上级联合社对其经营活动的过多干预。使社办企业成为真正独立的法人行使合作社理事会赋予的资产经营使用权，包括经营、管理、用工、分配方面的自主权。

（2）政府扶持。合作社自主经营并不意味着合作社不需要政府的扶持，而是更加需要政府的扶持。这是因为合作社基本上是经济弱者的自助自救组织，能够解决一些经营问题和社会问题，有利于社会的稳定。但是合作社是经济弱者的联合，经济实力小，市场竞争能力弱，没有国家的重视和扶持，合作社的自主经营只是一句空话。

政府扶持合作社发展，主要体现在为合作社排忧解难，创造良好的外部环境上。首先是法律保护。尽快出台"合作社法"，使合作社的发展受到法律的保护与规范。合作社应该是一种具有自卫功能的群体组织，只有承认并赋予其自卫的功能，才能建立起一种灵敏的反馈机制和利益制衡机制，及时发现和处理好损害合作社及其成员利益的行为。

但是目前我国合作社理论尚不成熟，合作社组织体系没有理顺，在此情况下很难在短时间内制定出一部完善的"合作社法"，不过可以尝试"授权立法"的办法。授权立法出现在19世纪末20世纪初的西方，在我国已被采用。如第六届全国人民代表大会第三次全体会议关于授权国务院在经济体制改革和对外开放方面可以制定暂行规定或条例的决定。合作经济组织立法不妨也可使用此法。先制定有关条例，待条件成熟，再制定统一法律。如可以先制定《供销合作社管理条例》、《信用合作社管理条例》等。还可以地方先立法，中央后立法。因为各地合作社发展的情况不同，可按当地具体情况，先制定地方合作社法规或章程，待时机成熟，再由中央统一制定法律。

国家对供销社需要给予优待政策：一是税收优待，对合作社给予减免税的优惠政策，鼓励农民办社的积极性；二是财政优待，提供必要的财政拨款、豁免申请执照手续费、补贴贷款利息等；三是信贷优待，国家应授予政策性银行对合作社的贷款实行优惠利率，鼓励合作社的发展。

政府有关商品的经营、公共设施的建设等业务，可委托合作社承办，有时还可赋予合作社某些商品的专营权，在业务上予以扶持。

当前，合作社改革中需要解决的很多问题，包括企业的经营范围、服务领域、干部制度、分配制度、职工养老保险、再就业、改组、改制、兼并破产、政策性亏损的处理等，都需要各级党委和政府及有关部门的大力支持。各地改革的成功经验说明，没有国家的政策支持，没有各级党委、政府的领导和帮助，没有各有关部门的理解和配合，合作社的改革就难以推进，扭亏增盈就难以见效，发展就难以实现。一个很好的例子是甘肃省平凉市市委、市政府扶持保护供销社，为供销社的发展创造良好的环境，使供销社重新焕发了生机，亏损大幅度减少。其主要做法是通过将市供销联社机关经费纳入财政预算，彻底解决了市联社机关的经费问题；积极协调，解决离退休人员的生活保障；政府参与，加大清欠工作力度；维护供销合作社合法权益；净化农资市场，维护供销社主渠道地位和农民利益，明令禁止强行摊派、随意集资，制止了一些行业性的乱收费和乱罚款，减轻了供销社经济负担。

（3）服务与盈利统一。在市场经济条件下，合作社的发展离不开服务与盈利双重机制的作用。合作社作为一个社团，必须关心社员，为社员服务。合作社如果不为社员提供服务，就不称其为合作社，也就失去了存在的价值；合作社作为企业，就要搞好经营，追求良好的经济效益，这样才能生存和发展，否则，在市场竞争中将被淘汰。所以合作社在经营中必须坚持服务与盈利相统一的原则，把握以下几方面：

1）坚持内外有别。合作社对内要坚持不以盈利为目标，对外应当追求盈利。合作社在与农民的交易活动中，要维护农民社员的利益，不能只想赚社员的钱，而是还要为社员服务，通过服务为社员赚钱。另外，合作社在市场经济中要生存发展，就不能把自己的经营活动对象仅限于社员，还应寻求更多的非社员交易伙伴，开拓更广阔的外部市场，而在这些交易活动中合作社就应像所有经营性企业一样追求法律允许范围内尽可能多的盈利，这是合作社搞好服务性经营的坚实后盾，这在办得好的合作社以及成功地扭亏增盈的合作社中体现得极为明显。努力开拓市场已成为合作社发展的共识。如内蒙古自治区供销社利用自己所处的地理位置优势，积极开展对外贸易：开展来料加工业务、边境贸易业务和代理业务，培植了新的经济增长点。

2）坚持有偿服务。服务必须有偿，无偿服务不符合市场经济的一般原则，它会导致合作社市场生存条件的丧失，失去服务的基础，但有偿服务并不排除合作社为社员提供一些无偿保本或微利的服务，作为有偿服务的补充。如在科学技术、文化娱乐、卫生保健、公共福利、社会公益、环境建设方面开展非盈利服务。

3）坚持盈利返还。合作社在经营中获取的盈利，除一部分留作公共积累用于扩大经营之需外，其余的要按交易额返还农民社员，这也是从分配方式上体现为农服务。

合作社通过为社员服务，与农民社员结成真正的利益共同体，以此增强实力，可以扩大市场份额。黑龙江双城市的希勒供销社的经验便在于急农民所急，想农民所想，把服务贯穿于经营的始终，靠优质的服务赢得了农民社员的依赖，也赢得了市场和效益，由连续 10 年亏损变为连续 10 年盈利。这个仅有 52 名职工的基层社，1998 年销售额却达到 1860 万元，应当说是相当可观的。新疆生产建设兵团供销社牢固树立为农服务的宗旨，在进口化肥时严把质量关，让农民用上安全肥、放心肥。同时通过加强管理，降低国外定价，减少流通费用，使成本降至最小，让利于农民。对化肥的包装、数量、质量实行定点跟踪反馈，及时处理出现的问题，宁可让自己受损，也决不损害农民的利益，因为加强了售后服务，维护了农民的利益，让利于农，不仅收到了很好的社会效益，反过来也扩大了销售额，两年来经营规模翻了两番，经济效益也连年翻番。

（4）灵活经营。我国生产力发展的不平衡性，以及多种经济形式并存的格局，是合作社经营方式多样化的客观基础。合作经济活动涉及生产、交换、分配和消费诸环节，涉及劳动、资金、物资、技术、信息、管理等各生产要素，涉及农、林、牧、副、渔、工、商、建筑、运输、服务各个领域，加之合作社成员自身条件的多样性和可变性，决定了合作社经营必须具有灵活性。

经营方式的多样性、灵活性的关键是经营方式上的创新，但要注意联合。加强联合，实现规模经营，就会增强竞争力。这是供销社中的典型经验。如上海市奉贤县肖塘供销社通过发展连锁经营，加强联合，扩大购销，1998年实现销售1750万元，其中60%的销售额是由连锁店实现的。天津市海县供销合作社实施县基联合，以县带基的发展战略，促进了销售额和经济效益的增长。湖北省随州市供销合作社对竞争乏力，企业管不了、管不好的专销生活资料的零售门店以及劳务性项目全部放活，实行固定资产租赁经营。实践使它们体会到，"放活小的"只能遏制亏损的势头，要实现效益的根本好转，必须发挥整体优势走集团之路。为此，从1994年开始实施了联合经营和大集团战略，使得供销社资产迅速扩大，活力大增。

（5）理顺关系。合作社的组织系统为自下而上的多级联合组织，各级联社还有直属企业，形成一个庞大的系统，必须理顺基层社、各级联社、直属企业及专业合作社之间的关系，才能做到各级联合社为基层社服务，基层社为社员服务。

专业合作社，是市场经济下农村发展商品生产专业性的合作经济组织形式，有利于做到产前服务和市场对接，产中服务和科技融合，产后服务和价值联结，适应农村经济发展的内在要求，为农业发展、农民致富提供条件，实现合作经济为"三农"服务，实现和农民利益的结合。供销合作社是专业合作社发展的依托和后盾，要采取引导、吸纳和联合的态度，积极参与，支持和服务于专业合作社。

合作社与所属企业的关系是群体与实体的关系，二者均不可偏废，既要强化群体，又要办好实体。一定要处理好社企关系，合作社要对所属企业进行必要管理、监督，但不能干预其自主经营。

如河北省供销社系统之所以在扭亏增盈方面取得了比较好的效益，主要是坚持以发展专业合作社和龙头企业为切入点，充分领先科技进步，积极进军农业产业化经营，较早地走上了"富民兴社，农社共荣"的路子。1998年全省专业合作社完成销售收入56.18万元，占全省销售收入的25％，实现利润9526万元，向农民社员返利分红3346万元，大批基层组织通过兴办专业合作社实现了扭亏增盈。

（6）以人为本。供销社加强人力资源管理，坚持以人为本，建立能者上，平者让，庸者下的用人机制，实行定岗定编、双向选择、竞争上岗、择优选聘。坚持目标管理、日常监督、年终考核评议、优胜劣汰滚动式管理，才能增强职工的责任心、紧迫感和危机感，促进管理者积极性的提高和管理才能的有效发挥。形成优胜劣汰的用人机制等，都会使企业获得良好的效益。

（7）健全组织。合作社要有健全的、完善的理事会和监事会。理事会代表全体成员，全面负责该合作社的经营、管理和行政等方面的领导工作。监事会是合作社的监察机构，负责检查监督关于政府的政策方针是否在本社得到贯彻实施，社员代表大会的决议、决定执行得如何，经营管理和财务活动有无偏差或错误，干部职工有无徇私舞弊行为等。监事会与理事会是相辅相成的矛盾统一体，其最终职责是推动合作社的健康发展。

另外，加强民主，定期召开社员代表大会，认真听取他们的意见和建议，让他们参与合作社的经营活动，监督合作社的管理工作。不少先进供销社以及扭亏增盈的供销社在这点都做得较好，值得借鉴。原平市上阳武供销社由社员代表参与社务管理监督，使供销社与农民的关系更加密切，增强了农民对供销社的信任感，得到了群众的拥护和支持，保证了供销社的健康运行。

（8）健全制度。合作社一方面要健全、充实、完善有关管理制度，重点是财务制度、资金管理制度、成本费用管理制度、劳动人事管理制度，形成层次分明，权责明确，责权利相统一的系统，使合作社管理有制可循，进而规范每个人的行为，保障合作社正常运转。另一方面，要狠抓制度的落实。改变有制不依，管理松懈的问题。如内蒙古自治区供销社为加强财务管理，制定了《控购商品管理办法》、《内蒙古供销社直属单位固定资产管理暂行办法》、《医药费管理办法》、《住宅电话、移动电话管理办法》、《办公用品管理办法》、《车辆管理办法》等规章制度，并对直属企业的资金、投资、资产处理、成本费用、利润分配、应收账款等方面的管理作了进一步明确的规定。1998 年直属企业财务管理明显加强，费用开支大幅度下降，现有 7 家企业共支出费用 5935 万元，因此减少开支 3430 万元，企业财务管理开始走上了规范化的轨道。安徽省再生资源公司在建章立制，强化管理方面狠下功夫。出台了一系列的规章制度，如《发票管理办法》、《公章使用管理办法》、《费用管理若干规定》等，范围涉及经营、财务、行政等各个方面，严格执行，定期检查，督促，规范了企业行为，理顺了内部关系，促进了业务经营活动的顺畅有序开展。

二、信用合作社的改革与发展

合作金融在各国金融体系中都是重要的组成部分，也是合作经济体系的重要组成部分。在中国，合作金融同样有着不同取代的地位，它是我国农村金融的基础，一个完善而高效的合作金融体系对于农村经济甚至整个国民经济的发展都是至关重要的。但是，中国合作金融的现状却不容乐观，如何改革与发展是合作经济发展中的一大课题。

（一）新中国合作金融事业的发展历程与现状

我国信用合作社曾有两类：农村信用合作社和城市信用合作社，但实质上我国合作金融只包括农村信用社这部分，城市信用社从其产生就已背离了合作金融的基本原则。

70 年代末随着经济改革的大潮，为支持城镇集体和个体经济的发展而产生和发展起一批城市信用社，基本上都是由机关、团体、金融机构投资的职工福利性的金融企业或是按股份合作制的形式组建，资金来源除了股金之外，主要是吸收企事业单位和社会大众的存款，服务对象主要是城市"两小"经济，而非所谓本社社员，且都是以盈利为目的的，所以并不真正具备合作性质。进入 90 年代后，我国又进行了城市信用社改革，先将城市信用社与原创办单位脱钩，又成立中国人民银行领导下的城市信用联社，将城市信用社纳入城市信用联社的协调管理中；1995 年初，中国人民银行决定在 5 个大城市（北京、上海、深圳、广州、石家庄）进行组建城市银行的试点，同年进一步决定在 35 个大中城市建立城市合作银行。城市合作银行是地方性股份制商业银行，这在 1995 年颁布的《商业银行法》中已有明确规定。1998 年城市合作银行又正式更名为城市商业银行。到 2000 年末，全国已有 98 家城市商业银行，还有数百家城市信用社尚在运行，但基本不具备合作经济的性质。

由此看来，我国的合作金融事业只能包括农村信用社这一块。农村信用社的发展也经历了曲折的历程。

1. 起步阶段（1949～1958 年）

新中国成立后，中央政府为了尽快把农民和农村经济引上社会主义道路，在农村开始推行合作化运动，生产领域的农业生产合作社、流通领域的农村供销合作社和金融领域的农村信用合作社都得到了迅速发展。到 1957 年，全国已有 8.8 万多个农村信用社，存款达 20 多亿元。全国 80% 的乡都建立了信用社，有力地打击了农村的高利贷盘剥，为合作化运动的开展和农业生产的发展起了很大的推动作用，虽然当时农村信用社在小农经济条件下发展起来，规模较小，管理水平也较低，但由于当时社会政治经济环境较宽松，因而基本可以体现合作制的原则，较好地体现了"三性"（组织上的群众性，管理上的民主性，经营上的灵活性），发展比较健康。

2. 曲折阶段（1959～1978 年）

1958 年以后，在"左"的路线的影响下，全国开展了"大跃进"和"人民公社化"运动，在此期间国家银行把基层营业所下放给当时的人民公社，与农村信用社合并，组成公社的信用部，人、财、物使用权由人民公社管理。盈余由人民公社统一核算，信用社成了公社的出纳库。

1959 年又将信用社下放给生产大队，又变成大队的"出纳库"。十年"文化大革命"时期，信用社实行贫下中农管理。合作社原则遭扭曲，信用社的干部队伍、资金和业务都遭受了严重的破坏和损失，信用合作事业总体上是扭曲的、萎缩的。这一时期，农村信用合作事业遭到严重挫折。

3. 恢复阶段（1979～1983 年）

1979 年 11 月 28 日，国务院关于整顿和加强银行工作的几项规定文件指出："信用社是集体金融组织，又是国家银行在农村的基层机构"。从此时开始，信用社又变为国家银行的基层机构。这一阶段，农业银行切实加强了农村信用社的各项管理，对抵御过多的行政干预，提高信用社社会声誉起到了积极作用，信用社各项业务也得到恢复和发展，队伍进一步壮大。但由于当时"大一统"的国家银行体制，对于信用社既是集体金融组织，又是国家银行基层单位的不恰当定义，混淆了合作金融组织与国家银行的界限，同时也使信用社丧失了各种应有的自主权而沦为国家银行的附属。

4. 改革阶段（1984年至今）

1984年国务院转批了中国农业银行《关于改革信用合作管理体制的报告》，为把信用社办成真正的合作金融组织，国家授权农业银行代管农村信用社。但农行与信用社并不脱钩，实质仍由农行负责信用社人事、资金、信贷业务等的管理工作。1988年以后，逐渐组建起了信用联社，承担对信用社的管理、指导、资金调剂等职能，使信用社各项业务得到发展，内部管理有所改进，信用社的经济管理自主权也有了一些恢复。但由于未能和农行真正脱钩，合作社原则也不可能得到充分贯彻和体现。1994年，农村信用社与农业银行分开办公，由联社对基层社实行直接领导。信用社按合作制原则进行改革。

1996年8月22日，国务院关于农村金融体制改革的决定把合作金融的建设问题提到十分重要的位置，提出农村金融体制改革的目标是"建立和完善以合作金融为基础，商业性金融、政策性金融分工协作的农村金融体系"。指出"农村信用社管理体制改革，是农村金融体制改革的重点。改革的核心是把农村信用社逐步改为由农民入股，由社员民主管理，主要为入股社员服务的合作金融组织"。到1996年底，农村信用合作社和农业银行正式脱离了行政隶属关系，是农村信用社走上真正的合作金融组织道路上的突破性的一步。

1996年后，信用合作社已坚定地向合作制方向靠拢，坚持走按合作制原则规范运作的道路。1998年12月国务院转发了中国人民银行关于进一步做好农村信用社改革整顿规范管理工作意见，提出要坚持合作制原则，改善农村信用社经营状况，防范和化解金融风险。1999年4月戴相龙同志在全国农村信用社工作会议上的讲话中，又明确提出到2000年末两年时间中，逐步实现立项目标，其中包括，一是使大部分农村信用社办成由社员入股、社员民主管理、主要为社员服务的合作金融组织；二是建立起以信用社自主经营自我约束为基础，由县、市（地）联社行业管理，全国和省级协会自律管理，存款保险制度保障和中国人民银行依法监管的合作金融管理体制。

经过多年的发展,我国合作金融体系已达到相当规模。到1999年底,全国农村信用社有独立核算的法人机构41755个,总资产为14329.19亿元,正式职工64.3万人。全国农村信用社各项存款余额13358.09亿元,占整个金融机构的12.28%,各项贷款余额9225.59亿元,占整个金融机构的9.8%,其中农业贷款3039.64亿元,占整个金融机构的64.43%,乡镇企业贷款4187.29亿元,占整个金融机构的67.96%。农村信用社已成为农村金融的基础和我国金融体系的重要组成部分,在支持农业和农村经济发展中发挥着重要作用。

但是,我国农村信用社现状并不容乐观,许多问题仍阻碍着它的进一步发展。

1. 合作金融背离了合作制

在极"左"思想的影响下,为了尽快由新民主主义过渡到社会主义,再尽快过渡到共产主义,不顾社会经济发展的客观现实,一味拔高所有制性质,把合作经济当作集体经济,为了"跑步进入共产主义",经过1958年的"升格","'文革'的割资本主义尾巴",合作社已由社员合作制变成了政府管理下的徒具合作社名义的"二国营"企业,合作社、不论信用合作社、供销合作社还是别的合作社,都实行干部任命制、职工调配制、业务计划分配制、财务核算上报制,"合作社"与合作社的社员距离越来越远,久而久之,社员忘记了合作社是自己的,合作社忘记了自己是社员的,基层社职工吃上政府"供应粮",户口转为非农产,无怪在改革开放的20年中,天天要求信用社恢复"三性",时至今日,"三性"仍然不能恢复。事实上,恢复"三性"就是要让合作社社员选举管理干部,选不上的退回去当农民,这是绝对办不到的。同时,合作社已经不再是社员与合作社管理干部的利益共同体,他们之间的利益关系是矛盾的。奢谈恢复"三性"实际上是不可能的。

从经营原则看,信用社背离了合作制带有商业金融或政府金融的性质。农村信用社在建社初期曾有过健康发展,但随着国家政治形势和经济政策的不断变化而发生异变,原有的合作性质几近消失,演变成为地方行政部门的附属物或国家银行的基层机构。自愿入股、民主管理、主要为入股社员服务这些合作制的基本特征,均未得到恰当反映。信用社社员入股带有行政色彩,民主管理的"三会"形同虚设,社员对社务和经营根本不能真正地参与，亦未能给社员提供足够优先、优惠的服务，业务活动并未能与社员生产活动有效结合，而是倾向"商业化"，单纯去追求盈利。

从经营方向看，重盈利而轻服务。本来，"盈利"与"服务"并不矛盾，社员入社所获权利是多方面的，如参加民主管理权，入股股金分红权，经公共积累后剩余利润的返还权，优先获得金融服务权。当然信用社不能没有盈利，没有盈利，就不能给社员更多的权力，不能更好地给社员提供服务。而现在存在的问题是过分注重"盈利"，而轻"服务"。信用社的经营类似于商业银行，联社给基层社下达的计划指标中，有贷款平均余额、存款增长率、利息收入、存货比例、信贷规模、盈余额度等，但很少有体现"服务"方面的指标，如对社员贷款比例。有许多信用社提出"存款立社"，但从根本上讲，信用社要生存、发展，必须能够提供优质的服务，这才是"立社"之本。

2. 信用社与各方面的关系没有理顺

信用社与政府的关系是否融洽，对于信用社的发展至关重要。各国政府都对信用社实行保护、支持政策，一是颁布法令，确立信用合作经济的合法地位；二是在政府内设置专门管理机构，进行指导协调和管理；三是在财政税收政策上给予优惠。政府对信用社的内部业务不干预，尊重信用社的独立性。我国信用社和政府关系的现状并不令人满意，主要表现为保护不足，干预不少。至今国家未能颁布信用合作社法，缺少对信用合作经济的法律保护。把合作金融等同一般商业性金融组织，如国家将银行业的营业税率由5%上调到8%，信用社的营业税率也将逐渐上调到8%。信用社并没有因为是合作金融组织而享受国家的政策优惠。甚至将信用社作为实现政策目标的工具，或作为一个办事机构，令其承担许多不该承担的政策性任务，而不是将它作为自我依赖、自主经营、自负盈亏的社员的组织。

中央银行对信用社实行监管是理所当然的。但从现实情况看，中央银行对信用社基本上是和国有商业银行一样管理。存款准备金率一样，信贷资金管理办法一样，没有考虑吸收存款大多为储蓄存款因而成本较高、发放贷款分散难于管理、风险较大、农业贷款不能实行抵押等实际情况。

3. 合作金融管理体制未理顺

合作金融在管理体制上存在的问题一是缺少自律组织。目前农村信用社只有基层社和县一级联社，只有"脚"没有"头"，被戏称为"儿孙满堂，没有爹娘"，上面没有发达的"神经中枢系统"，联社以上须有自律组织的指导、协调、服务。二是缺少保险保障体系。农村信用社存款中90%以上是农民储蓄，而贷款风险又相对较高，因而必须有有效措施保障农村存款人的利益不受损害。当前许多农村信用社风险累积，经营状况恶化，有的甚至出现资不抵债，因而迫切需要建立存款保险保障体系以切实保障广大农村存款人的利益。

4. 农村信用社经营管理混乱

（1）资本金不足，资本充足率低，抗风险能力较弱。各地信用社普遍存在资本金数额较小，资本充足率低的问题。这一方面削弱了其盈利能力，另一方面，当呆账准备金不能抵补资产损失或发生挤兑现象时，风险防御将十分困难。

（2）资金来源渠道少，结构不合理，资金成本高。信用社资金来源主要是存款，存款中90%是储蓄存款，负债结构极不合理，资金成本居高不下，且信用社经营受储户的约束力很大，为了保证储户提存，不得不把拉存款作为一项事关信用社生死存亡的大事来抓，这是制约信用社发展一个严重问题。

（3）资产结构单一、质量差、资金难以充分运用。资产结构中，主要是发放贷款，而债券投资比例很低。由于贷款使用具有周期性，变现能力比债券差，加之目前许多贷款短贷长用，不能如期归还，因而流转性和变现能力很差。

资产质量低，安全性差。逾期、两呆贷款比例较高。如山西省吕梁地区交城洪相信用社，算是经营状况好的一家，1998年获"全国支农先进集体"称号，到1999年6月底，逾期贷款占总贷款的19.3%，呆滞占到17.6%，呆账占3.59%。其他许多信用社甚至已出现经营亏损，资不抵债。因而农村信用社资产质量差，风险高，已成为金融业的一个重大隐患。

目前，信用社一方面存在资金用不出去，另一方面却是农民贷款难的不正常现象。如前述洪相信用社到1999年6月统计表明，存贷比例仅52.6%。大量信贷资金贷不出去，不得不存到农行、其他银行或联行。其主要原因是由于乡镇企业经营不景气，好的投资项目较少，信用社为了稳健经营，不得不追求抵押、质押贷款形式，对农户的信用贷款发放谨慎，规避风险。为给资金寻找出路，信用社资金不是微利保本贷放，就是在行社之间、社社之间、本地与异地金融机构之间"空转"。

（4）服务手段落后，服务质量较差，结算渠道不畅。和商业银行相比，信用社服务设施较落后，质量差，电子化建设滞后，结算渠道不畅，中间业务处于起步阶段，服务功能极不完善。

（5）职工队伍整体素质低，人员包袱重。农村信用社从业人员的文化、业务素质低下，远远不适应当前农村金融业的发展形势和要求，制约了信用社的发展。

（6）生存环境较差。在日常经营中，信用社处于夹缝中求生存的困难境地，它面临来自各商业银行、各地方性金融机构、各邮政储蓄网点、农村合作基金会、供销合作股金会各种基金会以及各种不规范的社会融资活动等的竞争，而且在许多方面处于劣势。

5. 合作金融组织的法律地位没有明确

从根本上讲，合作社缺少立法保证是个大问题，世界上信用合作事业发达的国家，一般都有专门信用合作法，对合作银行的成立条件、业务范围、管理体制等作出详细规定，可以说信用合作法是信用合作事业发展的必要保证。如德国有《德意志合作银行法》，丹麦专门有《特别法》规定信用合作社的合法地位、依法经营等政策，日本更是一个合作法制健全和明确的国家。而我国合作金融经历了几十年的发展，迄今为止，国家关于合作金融除了政策方面有一些文件体现外，在法律上缺乏保障，从而造成一些地方合作金融组织无章可循、被随意摆布的不良局面，这也是信用合作几十年历程曲折的根源之一。

（二）中国农村信用社的改革与发展

1. 政府必须为信用社发展创造良好的环境

政府必须担负起为信用社改革与发展创造良好的宏观环境的责任。尽快制定《信用合作法》，对信用社的性质、职能、作用、办社宗旨、原则、服务方向、准入退出条件、经营业务范围、权利、义务等作出明确规定，使信用社的改革和发展有法可依。政府的财政、税收等政策要给信用社提供一定优惠和特许权，不能把信用合作社等同于一般的商业银行等金融机构，它的性质决定了只能以服务为主要目标，因而政府必须给予相应的扶持才能确保信用社与以盈利为目标的商业银行等其他金融机构共同竞争、生存、发展。地方政府与信用社都不是领导与被领导的关系，应克服行政命令或其他不合理的干预，为当地信用社发展创造良好的环境；帮助信用社解决工作中的一些难题，及时协调各方关系，应按照地方经济的发展规划，引导信用社的资金投向，帮助其降低信贷风险。

中央银行要根据信用合作社的实际情况，给予一定优惠政策，如适当降低存款准备金率；给予较大的利率浮动权，必要时给予再贷款支持。

政府要积极促进各种合作组织之间的相互融合，为合作经济的发展创造良好的环境。各种合作组织都需要信用支持，而信用合作的发展又离不开其他合作组织的发展壮大。目前应考虑让生产合作社、供销合作社等合作经济组织向信用合作社入股，以社员的身份获得信用合作社的资金支持。

2. 按合作制原则，重塑基层组织，为合作金融体系打好坚实的基础

基层信用合作组织是合作金融的基础，合作金融事业要发展，就必须有完全的合作金融基层组织作为支持。

（1）按合作制原则规范现有信用社。要把信用社规范成为完全的合作金融组织，就要从坚持合作制原则入手，主要在以下几条：自愿和开放的社员原则、社员民主管理的原则、为社员服务的原则、自主和自立的原则、公共积累的原则等。

1）要坚持自愿和开放的社员原则，即对所有能够利用合作社服务和愿意承担社员义务的人开放。要从农民的实际需要和当地经济发展水平出发，"把辖区内所有愿意入社和承认信用社章程的农户、承包产、个体工商户、加工业和运输专业户、中小企业、乡镇企业等尽可能吸收到信用社来"。这是戴相龙同志在1999年4月9日全国农村信用社工作会议上的讲话中已经提出的，也是我国农村信用社事业要发展壮大的必要途径。必须把这一工作落到实处，向广大农户、各种经济组织宣传合作社的性质、职能，使他们认识到信用社是社员自己的信用社，是为社员服务的合作社。这样才能吸引更多社员入社。同时，要根据当地经济发展水平和居民收入水平重新确定每股股金的数额。

2）要落实社员民主管理原则。要向社员多做宣传、教育，使民主意识、合作意识深入到每个社员心中，这样他们才会有参与信用社民主管理的积极性，也只有这样，信用社才能将合作制落实到实处，否则，没有社员民主管理，合作制只是纸上谈兵，要切实改变"三会"形同虚设的现状，广泛吸收具备一定文化层次和管理能力的人加入信用社，也可聘用作为信用社理事、监事会成员，充分发挥"三会"的作用。

3）要坚持为社员服务的原则。信用社是社员入股组成的合作组织，应该为社员服务，但我国现状并非如此。我们现在提信用社要为"三农"服务，其实是有偏差的。应该说，我们信用社在农村，入社社员基本在农村，所以提为农村、农业、农民服务也无大碍。但是，有些信用社却往往以"为农村、农业、农民服务"为借口，忽视了为社员服务。信用社可以将资金投向它认为是"三农"的任何领域，而拒绝社员的小额贷款。因而准确地讲，应该提倡"为社员服务"，只有这样，才能更好地做到"为农村、农业、农民"服务。

4）要坚持自主和自立的原则，即合作社要自主经营、自担风险，这就需要政府、人行等方面减少对信用社的干预。

5）信用社要坚持公共积累的原则，即为了信用社的发展壮大，为了更好地为社员服务，必须注重盈利的积累。因此对前几年吸收的一些大额保息分红的存款化股金要进行清查，转为存款。今后的工作中信用社要注重主要以服务来提高社员积极性而非靠红利分配。

（2）根据各地信用社实际情况和经济需要调整现有网点，撤并一批，新建一批。按我国目前的情况，信用社的发展宜走双轨发展的道路。现有信用社既然在一定程度上远离了合作社原则，而且多数处于微利或亏损状态，可以改由县联社为合作银行，统一核算，基层社成为县合作银行的一个营业网点，作为合作社企业来办，其盈利由全县信用合作社社员共同所有。有些基层社亏损和风险都很大，改作县合作银行的营业网点仍无法正常经营，可以撤销。这样势必在一些农村乡镇没有合作金融组织而出现金融盲区，在这些地区可以按照合作社的原则和要求，重新组建一批基层信用社，坚持组织上的群众性、管理上的民主性、业务上的灵活性进行经营。这些新的基层信用社，由信用合作社协会指导、管理，与县合作银行并行发展。

3. 重建信用合作管理体制

改革开放20年来，信用合作社的管理体制几经变动，终未寻找到一个适合的管理模式。根据前述信用社发展历程和现状分析，我们认为农村信用社应逐步建立起如下管理和服务体系。

（1）农村信用合作社自我管理体系。在整合农村信用社的基础上，由县联社统一核算改组为县合作银行，确立其法人地位和经营自主权，对基层营业网点实行管理，建立起农村信用合作的自我管理体系。

（2）信用金融行业自律体系。全国和各省、地（市）建立信用合作协会。协会的主要职能是对信用社会员提供联络、指导、协调、咨询培训等方面的服务，实行自律管理，行业协会接受中国人民银行的指导。

（3）人民银行监管体系，中央银行与合作银行、信用社是监管与被监管的关系。要进一步加强中央银行对农村合作银行和信用社的监管力量，规范人行的依法监管。

（4）保险保障体系。建立全国农村合作金融的存款保险和再保险制度，切实保障农村信用社存款人利益。农村信用社全部参加存款保险，存款保险基金按省、区统筹使用，同时设立全国信用合作保险基金，主要用于信用社支付出现困难时对存款支付的保证。

新的体制可以充分尊重合作制原则，强调农村合作金融独立的个性和自愿联合的基本属性，而且是将行业管理与自律管理相互结合起来。

4. 强化内部经营管理，提高经营管理水平

（1）努力提高从业人员业务素质，提高经营管理水平。

1）加强信用社领导、职工的培训、教育工作。信用合作管理体制建立起来后，应重视系统内的培训、教育工作，形成自上而下的培训教育体系，培养更多的信用合作方面的人才，也使信用合作观念深入人心，这将有助于信用合作事业健康发展。

2）清理整顿队伍，精减多余人员，建立岗位目标责任制。对于不符合用工程序和私招滥雇的人员一律予以清退；有计划地招聘一批农村信用社急需的较高学历人才，以改善现有的职工队伍知识结构。要改变信用社职工"只能进不能出"的现状，能者进，庸者出，确确实实地贯彻信用社原则，对社员负责，而不是对领导、对关系负责。针对目前现实存在的问题，对合作银行行长和信用社主任都要建立岗位目标责任制，确定经营目标，严格考核，奖惩与业绩挂钩，确保制度落实，改变信用社主任"只能上不能下"的坏风气。

3）严格财务管理，厉行勤俭办社的原则。信用社是为社员服务的社，而不是攀阔比富的信用社，只有坚持勤俭办社才是对社员负责任。因此，那些经营状况不太好的信用社不应把心思放在新建办公楼、购置小汽车上。只有真正能为社员服务才能给自己带来好信誉。在经营管理上要坚决实行三公开，即股金公开，贷款公开和账务公开。

（2）改善信用社业务经营的现状，防范和化解风险。

1）要努力增加资本金，目前我国信用社普遍资本金不足，这隐藏着较大的风险，因而必须尽快增加资本金。一方面信用社要做好扩张工作，积极宣传合作制思想，吸收广大愿加入合作社的个人或经济组织。另一方面信用社应注重盈利的积累。

2）负债方面信用社要注意调整负债结构，降低资金成本。许多信用社坚持"存款立社"，不妨改为"服务立社"。吸收存款固然是信用社主要资金来源，但不能把吸收存款作为立社之本。要坚持为社员服务的原则，及时、便捷、有效地满足社员所需，才能吸引客户。因而要吸存，但不是一味不顾成本盲目拉存款，而是要以服务吸存，注重存款的结构合理，多吸收低成本资金，这样才能有利于信用社改善经营状况。

3）资产方面要实现资产业务多元化，提高资产质量，提高资金运用率。

要改变单一资产结构，实现资产多元化。信用社不仅要有被动性资产，也要有主动性资产。被动性资产如贷款因受贷款人的信用状况或经济状况影响，及时变现应付意外资金需要的能力很差，而主动性资产如购买国债，则可迅速变现，流动性较强，信用社应适度握有一些流动性较强资产，以应付不测。

信用社要提高资产质量，这是当前信用社面临的一个重大问题，许多信用社资产质量太差，以致资不抵债，当前提高资产质量一方面要积极清收盘活已形成的不良贷款，并对这些旧的不良贷款要明确责任，落实到人，工效挂钩，增加其催收旧贷的责任感和主动性。另一方面，新的贷款要严格把关。贷款要公开，由信贷小组集体审议。贷后要积极跟踪检查，对贷款人生产或经营出现的困难积极帮助解决，以保证贷款按期收回。除小额农产贷款外，一般应实行抵押担保。

另外，就是要提高资金运用率，面对现在一些信用社存在的信贷资金贷不出去的现状，要根据信用社为农服务，为社员服务的宗旨，努力扩大贷款面，一定要扩大信用社农民社员的贷款面。要发展小额信贷，积极推广"农户联保"贷款方式，简化农户贷款手续，把解决"信用社门难进，农产款难贷"的问题落到实处，真正做到为社员服务。要切实转变经营思想和经营作风，深入农村，与农民群众一起研究市场，开拓市场。目前在信贷服务上，要在保证和优先满足社员生产和生活资金需求的前提下，进一步延伸信贷支农的范围，扩大服务领域，在优先保证粮棉油等作物生产资金需求的基础上，大力支持农副产品和养殖业的发展；积极发展农村消费性贷款，包括农民住房贷款、生活消费品贷款等，促进消费市场的启动；树立大农业观念，因地制宜，支持农业规模化、产业化经营，支持农业和农村产业结构的合理调整，促进农村支柱产业和农业整体发展水平的提高。

结　论

在结束《中国合作经济理论与组织体系研究》课题的时候，我们想对这项研究作一简要的概括。以便为参阅本研究报告的领导和同志们提供一份尽可能简洁的研究结论。

（1）新中国合作社：发展的 50 年成就巨大，建立了世界上最大的合作社系统。但由于"极左"思想影响，1957～1978 年 20 年曲折坎坷的道路使合作社的性质发生了变异；经改革开放后 20 年的努力，至今还没有完全理顺合作社的各种关系。

（2）合作社运动的实践决定于合作社的理论，中国合作社的理论误区是：没有重视它的变异而简单地要求恢复"三性"，没有认识到它既具有企业性又具有社团性，而简单地推行"承包制"，使它与社员的感情拉开了距离；没有认识合作制与国有企业的差异而按国企改革办法"抓大放小"使合作社的机构和生产都受到了损伤。

（3）合作社既是市场经济中弱者对抗强者而联合的经济组织。这种企业性与社团性二者兼有的组织形式决定了它具有无限生命力与效率，也就是服务和盈利的统一。又是社会中自助和公平的社团。也决定了它的职能必须兼顾公平。

（4）既然原有的合作社已在 1957 年到"文革"时期发生了变异，又无法恢复"三性"，按真正意义的合作社原则办事，那么我们就可以将原有的合作社按社有企业来改造和经营，而新发展起来的专业合作社可以按真正意义上的合作原则来管理。走双轨发展的道路，抑或两条腿走路。

（5）中国的历史和现状，包括历史传统、经济发展水平，人文社会环境，决定了中国合作社事业必须走混合生长的路子，融生产合作、流通合作、资金合作、消费合作、运输合作、医疗卫生合作等于一体，尤其是供销合作社、信用合作社、手工业合作社需相互打通。

（6）中国合作社的组织体系需重新构建，我们提出了三种方案，最好的方案是第一种方案，即以供销社系统为框架，将其他合作社组织并入，形成一个统一的合作社体系，这有利于提高合作社管理水平，有利于统一政策、统一规划，规范合作社经营管理并更好地受国际合作联盟的指导和帮助，提高我国合作社的管理水平。

（7）合作社为"三农"服务的提法容易混淆社员与非社员的界限，不符合合作社原则也不利于提高合作社的凝聚力和向心力。合作社首先是为社员服务，对非社员的服务也是必要的，但内外有别。这是我们研究提高合作社凝聚力时不可不注意到的一点。

振兴合作社企业需要制度创新

背景说明

中国供销合作经济学会第四届会员代表大会暨学术交流会议于 2002 年 6 月 26 日在成都召开，作者以此为题作大会发言，后收录进会议专辑。合作社必须是有明确社会目标的经济企业，合作社的改革与发展必须在保证社员对合作社企业的所有权和控制权的前提下，通过市场来获得必要的新增加资本或投资，不得导致社员的控股权被剥夺，不得损害社员的利益。合作社企业实行社企分开、多元投资、优胜劣汰为内容的制度创新是可行的。

20 世纪 50～70 年代，供销合作社在全国任何一个乡、一个县、一个省的地位都是令人瞩目的，其上缴政府的税款在财政收入中所占比重让人们不能轻视它的存在。其所办企业享有政府授予的多种特权，垄断了许多行业，也垄断了广大的农村商业。但是，自从 1985 年供销合作社从政府行政系列退出，1992 年逐步打破了化肥、柴油、农药等农业生产资料销售的垄断权，被推向市场经济的大海中之后，供销合作社及其社办企业除了少部分办得不错外，大多数成了"王小二过年"，有的甚至被迫出租营业厅，或将经营权承包转让，凭收租金过日子。有人戏称为"一个牌子一座楼，里面坐着几只猴"。职工遣散，留下少数人看门。供销合作社企业如何办？供销合作社企业振兴之路在那里，迫切需要我们认真讨论。

一、社办企业的制度变迁

社办企业制度变迁的回顾，很可能有利于我们思考社办企业今后的路子。据调查，社办企业 50 多年来大体经历了同样的命运，其发展轨迹基本是相同的。这里我们剖析一个省区的社办企业的制度变迁，借以追索它的发展轨迹。

据民国二十八年（1939 年）九月三日《新华日报》华北版记载，某省某县的合作社"不仅在县城很普遍，而且在乡村中也很普遍。如农民合作社、产销合作社、瓷业工厂、纺织工厂、草鞋厂、菜铺、煤铁矿、机修厂等。不仅供给了抗战需要，还有五大特点：一是振兴了农村经济，提倡了财贸，二是合作社成了普遍现象，三是表现了政府与人民的合作，四是改善了人民生活，五是发扬了民主精神。"到新中国成立初的 1949 年 7 月这个省已有县联社 61 个，区联社 131 个，基层社 2694 个，入社社员占全省人口的 10.26%。同年 10 月 1 日省合作社总社成立，统一领导全省供销、消费、手工业生产合作社和部分信用合作社。1953 年把手工业合作社分出，另设立省手工业联合社。到 20 世纪 90 年代省社直属企业有省农业生产资料公司、省棉麻公司、省盐业公司、省果品茶叶副食公司、省土产日用杂品公司、省废旧物资回收公司、省仓储运输公司、省社工业供销公司、省社民用木材公司、省社外经贸公司等。社办工业生产企业 1953 年有 706 个，职工 3728 人，工业总产值 1241.21 万元，1990 年有 629 个，产值 36934 万元。这些社办企业大多都经历了撤并或分合的痛苦和欣喜，所走路子多因社会政治与经济的变化而变化。我们以农业生产资料公司为例看一看它的发展过程。

农业生产资料公司的建立，发生在新中国成立初期，1949～1951 年这个省的各级合作社均设有供应科（股）或合作货栈，经营农业生产资料。1952 年，省水利推进社、省农具推广站、省植保站并入省合作社联合社（以下简称省社），统一为省社生产资料经理部，地区合作联社设生产资料科，县合作联社设生产资料组，基层合作社设专人，负责生产资料供应。1954 年省社将生产资料经理部改为生产资料经营管理处，地区（市）社、县社为生产资料经理部，基层社设生产资料门市部。1958 年，国营商业与合作商业合并，归属商业厅管理，省社生产资料经营管理处同省工业器材公司合并为省商业厅生产资料管理局，各地机构随着并入商业局有关机构。1962年，国营商业与合作商业分设，供销社恢复生产资料经理部建制。1963年，供销社生产资料经理部经营的农业机械划归新组建的国营省农业机械公司。1965年，全省供销社生产资料经理部更名为生产资料公司。同年1月，原属全国供销合作总社的化肥采购供应站驻地小组下放，改为省供销农业生产资料采购供应站，业务和人事由省农业生产资料公司代管。1969年该站并入省生产资料公司。1970年，国营商业与合作商业再次合并，省供销社生产资料公司与五交化公司合并组成省商业局生产资料公司。1975年，国营商业与合作商业再次分设，全省县以上供销社生产资料公司统一更名为农业生产资料公司。

省社农业生产资料公司经营范围，随着国民经济的发展，经营分工逐步划细。50多年来，全省供销社农业生产资料的主要经营品种有增有减，经营范围做过多次调整。1949～1952年，经营范围是：肥料、农药、灌溉工具和农具四类，肥料类有骨粉、豆饼、羊粪干等土杂肥，从1950年起开始经营少量的化学肥料；农药类有棉蚜皂、砒酸铅等初级农药；灌溉工具有各种水车；耕具类有步犁及各种农具四大类商品。1953～1957年，国家进入了有计划的经济建设时期，随着农村互助合作运动和新技术的推广，农业生产资料的经营范围进一步扩大，如双轮双铧犁、耕畜等，化学肥料主要是硫酸铵、磷肥等，以后发展有钢磨、播种机、收割机、脱粒机等。1956年，按照粮食部、全国供销合作总社的决定，将豆饼、杂饼等移交粮食、油脂部门经营。1963年，全省成立了各级农业机械公司，原由供销社生产资料公司经营的各种大型农机具和拖拉机、内燃机等农用动力机械及其配件，交由农业机械部门经营。1975～1990年，农业生产资料经营范围和主要品种基本是化肥、农药、药械、农用塑料薄膜、耕畜和中小农具为主的六大类商品。中共十一届三中全会以后，随着农村商品经济发展，农业生产资料公司经营范围不断拓宽，又增加了农用机械、加工设备、运输工具、农用建材等四大类1000多个品种。

农业生产资料公司资本金的来源，当然是供销合作社的投资，但由于国营商业和合作商业的几合几分，计划经济时期政企合一体制下商业经营范围的几经调整，分分合合，划来划去，加上国家对农业生产的扶持，农业生产资料公司的资本金已不好说清楚是不是完全的合作社积累了。

从以上我们可以看到，社办企业农业生产资料公司的变迁有这样几条轨迹：一是其成立、改组、撤并，与合作社社员没有什么直接关系，是由行政管理机关决定的；二是管理体制的变迁是由政府决定的，不是合作社和社员的选择；三是业务经营范围很大程度上不是公司的选择而是政府的商业经营机构的业务划分；四是 50 多年的发展中前 40 年业务活动红红火火，而近 10 年来业务发展比较慢，有些公司的业务甚至在不断萎缩。

从这些轨迹中我们似可以得出这样的结论：第一，供销合作社社办企业的发展，不决定于社员的民主决策和管理，而决定于政府对合作社制度的创新；第二，现在的社办企业从资金来源、经营方法到管理体制，与国有企业没有两样，从而，社办企业与国有企业有着一样的经历、一样的特性、一样的病态。所以社办企业的振兴应当与国有企业振兴走一样的路子。

按照新制度经济学的理论，在已有的制度安排结构中主体无法获取的利润是外部利润，或曰潜在利润。要获取外部利润，可以进行制度的再安排，进行制度创新，从而使显露在现存制度以外的利润内部化，实现最佳经济效益。这个过程是一个制度创新和制度变迁的过程。制度在经济发展中的作用，已经越来越引起人们的高度重视。对于经济增长的要素，古典经济学认为，一是土地，二是资本，三是劳动；马克思经济学认为，一是生产资料，二是劳动力，货币不是生产要素而是媒介，但货币资金是生产发展的第一推动力和持续推动力；现代经济学认为，一是土地，二是资本，三是劳动，四是技术，五是管理；新制度经济学认为，除上述之外，还有更重要的一条是制度，特别是产权制度。我国的改革开放就是通过制度创新和制度变迁，推动经济社会发展的。20 多年的改革开放，使中国经济社会发生了翻天覆地的变化，人民生活有了极大的提高，实践已经证明了制度创新对经济社会发展的巨大推动力。供销合作社的现有制度以外就存在着潜在的利润，完全可以通过制度创新使其外部利润内部化，实行社办企业的振兴。

二、社办企业的制度创新

振兴社办企业的制度创新，需要解决两个问题：一是现行合作社制度以外有没有潜在的利润；二是如何才能推进制度创新。

论证我国供销合作社现行制度以外的潜在利润的存在，就要寻找外部利润存在于什么地方，这是制度创新的前提。我认为现行合作社制度以外存在着潜在性利润，这里可以列举几点：

（一）改变现有企业决策程序，降低交易成本，可以增加利润

改革开放以来，社办企业的自主决策、独立经营已经有了很大的进步，但是还有不少企业经营活动的决策需要各级合作社联合社批准才能执行。由于合作社联社有自己的职责和任务，有自己的获取信息的范围和渠道，要对企业决策的正确性和科学性作出及时的、正确的审批，会付出更高的成本。因为合作社联社没有也不可能拥有某一企业专用信息，要及时作出审批，必须设置获取专门信息的机构和网络，这需要付出成本；如果不设置获取专门信息的机构和网络，要作出正确的审批，就必须进行调查，弄清情况，这势必延长审批时间，贻误商机。企业主管部门审批是要付出监督成本的，这种监督完全可以交给企业董事会去做，因为企业董事会拥有企业需要的专门信息，会大大降低监督成本，从而增加利润。

（二）扩大资本，实现规模经营，可以增加利润

一个企业在任何时候都可能受到技术的制约，扩大资本，可以突破技术制约，这是毫无疑问的。规模经营除了技术制约以外，还有制度制约。因为合作社企业实行合作制，和股份制企业不同，股份制企业要扩大经营规模，可以增资扩股，没有制度障碍，而现行合作社制度则只能增加社员股东而不能增加非社员股东，增加资本，实行规模经营，只能向银行贷款，这样不仅融资成本高，而且也未必能获得银行支持。如果合作社的社办企业能够摆脱融资制度的束缚，将会实现规模经营，增加利润。

（三）分散社办企业风险，可以增加利润

任何经济活动都存在风险，风险的存在是影响经济活动的一个因素。一般说潜在高利润存在于那些还没有人介入的新技术、新产品、新行业中，但是那里的经营风险也是很高的。经济活动中消灭风险是不可能的，只能分散风险和转移风险。股份制企业进入那些有潜在利润的领域，自然会有众多股东分享高利润，同时分担高风险；独资企业进入可以独享高利润，但要单独承担高风险；合作社企业要想获得高利润，单独承担高风险确实压力太大，如果能够通过制度创新分散风险或转移风险，就有可能获得高利润。

（四）改革管理制度，努力使外部利益内部化，可以增加利润

合作社企业的经营活动，主要是传统的农业生产资料供应和农副产品收购，这部分传统的垄断经营利益已经被打破。合作社企业能否从外部寻找到新的利益，并获取这些利益呢？改革开放中，合作社企业确实找到了

一些新的盈利门路，潜力也很大，但是还需要制度的保证。在前面合作社制度变迁中已经说过，新中国成立初期供销合作社囊括生产、消费、信用等多方面的合作经济，但是后来制度变迁中丢掉了。制度的变迁是随着社会经济形势的变化而演进的。最近在有些省区的农村信用合作社改革试点中，民营企业家投资信用合作社，有的实现了控股，给供销合作社外部利益内部化提供了很好的思路。工业利润、商业利润、金融利润以至混合利润的获取都是可能的，问题在于制度的安排。当然，合作社的增资扩股，必须保证原有社员的所有权和控制权。不过，我国合作社的社办企业，事实上本身并不是纯粹的社员股金投资建立的。

制度创新就是推动制度变迁。根据著名经济学家诺斯对制度变迁的历史考察，提出制度变迁的五个步骤是：第一步，形成推动制度变迁的第一行动集团，对制度变迁起主导作用的集团；第二步，第一行动集团提出指导变迁的行动方案；第三步，根据利益最大化原则对方案进行选择；第四步，形成制度变迁的第二行动集团，即起次要作用的行动集团；第五步，共同努力实现制度变迁。我们可以寻着这一路径，去探索合作社企业的发展之路。

推动制度变迁的第一行动集团，也就是推动制度变迁的利益的主要获取者，它可能是微观经济主体，在利益的诱导下主动出来推进制度变迁；它也可能是政府，在社会利益和社会目标的责任驱使下主动出来推动制度变迁。合作社社办企业制度变迁的推动者，首先是合作社的总社。全国供销合作总社可以在充分调查研究的基础上提出社办企业改革的方案，经合作社社员代表大会讨论通过，再努力争取得到政府的大力支持，是可以将合作社外部利益内部化的。

三、社企分开，多元投资，优胜劣汰

改革开放 20 多年来，政企分开已被实践证明是正确的、成功的。合作社与社办企业分开是同一个道理。只有社企分开，社办企业才能实行两权分离，才能建立健全现代企业的法人治理结构，完善现代企业制度。

国有企业的两权分离的理论与实践已经热闹了 20 多年，其实企业所有权与经营权的分离问题早在三四百年前就已经成为晋商的经营模式，历史证明是科学的。20 多年政府与企业分开、国有企业所有权和经营权两权分离的改革实践，给企业增添了活力。既然供销合作社社办企业有与国

有企业一样的经历、一样的特性和一样的弊端，那么也就是说它们可以走一样的路子，这应当是不争的公理，需要大胆去实践。但是，合作社社办企业是合作社性质，不是国有企业，需要我们认真讨论合作社企业怎样实施两权分离。

供销合作社的社办企业的产权归供销合作社所有，由供销合作社处置，任何人不得干预，这是原则。值得欣喜的是，改革开放以来，社办企业为了发展，为了扩大经营规模，为了进行技术改造，有的引进外部资金，有的联营办厂，有的吸收民营企业家投资合作经营等，取得了较好的成效。不管它们是哪类情况，实事求是，谁的产权归谁所有，共同努力建立健全现代企业法人治理结构，实行所有权与经营权两权分离的路子是可走的。合作社是社有企业的投资者、股东，享有投资者的权益，不要干预企业的经营活动，企业的经营权由企业董事会和经理行使，这就是社企分开，两权分离。

社办企业引进资金、联合建厂是社办企业实行多元投资的尝试。如果能从制度上明确作出合作社企业可以多元投资的规定，那么合作社企业的组织形式就可能有以下多种模式：①股份制；②股份合作制；③合作制；④合作社独资制。这几种企业制度的具体内容在这里就不再赘述了。不管这四种企业制度的哪一种，都可能使企业潜在利润得到显现，并且变成现实。

社企分开，多元投资，事实上就是把社办企业推向了社会和市场，这和合作社原则是否相悖呢？

1999年10月在北京举行的第五届亚太合作社政府部长会议上，分发了一份国际合作社联盟亚太地区办事处经过一系列磋商形成的文件，"呈送负责亚太合作社事务的诸位部长阁下，供参考及行动。"这份文件论述了7个问题，并做了相应的建议。在"问题3：公平竞争"中说："合作社是有着明确社会目标的经济企业，因为它们是由个人或实体为了盈利而组建的"，"正确认识合作社，了解它们的能力，它们就会在各行各业的经济中找到正确的位置。在开放的市场中，它们与其他所有的自主经营的企业一样，按照市场需求提供产品和服务，最终获得成功。如果不能适应和满足市场需求，它们就会失败。让它们享受特权不能挽救这一失败的命运，而且这种做法常常会导致合作社在组织上不思进取，运作上效率低下，同时市场还会因此扭曲"。在"问题4：法律地位"中建议，政府要

"承认合作社新创业务合法"。在"问题5：自我调整"中说，合作社"自我调整至关重要。公共机构的调整机制是合作社总体发展的一部分。这一机制为其制定标准和建立合适的机构制度提供了机会。在初期，这意味着要将适当的内部控制系统机构化；到更高一级时，这意味着要实施那些将会加强民主管理和健康运作的标准。总之，自我调整将会加强合作社内外的信心，并保证它们符合法律的要求"。在"问题6：资本总额"中说，合作社要"保证社员对合作社企业的所有权和控制权。没有这种所有权和控制权，合作社就失去了其本身的特性。当这一基本条件得到满足后，合作社企业可以通过市场来获得必要的新增加资本或投资。合作社也可以向社员寻求新增加资本或投资，这部分资本和投资必须提供补偿数额。合作社可以接受来自外部的投资，也可以在其他合作社投资，或成立控股公司或子公司。所有这些将增加其在市场的力量。"并建议政府通过"制定法律和政策……来促进合作社事业。"要求对社员的"基本股资只被付给很低的利息，或者没有利息。而基本股资中的新增加投资部分可以付给与市场利息同等的利息。""可以接受来自外部（非合作社成员）的投资，但条件是这些投资不得导致社员的控股权被剥夺。合作社可以成立控股公司、子公司，条件是这些公司的成立应不损害社员的利益，并且社员对这些机构拥有控股权。"据此，合作社企业进行社企分开、多元投资、优胜劣汰为内容的制度创新是可行的。

合作经济理论创新研究

背景说明

　　本文是 2004 年中华全国供销合作总社的研究课题（供销厅函（2001）15 号）。课题组成员为中国供销合作经济学会副会长孔祥毅与博士生、山西财经大学讲师张亚兰、李小娟和硕士生王书华。文章首先界定了合作经济及其相关概念，进而讨论合作、合作社、合作经济、合作制、股份合作制的不同经济范畴与相互关系，提出急需以法律制度加以安排、规范和保证合作经济制度。

一、合作经济及其相关概念

　　对合作经济相关概念的界定，是我们澄清人们在这些基本概念上的模糊认识，分析它们之间的本质联系，知道后面的理论和实践分析所做的必要工作。

　　（一）合作

　　合作并不是一件新鲜事，早期的人类曾在捕杀大型动物和维护共同安全时进行合作，古埃及人进行过手工艺的合作，古巴比伦人尝试过农业合作，在中东、欧洲、美洲，人们尝试过不同的合作方式。如今，合作是一个非常时髦的名词，从个人到企业，从国家到地区再到全球，从农业到工业再到教育等，各个层次、各个范围、各种形式的合作正在广泛地展开，大的方面如欧元区的货币经济合作、联合国的政治合作等，人们相信，与他人合作会比自己单独进行要取得更大的成效。

著名的社会学家卡尔·泰勒（Carl Taylor）曾经说过，人类行为可以描述为三种不同的形式：合作、冲突和竞争。他人行为的刺激可以使一个人上升到一个较高的水平并充满激情。冲突者的行为是相反的，竞争者的行为是相反的或平行的，合作者的行为是互补的和平行的。他继续指出，一些人相信进步只能通过冲突来取得，另一些人认为竞争是对社会和个人的主要激励措施，但有研究表明人们在组织的环境中获得的成功多于单独行动或与其他人竞争获得的成功。[①]

那么，什么是合作呢？根据韦氏词典（Webste's Unabridged Dictionary），合作是指"由一些人为了共同的利益组成的协会，它们通过集体行动来追求共同的福利，尤其是在工业和商业过程中"。也就是说，合作是通过集体合力共同完成一些我们不能单独完成的事情。

法国经济学家查尔斯·盖得（Charles Gide）认为："合作是一群人通过企业的方式追求共同的经济、社会、教育目的的行为。"[②]

从以上不同的定义可以看出，合作是为了追求合作者共同利益而创设的一个协会或企业，根据合作者的意图和环境条件不同，它可以有多种目的和多种组织形式。

我们认为，合作就是人们彼此之间通过相互协作，如合作生产、合作经营、互助互利而产生一种合力，这种合力是因合作而产生的，它不仅提高了个人生产力，而且创造了一种新的生产力。合作没有阶级、国别之分，任何个人和组织都可以相互合作。合作是一个广泛的概念，其目的是多样的，即可以是经济的、文化的、教育等目的，但合作者如果以一个企业的形式来运作，经济目的的实现应该是其他目的实现的基础。合作依据目的、合作各方的身份和合作的长久与否及社会经济条件和环境的不同，可以采取多种形式，如默契、同盟、契约、企业、联盟等各种形式，而一个有固定组织的企业只是需要长期合作并维持这种合作的一种最佳形式，企业的模式又可以是合伙企业、合作企业、联合企业、集体企业等。

（二）合作社

合作社是人们自愿联合，通过共同所有和民主管理的企业来满足共同

① Carl C. Taylor. Objectives of Farmer Cooperatives：By a Sociologist，Agricultural Cooperation，Selective Readings，Abrahamson and Scroggs［M］. University of Minnesota Press，1957.

② Marvin A. Schaars. Cooperatives，Principles and Practices［M］. University of Wisconsin – Extension，1978.

的经济和社会需求的自治组织。这种自治组织是市场经济条件下弱者面对强者为了自身利益而自愿入股联合而组建的具有法人地位的经营企业；同时，又是按照合作社原则而组成的群众性社团组织。只有这种企业性和社团性同时存在，才能称得上通常所说的合作社。并非任何一种合作或联合企业都可随便称作合作社。因为合作社有着自己的组织原则和章程，办社宗旨和目的，社员依据章程有着自己的权利和义务。它具有自有、自治、自享的不同于其他经济组织的具体特征。当然，合作社自其诞生以来，在不同时期，不同国家或同一国家的不同历史时期有着一定的差异，但国际合作社联盟所宣称的合作社的基本特征，都是被世人所公认或遵行的。所以在合作社概念上，值得注意的是不能将合作社的真正内涵同扭曲了的合作社混为一谈。探讨合作社的改革并不包括对合作社基本原则和基本特征的否定，更不能将所有的经济合作组织混同于典型的合作经济组织——合作社。

（三）合作经济

合作经济，是指体现合作社经济特征的社会经济结构中的一种特定经济形式，它体现着合作社经济内部成员间的经济关系。也就是说，它是以合作社经济为典型特征的社会经济成分，合作经济主要就是指合作社经济，在国外，合作经济被列为国有经济、私有经济之外的第三种经济。在我国，多种经济成分的经济结构中，合作经济是我国重要的经济形式之一。我国除了各种合作社组织外，还有其他各种合作经济形式，如：①在对私改造中，由小商小贩组织起来的合作小组、合作商店；②在农业合作化运动中，群众创造的很多初级合作形式，如临时的和常年的互助组等。中共十一届三中全会后，农村实行家庭承包经营责任制，促进了农业生产的发展，农民要求发展新的联合，出现了一些新的联合体、协作体。这些合作形式虽然不是合作社，但也属合作经济范畴，是合作经济发展的不同形式，或叫初级形式，因此都称合作经济。合作经济无论是初级形式还是高级形式，无论是一个单纯的合作企业还是有庞大的组织系统的合作社，它与个体企业、合伙企业、私营经济、股份经济有着本质的区别。在合作社、合作经济和经济合作这三个概念上也存在严格的区别，合作社是具有特定特征的经济组织和社团。合作经济是体现合作社经济特征的经济关系和社会经济成分，而经济合作则是具有经济联合方式的统称。

（四）合作制

合作制是合作社经济的根本制度，其内涵既包括体现合作社性质、宗旨、目的、合作社价值和伦理的合作社原则、具体的合作社组织章程，也包括合作社企业的经济管理制度，即法人治理结构。合作制与股份公司制最根本的区别在于，股份制是资本的联合，在资本联合组织中，全体参加者是通过资本股份联系起来的，资本股份扮演着控制并重要于每个个人的角色。合作制作为股份制的对立物，是以劳动为核心，强调劳动支配资本，而不是资本支配劳动。合作制强调的是以人为本，人的联合，组织合作社的目的就是帮助成员满足其经济和社会的需要。合作制是当今世界许多国家所采用的一种企业制度。它是以劳动者的劳动、技术、资本联合所形成的企业组织形式和财产制度。它也是市场竞争中弱势人群通过自愿合作以维护自身利益，实行自我保护，推进社会进步的制度。应该说它是人类进步的文明成果，是现代社会经济中一种先进的制度。另外，从其性质上来看，合作制实现了劳动者的自愿联合劳动，实现了劳动者的共有共享，实现了劳动与生产资料的直接结合；从其原则上来看，合作制遵循"自愿、互利、民主、平等"的原则，从其功能上来看，合作制是劳动者的联合，它以为社员服务为宗旨，既增强了分散劳动者（弱者）抗御自然风险和市场风险的能力，同时也满足了社会需求。

（五）股份合作制

股份合作制是合作制与股份制相结合的一种企业制度。它在农村专业合作社、乡镇企业、供销社基层社被较广泛的采用。农村信用社新一轮改革，很多地方也采用股份合作制的合作银行。股份合作制也属于合作制范畴，是合作制发展的一种新形式。但由于它兼容了股份制的资本联合与合作制的劳动联合于一体，劳资矛盾的对立必然会转化，不是转化为合作制就是转化为股份制。所以股份合作制只是一种过渡形式。这种过渡形式，正适应当前农村改革发展的需要。

合作制与股份合作制的区别主要表现在两个问题上：一是产权关系上，合作制是社员个人所有基础上的集体所有制。股份合作制是集体所有和按股份所有相结合的制度。二是在分配上，合作制是采取按劳分配（惠顾返还）为主与股金分红为辅相结合；股份合作制按股份分配的比例较合作制要大些。

综上所述，合作、合作社、合作经济、合作制、股份合作制是不同的经济范畴，但又密切相关。有合作，就有必要采取合作社的组织形式。由各种合作社组织集合而形成一种特殊的社会经济形式，即合作社经济，成为社会经济结构的重要组成部分。为保证合作社价值的实现，必然要有制度加以安排、规范和保证，形成一整套合作制度，即合作制。

二、合作社在社会经济发展中的功能

合作社是一个集"缩小贫富差距的社会协调功能"、"在市场经济中生存的经济功能"、"弘扬互助友爱精神的道德建设功能"为一体的特殊的经济体。合作社的这三个功能是密不可分的，并且社会协调功能与道德建设功能的实现必须以经济功能的实现为基础，而经济功能的实现又不可能与社会协调功能与道德建设功能相分离。人们往往不能清醒地认识合作社这三个功能之间的关系，反而从自己的主观愿望出发，把合作社的某一个功能作为实现自己的政治、宗教、经济目标的工具，作为合作社发展的导向，结果导致了合作社的失败。我们可以从罗虚戴尔公平先锋社的例子中来分析合作社的这三个功能及其关系。

被称为世界第一个成功的合作社罗虚戴尔公平先锋社诞生于 1844 年的英国罗虚戴尔镇。1820 年，该镇的工场主买进了第一部棉纺织机，以后各种纺织机械陆续进入该镇的纺织行业，资本主义的机器大工业在这个镇展开。工厂的出现给手工业者带来了巨大的威胁和灾难，那些凭借手工技巧谋生的小生产者相继破产失业，并不得不到资本家的工厂里做工。随着失业者的增多，劳动力市场的供求关系发生了明显变化，劳动力的价格日益下降；不仅如此，工厂主常常以购货券代替工资现金，限定到那些不但商品质量差，而且价格较高的商店购物，这使工人获得的实际工资更低。工人受到了来自工厂主和商业资本家的双重剥削，他们的生活状况日益恶化。为了改变这种困境，1843 年罗虚戴尔镇的 13 名纺织工人在罗伯特·欧文合作社思想的影响下，发起筹建合作社，起草了合作社章程。到 1844 年 8 月决定成立罗虚戴尔公平先锋社，由 28 名纺织工人入股参加，每人股金 1 英镑，共集资 28 英镑，1844 年 8 月 11 日举行了成立大会，通过了合作社章程，正式成立了公平先锋社。

该社直接从工厂组织价廉物美的日用品，并以批发价销售给社员，他们还给社员贷款，建造供社员免费阅览的图书馆等。通过这些措施减轻和限制了商业资本的中间盘剥，改善了社员生活日用品的供应，维护了社员的物质利益和社会地位。由于合作社满足了社员的个人利益，又有一套切实可行、公平合理的办社原则，因而得到了全体社员的拥护和支持，得以迅速发展，成为当时最成功、最典型、最有影响的合作社，并被后人推崇为合作社的典范。

在罗虚戴尔公平先锋社的产生、发展及其运作过程中，合作社的三个基本功能得到了完全发挥：

（一）缩减贫富差距的社会协调功能

从罗虚戴尔公平先锋社的产生，我们可以看出，其产生的外在压力在于，在资本主义生产条件下，资本家和底层劳动者之间的贫富差距急剧扩大，并有使处于社会底层的工人、农民破产的危险，在这种情况下，他们联合起来，通过成立合作社，将市场经济带来的外部性内部化，并通过联合和成本费用的节约，提高自己在市场交易中的谈判地位，使自己免于陷入破产的境地。

合作社成立的出发点并不是从宏观上来考虑如何缩小贫富差距的，而是合作社本身的运作自然就起到了这个作用，产生了一定的外部正效应，这也是各国政府支持合作社的一个重要理由。

那么合作社为什么能够提高社员的收入和经济地位的呢？从经济学理论来说有如下解释：一是规模经济，即合作社通过合作工厂生产成员们所需要的物品，可以获得经营上的规模经济；二是市场力量，即通过合作经济组织交易而不是个人直接交易，可以减少个别交易时的交易成本，可以使社员们在与现有的垄断力量交易时获得较好的交易条件，不仅可以提高自己的市场地位甚至能形成自己的市场力量；三是减少信息成本，指在信贷市场上，合作社的组织形式提高了社员的可信赖性，降低了银行给社员发放贷款时的信息成本和风险水平，社员以合作社的组织形式能更加便利地进入信贷市场。

（二）在市场经济中生存的经济功能

合作社是一个经济型的企业，其经济功能就是指它的存在和发展必须按市场经济中的经济原则办事，也要靠扩大营业规模、降低管理成本、提高管理效率来实现。从这一点来说，它和市场经济中其他企业的生存原理并没有任何不同。科斯曾经论证了企业的最佳规模是"管理的边际成本＝节约的边际交易成本"，合作社也是这样，它以市场的原则，按经济规律运作，所以也要千方百计地节约管理成本，提高管理效率。罗虚戴尔公平先锋社经营成功的秘密就在于按市场原则办事，通过强化内部管理节约了管理成本；通过吸引更多的会员加入，实现了规模经济；通过"惠顾分红"增加了合作社的业务量；通过"限制股金利息"保证了合作社的资本积累。

合作社所有功能的实现都要以其经济功能的实现为基础。合作社的运作能在客观上起到缩小贫富差距的作用，主要原因还在于其利用了经济学的原理，通过合作提高了社员在生产领域、流通市场、融资市场的地位；合作社互助友爱精神的弘扬，是保证合作社低磨擦、低成本运行的一个制度基础，同时合作社经营的成功又使这种精神得以发扬光大；历史上合作社失败的例子比比皆是，不按经济原则经营是其中最主要的一个原因。每一次合作社的原则与其经济功能相冲突的时候，总是原则让位，就充分说明了这个问题。

（三）弘扬民主、互助、友爱精神的道德建设功能

合作社是由社员为了共同的利益，自发组织、自愿加入的经济体。它的特点是人的"联合"而不是"资本"的联合。合作社的出现、存续都是基于社员联合起来维护共同利益的目的，这与投资获利有明显的不同。所以，合作社尤其强调人的联合，它的一些原则、章程也保证了这一联合的持续。如合作社的"一人一票，民主管理原则"、"重视教育原则"、"互助原则"等，这些原则形成了强有力的、具备鲜明特色的合作社文化，它对于强化合作社的内聚力是非常必要的和有效的。

在合作社三个功能的关系上，经济功能是基础和主体，道德建设功能和经济功能是相辅相成的关系，社会功能则是合作社运作的一个副产品，但对国家来说却有着重要的政治和经济意义。

事实上人们已经或多或少地认识到了合作社的这些功能，但对其关系的把握则有失科学，出于某种目的片面地夸大和利用合作社的某种功能，往往导致事与愿违的结果出现。下面我们就来分析基于不同出发点的合作社思想和理论，及其实践结果，以进一步验证我们的分析。

三、合作社的思想、理论及实践检验

合作社的思想、理论可以按其对这三个功能的关注程度不同划分为四类，一是对道德建设更为关注的基督教合作经济理论；二是对其社会功能更为关注的社会主义合作经济理论；三是对其经济功能关注更多的西方合作经济理论；四是国际合作联盟综合考虑这三个功能形成的一系列合作社原则理论。我们看到，不同理论出发点上形成的合作经济理论是不同的，

其理论指导下的实践和结果也是不同的，通过这个比较，可以使我们对合作经济理论的认识上升到一个新的高度。

（一）注重社会协调功能的合作经济思想和理论

1. 空想社会主义合作经济思想及实践

空想社会主义者，如法国的圣西门、傅立叶和英国的欧文，是最早将其"消灭生产资料私有制"和"消灭阶级差别"、"建设千载太平天国"的思想运用到合作社理论中的代表。如圣西门提出的"实业制度"概念、傅立叶提出的"和谐制度"概念。欧文不仅提出了"新和谐公社"新村的合作思想观念，还亲自实践这一思想。1824 年，罗伯特·欧文带领 4 个儿子及其追随者在美国印第安纳州建起"新和谐公社"（New Har – Mony Community Equality），并制定了《新和谐公社组织法》，以实现其"新和谐公社"的理想。欧文的构想，千百个公社的联合形成全世界的联合，以此取代资本主义。合作社内部社员都各尽所能，享有平等的权利和义务。他认为这种自然而公平的制度，能消除人们追求"所谓荣誉和特权的欲望"，防止人们由于争权夺利而产生嫉妒、分裂和利益对立。由此可见其建立合作社的主要目的在于充分利用合作社的"社会协调"功能。"新和谐公社"最初曾吸引了 1000 多个社员，但由于合作社不按经济原则办事，很快就陷入内困外忧，无法"和谐"了，后来公社产业被个人商店或其他私人占有形式取代，竞争盈利亦占上风。合作社的"经济功能"因合作社内在生存的需要，自觉地取代了创建者的最初意愿。和谐公社虽然失败，但其意义重大，影响深远。马克思于 1864 年 9 月 28 日在伦敦朗—爱克街圣马丁堂举行的公开大会上发表《国际工人协会成立宣言》时指出："对这些伟大的社会试验的意义不论给予多么高的估价都是不算过分的……在英国，合作制的种子是由罗伯特·欧文播下的。"[①]

2. 马克思主义的合作经济理论

（1）马克思、恩格斯的合作社理论。其理论核心是认为合作社是向共产主义过渡的中间环节[②]。他们认为，由工人自己组织起来的合作工厂，实现了生产资料从个人私有向集体公有转化，是对个人财产打开的第一个缺口，在这里，劳动与资本的对立就已经克服，生产者使用集体的生

---

① 杨少平：《罗需戴尔原则在商品经济发展中应时而生——论罗需戴尔原则的与时俱进（一）》，《中国供销合作通讯》2004 年第 4 期。

② 《马克思恩格斯选集》，人民出版社 1972 年版。

产资料使自己的劳动增值，劳动生产率可以大大提高。而且认为"这种组织不但应该在每一个工厂内以工人的联合为基础，而且应该把这一切联合体结成一个大的联盟；简言之，这种组织，正如马克思在《内战》中完全正确地指出的，归根到底必然要导致共产主义。"① 合作制成为共产主义的过渡环节的先决条件是无产阶级夺取政权，为此，必须进行全面的社会变革，"把国家政权从大资本家和大地主手中转移到生产者本人的手中才能实现。"② 这是马克思主义合作理论与空想社会主义合作理论的根本差别。

由于马克思、恩格斯其所处时代的限制，他们又未能直接参加领导社会主义合作社的实践，所以认识上也有一定的局限。首先，他们的合作制思想是和消灭商品经济的认识分不开的，他们所说的合作社不是当时业已存在的商业合作社和手工业合作社，而是生产领域的合作，而且这种合作社的基础是产品经济，排斥商品经济。其次，他们所构想的社会主义合作社都不是长久存在的经济组织，是一种进入共产主义的中间环节。最后，合作经济排斥个体经济和家庭经济，设想把各小块土地联结起来，并且在全部结合起来的土地上进行大规模经营，按照总体目标组织全国生产，走向生产资料全国性集中。马克思、恩格斯的合作社理论对后来的社会主义国家合作经济的发展影响极大，大部分社会主义国家的合作社，基本上都是这个模式。

（2）列宁的合作经济理论。其理论是随着国际国内形势，以及合作社的实践而发生变化的。十月革命前，列宁针对国际国内意识形态的斗争，积极捍卫发展马克思，恩格斯的合作社理论，他的主要观点是：合作社是阶级斗争的工具；消费合作社是维护工人阶级利益的经济组织；无产阶级要积极帮助和利用合作社。在十月革命成功以后的外国武装干涉和国内战争时期，他对合作社的思想突出表现为两点：第一，认为"社会主义就是一个统一的合作社"③。对消费合作社需要利用和改造，使它成为"无论在供应和分配方面，整个社会都应该是一个总的合作社"④。第二，在农村，通过"共耕制"直接过渡到公共经济。战争结束以后，列宁领导的苏维埃政府把合作社与国家粮食部的隶属关系变为合同关系，恢复合作社社员入社自愿和退社自由的原则，从消费合作社中分离出农民合作

---

①② 《马克思恩格斯选集》，人民出版社 1972 年版。
③④ 《列宁全集》，人民出版社 1960 年版。

社、工艺合作社和信用合作社，并自成体系，允许合作社利润对社员返还，在税收等方面予以优惠。1923 年列宁在病中口授了《论合作制》，对合作社进行了理论性总结：认为在无产阶级专政条件下，合作社的发展就等于社会主义的发展；合作社可以使私人利益和国家利益得到很好地结合；合作社要文明经商，积极推广合作社原则。在列宁的合作经济理论指导下，俄国的合作社运动经历了"全国迅速铺开—'共耕制'时期的勉强维持并最终失败—合作经济理论对商品经济的尊重，合作社良性发展"三个阶段，再一次说明了经济功能对合作社生存和发展的重要性。

（3）斯大林的合作经济思想。其发展过程可分为两个阶段，大致上可以 1927 年出现的粮食危机作为分界线。在粮食危机出现之前，斯大林基本上是承接了列宁的合作经济发展的思想，致力于农业合作化运动；粮食危机出现以后，斯大林的合作经济思想有了一个很大的转变，即转变到了农业集体化运动上。1927 年，苏联发生了严重的粮食危机，政府收购的粮食比上年大幅度减少，面对严重的商品粮食危机，斯大林提出："出路就在于把分散的小农户转变为以共耕制为基础的联合起来的大农庄，就在于转变到以高度的新技术为基础的集体耕种制。"认为实行农业集体化是把农民经济引上社会主义道路，使小农经济免于贫困与破产的唯一正确道路。在斯大林这个绝对论断的指导下，农民所有的财产被强行剥夺，农民被强迫入社，行政命令代替了合作社的民主管理，出现了农业劳动组合——"生产资料公有化，集中劳动，统一经营，按劳动日进行统一分配，有少量的家庭副业作补充"——作为集体农庄经济的单一形式来推行，形成了农业合作化运动史上一个僵化的模式，这对后期的中国及东欧各社会主义国家发展合作经济，产生了巨大的影响。到了晚年，斯大林基于限制商品经济，逐步向产品经济过渡的观点，更进一步提出要把集体农庄变为全民所有制。这就更偏离了合作经济的轨道，事实上是对合作经济的扼杀。

（4）毛泽东的合作经济思想。新民主主义时期，毛泽东的合作经济思想，是通过合作运动把工人或农民组织起来，改善他们的生活，开展生产运动来支援革命战争，使合作社经济为工农运动、革命战争服务。他的这种合作经济思想，在 1922 年与李三立、刘少奇等人一起组建安源路矿工人消费合作社时就进行了实践。随后，在审定《湖南农民运动考察报告》时，毛泽东将合作社运动列为农民运动的重要部分而予以审定；蔡和森将合作社列为无产阶级革命运动的四种利器之一（政党、工团、合作社、苏维埃）。新中国成立后，毛泽东在斯大林农业集体化理论的基础上，形成了他的"人民公社"理论。毛泽东提出在农村发展合作经济是进行农业社会主义改造的需要，是农业生产进一步发展的需要，也是国家工业化和人民生活改善的需要。

毛泽东生产合作社思想中的人民公社，其所有制可以暂由集体所有制组成，但要向全民所有制转变，公社的管理机构分为公社管理委员会、管理区、生产队三级；公社的分配制度实行工资制和供给制相结合。农村中全民所有制单位如银行、商店和其他某些企业下放到公社管理。人民公社是社会主义政权组织的基层单位，实行政社合一。毛泽东认为，人民公社将成为我国实现两个过渡——由集体所有制过渡到全民所有制，由社会主义社会过渡到共产主义社会的理想形式。

客观地说，毛泽东的"人民公社"思想，同样是抹杀了合作社的"经济功能"，而单纯寄希望于它的"社会功能"，结果"合作社"的原始意义丢失，国家的生产力破坏，经济发展出现停滞。

（二）重视道德建设功能的合作经济理论

将合作社运动与人的精神世界联系最为密切的当属基督教社会主义者。基督教社会主义者的典型代表是英国威廉·金（Willina King，1786~1865年），他是一位医生，是把基督教教义与合作社结合起来的先驱。他的合作社理论的基本思想，一是认为劳动者之所以贫穷是因为他们的劳动不是为自己，而是为了资本的占有者。如果劳动者能够掌握资本，得到自己的全部果实，生活就会好起来，劳动者要有资本，就必须按照合作社的原则，自己经商和生产。二是先组织消费合作社，以获得的利润作为"公社基金"，然后以此资金搞生产合作社，积累更多的资金，以组织公社。三是主张进行合作社教育，教育工人管理和组织经济，主张工会与合作社协作。通过提高最低阶层的脑力、劳动能力、道德素质、经济管理能力，有利于稳定社会。四是合作社与基督教可以结合起来，因为合作社的思想是互相帮助，与基督教的精神是相似的。他认为合作社与富人毫不相干，是为穷人准备的。威廉·金关于合作社能使劳动摆脱资本的束缚，合作社的原则与方法又可能成为实现基督教的道德的训条等，成为英国基督教社会主义的基本主张。1828年他在布来屯组织了英国消费合作社，用合作社的盈余购买了40英亩土地，在他影响下1827~1834年英国组织了 300 余个合作社。

法国的毕舍·菲利普·约瑟夫·本杰明（Buchez Philippe – Joseph – Benjamin，1769～1865 年），从进化论和基督教的情爱观出发，同情劳动者，反对暴力，主张劳动者自己占有生产工具，组成合作社，进行生产，摆脱资本家的压榨。他的合作社思想的要点，一是社员都是经营者，不得雇工，如不得不雇工，则受雇工人受雇超过一年转为社员；二是按照各人的技术熟练程度计件或者计时发给劳动报酬；三是提取公积金用于扩大生产和劳动者信用的必要建设；四是设立永久合作基金，为合作社集体公有，从而使合作社成为永久组织。1831 年他搞了木工生产合作社，资金不足夭折，1834 年组织金匠生产合作社，将近 40 年。但他的永久合作基金，不被社员接受，合作基金终于被分光，他失望地离开实验，从事著作。

基督教社会主义合作思想在英国法国影响都很大，19 世纪下半期基督教社会主义者尼尔（Neals，1810～1892 年）连续 20 年被选为英国合作联合会书记，许多社员参加合作社是因为合作社带有浓厚的宗教色彩。这些带有浓厚宗教色彩的合作社，一般不是特别排斥合作社的经济功能，但是他们把合作社的道德建设功能置于经济功能之上，最终影响了合作社的健康发展。

（三）重视合作社经济功能的合作经济理论

重视合作社经济功能的合作经济理论，从中外两个角度来看，中国领导人邓小平的合作经济思想中处处体现出了他"重视合作社经济功能"，"还合作社经济发展本来面目"的主张，因此，我们把邓小平的合作经济思想放在这一部分来考察；从西方来看，目前西方的经济理论主要探讨合作社运行的内部机理，对合作社的社会功能和道德功能避而不谈，因此，也属于这一部分所要讨论的范畴。

1. 邓小平的合作经济思想

邓小平虽然没有专门论述合作经济的文章，但是在他的经济理论中，在他关于发展农业经济的文章中，到处可以看到其合作经济思想闪烁的光华。总结起来有以下三点：

（1）尊重农民意愿，因地制宜地发展农业合作经济。他指出农业合作必须循序渐进，顺应农民意愿。他认为，发展农业合作决不能和农民"顶牛"，因为它们是合作社的主人，而这正是合作经济中最基本的"自愿"原则。根据中国农村地域辽阔，地区间差别很大，经济条件和生产力发展水平不平衡的现状，邓小平强调农村合作经济的组织形式应当保持多样性和灵活性，即要做到"因地制宜"。所谓"因地制宜"，就是说"那里适合发展什么就发展什么，不适宜发展的就不要去硬搞"。邓小平强调大家解放思想，按照实际条件和客观需要，创立相适应的合作组织，既不必太拘泥于罗虚戴尔的各项原则，更不要受人民公社时期被歪曲的集体合作经济模式的束缚。在宣传上不要只讲一种办法，要求各地都照着去做，即不要搞过去的"一刀切"。

（2）大力支持农业合作的新创举——家庭联产承包责任制。家庭联产承包责任制，是我国农民的首创，但它的迅速发展和取得巨大成功则是在邓小平同志的充分肯定和坚决支持下才实现的。邓小平早在1978年就认为，扩大经济主体的自主权，使他们的责、权、利相统一，是发展合作经济的最好办法。所以，当家庭联产承包责任制一出现，他立即予以充分肯定和大力支持。家庭联产承包责任制适应了我国农业生产的特点，调动了农民的积极性，农户在成为相对独立的商品生产者的同时，还以村、组的形式保留一定的生产合作。所以说家庭联产承包责任制的推广，促进了农业生产合作和商品流通领域合作的发展，是邓小平对马克思合作经济思想的丰富和发展。

（3）大力发展商品经济，使合作制从理想国回到现实中。邓小平结合中国的现实，认为发展商品经济是社会主义现代化的必由之路。因此，他不仅倡导多种经营，而且非常重视除生产合作以外的流通领域的合作。他的这种合作经济思想为中国的合作经济开拓了思路，打开了发展的大门，不仅是对过去合作理论的一个飞跃，也是今天合作理论与实践的一个必然选择。

正是在邓小平还合作经济本来面目思想的指导下，中国合作经济的发展进入了一个新的时期，旧的合作社正在按合作社的原则进行改造，新的合作社则出现了蓬勃发展的势头。

2. 当代西方合作经济理论

当代西方合作经济理论并不是像社会主义革命者和宗教人士一样，更关注利用合作社的某些功能实现其政治理想和宗教教义，而是从经济学的角度客观地揭示合作社的存在、合作社内部运作的原理，及在新的市场条件下，如何用经济学方法解决合作社面临的一些问题。这些理论加深了人们对合作社经济意义的理解，并推动了合作社运动在西方国家的巨大成功。

（1）从市场平衡的角度研究合作社。当代西方国家关于合作经济理论的论述，是从 Sapiro 和 Nourse 开始的。他们认为合作社通过改善工业商品的贸易条件，或通过提供市场竞争的方式，可以提供一种市场平衡的力量。在他们的概念中，合作社不仅可以给社员带来收入，更重要的是能为促进市场竞争和提高工业效率做贡献。

（2）对合作社内部经济组织问题的关注。在 Sapiro 和 Nourse 之后，合作理论研究的重点有了一些改变。即从研究合作组织的外部效应转到了研究合作组织的内部微观效应和合作经济的可持续性发展问题上了。20世纪40年代，Emelianoff[①] 提出了"合作经济垂直一体化"理论，从合作社成员关系角度，解释了合作行为的内部经济问题。他认为，合作是许多经济单位（会员）的集合，这种集合不是会员自身能单独获得的，合作是以会员为委托人的一种纯代理关系。Phillips 在 Emelianoff – Robotka 垂直一体化框架的基础上逻辑地引申出了一个产出与价格决定的模型。他认为会员是按照"边际成本 = 边际收益"的原则来做出决策的。然而，几个经济学家指出了这个模型中的缺陷（Trifon，1961；Sexton，1984；Royer，1994；Staatz，1994）[②]。他们认为如果合作企业按"边际成本 = 边际收益"的原则来运营，合作社就只能得到次佳收入，除非所有的会员都自觉地协调它们的产出，这一点 Phillips 并没有详细说明。Emelianoff、Robotka 和 Phillips 清晰地阐明了在理解合作行为时，委托—代理关系的重要性。尽管这种关系对广泛、深入地解释合作决策、管理行为；以委托人身份组成的会员控制；以经营者为代表的，实现管理功能的代理人的有效性等还显得太简单和肤浅，但在 Emelianoff、Robotka 和 Phillips 的合作概

① Ioan V. Emelianoff. Economic Theory of Cooperation：Economic Structure of Cooperative Organivation ［M］. 1948，Reprinted by the Center for Cooperetives，University of California，1995.

② Raphael Trifon. The Economics of Cooperative Ventures—Further Comments ［J］. Journal of Farm Economics，1961（43）.

Richard J. Sexton. The Formation of Cooperatives：A Game – Theoretic Approach with Implications for Cooperative Finance，Decision Making，and Stability ［J］. American Journal of Agricultural Economics，1986（68）.

Jeffrey S. Royer. Economic Nature of the Cooperative Association：A Retrospective Appraisal ［J］. Journal of Agricultural Cooperation，1994（9）.

John M. Staatz. The Cooperative as a Coalition：A Game – Theoretic Approach ［J］. American Journal of Agricultural Economics，1983（65）.

念中，清楚地回答了合作社应该"对谁有益"的问题。Phillips 引入"垂直一体化"的逻辑，以严格的比例术语来定义所有会员的交易和相互关系。他认为所有的贡献都从会员处取得，并会以相同的比例来返还给会员收益，相应地，管理也要以会员选举权为基础，这个选举权是以按比例计算的会员光顾和使用合作社产品的量为基础来决定的。

（3）合作社企业理论模型。Phillips 的"产出—价格决定"规则的缺陷在于没有创建一个合作企业的理论模型。60 年代，Helmberger 和 Hoos 弥补了这一缺陷，并完成了农业合作理论的重新修订工作。与企业理论相似的是，合作企业也有最大化目标，但它是最大化社员利益。在他们的模型中，合作社将通过按会员惠顾或使用合作社产品的比例返还收益的方式来最大化其单位产品价值或平均价格。通过提出一个企业理论模型的方法和进行长、短期决策分析，Helmberger - Hoos 模型揭示了合作社可以通过限制成员数量来增强现有成员的潜在激励。模型显示，在收益递减的情况下，如果管理者试图通过吸收新成员来扩大业务，那就会减少初始会员和当前会员的收益。

（4）用新的理论研究合作社的内部激励问题。从 20 世纪 60 年代起，经济学家从传统的以利润为核心的经济分析，转向了用新的方法研究长期被忽略的合作经济的内部激励问题。影响最广的有四种方法：①产权经济学；②新制度或交易成本经济学；③地区的或组织的公共产品理论；④博弈论的经济学方法。

Cook[1] 应用产权理论对合作社的产权进行了分析，他认为产权是保证合作社可持续发展和生产者控制经营权的一个重要工具，在解决了充分、明晰的产权问题后，合作社就会形成稳定的内部结构，合作社的行为就会增进市场绩效，"纠正市场失败"。

Sporleder[2] 运用新制度经济学方法，解释了合作经济的组织策略问题。他认为，合作社是一种创新的组织制度形式，其产生的原因与分割技术进步所带来的新收入有关；勒普克指出，合作社的经济作用主要是降低经济活动的风险和不确定性，降低交易成本，取得规模经济和打破市场垄

---

① Michael L. Cook. Cooperative Principles and Equity Financing: A Discussion of a Critical Discussion [J]. *Journal of Agricultural Cooperation*, 1992（7）.

② Thomas L. Sporleder. Managerial Economics of Vertically Coordinated Agricultural Firms [J]. North Central Regional Project, 1992（40）.

⑤对政治和宗教的中立；⑥现金交易；⑦促进社员教育。同时，大会又附加4项：①只对社员交易；②社员入社是自愿的；③按时价和市价交易；④创立不可分割的社有资产，史称"罗虚戴尔11项原则"。由此可见，这次修订只是细化和充实了罗虚戴尔原则，并没有做根本上的改变。

1966年在维也纳召开的国际合作社联盟第23届代表大会中提出了著名的"六大合作社原则"：①门户开放原则；②民主管理原则；③限制股息原则；④盈余摊还原则；⑤重视教育原则；⑥社际之间合作原则。这六大原则在体现罗虚戴尔原则基本精神的同时，又有创新和发展，主要表现在随着合作社的壮大和发展，社际合作的重要性日益显现。但是有人批评这次原则忽略了合作社的经济特质，这也成了以后合作社原则进一步修改的理由[①]。

1995年9月23日国际合作社联盟借成立100周年之际，又根据合作社的发展需要对合作社原则作了重新修订，修改后的合作社原则有7项：①自愿和开放；②社员民主管理；③社员经济参与；④自主和自立；⑤教育、培训和信息；⑥合作社之间的合作；⑦关心社区。其中社员的经济参与再次强调了合作社的经济功能，自主和自立原则，是针对一些国家合作社因缺乏自主和自立精神，过多依靠政府和外力相助，包括依靠政党相助，甚至沦为政治工具最终导致失败的教训提出来的。强调合作社发展需要政府支持和外部帮助，但必须是在坚持自立的原则上接受支持和帮助，以利自主发展。最后一项"关心社区"原则也是新内容，这是从合作社事业融入社会文明进步事业的高度考虑，合作社为所在社区文明建设做贡献，是合作社价值和合作精神的升华和提高，关心社区的结果，反过来又能促进合作社自身发展。

合作社的原则几经变迁，不同的人对合作社原则的理解也不尽相同，但经济性质的原则始终没有变化，合作性质的原则也没有变化，这就既说明了合作社这种组织的特殊性，又说明了它是一个具有一定经济功能的经济体的特性。目前，随着合作社实践的发展，合作社的民主管理、一人一票等原则受到越来越多的挑战，但其经济性原则却越来越突出，这一发展

---

① 1980年，在莫斯科国际合作社联盟第27届代表大会上，赖罗博士在《公元2000年的合作社》的报告中对"六大合作社原则"提出两点质疑：一是六大原则未包括合作经济的特质，只是相对于经营原则而言的；二是六大原则适用于消费合作社，不具备一般性的指导原则，不适用于生产领域等真正意义上的合作社。转引自杨少平：《罗虚戴尔原则在历史曲折中发展》，《中国供销合作通讯》2004年第4期。

呼唤着合作社原则的突破和理论的创新。

（五）小结

由以上的分析我们得出的仍然是这样的结论：合作社的经济功能是其最基本的功能，是其他功能实现的保证；合作社弘扬民主、互助、互爱精神的道德建设功能是为合作社的经济功能服务的；合作社缩减贫富差距的社会协调功能，是合作社运行过程中所派生的功能，只有努力支持合作社经济功能的实现，才能实现合作社的这一社会功能，如果把实现合作社的社会功能作为合作社发展的出发点，最终将不可避免地导致合作社的失败。

四、合作社实践呼唤理论创新

（一）实践对合作社原则的挑战

在世界合作运动发展史上，罗虚戴尔原则得到了世界各国的普遍承认。虽然在以后多次的国际合作社联盟代表大会上对罗虚戴尔原则作过不同程度的修改，但其基本内容还是被保留着，尤其是自愿入社、民主管理、限制股金红利、盈余按交易额分配等罗虚戴尔原则的本质特征仍然受到大家的尊重和接受，并作为合作社区别于其他经济组织的标志，因而罗虚戴尔原则在世界合作运动中是长存的。

但是，第二次世界大战后，特别是20世纪60年代后，随着世界经济的飞速发展，在不少方面出现了新的变化，开始偏离罗虚戴尔原则。因此，目前许多国家的合作社虽然在根本问题上仍然坚持遵循罗虚戴尔原则，但在实际操作中确实存在着对合作社宗旨和原则的挑战。这种挑战主要表现在：

1. 盈利倾向的加重

最初的合作社组织是一种互助互济的惠顾者经济组织，宗旨是维护社员的经济利益，向社员提供各种服务，而不是具有一般企业所追求的利润最大化的目标。但是，当代合作社宗旨在坚持向社员提供服务的同时，开始注重盈利的倾向，而且越来越明显。

盈利倾向的扩大，主要原因可以概括如下：

（1）"二战"后的经济形势变化很大。一方面一些企业的实力急剧膨大，向社会经济的各个部门渗透，原来有合作社经营的市场也成为它们蚕食的目标；另一方面合作社的发展使合作社的规模迅速扩大，各国都有一些大型，甚至特大型的合作社，已足以同私人企业相匹敌。这两方面因素会造成它们在同一市场上相撞，并形成激烈的市场竞争。竞争的根本原因是实力的较量，合作社要想在竞争中取得主动，除了争取政府的支持外，还得依靠自己实力的增强，因而竞争的压力迫使合作社在提供服务的同时，必须注重效益，提高盈利水平。

（2）合作社的设备现代化。随着科技进步，生产发展和流通的现代化，合作社的设备现代化发展很快，使合作社的投资迅速增加，这显然不可能全部依靠社员股金，而更多的要依赖于借贷资本，贷款的偿还和利息的支付，对合作社企业造成很大的压力。丹麦合作社全年要支付的贷款利息在 1976 年达到 37 亿克朗，占全年农业总收入的 1/4，成为丹麦合作社发展的主要障碍。在负债经营的情况下，成本必然增大，这就要求企业更加讲究效益，提高盈利水平。否则，企业就会陷入十分困难的境地。贷款和利息的压力是导致合作社注重盈利的另一个原因。

（3）合作社规模的扩大经营管理成本提高。原先，合作社由社员"自己管理"，现在这种模式逐渐被打破，开始雇用管理专门人才来经营，合作社内也形成了"管理阶层"。这不仅使管理成本增加，同时使得合作社盈利具有了内在动力，管理者从其本身的利益出发，必然要考虑合作社整体的利益和发展前景，它的经营重点自觉不自觉地从由为社员提供服务转向了追求利润，通过盈利和尽可能高的积累比例来增强合作社的实力。因此，合作社内"管理阶层"的形成导致合作社改变了原有的宗旨。

合作社的发展和规模的扩大，导致合作社盈利倾向加重；合作社盈利倾向的加重又反过来促使合作社的进一步发展，两者相辅相成，相互作用，结果是合作社宗旨的逐步变异，向股份企业逐步靠近。

2. 雇工经营的出现

起初，合作社的宗旨是反对剥削，提倡社员之间的互助合作，用联合起来的力量向社员提供服务，抵御中间商人的盘剥。所以，合作社原则上是不允许雇工经营的，而是由社员参加本社的劳动和经营。但是，随着社会的发展，一般企业的经营原则已逐步渗透到合作社经营中，合作社也出现了雇工经营的情况。

合作社的雇工经营现象，一开始是雇用一些经理和管理人员，利用他们的管理才能，对合作社的日常业务活动进行管理。后来才逐步扩大到对一般劳动力的雇用，并有进一步加重的倾向。

合作社发展中出现雇工经营的现象，一方面是随着合作社经营规模的不断扩大和经营范围的拓展，盈利倾向的加重，其对劳动力的需求迅速增加，紧紧依靠本社社员已远远无法满足；而社员加入合作社的着眼点是合作社向他们提供的服务，以解决他们在生产过程中碰到的诸多困难，至于盈利多少并不是他们关心的焦点，因而他们不可能向合作社投入太多的劳动。在这种劳动力供求矛盾无法平衡的情况下，雇工经营就在所难免，成为一种必然的现象。另一方面，西方国家一般合作社立法只对合作社社员资格做出规定，而对合作社雇工并没有限制，从某些方面讲，雇工经营还能创造新的就业机会，降低失业率，减轻政府的压力。同时，合作社相对于现代企业来讲，其技术构成比较低，劳动密集型的比例也要高，因而它所创造的就业机会也就多。在失业日益成为当代社会中的一个普遍社会问题时，合作社雇工经营现象势必会引起政府的充分重视。

3. 民主管理的削弱

民主管理是合作社原则中的一项核心内容，实行"一人一票制"，合作社的理事、监事，由社员大会选举产生等内容，为各国合作社所遵循，并写入各国有关合作社的法律条文中和合作社章程中。但是，在实际执行过程中已发生很大的偏离，民主管理原则在逐渐削弱和腐蚀。

一方面，合作社管理的集中化。合作社在早期的规模并不大，社内的管理工作一般都由社员分别兼任，工作的重点也是有关基层合作社的活动。合作社的重大事宜基本上都由社员大会做出决策，社员通过"一人一票制"的表决享有比较充分的决策权利，社员的意志和利益也得到比较充分的体现，民主管理确实构成了合作社原则的一个重要内容。但是，随着合作社规模的不断扩大和组织机构的逐步系统化，对合作社的管理出现了集中化和专业化的倾向，民主管理原则受到了严峻的挑战，而被大大地削弱了。

另一方面，合作社受到各种政治势力和宗教势力的控制。由于合作社的发展壮大，作用和地位迅速上升，因而各种社会势力都想对它施加影响，力图把合作社纳入自己的势力范围。这种情况在意大利合作社中最为突出，意大利的合作社分为三大系统，有三个全国性的合作社组织分属于三个不同的政党，其中规模最大的意大利合作社联合会属于天主教民主党；意大利合作社互助联盟属于意大利共产党和社会党；意大利合作社总协会属于社会民主党。因此，意大利合作社的经营活动受到各大政党所追求的目标的影响，在不同程度上受到它们的控制。

目前，西方各国基本上建立了从下到上的合作社网络，从基层社、联社、联盟，以至指导全国性的合作社组织，都有一套相当完备和系统的合作社管理机构。同时，基层合作社本身的规模也在扩大，越来越向大型化的方向发展。在这种情况下，对合作社的管理也必然随之发生变化，由社员的民主管理向专业人员的集中管理，形成了一批专门的合作社管理人员，并实行企业化管理，合作社的管理权力向他们转移和集中。虽然合作社管理机构的系统化和规模的大型化对合作社的生存和发展，如合作社在国民经济中的地位和政府的对话，在市场上的竞争能力，合作社经济实力的壮大等方面发挥着很大的作用。但是，合作社的民主管理原则毫无疑问是被大大地削弱了。因为合作社的联合层次越多，经营规模越大，合作社的管理者和社员的距离就会越来越远，社员在合作社里的发言权越少，从而造成社员对合作社关心程度的降低，民主管理原则的弱化。

4. 合作社管理权和经营权的分离

合作社的发展初期，所有权和经营权是统一的。合作社社员既是所有者，又是经营者，两权集于一身。合作社的传统理论认为，国家的法令、合作社自身的章程，以及社员大会制定的政策等是在合作社经营管理及收益分配等重大事宜中必须遵循的原则。社员通过选举管委会，将大部分的管理决策权益交给管委会，尤其是控制合作社的经营活动，从而体现合作社民主管理的精神。但随着合作社规模的不断扩大，经营活动的日趋复杂，市场竞争的逐步激烈，对经营管理的要求越来越高。即使管委会的一般成员也往往不了解企业的活动，不精通管理技术，无法在重大问题上做出决策，客观上要求经营管理的专业化和职业化。于是，合作社早期的所有权和经营权两权统一的格局被打破，出现两权分离，形成了专制的"管理阶层"。

合作社所有权和经营权分离后，在股份企业发展的影响下，所有权的重要性有所下降，所有者的控制权实际上在逐渐消失，而向专业管理人员转移和集中。现在有种情况值得重视，即合作社，尤其是大型合作社要比许多股份企业或国有企业更容易使管理人员起控制和支配的作用，因为在股份企业中，有来自较大股东的制约因素，在国有企业中有来自政府的制约因素，但在合作社中却没有来自这两方面的压力。因此，在合作社两权分离后，如何使实际控制权保留在所有者手中，或如何保留所有者对专职管理人员的制约和监督，是世界上合作学者普遍关注的问题。

5. 市场竞争意识加强

按照传统的合作社定义，它是一种互助互济，惠顾者的经济组织，主要是向社员提供服务，以解决社员在生产生活中的诸多困难，它一般不加入市场竞争，也不具备参与竞争的实力，因而国家对其实行扶助和支持的政策，以避免被现代化企业所击败，遭受被淘汰的厄运。但随着合作社经营规模的扩大，盈利性倾向的加重，以及管理的专业化和职业化，其经济实力大大加强，竞争意识也明显增强，并迅速成为社会经济中的第三大竞争力量，使合作社的经营活动发生了很大的变化。当代合作社的经营活动，远远超过了合作运动初期的范围，逐步实行跨地区、多层次的专业联合，成为各种专业联合体和农工商一体化组织。合作社除了在生产上的一体化经营外，还组建自己的咨询公司、广告公司、信息公司和工程公司等部门，甚至还涉及新闻出版、文化娱乐等领域。如意大利三大合作社系统都有自己的出版社，以此来扩大自己的影响，进一步强化竞争实力。因而当代的合作社，有不少已经成为托拉斯、康采恩式的现代企业，并在某些领域具有很强的竞争实力。

当代合作社竞争意识的增强，促使合作社向股份企业的转化，从而导致传统的合作社宗旨和性质的变化，构成了它在当代经济环境下的新的特征。

（二）中国合作实践中面临的新问题

1. 中国合作经济的曲折发展及新气象

（1）中国合作经济的曲折发展。中国合作经济的发展有80多年的历史，时间虽然不长，但发展道路相当曲折，这种曲折发展的道路，客观上延缓了我国合作经济发展的步伐，但也使我们认清了合作经济发展的正确道路，避免以后再犯同样的错误。

中国合作经济的发展大体可以分为四个阶段，一是新中国成立前，中共领导的合作社基本是边区、解放区"发展经济，保障供给"的重要形式，实行"民办公助、生产第一"的方针。二是新中国成立到"大跃进"之前这段时期，合作社是改造小生产的重要形式，供销合作社、农业合作社、信用合作社和手工业合作社获得广泛发展，国家、农民和手工业者大受其益。三是"大跃进"之后到中共十一届三中全会召开这段时期，已经没有真正的合作制，农业合作社被人民公社代替；供销合作社、信用合作社和手工业合作社全部升级为全民所有制。尽管供销合作社合了又分，多次恢复，也始终没有脱离"二国营"的窠臼，与农民的关系成为"官"对"民"的关系。这段时期，是共和国经历探索上的失误、国民经济饱经风霜的时期，也是合作社发展的低潮或荒漠时期。四是中共十一届三中全会以后到中共十六届三中全会召开这段时期。这段时期传统合作社改革恢复、新型合作社的萌芽与初步发展期。随着家庭承包经营全面推广，人民公社解体，形成了"以家庭经营为基础、统分结合的双层经营体制"，带有农业合作社的某些特征，可惜多数村集体层次薄弱，没有能力开展服务，所谓"双层经营"其实基本是家庭经营一个层次。供销合作社从1982年宣布恢复集体经济性质，原本是要恢复为农民的合作经济组织，但由于多种内因和外因的拉扯，其后的改革曲曲折折，在办成真正农民合作经济组织方面基本没有取得实质性进展，不是国有的，也不是农民的，上不着天，下不着地，夹到中间了；信用合作社也曾经提出恢复为农民的合作组织，但后来看到恢复无望，去年干脆放弃了这个目标。传统合作社的恢复和改革，目前只有供销合作社还在努力。与此同时，各类新型合作社获得一定发展。目前，全国农民专业合作组织已达140万个，其中有一定规模、运行比较规范的有15万个。南起海南岛，北至黑龙江，东起胶东半岛，西至河西走廊，我们都可以看到富有生机的农民专业合作组织，且在经营管理上各具特点。

（2）中国合作经济的新气象。自20世纪90年代以来，中国农业和农村经济发展发生了深刻的变化，这种变化不仅源于我国农产品市场格局已由卖方市场向买方市场急剧转变，更因加入WTO以后我国农业正逐步与世界农业全面接轨而日显紧迫。在此背景下，农民生产经营的风险性和不确定性进一步加大，农民对联合起来增强市场竞争力的需求更为迫切，从而，以合作社为主要形式的农民专业合作经济组织应运而生，迅猛发展。据中国农业部统计，2002年全国各类专业合作经济组织（包括专业合作社、专业协会及股份制合作社）约140万个，中国农民合作社和农产品行业协会的总数已经超过15万个，其中比较规范的农民专业合作组织已经超过14万个。从地区分布看，农民合作社在全国各地的发展并不平衡，浙江、山东、江苏、北京、四川、安徽、河北、陕西、山西等省发展较快。从合作领域看，合作业务范围扩展到生产、加工、储藏、运销、开发等各环节，合作社为社员提供购销、技术、信息、贷款担保等多项服务。从合作形式看，有以提供技术、信息、销售服务为主的专业协会，有直接与社员签订购销合同，实行统一提供生产资料、统一技术服务、统一收购产品、统一结算的专业合作社，还有股份合作社等具有经济实体的合作经济组织。从兴办方式上看，有农民自己兴办的，也有外部主体（如农技推广单位、农业企业等）兴办的。

表 1　中国部分省份农民合作社的数量　　　　单位：个

省份	浙江	江苏	重庆	黑龙江	河北	山东	吉林
数量	2335	5167	1590	2816	2689	1884	2850
统计时间	2003 年 12 月	2002 年 12 月	2003 年 6 月	2003 年 6 月	2003 年 12 月	2003 年 12 月	2003 年 6 月

资料来源：黄祖辉、徐旭初、宋瑜：《中国农民合作社的制度安排》，《合作经济参考》2004 年第 4 期。

从我国农村合作经济发展的现状来看，呈现了一些新的气象，特别是在江浙等经济发达地区，有些合作社已经出现了类似美国"新一代合作社"的某些特征。这些新气象主要表现在：

1）合作社组织形式多样化。由于我国农民的经济实力、市场参与能力和经营管理能力普遍低下，因此在现阶段农村合作社的组建模式就出现了各种强势加弱势的组合模式，真正由农民自主组织起来的不多，这是我国现阶段合作社的一个普遍特点。具体的组织形式有以下几种[①]：一是龙头企业（公司）领办型：即龙头企业（公司）牵头发起，创建企业（公司）＋合作社（协会）＋农户＋基地为合作模式的合作组织。其特点是：充分利用龙头企业（公司）的优势，发挥合作组织的桥梁与纽带作用，连接基地、农户与市场的多种服务功能，结成紧密的生产、加工、销售一条龙和农工贸一体化的生产经营体系，合作组织挂靠龙头企业（公司）。二是部门领办型：即由政府有关部门发起创建的部门＋合作社（协会）＋农户＋基地为合作模式的专业合作组织。其特点是：政府领导或部门领导兼任理事长、有关部门参加，以利用部门技术人才、场地、设备优势和管理经验，充分利用专业大户的销售网点优势，合作组织挂靠行政部门。三是能人大户领办型：即农业大户参加，农民中的能人牵头而创建能人大户＋

---

① 张晓山：《从浙江农民专业合作社的兴起看我国农业基本经营制度的走向》，《合作经济参考》2004 年第 8 期。

合作社（协会）＋农户＋基地为合作模式的合作组织。其特点是：多由政府牵线搭桥，依托能人大户的技术和管理经验及资金、销售网点优势，合作组织挂靠某一能人大户，这种类型在乡镇一级较多。这种合作经济组织所占比重较大，但成功运行的较少。四是农民自发型：即农业大户或农村能人围绕某一产业或产品，自发组建创办合作社（协会）＋农户＋基地为合作模式的合作组织。其特点是：利用各自的土地种植或养殖同一品种，以土地、劳力、资金入股，按股份多少分红，实现决策民主化和利益、风险共享共担。这种合作经济组织完全体现出了"民建、民管、民受益"的办社原则，是今后合作组织发展的主导方向。但是，目前这种合作经济组织大多只是一种松散的、季节性的形式。

2）江浙地区部分合作社已经出现了类似美国新一代合作社的某些特征。江浙地区的农村合作社具有"专业化的大农户与专业化的小农户联合"的典型特征，这种合作模式决定了合作社的内部制度安排有了新的特点。即合作社一方面体现现代企业制度的特性，另一方面又竭力协调劳动与资本的关系、贡献与收益的关系、大股东社员与小股东社员的关系。在这些合作社中：一是资本占据主要地位但又在一定程度上受到节制；二是资本要与贡献挂钩，虽然是按股分红，但股额比例与产品交售额挂钩，入股多必须贡献多；三是按产品规模设股金，按股份多少设表决权，使专业大户掌握决策控制权。其中"资本在一定程度上受到节制"、"资本与贡献挂钩"、"按产品规模设股金"与美国新一代合作社的做法相似。

3）行业协会延伸了合作社的触角，加强了合作社的实力。过去合作社一般是通过全国性的合作组织系统形成一个合作社网络，满足合作社力量整合、扩大市场范围的需求，但是，现在出现了基层合作社与龙头企业、专业农户、科研单位等的横向联合的行业协会模式，并取得了较大的成效。温州作为全国行业协会试点地区，就出现了协会＋龙头企业＋专业合作社＋专业农户＋专业生产基地的模式[1]，不同程度地将原来条块分割、各自为政的生产、加工、营销、科研、技术推广等环节有机地联结在一起，形成了完整的产业链；同时，它有效地解决了土地承包到户后农民组织化程度低、生产标准不一、粗放式经营等长期难以解决的问题，大大地推动了农业产业化乃至整个农村经济的健康发展，增加了农民的收入。

---

① 李元华：《对温州市农产品行业协会的调查与思考》，《合作经济参考》2004年第7期。

温州市茶叶行业协会是由温州市境内从事茶叶生产、加工、流通和科研等领域的企业法人、社团法人和自然人组成，有个人会员 97 个，团体会员 52 个。茶叶协会建立了会员大会、理事会、监事会。协会以服务会员、维护会员合法权益、促进茶叶产业化经营为宗旨，是一家集生产、加工、销售和科研于一体的社会化服务组织。这种行业协会的模式是我国的一种创新，同时也提出了合作社与行业协会、与合作社组织体系、与社区的关系问题。

虽然我国的合作经济有了新的发展和创新，但就整体而言，中国农民合作社还处于比较低的发展层次，这主要表现为这些农民合作社大多规模较小，结构松散，管理不规范，市场竞争力还很弱，也缺少有关法律法规的保护。

2. 中国合作实践中面临的问题

（1）政府与合作社的关系定位不清。政府与合作社的关系问题，是合作社能否健康发展的重大问题。在西方国家，政府与合作经济组织的关系通常都是由合作社法来予以明确的规范。我国的合作经济立法工作正在进行中，因此明确政府与合作社的关系是一个关系未来合作社发展的大问题。我国政府与合作社关系定位不清主要体现在以下方面：

1）政府仍然存在把合作社当作实现其政治、社会目的的工具的倾向。如目前提出的合作社要服务"三农"的口号，就与合作社服务社员的宗旨不一致；提倡组建合作社以构建和谐社会的做法，也不是以合作社本身的发展为起点的，在这样的政治导向下，难免以是否服务"三农"、是否有利于和谐社会的构建来决定合作社的存亡和发展方向，这对合作社的发展是不利的。我们不否认政府可以从自己的角度出发来看待合作社的发展问题，但如果把政府目标强加给合作社，并以此来决定合作社的发展方向，难免有越俎代庖之嫌。

2）政府没有为合作经济的发展提供必要的法律规范。这表现在：一是政府对合作经济组织的管理缺乏统一的规定。一些合作社在工商部门登记，一些在民政部门登记，也有一些没有登记或挂靠在有关单位。政出多门，不利于合作社的发展。二是政府对合作经济组织缺乏必要、合规的监督。合作社的监督管理部门五花八门，有农业部、银监局、卫生部门、工商部门、上级联社等，对合作社监督不规范和缺乏监督的现象共存，这不能不使合作社处于一种无序发展状态中。

3）政府对合作社的支持不到位。政府对合作经济组织的支持，包括经济、社会和政治上的支持。西方国家一般都把政府对合作社的经济的支持（包括税收、财政、政策等方面），以法律的形式明确确定下来，我国还没有相关的法律，经济支持的随意性较大，支持金额和途径都存在不规范的现象，往往出现各省争相申请资金，跑钱跑项目，"会哭的孩子有奶吃"，其结果往往与国家的主观愿望不一致；政府对合作社的社会支持，主要应该体现在对合作社在社区发展上的作用予以高度重视，对合作社向社会大众开展的合作社知识普及教育予以资金、人才、舆论等多方面的支持。近几年国家在这方面下了较大的功夫，但是离合作社的需求还有一定距离；在政治上许多国家的议会专门有代表合作社的议员。随着合作社力量的壮大，我国也需要通过立法解决这个问题。

（2）合作社组织体系不健全。20世纪50年代中期，中国农村实际上形成了农业生产合作社、供销合作社、信用合作社、手工业合作社几大合作社体系，初步构筑起了农村的基本经济制度框架。但在1958年"大跃进"时，生产合作社发展为政社合一的人民公社，替代了乡级政权组织，基层供销社成为人民公社的商业流通部门，信用合作社成为人民公社的信用部。六七十年代，供销合作社和信用合作社又与国营商业和农业银行分别合并，体制几经变化。目前的状况是，农业生产合作社组织体系已经荡然无存；信用合作社是"没爹没娘"，即农村有大量的基层信用合作社，但信用社的合作社只有县一级联社，省以上信用联社组织没有建立起来，广大的基层信用社处于"没爹没娘"的状态；手工业合作社虽然有全国的上下体系，但是由于经济社会发展和技术的进步，实际上成为轻工业集体经济，保留了手工业合作社的名义；只有供销合作社是一个从上到下的全国性供销合作社组织体系，由于作为供销合作社基础的基层供销社，在这几年的改制中，有的被承包出去，有的被出租出去，有的干脆被卖掉，相当大一批基层社已失去其应有的功能。没有基层社的雄厚基础，供销合作社县级联社、省级联社和全国联社，就像空中楼阁一样处于一个头重脚轻的状态。生产合作、流通合作需要信用合作的支持，信用合作社组织体系的涣散局面，严重影响了合作社的整体发展，根据新的形势构建适合中国合作社发展的全国性的组织体系，已经迫在眉睫。

（3）合作社的竞争能力不强。虽然我国新出现了许多专业合作社和其他合作社，但不论是哪一种合作社都还处于初级发展阶段，其竞争能力不强，成为制约合作社发展的主要障碍。竞争能力不强表现在以下方面：一是规模普遍太小。如安徽省农民专业合作社3101个，平均每个专业社有社员农户271户、年营销额179万元，有的合作社的经营额还不如一个运销大户。各地供销合作社领办的专业社，共有1.4万个，平均每个专业社有社员农户248户、年经营额250万元。规模小，使得专业社资本积累慢、实力弱，应对市场风险能力差，很难形成产品规模和提高产品质量。二是业务范围的局限性较大。大部分专业合作社业务范围仅局限在一个乡镇或一个县的经济区域内，同类专业社之间缺乏横向和纵向的联合。浙江省3000多个专业社中，业务在一个乡镇内的占83.61%，跨乡镇和市县组建的不到17%。

（4）合作组织内部管理不规范。合作组织内部管理不规范、不民主的主要问题：一是大部分没有登记注册、没有章程，有的有章程但也不规范；二是制度不健全，缺乏具体的管理制度，如议事制度、监事制度、财务管理制度等；三是组织机构不健全，相当多的合作组织未设财务管理机构和监事机构；四是许多合作经济组织在重大项目和活动中决策不民主，社员很少参与决策和管理，许多成员认为合作社（协会）是领办部门的事，不太关心组织的发展，合作意识不强，只愿利益共享，不愿风险共担，这些都是农民专业合作组织发展中的一些不稳定因素。

（5）合作社资金运作困难。各地合作社发展中普遍反映的最突出的问题首先是资金问题，有的虽成立了组织，但资金运作很困难，有的地方虽制定了优惠政策，给予信贷扶持，但贷款额度极其有限，使得这些组织虽然在运行，但运行不畅，难以发挥较大的作用。其次是外部环境问题，主要反映在"绿色通道"问题上，一些专业合作组织反映，在本乡本县很通畅，但出了本乡本县就不行了，突出反映在农产品的运输过程中，直接影响了农民的收入。

（6）合作社信息服务手段落后。农民专业合作组织的信息来源和传递，绝大多数依靠当地政府、农业部门和供销合作社提供，专业合作组织没有先进的手段传递信息，有的为了加强信息服务，只有靠电话联系和通过看报了解，信息反馈迟缓，影响产品及时交易。

（7）行政色彩较浓。当前农民专业合作组织在很多地方发展迅速，在当地农村经济发展中发挥了重要作用，但仍有不少地方领导对农民合作组织的发展作用认识不够，影响了发展速度。同时，一些农民合作组织依靠政府职能部门兴办，行政事业官员牵头，这在组织发展初期可能是对的，应值得提倡和加以肯定。但是怎样把农民引导组织起来，参与进去，办成真正的"民办、民管、民受益"的合作组织，各地的办法不多，有些地方还是领导说了算，社（会）员跟着干，长此下去不仅会让农民产生更强烈的依赖思想，也很容易办成"二级政府"。

（8）缺乏必要的指导和服务。当前，对农民专业合作组织的服务和支持多停留在口头上，除供销合作社和农业等部门对自身领办的专业合作社提供了较多的场地、技术和农资供应服务外，稳定和有效的扶持较少，一些农民专业合作组织基本上处于一种自生自灭的状态。

（三）国外合作社的新发展

国外合作社的新发展，从整体趋势上来说，越来越表现出市场适应能力和经济功能的突出；从微观上来说，出现了合作社部分原则向其经济功能让步的趋势。

1. 国外合作社发展的整体趋势

（1）合作社业务领域不断扩大。合作社所从事的业务领域不断调整，经营范围不断拓展。从零售向批发、生产环节延伸；从第一产业向第二、第三产业发展；从农村向城市社区乃至社会各个领域发展；从国内市场向国际市场发展。在美国，以提高农产品附加值为目的，从事农产品深加工的新一代合作社发展迅速。

（2）合作社协会的重要性日益突出。合作社是代表社员群众参与市场竞争进而为社员谋福利的企业组织，而合作社协会是协调合作社各级组织之间的关系，协调合作社与政府、与其他外部机构关系，体现其教育和管理职能的机构。随着合作社专业化程度的不断提高，合作社规模的日益扩大，合作社市场融合度的日益加深，各种农产品专业协会、行业协会不断涌现，并起着越来越重要的作用。可以说，合作社协会组织是各类合作社发展到一定程度的产物，是确保合作社健康发展，进一步维护社员利益的客观要求。

（3）合作社之间的联合日益加强。合作社为了不断发展壮大，不断强化自己在市场中的竞争力，出现了合作社之间的联合和合作日益加强，通过联合和合作，合作社出现了从分散化、小型化向集约化、大型化、集团化经营的发展趋势，出现了从单一经济向多元化新型合作经济发展的趋势，这种变化是合作社应对市场竞争的必然选择。

日本基层综合农协由 1995 年的 2450 多个调整合并为现在的 1340 多个，计划最终调整为 570 个。瑞典奶制品合作社由原来的 20 多个合并为 7 个。近几年整个法国合作社数量约减少 700 多个。合作社数量减少的同时，是规模的扩大。如加拿大有 17 家非金融类合作社跻身于本国 500 家最大企业的行列，美国合作社大约有 20 家企业年营业额超过 10 亿美元。规模化的结果是合作社有能力开展规模化服务。如日本北石狩农协，2001 年投资 24 亿日元兴建的米梦工房，就是一个现代化的农产品自助烘干、包装、储藏设施，一次加工储藏能力可达 7000 吨。

（4）合作社的市场适应和融合能力加强。

1）应对生产商的巨型化、跨国化趋势，为增强与生产商谈判的能力，合作社在经营方式上出现连锁化、现代化趋势。在瑞典，KF 既是消费合作社联盟，又是各级各地合作社经营店铺的连锁集团。各基层消费合作社将店铺经营权统一交 KF 集团，KF 集团在全国建立了 8 个区域性配送中心，并逐步将所属店铺改造为大型仓储超市（FORUM）和健康食品商店（KONSUM）两大连锁系列。目前，以 KONSUM 命名的连锁店已经达到 1000 家。

2）在经营范围上出现国际化发展趋势。沃尔玛、麦德龙、家乐福等跨国连锁机构的发展，给较小的连锁集团造成强大的竞争压力，也迫使合作社一改以国内社员为服务对象的内向发展原则，转而出现跨国发展的新潮流。继瑞典、挪威、丹麦三国消费合作社成立北欧消费合作总社之后，瑞典和丹麦奶业合作社也建立了共同的联合机构。澳大利亚墨瑞哥本合作社生产的奶制品 75% 出口世界各地。合作社的国际化发展趋势，从一定程度上反映了合作社对经济全球化的适应性。

3）合作社组织形式从单一型向开放化、多元化发展。法国及其他西欧国家的合作社早已打破成员身份限制，大踏步走向开放。随着与私人资本联合的合作社企业不断增加，组织形式更加灵活。新西兰合作社在适应市场经济发展过程中，形成了 5 种合作社的基本模式，即传统合作社、新生代合作社、双重股份混合合作社、有限第三方股份合作社、公司化合作社。

4）在企业经营上实行公司化运作。一是实行投资主体多元化，在保证社员对合作社的所有者地位的前提下，合作社在努力开拓多种融资渠道，以解决自身资金短缺的问题。同时，合作社也通过对外投资参股，进一步扩大了其业务经营领域。二是对外活动以盈利为中心，合作社不以盈利为目的，这只是对社员而言的，实质上是一种内部分配制度。作为市场的法人主体，在合作社的经营活动中，必须坚持以经济效益为中心，而且要不断增强其创利能力。三是合作社企业的治理结构公司化，管理体制科学化。

5）合作社地位法律化。西方各国政府把促进合作社的发展作为协调社会经济关系，保持社会平衡的重要手段，多管齐下保障合作经济的发展。以法国为例，法国早在1847年就颁布了合作社的有关法律，对合作社实行法制化管理，并建立合作社准入制度，另外，在政策上也予以支持。如在合作社开办初期，政府一般都予以一定的补贴。在税收方面，对合作社收购经营社员生产产品给予返还全部所得税的优惠。

2. 从新一代合作社看国外合作社的新发展

国外合作社的新发展主要以美国"新一代合作社"① 的出现为代表。

新一代合作社（New Generation Cooperatives）是指20世纪90年代初在美国北达科他州和明尼苏达州出现并成长起来的主要以提高农产品附加值为目的的一种新型合作社。新一代合作社具有合作社的大多数特征。例如，资金主要来源于社员，实行一人一票的民主管理，盈利返还社员，为社员服务等，但同时还有一些自己的新特征。目前新一代合作社仅仅局限于提高农产品附加值的加工工业，由于实行附加值战略需要对生产和销售进行大量投资，因此合作社在这一领域出现了不同的特点，主要表现在：

（1）为了保证合作社经营的成功，并充分挖掘合作社的潜力，新一代合作社发起和成立时，要经过专家的充分分析和论证。由于做了充分的可行性分析和论证，北达科他州和其他临近几个州随后建立的新一代合作社基本都取得了成功，这种科学论证的方式甚至被加拿大所效仿。

（2）为了满足合作社大量投资的需要，社员必须支付较高的首期投资，支付额一般在5000～15000美元。股金资本约占总资本的40%～50%，其余则从地方银行借入。

（3）社员享有同投资额相当的交货权。社员依其投资的多少，获得相应的交货权，这种交货权既是一种权利，也是一种义务。社员必须按这一数额交纳足够的初级农产品。如果交货不足，社员须根据给合作社带来

① 王震江：《美国新一代合作社及对我国的启示》，《合作经济参考》2004年第1期。

的损失大小予以补偿。当市场价格低于合作社收购价格时，合作社仍以议定价收购社员的产品，此时社员明显受益；但当市场价格高于合作社收购价格时，社员仍然要向合作社交够自己的份额，而不能转卖给其他营销商。这就将社员和合作社紧紧联系在一起，损益共担。

（4）交货权权益（包括增值收益和贬值损失）可以转让。股金（交货合同）在得到理事会批准以后可以交易，因此，就存在着一个股金市场，它们的价值依据与合作社绩效有关的预期而变动。作为合作社提高产品价格能力的结果，股金价值在若干年内可以上升50%或更多。这同传统合作社股金不能转让或者只能转让给本社社员明显不同。

（5）成员资格具有封闭性。传统合作社采取开放的原则，社员入社自愿，退社自由。一个合作社成立后，社外其他人员随时都可以申请加入。新一代合作社由于成立时社员投入的资金相当多，承担的风险很大。为避免社员自身利益受损，它不可能像传统合作社那样采取开放的形式。不仅如此，有些新一代合作社在成立之初还要对申请入社者进行挑选，符合条件的才准入社。这些条件主要包括申请者的经济条件、生产能力以及个人信誉度。这样，一个新一代合作社成立后，成员就相当稳定，社员不能随意退出，合作社也不轻易接纳新社员，除非有特殊情况。

（6）整个股本金具有稳定性。在传统合作社中，由于社员退社自由，股本金很不稳定；而新一代合作社具有封闭性，社员数量相当稳定。又由于股份的可交易性，因此，合作社的全部股本金具有永久性。正基于此，它可以获得银行的优惠贷款。由于股本金的稳定性和股份的可交易性，合作社中未分配的基金在交易中可以被股份价格资本化，随着市场行情和合作社经营状况的好坏而涨落，从而合作社未分配盈余部分占全社资产净值的比重大小已经不再重要。何况新一代合作社中留作公积金的份额本来就不多。这样，社员基本上可以按照入股的比例获得合作社中所有应得的利润。

（7）利润及时以现金形式返还给社员，社内不做或少做留成。传统合作社的利润相当大一部分转化为合作社的公积金（基本上不再属于社员所有），其余依社员对合作社贡献的大小划拨到社员个人账户。但划拨到个人账户上的这部分通常不能以现金形式领取，而是折成股份继续投资于合作社。新一代合作社为了使社员及时得到实惠，提高他们的参与热情和投资积极性，每年年终会将当年的利润按各社员认股比例以现金形式分给社员，合作社不留或很少留公积金。合作社若要发展新项目，需要注入新资金，则再向社员发行股份或向外借贷。

由以上分析可知，新一代合作社是一种独特的商业性组织，其教育、培训、服务社区的功能大大降低，而盈利趋势增强。盈利趋势增强是和其经济功能的强化分不开的，在经济功能与合作社的部分原则发生冲突时，合作社灵活地改变僵化的原则，以适应其经济功能的更好发挥。

五、合作经济理论创新

从合作经济理论演变来看，正确处理好合作经济三大功能关系的理论，具有最强的生命力，也具有最成功的实践指导能力。同时这些理论具有不断贴近时代发展的自我更新和开放的特点，也就是说，合作社实践中遇到的新问题，需要新的理论来指导。从国内外合作社实践的新发展、新问题来看，主要没有解决的问题在于：一是合作社实践对合作社目标和部分原则的突破问题（中外都存在）；二是政府与合作社的关系问题（主要是中国）；三是合作社壮大发展问题（也主要是中国），下面我们就从这几个方面提出自己的理论见解。

（一）合作社目标的标准区间

在合作思想发展过程中最令人烦恼的问题和在合作理论中最引人关注的问题，是合作社存在的多重目标问题。这些目标暗含在社会和合作经济哲学观点中，它们来自于与合作组织利益有关的内部和外部的解释，以及长期或短期的考虑。

合作社的目标就像一个多棱镜，无论观察者从什么角度出发去看它，都能折射出其想要的光线来。社会革命者把合作社当作社会变革的一个主要推动力和其中的重要组成部分，于是赋予它更多的政治意义；经济学家更重视的是合作社的企业性质一面，因此把获取利润当作最重要的目标，并按企业理论来考察它的发展；宗教人士看重的是合作社的互助、合作的一面，基督教的第二大戒律就是"你应该像爱你自己一样爱你的邻居"，这也是合作社关心社区、相互关爱的一面。

其实，不论是合作社还是一般的企业，本身都存在多重目标，只是在不同的时期、不同的环境下的侧重点不同罢了。合作社的经济意义、社会意义和宗教意义对合作社而言，就像一个人需要挣钱生存的同时，也需要提高道德修养，需要精神的寄托一样，它们是融为一体的，是一个硬币的两面。

如果把合作社的目标看作一个连续的闭集，一端为获取最大的利润，另一端为社员提供最大的服务，那么最模范的合作组织可能会在利润方面向投资型企业靠拢，在生存意义上就像以色列集体农庄 Kibbutz 一样。事实上，许多合作社根据合作社的生存、会员的需要，在不同时期把自己的目标定位在这个连续闭集的不同点上。许多基层的农业生产服务社把自己的目标定位为为尽量多的会员提供最长期的服务；而市场销售业务占主要业务内容的合作社倾向于把服务和利润都作为自己的目标；新一代的合作社则把为会员获取更多的利益作为自己的目标。不论合作社把自己的目标定位在哪里，只要是会员选择的结果，那就符合合作社的最根本的宗旨，就不是偏离。

现实情况是，在合作社从偏重服务为主向偏重利润靠拢的同时，一些一般意义上的企业（投资型企业）也通过提供各种便利服务来扩大自己的市场份额，有的大超市甚至也采取了类似合作社的会员制方法。从这一点看，这两种类型的企业有一种殊途同归的迹象，这也可以说明合作社目前出现的情况是正常的、可以理解的。

（二）合作社决策、分配问题的理论把握

合作社在其发展过程中出现的新情况，从根本上说是市场选择的结果，有其存在的客观性和合理性。前面谈到的那么多合作社原则面临挑战的问题，集中起来可以归结为两点：一是决策问题；二是分配问题，而这两个问题归根结底又都是由市场引起的。

就决策问题而言，市场把会员的参与和民主引向了相反的方向。因为参与、民主需要花费时间，而市场永远是讲求效率的。市场对效率的需求，可能导致从上到下的合作等级制度，以及自上而下的授权和中心决策机制。这个逻辑与合作逻辑是根本不同的，或者说与民主决策、会员的参与等原则是完全不同的。由于存在市场竞争，效率标准又会使合作制度趋向于官僚模型，与合作制的根本逻辑相背。当会员的参与意识下降，而组织决策更倾向于集中化的时候，就很难看出合作社与一般投资型企业的不同，合作社特性就会逐渐淡化；但是，如果不考虑市场竞争，同样会导致合作企业效率降低而难以生存。

出现这一困境，原因在于合作的社会逻辑与经济逻辑的根本不同。社会哲学强调，一人一票的民主控制是合作的根本原则；而从经济哲学家的角度看，认为应把会员惠顾作为合作的根本原则。解决这一难题的根本途径在于从实际出发，实事求是地看待这个问题。

社员对合作社的投入有实物、资金、劳动力以及惠顾合作社的产品和服务等内容，这些投入对所有的会员来讲并不是平均、相等的。不论是以哪种形式，以会员为基础的一人一票制、以投入为基础的同股同权制，还是以惠顾为基础的比例制，都存在一定程度的"搭便车"，侵犯了别的会员利益的问题，解决这一问题的最好办法，就是将这三种形式的投入都转化成一种可量化的权利，以这种权利作为投票的基础，这样做既可以解决"搭便车"的问题，又使得合作社内部的激励机制和责任机制相对称，达到帕累托最优的状态。如果这种权力还可以转让、上市，则合作社就有了更强的外部激励效应，而社员的灵活性也就更大了。

就分配问题而言，代理理论和制度经济学在讨论产权问题时，经常提到剩余索取权，不论是投资型的企业还是合作企业，这是联合行动的受益人的权利。如果应用一个传统的委托代理模型，你就会发现组织努力成果的最主要获益者，应该是那些为合作企业投资和做出努力的人。代理理论后来发展成为解决竞争与激励的关系和不同所有人在组织中的角色问题。组织被看成一个中性的合约或在参与者和代理集团间的联合努力，每一个人都能通过在组织中的努力来获得相应的回报。如工人希望增加工资和奖励；管理者希望获得适当的报酬；销售集团希望扩大它们的市场份额；惠顾会员希望在产品市场上、大量的惠顾上以及更多的投资上获得超额回报。

合作社会员面临的主要挑战是如何保持他们在由他们最初组织起来的合作社中的主要利益，而不是仅仅获取由各种获利集团分割完毕后的剩余。这一情形在缺少合作社管理委员会的控制，在管理者不断推动以非会员为基础的销售规模的扩大，尤其是合作社发展到很大的规模，主要依赖非会员来开展业务的时候，挑战就更明显。管理者常常把经营成果看作是他自己的而不是会员努力的结果。事实上有一种非常大的潜力让合作社向这个方向转变或向这种状况妥协，尤其是在一些大的、复杂的组织中。这种情况常常导致合作社转向投资型的企业或使原来的目标颠倒而使会员失去控制。在合作组织中，分配问题于是变成了与管理控制问题一样重要的事情，当然这是个决策权问题。以会员的各种投入来决定他们的决策权，也就能以会员的各种投入来解决其利益分配和责任承担问题。

总之，从合作社的理论和实践的发展来看，合作社的模式、目标和原则都呈现一定的阶段性，都是适合当时的市场需求的。因此我们看待合作社问题的出发点只能是市场需求，是实事求是，而不能是一种僵化的教条，不是为搞合作社而搞合作社，而是要让它健康发展，只要符合现实，符合大多数会员的利益和要求，那就没有偏离合作社的原则和宗旨，就应该支持。

（三）政府在合作经济发展中的正确定位

合作经济的社会协调功能，往往诱使政府在支持合作经济发展过程中走过了头，走到了代替合作社决定自己发展前途的歧路，结果导致合作社因承担过多社会职能失去了正确方向而不能持续发展。合作社作为弱势群体的组织，往往使政府把合作社划入需要救济、补助的一类群体，从而导致支持合作社的措施不得力、不到位。

从经济学意义上讲，合作制较公司制更具有公平性，因而合作社有一定的较低内部直接经济效益和明显外部间接正效应的准公共产品的部分特征。而准公共产品的资源配置无法由市场机制自动实现，但财政配置机制的无偿性，又会导致准公共产品内部直接经济效益的不必要降低。因此，合作经济需要政府通过合理的财政分配（如贴息等），使准公共产品的内部直接经济效益接近或达到社会平均收益率水平，并借助价格等市场机制，实现对准公共产品所需资源的有效配置。

根据以上分析，政府在合作经济发展中的正确定位应该是：第一，通过支持合作经济本身的发展，来实现政府期望的合作经济的社会协调功能。第二，政府对合作经济支持的最佳目标，是使合作经济的内部直接经济效益接近或达到社会平均收益率水平。第三，政府支持合作经济的途径有三条：一是完善合作经济的市场环境，使其以平等的身份进入市场；二是通过直接或间接的税收减免、政策优惠、低息贷款的支持等经济补偿手段，提高合作经济的内部直接经济效益；三是通过直接培训或帮助建立具有管理、教育、培训职能的合作经济组织管理体系，提高合作社的内部管理水平、人员素质水平和市场协调、竞争能力。

（四）构建主干+网络模式的组织管理体系

构建合作社组织管理体系的目的是为了促进合作社更好的发展。

构建合作社组织管理体系的原则，是将合作社的组织管理体系看作一个既连接外部复杂多变的环境，又连接内部各个合作社子系统的一个开放系统。合作社的组织管理体系是一个开放的转换系统，它通过从外部环境输入信息、资金、材料、人力等资源，然后经过系统内部结构进行转换，成为合作社发展的"养分"和资源，并将合作社形成的产品、服务、社会效益转换到外部环境。一个有效的组织管理体系的标志，一是对外部环境和内部环境的高度适应性；二是内部结构的协同性、灵活性；三是组织体系目标有效实现的程度。

根据组织体系构建的这一原理，我们建议构建一个主干+网络模式的合作社组织管理体系。

网络型组织体系模式，是适应时代发展需要的新型的管理模式，它的特点是适应竞争日益激烈、分工日益广泛的买方市场的外部环境，和体系内各个企业既要具有灵活决策的能力，又要享受规模效应的情况。因为我国的合作社主要分布在广大农村，合作社的规模小，资金、人才等资源的拥有量极其有限，势单力薄，无力与市场中的大企业抗衡；而合作社所处的市场环境，又是一个竞争日益激烈，产品的科技含量、标准化程度越来越高的买方市场，靠合作社自身发展，很难适应如此复杂多变的世界。

从我国合作社目前的发展情况来看，部分合作社已通过与龙头企业等相互联系的办法，形成了上下游企业通过供求关系进行的垂直联结，或者加入产品行业协会，与生产同类产品的合作社、其他企业，通过水平联结共享技术、信息、资源和市场，这种联结已具有一定的网络组织体系模式。这种模式是一种松散的联结，在使合作社享受到规模经济和决策灵活性的同时，又随时会因产品生命周期结束、外部资源枯竭或体系自动选择成本更低的联合者等原因而导致网络型组织体系的衰亡，这时合作社将会面临较大的风险。另外这种网络型的组织体系不能解决合作社面临的所有问题，还需要合作社内部自下而上，建立系统内的组织管理体系。也就是要构建一个主干+网络模式的组织管理体系。

主干，是在基层合作社基础上，自下而上建立的联合社，即县联合社、省联合社、全国联合社，或者按经济区、合作社类型来建立的联合社，形成自下而上的组织体系，基本任务为承担社会资本的获取，传递和反馈合作社必须的信息。具体说，一是承担合作社整体发展目标的决策职能；二是通过与政府、金融部门、专家、行业协会的广泛联系，为合作社从外部获取金融资本、物质资本、人力资本、智力资本等社会资本，如为合作社争取补助贷款、投资补贴、受保护的市场等；三是承担信息收集、传递，技术培训，教育，管理，监督等职能；四是保证基层合作社的平稳发展，促进合作社之间协同效应的形成；五是打破界限建立外部战略联盟，如供销合作体系与信用合作体系的联盟，为合作社营造良好的外部市场环境；六是在组织内部派生新的实体，专门进行技术、信息、研发等单一任务的实现。网络，是遍布全国的各类基层合作社，基本任务是承担具体的生产、经营、服务等技术部分的产出。

主干 + 网络组织管理模式的特点：第一，协同性。全国合作联社主要负责合作社整体发展战略目标的确立，以及与外部体系的战略联盟，外部组织的关系协调，社会资本的获取；中级合作联社负责上传下达及与本地区的外部、内部联系；内部派生的专门实体通过为合作社提供技术、信息等专门服务，维持自己的生存和在组织体系中的地位；基层合作社在整体战略目标下拥有独立决策、生产权，并通过与其他企业的网络联系，实现规模经济和资源共享，内部专业分工和协同运作能力强。第二，灵活性。组织管理体系既有灵活性又有独立性，刚柔相济。"刚"在合作社可以通过上下级的正式制度安排，保证合作社处于一个功能齐全、相对稳定的系统环境中，"柔"在合作社通过与其他企业和部门的，较为松散的、非正式的网络联系，保持合作社的灵活性和独立性。第三，开放性。主干与网络面对市场，时刻会根据环境的变化做出反馈和回应，兼顾合作社原则与合作社企业盈利性趋向，兼顾合作社的经济发展功能、社会协调功能与道德建设功能。

（五）合作经济的金融支持理论

从我国合作经济发展的实践来看，缺乏金融支持始终是合作经济发展的主要障碍。新中国成立初期，国家设有贫农合作基金，有社员入股推动的金融支持特点；计划经济时期，国家金融支持的重点转向工业建设，合作经济的金融支持萎缩；改革开放以来，国有商业银行的盈利目标使其业务重心转向大公司，在农村的合作经济中，信用合作社孤军奋战，力量单薄，农村合作经济缺少金融支持，整体发展缓慢。单个合作社，无论从信誉、规模、资产、资金实力，还是从发展潜力来说，都不符合银行信贷市场的准入条件，是被一般的商业银行排斥在外的贷款对象，近年商业性金融机构纷纷撤离农村金融市场就充分说明了这个问题。从合作社本身来说，其资金来源主要为社员入股和利润留成，资金形成和积累的额度具有明显的局限性，因此金融支持问题，成了合作经济发展的关键问题。

根据金融协调理论、金融结构与经济结构互动生长的理论，一方面，合作经济较大的社会正外部性和较低的内部直接经济效益，说明国家财政支持和廉价金融资源的获取对其发展具有重要意义；另一方面，合作社本身的联合可以提高其整体信誉度和资产规模，也就意味着提高了合作社进入信贷市场的能力，通过适度的整合，合作社利用市场融资的可能性会大大提高。为此，我们设计了以下几种金融支持模式：

（1）在增加社员入股的基础上，划分资格股和投资股，投资股持有者不参与决策，只能分红，避免目前龙头企业＋社员模式下龙头企业对社员权益的侵蚀。

（2）实行社员股份转让制，以稳定合作社的"资金池"。

（3）供销合作、生产合作、信用合作要么走混合经营的模式，要么构造相互支撑的制度安排（如前文所说的战略联盟），信用合作资金应该是合作经济主要依赖的廉价金融支持安排。

（4）从法律制度和组织框架上确立国家财政对合作经济的税收优惠、政策倾斜和财政支持，作为合作经济在确保独立经营条件下一项稳定的资金补充渠道。

（5）创新合作社的融资方式，充分利用国际国内市场的金融资源。如以联社的名义统一从外部融资，联社再以贷款的方式贷给具体的合作社。联社从外部融资的资产保证是其管辖的所有信用社的资产，联社内部的合作社则形成联合互保，联社单笔贷款违约，意味着联社所有合作社的违约，将会导致所有合作社的融资渠道阻滞。因此，对金融部门来说，联社违约的可能性较低，同时担保资产增加，联社融资的门槛降低，融资达成的可能性增大。联社贷款给具体的合作社，同样一个合作社的资产为抵押，环环相扣，降低贷款违约风险。